Anton Schlossar

Oesterreichische Cultur und Literaturbilder

Mit besonderer Berücksichtigung der Steiermark

Anton Schlossar

Oesterreichische Cultur und Literaturbilder
Mit besonderer Berücksichtigung der Steiermark

ISBN/EAN: 9783743450493

Hergestellt in Europa, USA, Kanada, Australien, Japan

Cover: Foto ©ninafisch / pixelio.de

Manufactured and distributed by brebook publishing software (www.brebook.com)

Anton Schlossar

Oesterreichische Cultur und Literaturbilder

Oesterreichische

Cultur- und Literaturbilder

mit

besonderer Berücksichtigung der Steiermark

von

Dr. Anton Schlossar,

Verfasser der Werke: „Innerösterreichisches Stadtleben vor hundert Jahren" „Erzherzog Johann
und sein Einfluß auf das Culturleben der Steiermark" ꝛc.

Die Wiener Musen-Almanache im achtzehnten Jahrhundert. — Ziegler's „Asiatische Banise"
auf der Bühne. — Zur Geschichte des Grazer Theaters im achtzehnten Jahrhundert.
Goethe und zwei innerösterreichische Theaterdirectoren im achtzehnten Jahrhundert.
Der Schwerttanz in Obersteiermark. — Die deutschen Volkslieder
in Steiermark.

Wien 1879.

Wilhelm Braumüller

k. k. Hof- und Universitäts-Buchhändler.

Vorrede.

In dem vorliegenden Buche werden einige Abhandlungen und Untersuchungen geboten, welche nicht eigentlich im Zusammenhange stehen, die aber dennoch insofern etwas Gemeinsames haben, als sie Ausführungen einzelner Stoffe bieten, welche das Gebiet der deutschen Cultur- und Literaturgeschichte Oesterreichs, und zwar insbesondere des achtzehnten Jahrhunderts eingrenzt. Meine ununterbrochene Arbeit auf diesem Gebiete ließ mich das Eine oder das Andere als einer genaueren Untersuchung werth erscheinen und ich glaube in den vorliegenden Aufsätzen manches Neue zu bringen, das einerseits dem Cultur- und Literarhistoriker überhaupt Bausteine zu größeren und weiter ausgeführten Arbeiten liefern, andererseits aber auch Einblicke in das literarische Leben Oesterreichs in abgerundeten Bildern gewähren soll, welche sich um einen zum Vorwurfe genommenen bestimmten Gegenstand gruppiren. Zumeist sind es Partien, denen bis nun wenig Aufmerksamkeit geschenkt wurde, welche ich den nachfolgenden Aufsätzen zum Vorwurfe gebe. Sie betreffen die Geschichte deutschen Geisteslebens auf dem Boden unseres schönen österreichischen Vaterlandes, sie berücksichtigen insbesondere Steiermark, doch glaube ich, daß darin Beiträge für das deutsche literarische Leben überhaupt geboten sind, daß viele Einblicke in süddeutsches Culturleben darin gefunden werden können.

*

Bis auf die größere Abhandlung über „die deutschen Volkslieder in Steiermark" erschienen Skizzen der vorliegenden Aufsätze in der literarischen Beilage der „Wiener Abendpost" unter gleichem oder ähnlichem Titel, aber eben nur Skizzen, wie sie der Rahmen des Blattes faßte und welche in der vorliegenden Form erst ihre Ausführung erlangt haben. Die allgemeine Theilnahme, welche sich diesen Skizzen damals zuwandte, bestimmte mich auch die vorliegende Sammlung zu veranstalten, die skizzenhaften Aufsätze vollständig um- und auszuarbeiten und hier vorzulegen.

Was die einzelnen dieser Arbeiten anbelangt, so seien mir einige Bemerkungen hierüber an dieser Stelle gestattet.

Schon lange hatte ich meine Aufmerksamkeit der österreichischen Musen-Almanach-Literatur zugewendet und war überrascht, die geschlossene Reihe der merkwürdigen Wiener Almanache des vorigen Jahrhunderts noch nirgends eingehender gewürdigt zu finden. Es spiegelt sich in diesen kleinen interessanten Bändchen das Aufklärungszeitalter Oesterreichs in ganz eigenthümlicher Weise und sie sind gewiß einer Untersuchung werth, die uns zugleich die besten Vertreter deutscher Poesie aus unserem Vaterlande vorführt, welche damals gelebt haben. Da die Büchelchen selbst zu großen Seltenheiten gehören, so wurden mehrere der charakteristischesten Proben aus den Almanachen dem Texte eingefügt und ich war bemüht, ein Bild des Wiener Literaturlebens aus dem Rahmen jener Zeit heraus auf Grundlage dieser Musen-Almanache zu entwerfen. Längerer Zeit bedurfte es, bis ich die Almanache selbst vollständig zusammenbrachte und nur der freundlichsten Unterstützung, die mir von verschiedenen Seiten zu Theil geworden, habe ich dies zu verdanken.

Der Aufsatz über Ziegler's „Asiatische Banise" auf der Bühne ergab sich mir gelegentlich der Auffindung des dort erwähnten Textbuches und dürfte nicht nur für die Theatergeschichte überhaupt durch den abgedruckten Text der dramatischen Skizze jenes seinerzeit so berühmten Romanes von Interesse sein, sondern auch einige Einblicke in das Theaterleben des siebenzehnten und achtzehnten Jahrhunderts gewähren. Den erwähnten Text glaubte ich wort= und buchstabengetreu nach dem Originale wiedergeben zu sollen und wurden nur einige offenbare Druckfehler von mir darin richtiggestellt.

Ganz aus archivalischen Quellen geschöpft erscheint der Beitrag „Zur Geschichte des Grazer Theaters im achtzehnten Jahrhundert"; obgleich es sich darin um ein Provinztheater, und zwar eigentlich um die Baugeschichte desselben handelt, so wirft doch die ganze Theater= angelegenheit ein so charakteristisches Licht auf die Zeit, auf die künst= lerischen Zustände Steiermarks und Oesterreichs, daß ich nicht anstand, diesen „Beitrag zur österreichischen Theatergeschichte" beizufügen. Derselbe möge zugleich als eine Art Ergänzung der Abtheilung „Theaterverhält= nisse" in meinem vor zwei Jahren erschienenen und von der gesammten Kritik so freundlich aufgenommenen Werke: „Innerösterreichisches Stadtleben vor hundert Jahren" (Wien 1877) betrachtet werden.

Dies letztere gilt auch von der Studie über Goethe und die zwei unter seiner Leitung in Weimar gestandenen Schauspieler, welche in der Folge die Direction des Theaters zu Graz übernahmen. Auch hier versuchte ich zugleich ein Stück Bühnenleben des vorigen Jahrhunderts zu charakterisiren.

Zu dem „Schwerttanz in Obersteiermark" bemerke ich nur, daß ich den Text desselben, wie übrigens aus dem Inhalte des Aufsatzes ohnehin hervorgeht, nach der Aufzeichnung des Erzherzogs Johann wiedergebe und mit rechter Freude dieses alte Document deutschen Volksthums in Steiermark der Vergessenheit entreiße, der es vielleicht in Kürze anheimgefallen wäre, denn die Aeußerungen dieses echten Volksthumes auf dem Lande werden immer seltener, immer mehr

verflacht und dürften wohl bald verschwinden, was im Interesse
des Culturforschers auf's Tiefste zu beklagen ist.

Besondere Freude macht es mir endlich, in der Abhandlung über
„die deutschen Volkslieder in Steiermark", welche auch räumlich schon
den halben vorliegenden Band füllt, eine Sammlung dieser Lieder,
welche allerdings im Texte als Proben eingestreut erscheinen, bieten
zu können, die wenigstens an Reichhaltigkeit alle bisher über dieses
Thema erschienenen Arbeiten übertrifft. Ich hoffe, man wird die
liebevolle Hingebung, welche ich gerade diesem Stoffe zuwandte, auch
aus den Zeilen hervorleuchten sehen. Die neueste Zeit hat sich in
Dichtungen dem baierischen Sprachstamme und Dialekte, zu welchem
ja Steiermarks Volkssprache auch gehört, wieder vielfach zugewendet
und auf dem Gebiete der Dialektdichtung und der Volksliederkunde
manches Schöne zu Tage gefördert. Was die letztere anbelangt, so
sind schon die meisten jener österreichischen Provinzen, die dem genannten baierischen Dialektgebiete angehören, durch gut angelegte
Sammlungen von Volksliedern vertreten, wie auch Oberbaiern selbst
in der im Auftrage Seiner Majestät des Königs Ludwig von Baiern
von Fr. v. Kobell herausgegebenen Liedersammlung ein schönes Buch
seiner volksthümlichen Lieder besitzt, die mit den Liedern Steiermarks
oft so merkwürdige Aehnlichkeit aufweisen und den innigen Contact
zeigen, in dem alle diese Alpenländer von altersher stehen.

Meine Arbeit über „die deutschen Volkslieder Steiermarks" sucht
übrigens neben dem dialektischen auch den historischen Theil zu berücksichtigen und ich glaubte insbesondere mit den Liedern selbst nicht karg
sein zu sollen, da sie ja allein es sind, welche den Text wirklich drastisch
illustriren. Von den zahlreichen angeführten Liedern ist die größte Zahl
bisher ganz unbekannt und hier zum erstenmale gedruckt. Diese Lieder
bilden nur eine Auswahl aus meiner größeren Sammlung steier-

märkischer Volkslieder, an welcher ich schon seit Jahren mit allen mir
zu Gebote stehenden Mitteln arbeite und mit der ich hoffentlich die
bisher immer noch fühlbare Lücke einer solchen Sammlung auch unter
Berücksichtigung des melodiösen Theils auszufüllen hoffe. Wie reich
der Schatz des steiermärkischen Volksliedes ist, wird dann erst eigentlich
zu Tage treten.

An dieser Stelle sei auch noch als Ergänzung der auf den
Seiten 210 und 211 angeführten Literatur das Werk: „Das Volksleben in Steiermark, in Charakter- und Sittenbildern dargestellt" von
P. K. Rosegger (Graz 1875), 2 Bde., erwähnt, welches für die
steierische Volkskunde von um so größerer Bedeutung ist, als es nicht
nur einen hervorragenden Kenner des Landes, sondern in diesem auch
einen gewandten, eleganten und poetischen Darsteller zum Verfasser hat.

Zugleich benütze ich diese Gelegenheit und bitte Solche, welche
sich für das Volks- und Culturleben Steiermarks und seiner angrenzenden Gebirgsländer interessiren, mir gütigst Zusendungen von
Volkslieder-Aufzeichnungen oder sogenannte fliegende Blätter mit
solchen Liedern, wie man sie auf Jahrmärkten häufig findet, zukommen
zu lassen, um die Vollständigkeit meiner Sammlung zu mehren, welche
ich im nächsten Jahre herauszugeben gedenke.

Zum Schlusse kann ich es nicht unterlassen, allen jenen Anstalten
und Persönlichkeiten, die mich bei den vorliegenden Arbeiten unter
stützt und gefördert, meinen verbindlichsten Dank auszusprechen. Herr
Franz Graf von Meran war auch diesmal so gütig, mir die
Sammlungen seines durchlauchtigsten Vaters, des Erzherzogs Johann,
zugänglich zu machen, wofür ich ihm an dieser Stelle meinen Dank
sage. Dank spreche ich ferner dem steiermärkischen Lande
in Graz, der k. k. Hofbibliothek in Wien, den t t Univ
bibliotheken in Wien, Prag und Innsbruck und der

neums-Bibliothek in Graz, den k. k. Studienbibliotheken in Salzburg, Klagenfurt, Laibach und Olmütz und einer Zahl von Persönlichkeiten, wie den Herren: k. k. Hof- und Universitäts-Buchhändler Wilhelm Ritter v. Braumüller, E. Fürst, Dr. H. Kåbdebo, Regierungsrath Dr. Richard Peinlich, J. Rempfl, Güterverwalter Jakob Schmölzer und Anderen, welche mich durch Mittheilungen, Winke und Fingerzeige in der freundlichsten Weise unterstützten.

In Bezug auf die Sammlung der steiermärkischen Volkslieder war Herr Friedrich A. Kienast in Eisenerz in hervorragender Weise thätig, aus den entlegensten Gebirgswinkeln neues und schönes Material mir mitzutheilen, wofür ich auch ihm insbesondere den besten Dank zollen muß. Uebrigens fühle ich mich auch vielen hier nicht genannten Personen dankend verpflichtet, die mit Rath und That meine Arbeiten unterstützten.

Und so möge denn auch dieses Buch ein Schärflein zur Geschichte deutschen Geisteslebens in Oesterreich beitragen und so warm empfangen werden als es geboten ist.

Graz, im Juni 1879.

Dr. Anton Schlossar.

Inhalts-Verzeichniß.

I.

Die Wiener

Musen-Almanache im achtzehnten Jahrhundert

(1777–1796).

———

Ein Beitrag zur Geschichte des geistigen Lebens in Oesterreich.

Das poetische Leben Oesterreichs hatte nach den längst vergangenen Zeiten eines romantischen Minnesängerthums erst im vorigen Jahrhunderte seine Wiedergeburt gefeiert, erst in den Siebziger-Jahren des achtzehnten Jahrhunderts tauchten aus der Reihe unbedeutender Namen wieder Poeten hervor, welche typische Eigenthümlichkeiten aufwiesen, und welche nicht nur die Aufmerksamkeit engerer Kreise auf sich zogen, sondern auch bald, trotz der Abgeschlossenheit von dem übrigen Boden deutscher Zunge, in welcher sich die Monarchie damals befand, unter den Dichtern Deutschlands überhaupt eine angesehene Stellung einnahmen. Es war plötzlich ein lebendig sprudelnder poetischer Geist erwacht, der sich bald hier, bald dort in Oesterreich geltend machte, welcher als Wirkung der literarisch so weittragenden Ereignisse im Norden erschien und, weil nun einmal plötzlich der Anstoß gegeben war, in Kurzem munter aufsprudelte und sich immer weiter ausbreitete. Die Wissenschaft hatte in Oesterreich schon in der ganzen Theresianischen Zeit hervorragende Größen aufzuweisen, die Dichtkunst sollte nicht lange darnach auch frisch erblühen, und zwar erblühen gerade aus dem von der Wissenschaft vorbereiteten Boden, wofür als ein hervorragendes Beispiel die große edle Gestalt eines Sonnenfels dasteht, der Gelehrter und Dichter ist, zugleich aber auch die Personification des Zeitalters der Aufklärung in Oesterreich genannt werden kann. Die Wirksamkeit Josef's v. Sonnenfels erstreckte sich auf die Regenerirung der dramatischen Kunst so gut wie auf die Klarstellung wichtiger Punkte des Rechtes und Abschaffung unmenschlicher Bestimmungen der Gesetzgebung, sie hat einen Abschnitt gemacht in dem ganzen Culturleben Oesterreichs, wie er schärfer und einschneidender nicht gedacht werden kann, sie hat eine Bedeutung für die Folge gehabt, die man erst heute in ihrer ganzen vollen Größe würdigen kann, die geistige Tortur — man denke an die alten scandalösen Wiener Theaterverhältnisse — und die leibliche Tortur hatten mit Sonnenfels [1]) ihr Ende erreicht. Der von der Natur so reich begabte Boden sollte nun neue Geister erstehen sehen, die mit dem Alten, Verrotteten gebrochen und sich dem hellen Lichte zuwendeten, dessen Morgenröthe bereits herüberschimmerte; er sollte Männer tragen, die im Sinne jenes edlen Mannes zu schaffen und zu wirken und auch eine Kunst wieder zu Ehren zu bringen bestimmt waren, welche hier bisher so sehr vernachlässigt worden, nämlich die Dichtkunst.

Natürlicherweise versammelte damals wie heute die Residenz zumeist die auserlesensten Geister und bildete so den Centralpunkt des literarischen Lebens in Oesterreich, das zu der Zeit Josef's II. schon einen gewissen Höhepunkt erreicht hatte, und Namen wie Alxinger, Denis, Mastalier, Ratschky, Retzer, auch Blumauer und Haschka, sowie eine Reihe Anderer, welche die Aufmerksamkeit der weitesten literarischen Kreise Deutschlands auf sich zu ziehen begannen, beweisen das rege Leben, welches sich entfaltet hatte und nun immer mehr erblühen sollte. Wenn manche von den damaligen Vertretern der „schöngeistigen Aristokratie" Wiens auch nicht so oft genannt wurden als ihre mitunter gewiß minder begabten Collegen im deutschen „Reiche", so lag dies nur in gewissen äußeren Umständen und gewiß nicht in dem geringeren inneren Werthe dessen, was sie schufen; es lag in dem Treiben des Buchhandels, in den später so engen Fesseln der Censur, in der Abgelegenheit von den herrschenden Central-Büchermärkten und vielleicht sogar mitunter in der Bescheidenheit der betreffenden Persön-

---

[1]) Es ist sehr bezeichnend, daß selbst Friedrich Nicolai in seiner Beschreibung einer Reise durch Deutschland und die Schweiz im Jahre 1781 (Berlin 1784. Bd. IV. 2. Buch XII. „Von der Literatur"), bei der Besprechung der Wiener literarischen Verhältnisse, Sonnenfels nicht wenig hervorhebt, und Nicolai blickte damals mit sehr viel Verachtung auf die Schriftsteller Oesterreichs.

lichkeiten, die sogar selbst mitunter in sich nicht das Vertrauen setzten, das sie verdienten.

In recht anheimelnder Weise schildert uns der bekannte Buch- händler, Schriftsteller und Sonderling Franz Gräffer das literarische Leben und Treiben Wiens zu Ende des vorigen Jahrhunderts in seinen bekannten Skizzen, die um so werthvoller sind, als er die Persön- lichkeiten aus dem Leben und nach seiner eigenen Anschauung aus der Erinnerung zeichnet. Gräffer läßt uns damit manchen Blick thun auf Persönlichkeiten, die zur Charakteristik des damaligen Schriftstellerlebens in Wien wesentlich beigetragen. Gräffer's Schilderungen zeigen uns diese Ver- hältnisse ganz anders als die breiten, aber nur auf flüchtiger Beobachtung beruhenden Bemerkungen eines Nicolai, der eine gewisse Voreingenom- menheit gegen die Zustände Oesterreichs nirgends verbergen kann[1]). Wenn die Bemerkung ein Vorwurf sein soll, daß in den meisten jener Dichtergestalten Oesterreichs ein gewisser gemüthlicher Zug, eine frische Lebensfreudigkeit zu Tage tritt, die selbst in den ernsteren Momenten sich nicht verleugnen läßt, so kann man dem poetischen Wien und Oesterreich jener Tage diesen Vorwurf allerdings machen, aber heute schon würde Jeder über einen solchen Vorwurf lächeln und ihn weder recht erklärlich, noch überhaupt am Platze finden.

Aehnlich wie in Wien finden wir die Verhältnisse auch in den Provinzen, nur natürlich in kleinerem Maßstabe; auch fehlt die Ge- schlossenheit, da sich keine rechten Vereinigungspunkte bieten. Es dauerte jedoch nicht lange, als ein literarisches Unternehmen auftauchte, welches, wenn auch nach seinem inneren Wesen Nachahmung, auch diesem Uebel- stande abhelfen und die dichterischen Kräfte der Monarchie an Einem Punkte vereinigen sollte.

Es sind nun hundert Jahre verflossen, daß in der Residenzstadt Wien ein kleines Büchlein erschien, das einfach und anspruchslos,

---

[1]) Man vergleiche insbesondere Franz Gräffer: „Kleine Wiener Memoiren" (Wien 1845. Theil 1—3), darunter sind die charakteristischsten Aufsätze zur Illustration des oben Gesagten: „Das Kramer'sche Caffeehaus" (Theil 1) und „An der Tafel Herrn von Greiner's" (Theil 3).

sogar unbedeutend auftrat und doch bestimmt sein sollte, eine Reihe
von Jahren hindurch in seinen Nachfolgern die besten poetischen
Kräfte der Residenz und ganz Oesterreichs zu vereinigen. Es ist
dies jenes Büchlein, das zuerst unter dem Titel „Wienerischer Musen-
Almanach auf das Jahr 1777" das Licht der Welt erblickte. Man
hat seltsamerweise diese merkwürdige literarische Erscheinung noch
nirgends einer besonderen Beachtung gewürdigt, man hat die zwanzig
Jahrgänge dieses Almanachs fast ganz unbeachtet gelassen, man hat
es übersehen, daß in ihnen ein bedeutendes Stück Geistesgeschichte
Oesterreichs, daß in ihnen beinahe die ganze Geschichte der Poesie
des Kaiserstaates jener Zeit steckt, daß die Culturentwicklung des
Reiches und der Hauptstadt desselben wie aus einem Spiegel von
diesen unscheinbaren Blättern der kleinen Bücher uns entgegentritt.
Es scheint mir nun eine Darstellung über diese Musen-Almanache
umsomehr am Platze zu sein, als der Zusammenhang des Geisteslebens im Norden mit der geistigen Regsamkeit in Oesterreich in
jener für unsere Literatur so wichtigen Epoche uns nirgends so
deutlich wird als bei einer solchen Untersuchung. Die folgende Skizze
wird den Nachweis liefern, daß der Gegenstand großer Beachtung
werth ist und das die Wiener Almanache gewiß für das österreichische
Literaturleben jener Bedeutung nahekommen, welche ihre Vorbilder,
die Göttinger und Hamburger Musen-Almanache, für Deutschland
überhaupt hatten.

Von diesen Vorbildern und selbst von deren Vorgängern in
Frankreich soll diese Darstellung ausgehen und sich sodann dem Wiener
Almanache zuwenden.

Die verschiedenen Almanache, welche schon zu Anfang des vorigen,
ja sogar zu Ende des siebzehnten Jahrhunderts in Frankreich erschienen,
sind wohl die ersten literarischen Unternehmungen, welche eine bestimmte Gattung von Büchern unter diesem Titel bezeichnen, wobei
die Bemerkung nicht unerwähnt bleibe, daß der Name: Almanach
aus dem Arabischen stammt, seit uralten Zeiten eine Art Kalender
bezeichnet und daß Europa mit den großen Errungenschaften auf dem

Gebiete der Mathematik und Astronomie auch diese Bezeichnung von den scharfsinnigen Gelehrten Arabiens übernommen hat.

In Frankreich, wie erwähnt, finden wir zu Anfang des achtzehnten Jahrhunderts schon viele Gattungen von Almanachen, meist mit mehr oder weniger satyrischem Charakter; ich erwähne allenfalls einen der merkwürdigsten, den „Almanac royal, commençant avec la guerre de l'an 1701", der ohne Angabe von Druckort und Jahr in Folio= format (in Paris?) erschienen ist. Bald, insbesondere nach dem Erscheinen des schnell beliebt gewordenen „Almanach des Muses", auf den ich sogleich zurückkomme, trat in Frankreich, noch mehr aber in Deutschland, eine wahre Fluth von Almanachen, und zwar in verschiedensten Formaten auf; es gab Almanache für Aerzte und Eheleute, für Freimaurer und Ketzer, für Phantasten und Denker, für Kosmopoliten und Leckermäuler, für Magie und Mode, für Raucher, Tänzer, Verliebte, sogar für Tintenliebhaber (?), Dienstboten, Fuhr= leute, ja auch für Tollhäusler, man könnte mit den Titeln allein einen ganzen Band füllen. Wichtig erscheint hier nur der im Jahre 1765 in Paris erschienene Almanach, welcher den Titel führte: „Almanach des Muses 1765, à Paris, chez Delalain", und von dem franzö= sischen Dichter Soutreau de Marsy (geb. 1740 in Paris, gest. 1815), der aber nirgends als Herausgeber genannt erscheint, edirt wurde. Später betheiligte sich Charl. Jos. Mathon de la Cour (geb. 1738 in Lyon, gest. 1793) mit an der Herausgabe des Almanachs, der ununterbrochen bis 1833 fortgesetzt wurde, freilich in seiner alten Anlage nur unter Soutreau bis 1789 fortgeführt erscheint. Diese Anlage hatte den ausgesprochenen Charakter, die Poesie zu pflegen.

Es war so recht die Zeit der Almanache in Frankreich, als das Unternehmen seinen Anfang nahm. Die bisher erschienenen poetischen Jahrbücher dürften kaum auf die Bezeichnung der poetischen Anspruch machen; das Avertissement des „Almanach des Muses" sagt ganz richtig über sie: „Ne sont que de petits recueils composés au hasard de chansons médiocres et souvent anciennes, ~~avec~~ d'anecdotes

peu vraisemblables et faites pour le peuple." Der „Almanach
des Muses" hatte eine ausgesprochene Tendenz: „C'est un recueil
fait avec soin des meilleures poésies fugitives publiées dans le
cours de l'année, soit dans les différents Journaux soit sépa-
rément"; es handelte sich also nicht um Originalgedichte, sondern um
eine Sammlung schon gedruckter Poesien. Eine notice des ouvrages
de poésie qui ont paru en 1764 ff. war jedem Jahrgange an-
gehängt und besprach in ganz kurzer Weise die neuen Erscheinungen auf
dem Gebiete der Poesie des jeweiligen Vorjahres. Eigenthümlich
erscheinen die den Gedichten des Almanachs selbst beigefügten kritischen
Bemerkungen, welche sich einige Jahrgänge hindurch finden [1]). Die
Namen der Poeten, welche im „Almanach des Muses" vertreten
sind, gehören zu den klangvollsten der französischen Literatur jener
Tage; schon in den ersten Jahrgängen treten uns die Dichter d'Arnaud,
Clement, Colardeau, Dorat, François, Godet, Guyot de Merville,
Leonard, Bernard, Bouffleurs, Marmontel, Rousseau, Voltaire
entgegen; auch der Herausgeber Soutreau de Marsy ist durch einige
Stücke vertreten. Später bringt der Almanach übrigens immer mehr
Originalpoesien nach der „Handschrift" und der Reproductionen schon
gedruckter Gedichte werden immer weniger. Bemerkenswerth ist es
noch, daß schon der erste „Almanach des Muses" eine gestochene
Notenbeilage enthält.

Es ist hier nicht der Ort, diesen Almanach noch weiter zu verfolgen, zumal wir nun dem Wiener Unternehmen einen Schritt näher
kommen durch die Anführung der deutschen Musen-Almanache. Eigenthümlicherweise hatten zwei Personen zugleich in Deutschland den
Gedanken, die Idee des „Almanach des Muses" auf deutsches Gebiet
zu übertragen, nämlich Chr. H. Schmid und Heinr. Ch. Boie. Zuerst

---

[1]) So steht beispielsweise am Schlusse des Gedichtes „Les trois manières"
von Voltaire im „Almanach des Muses" von 1765 die Bemerkung: „Le conto
est dans son genre un des plus agréables ouvrages de M. de Voltaire; les
trois récits qu'il renferme, ont au suprême dégré le ton et le mérite qui
leur sont propres." Aber auch Bemerkungen wie: „Ce vers est un peu proso"
kommen vor.

erschien Schmid's „Almanach der deutschen Musen auf das Jahr 1770"
(Leipzig) und ahmte den französischen Almanach ganz genau nach; er
brachte ein Kalendarium (in dem die Namen aller vorkommenden
Heiligen durch die Namen berühmter Dichter ersetzt waren), eine
„Notiz poetischer Neuigkeiten" des verflossenen Jahres, woran sich
anfangs Personalnotizen über Dichter, Schriftsteller u. s. w. anschlossen,
und endlich „Gedichte", zum größten Theile Stücke, die bereits gedruckt waren, also ganz wie der französische Almanach Sontreau's.
In demselben Jahre aber erscheint auch Boie's Büchlein im kleinsten
Octavformat unter dem Titel: „Musen=Almanach. Poetische Blumenlese auf das Jahr 1770" (Göttingen). Das Unternehmen Boie's ist
unstreitig bedeutender und hervorragender; es war keine sklavische
Nachahmung des Pariser Almanachs, der nur die Idee und den Titel
hergegeben hatte; dafür hatte der Herausgeber, wie er in der Vorrede äußert, „das Glück, manches Stück, selbst von einigen Lieblingen
der deutschen Muse, zuerst bekannt zu machen"; es war „ein Unternehmen ohne Stolz, ohne Nebenabsicht und ohne Parteigeist, blos
zum Vergnügen des Publicums angefangen". Was die schon gedruckten
Gedichte anbelangt, so erschien immer der Ort angeführt, woher sie
entlehnt wurden. Schmid's Almanach trat anspruchsvoller auf, schon
sein Format war größer, die Recensionen waren sehr scharf gehalten,
im Ganzen polemisirte er in der Folge gegen den Göttinger Almanach.
Schmid besorgte die Herausgabe bis 1781. Wir finden hier Gedichte
von Gerstenberg, Gotter, Jacobi, Klopstock, Wieland, Goethe und
Andern; von den Oesterreichern, beziehungsweise Wienern, sind vertreten: Blumauer, Denis, Mastalier, Retzer und Sonnenfels. Selbst
in dem Punkte folgte dieser Herausgeber dem französischen Vorbilde,
daß er recensirende Bemerkungen an die wiedergegebenen Gedichte
anknüpfte.

Rascher und weiter bekannt ward bald Boie's Almanach, der
Klopstock, Gotter, Gleim, Thümmel, Gerstenberg, Ramler, die
Karschin, Kästner schon im Anfange unter seine Mitarbeiter zählte und
von den Wiener Poeten die Namen eines Denis, Haschka, Leon,

G. C. Richter und Ratschky dem „deutschen" Publicum bekannt
machte. Boie hatte diesen Almanach zuerst in Verbindung mit Gotter,
dann allein herausgegeben. Als weitere Herausgeber des für die Geschichte der deutschen Literatur so wichtigen Unternehmens folgten noch
Goekingk, Bürger und nach dessen Tode C. Reinhart, der den Almanach bis 1804 fortführte. Freilich nahm der Werth des Göttinger
Musen-Almanachs von 1795 an immer mehr ab, nachdem fast alle
berühmten Dichter Deutschlands aus der classischen Zeitperiode ihn
mit Originalbeiträgen bereichert.

Es bleibt nur noch Ein deutscher Almanach zu erwähnen: der
„Hamburger"; er begann ein Jahr früher zu erscheinen als der Wiener
und trug den Titel „Musen-Almanach für das Jahr 1776", von den
Verfassern des bisherigen Göttinger Musen-Almanachs herausgegeben
von J. H. Voß (erster Jahrgang Lauenburg, alle übrigen Hamburg).
Voß wollte den alten Göttinger Almanach selbst fortsetzen, nachdem
Boie von der Herausgabe zurückgetreten und sie an Voß förmlich
übergeben hatte. Verlagsstreitigkeiten veranlaßten aber eine Theilung,
so daß der alte Göttinger Almanach zunächst von Goekingk fortgeführt wurde, während Voß das neue Unternehmen eröffnete, das
auch wirklich von 1776 an sich bis 1800 erhielt. Auch hier finden
sich die besten poetischen Kräfte Deutschlands vereinigt, von den
Oesterreichern insbesondere Alxinger, Retzer, Denis, Leon,
Prandstetter, Blumauer, Sonnenfels, Haschka, Mastalier
und J. J. Scheiger (ein Steiermärker, der sich im Jahrgange 1787
des Almanachs unter den Anfangsbuchstaben seines Namens verbirgt.[1])
Auch A. Meißner, der inzwischen als Professor an die Universität
nach Prag berufen war, muß zu den österreichischen Poeten gezählt
werden, die im Hamburger Musen-Almanach vertreten waren. Die
vielen anderen poetischen Musen-Almanache Deutschlands, welche gleichzeitig und später erschienen, anzuführen, ist hier nicht der Ort. Von
Oesterreichern finden sich auch nur vereinzelt Namen in diesen anderen

---

[1]) Ueber Scheiger vergleiche man mein „Innerösterreichisches Stadtleben"
(Wien 1877). Seite 175 ff.

mehr ephemeren Unternehmungen, so in dem Berliner Musen-Almanach (Taschenbuch zum geselligen Vergnügen) etwa Blumauer, Ratschky und Retzer in einigen Bänden der Neunziger-Jahre.[1])

Es begann sich nun, wie erwähnt, auch in Oesterreich, in dem Lande zu regen, das bisher immer nur über die Achsel angesehen wurde, wenn es sich um Poesie und Literatur handelte, aus dem einfachen Grunde freilich, weil man eben die geistigen Bestrebungen, die allerdings damals noch im Keimen begriffen waren, sich aber doch schon geltend machten, keiner Aufmerksamkeit würdigte. Trotzdem waren die damaligen Modedichter Deutschlands: ein Gellert, Klopstock, Kleist, Geßner, Hagedorn, Rabener, Kramer, schon in Oesterreichs Residenz beliebt und gelesen und auch die Censur übte noch keinen so fesselnden Einfluß aus, als man allgemein glaubte, ja noch glaubt; ihre tyrannischen Tage kamen erst später. Darum trug das Titelblatt der Ankündigung jener deutschen Gesellschaft in Wien, die Sonnenfels begründete, eine Vignette, welche die Werke der oben genannten deutschen Poeten darstellt, mit der Ueberschrift: „Die eifert nachzuahmen, so seyd ihr deutscher Art, nicht bloß von deutschem Saamen." Karoline Pichler schreibt über jene Zeit: „Es war damals in Wien, in Oesterreich eine schöne, lebensvolle, jugendkräftige Zeit. — Aus der Fackel von Josef's II. Genius waren (wie sich Forster in seinen Ansichten vom Niederrhein ausdrückt) Funken in Oesterreich gefallen, die nie wieder verlöschen sollten" und auch nie wieder erloschen sind. „Die Literatur, die Poesie fing an, mächtig die Flügel zu regen, das Theater hatte unter des Kaisers eigener Leitung eine hohe Stufe der Vollkommenheit erreicht; wir hatten Brockmann, Katharina und Anna Jaquet, Lange und den großen Schröder; die Italienische Oper war vortrefflich. Die Musik blühte unter Mozart's, Haydn's und Salieri's Thätigkeit.

---

[1]) Eine vorzügliche bibliographisch literarhistorische Uebersicht aller Musen-Almanache findet sich in dem trefflichen „Literarischen Anzeiger" (Wien 1819, Nr. 48 ff.), den Schmidl redigirte; ebenso, doch mehr skizzenhaft, in Goedeke's „Grundriß zur Geschichte der deutschen Dichtung", II. S. 683 §. 231; wer sich eingehend informiren will, darf auch K. Weinhold's „Heinr. Christ. Voie" (Halle 1868), S. 232, nicht übersehen.

Alxinger, Denis, Blumauer, Ratschky, Leon und viele andere Dichter, in ernsten Wissenschaften Sonnenfels, Jaquin, Born u. s. w., verherrlichten jene Zeit und selbst das geheimnißvolle Treiben der Freimaurerei gehörte mit zu den schlagenden Geisterpulsen jener Zeit."

Allerdings mischte sich in das literarische Leben auch viel Unfug; Blumauer in seinen „Beobachtungen über Oesterreichs Aufklärung und Literatur" gibt uns ein deutliches Bild von dem kleinlichen Treiben in der Residenzstadt, das die Broschürenschreiber hervorbrachten und das man wohl kaum ein literarisches nennen kann; noch mehr beleuchtet wird dieses Bild durch desselben Schriftstellers satyrische Verse im „Deutschen Museum", 1783[1]), welche überschrieben sind: „Die Wiener Büchlschreiber nach dem Leben geschildert von einem Wiener 1783." Unter den „Büchln" ist nichts Anderes zu verstehen, als eine zahllose Menge kleiner Schriftchen, die im letzten Drittel des achtzehnten Jahrhunderts nach der erweiterten Preßfreiheit plötzlich den Wiener Markt überschwemmten; die abgeschmacktesten Dinge wurden in die Form der Broschüre, der Flugschrift gebracht und diese Flugschriften nahmen außerordentlich schnell überhand; in einer Zeit von 18 Monaten (April 1781 bis September 1782) sollen 1172 solche Schriftchen erschienen sein, wie Blumauer selbst angibt, der natürlich einen tiefen Einblick in die literarischen Verhältnisse seiner Zeit in Wien gethan hat. Die Stoffe dieser „Werke" wurden den Tagesfragen, den socialen Verhältnissen u. dgl., immer aber nur in Bezug auf die Residenzstadt, entnommen; fast alle diese Broschüren gehören nach Blumauer's Worten in die Rubrik: Maculatur.

Grolzhamer, ein Mitarbeiter des Wiener Musen-Almanachs durch mehrere Jahre, charakterisirt insbesondere die gereimten dieser „Büchln" in einem Gedichte, das er im Almanach für 1782 publicirte; da dasselbe den Beweis liefert, wie anständige Poeten von dieser Sorte Literatur dachten, so finde es hier vollständig seinen Platz:

---

[1]) Jahrgang II, S. 274.

Knittelreime

auf die Knittel-Autoren Wiens im Jahre 1781.

Heil dir, o Oesterreich! heil dir! nun blüh'n
Weisheit und Kenntniß im Schoße von Wien.
Fürwahr! das göldne Jahrzehend ist da,
Wo nicht schon wirklich, doch hoffentlich nah.
Denn sieh! wie steigen die Künste empor!
Gelehrte keimen, gleich Pilzen, hervor.
Knaben, die noch auf der Schulbank sizen,
Studenten, die noch beim quae maribus schwizen,
Geben mit Schwänken und großem Gebraus
Die drolligsten Titel in Zeitungen aus.
Stolzieren daher in hochtrabendem Styl,
Und machen der Rodomontaden so viel,
Als wollten sie alle mit Kopf und Bein
In Hans Nörds irdenen Krug hinein.
Das Publikum läuft mit gierigem Sinn
Zu allen Verlegerbuden hin.
Man drängt sich, stößt sich, zankt sich herum,
Giebt freudiglich seine zehn Kreuzer darum,
Erhaschet sein Büchlein, öfnets und liest,
Und lernt draus — daß man betrogen ist.

Ein Gegengewicht derartigen Unfuges in derselben Stadt, die einen Mann wie Sonnenfels beherbergte, war nothwendig. Es bildete sich, ohne daß man damit eine bestimmte Absicht vorhatte, von selbst in dem Auftreten der poetischen Kräfte, die Talent und Begabung zeigen und deren ganzes Schwergewicht auf dem Boden Oesterreichs ruht. Wenn ich sage: Kräfte, so gilt dieser Ausdruck speciell für österreichische Verhältnisse. Absolut bedeutend waren die ersten Bestrebungen der Wiener Dichter nicht, aber sie bildeten doch den festen Kern, um den sich bald Bedeutenderes und Wichtigeres ansetzen sollte. Es lag in dem ganzen Gange der Erziehung jener Zeit in Oesterreich, daß die Männer, welche den ersten Anklang zum dichterischen neuen Leben im Reiche gegeben hatten, den Jesuiten-Anstalten ihre Erziehung verdankten, wohl auch selbst dem Orden angehörten; aber es ist bezeichnend, daß sich später die meisten derselben gern selbst „Exjesuit" nannten. Die Wiener Dichter, wenn sie sich nicht in den erschwerten Verkehr mit dem Auslande setzen wollten, bisher an die bescheidenen Zeitschriften der Residenz gebunden, unter denen allenfalls die „Realzeitung" Kurzböck's einigermaßen hervorragte, hatten längere Zeit den Musen-Almanachen in Deutschland ihre Aufmerksamkeit zugewendet und nun hatte einer das Wagniß unternommen, selbst einen Almanach in der Residenz herauszugeben.

Es war dies Josef Franz Ratschky, ein Name, der mit dem Wiener Musen-Almanach während dessen zwanzigjährigen Bestehens in Verbindung stand. Ratschky hatte diesen Almanach in's Leben gerufen. Ratschky, geboren im Jahre 1757 zu Wien, lenkte bald die Aufmerksamkeit des Hofrathes Sonnenfels und durch diesen die des Monarchen selbst auf sich, der ihn aus einer niederen amtlichen Stellung, in welcher sich der durch Pünktlichkeit, Fleiß und durch seine seine literarische Bildung ausgezeichnete junge Mann befand, zum Hofconcipisten beförderte. Ratschky beendete seine amtliche Carrière mit der Stellung eines wirklichen Staats- und Conferenzrathes, als welcher er im Jahre 1810 starb. Er war in der deutschen Literatur bald bekannt geworden durch eine Reihe lyrischer Gedichte, die in zwei Sammlungen („Gedichte", Wien, 1785. „Neuere Gedichte", Wien 1805) erschienen waren, durch sein heroisch-episches Gedicht: „Melchior Striegel" (Wien 1793 und 1794), durch einige Monographien und eine Uebersetzung von „Claudian's Gedicht wider den Rufin". (Wien 1801.) Ratschky's gefällige, glatte Versification und seine zierliche poetische Sprache erregten die Aufmerksamkeit der Größen der deutschen Literatur, sein feiner Witz erwarb ihm bald auch außerhalb Wiens einen geachteten Namen. Was er galt, beweisen die zahlreichen Nekrologe, welche in den Blättern des In- und Auslandes veröffentlicht wurden, unter denen sich selbst ein Nachruf nebst der Biographie des Dichters in dem „vornehmen" Cotta'schen „Morgenblatte"[1]) befand, in dem er

---

[1]) Jahrgang 1810, Nr. 171, S. 684.

„einer der vorzüglichen Dichter und Schriftsteller im Fache der schönen Wissenschaften überhaupt" genannt wird.

Dieser Mann übernahm die Herausgabe des ersten Wiener Almanachs, der nun schon zu den literarischen Seltenheiten gehört und auch mir erst nach längerem Suchen [1] zugänglich wurde. Das Büchlein, in Duodezformat mit einer Titelvignette und einem Titelkupfer, trägt den Titel: „Wienerischer Musen-Almanach auf das Jahr 1777. Wien, bei Josef Edlen von Kurzböck."

Ein „Vorbericht" des Herausgebers und die „Wienerische Theaterkronik" vom 8. April bis 31. October 1776, dann die Abtheilung „Neue Stücke" eröffnen den Inhalt. Die „Theaterkronik" bietet heute ein schätzenswerthes Stück Theatergeschichte aus dem Wien jener Zeit, sie verzeichnet alle in dem angegebenen Zeitraume auf den zwei Wiener Bühnen (Nationaltheater und Theater nächst dem Kärntnerthore) aufgeführten Stücke. Diejenigen Schauspiele, welche während dieser Zeit zum erstenmal aufgeführt wurden, lehrt uns die Rubrik: „Neue Stücke", welche zugleich eine kurze Besprechung jedes einzelnen derselben bietet, kennen. Was diese Besprechung betrifft, so sagt der Herausgeber selbst darüber in dem erwähnten Vorbericht: „Wir geben diese Nachrichten für nichts Anderes als was sie wirklich sind, für hingeworfene Gedanken, die das Urtheil des Publicums bestätigen oder verdammen zu können die Macht hat." Nun folgt im Inhalte des Almanachs das Singspiel des Herausgebers J. F. Ratschky: „Weiß und Rosenfarb, ein ländliches Spiel mit harmlosen Scherzen Verliebter, das nach einem Ballette Noverre's entworfen ist." Das Stückchen ist neu und am 21. April 1776 zuerst in dem Theater „nächst dem Kärntnerthore" gegeben worden, woselbst es jedenfalls sehr gefallen hat, denn es wurde noch im April viermal und später noch sehr oft in demselben Jahre aufgeführt. Die harmlosen idyllischen Liebesscenen, welche den Inhalt bilden, würden freilich heute gar keinen Anklang finden. Ratschky vertheidigt sich im Vorbericht auch bezüglich dieses dramatischen

[1] Aus der k. k. Hofbibliothek in Wien.

Spieles, insbesondere weil er nicht den Effect hervorgebracht zu haben glaubt, den Noverre's Ballet bewirkte. „Wer den Dichter," sagt er wörtlich, „etwa tadeln wollte, daß er dem Plane von Noverre's Ballette nicht im Ganzen nachgekommen sei, wird bedenken, daß die Regeln eines Ballets nur sehr selten so eingeschränkt sind, daß ihnen der dramatische Dichter Schritt vor Schritt folgen dürfte." Das Stückchen ist auch vom Verfasser diesem Reorganisator der Tanzkunst und insbesondere des Ballets gewidmet, und zwar mit einem längeren französischen Gedichte: „A monsieur Noverre", das mit der Ansprache beginnt:

> Génie toutpuissant,
> A qui Terpsichore en naissant,
> Les yeux enyvrés de tendresse
> Avoit souri
> En disant à ses soeurs: voila mon favori,

und mit den Noverre besonders verherrlichenden Versen schließt:

> — mon oeuvre imparfait ne demande autre chose,
> Qu'une feuille de Ton laurier,
> Si j'ai de Blanc et Rose
> Attrappé quelques traits.

Ratschky selbst ist der Verfasser dieser Verse, die seiner Gewandtheit auf poetischem Gebiete auch in französischer Sprache alle Ehre machen; zugleich zeigen sie die Verehrung, welche man dem Balletmeister damals in Wien zollte [1]). Die „Gedichte", welche im „Musen-Almanach" nun folgen, sind durchwegs zum erstenmale gedruckte Originale; einige der Verfasser verbergen sich hinter Chiffren (A., F. v. G., R., —sch., ... y [2]). Unter den Genannten finden wir nur drei Namen, die uns in den folgenden Jahrgängen noch öfter begegnen: J. S. Ratschky selbst, Schlosser und Gottlieb Leon. Außer Ratschky wurde der Letztere eine für das österreichische Literaturleben der Folgezeit bedeutende Persönlichkeit. Leon war damals, als seine

---

[1]) Näheres über Noverre in meinem „Inneröster. Stadtleben", S. 37 f.
[2]) Hinter den letzten drei Chiffren R, —sch. und ... y. verbirgt sich Ratschky selbst.

ersten Gedichte in diesem Musen=Almanach erschienen, erst zwanzig Jahre alt. Seine durch ihre Glätte ausgezeichneten Verse, welche meist die Natur und die Liebe besingen, zeigen schon hier den Charakter, der sich später deutlicher ausprägte und dem Poeten die Bezeichnung des österreichischen Minnesängers eintrug. Um die Ursache dieser Bezeichnung ganz zu fassen, vergleiche man nur Leon's im Jahr 1788 in Wien erschienene Sammlung der Gedichte und insbesondere den „Vorbericht" des Dichters zu denselben. Von Leon's Gedichten im Musen=Almanach des Jahres 1777 sind wenige in die Sammlung seiner Gedichte aufgenommen, obwohl manche derselben die Aufnahme wohl verdient hätten. So eröffnet die Almanach=Gedichte ein Poem Leon's, das hier seinen Platz finden möge; es ist überschrieben:

Schäferlied.

Lilla, diese jungen Myrthen
Sollen freundlich uns bewirthen,
Frischbethaut liegt hier im Klee
Der gesunk'ne Blüthenschnee.

Jugendliche Weste spielen
Mit den Veilchen hier und kühlen
Mit dem reinsten Balsamduft
Die erwärmte Sommerluft.

Zaubrisch rauscht die Silberquelle
Und in's Säufeln ihrer Welle
Schlägt mit wohllustreichem Schall
Aus dem Busch die Nachtigall.

Komm, mein Liebchen, hier im Kühlen
Will ich dir ein Liedchen spielen:
Und gefällt mein Liedchen dir,
Dann gibst du ein Küßchen mir.

Auch Ratschky hat die meisten der Gedichte, welche sich in den ersteren Jahrgängen des Wiener Musen=Almanachs finden, nicht in seine Sammlung von Gedichten aufgenommen, darunter befindet sich

das scherzhafte „Wer hätte das gedacht" (S. 74), welches mit der
Strophe schließt:

> Kunz, des Geschmackes Oberrichter,
> Schalt stäts mich einen Knittelbichter.
> Dies war die ewige Moral
> In seinem kritischen Journal.
> Jüngst schickt' ich ihm ein Bittgedichte
> Nebst unterthänigstem Berichte,
> Flugs werd' ich zum Horaz gemacht:
> Wer hätte das gedacht?

Schöne Stücke bot der Almanach auch in den alten Volksliedern,
welche mit feinfühlendem Geschmacke der Herausgeber mitunter ein-
reihte. Man höre das nachstehende mit R. unterzeichnete (also von
Ratschky bearbeitete) alte Lied aus diesem Jahrgang 1777 [1]):

Nach einem alten Liede.

> Als einst ein gefährlicher Aufruhr entstand
> Bezogen viel streitbare Völker das Land;
> Dreytausend Musquetiers,
> Dreytausend Grenadiers,
> Dreytausend Mann Dragoner.
>
> Ein feuriger Fähnrich war unter dem Zug:
> Der lockte mit Schmeicheln und List und Betrug
> Ein Mädchen in den Wald
> Und raubt' ihm mit Gewalt,
> Trotz Flehen und Schreyn die Ehre.
>
> Das Mädchen gieng weinend zum Obristen hin:
> Mein Kind, sprach der Obriste, kennest du ihn?
> „Den Namen weiß ich nicht,
> Ach, aber sein Gesicht
> Wollt ich gar leicht erkennen."

---

[1]) Sagbe, daß der Abdruck nicht ganz wörtlich geschah, womit der Volksliederforschung ein werthvoller Beitrag geboten wäre; bekanntlich erscheint der
Inhalt dieser Volkslieder in verschiedenen selbst dialektischen Versionen.

Stracks rührte der Tambour auf hohen Befehl
Die wirbelnde Trommel und schlug den Rebell.
Marschirt zu drey und drey
Die Musterung vorbei:
„Dort schwingt er die Standarte."

Der Feldkapitän war ein hitziger Mann.
Halt! hub er mit gräßlichem Ungestüm an,
Baut einen Galgen auf,
Und morgen soll er drauf,
Der Ehrenschänder, hängen!

Kameraden! ich sterbe mit ruhigem Blick:
Nur meiner Gemahlin verheelt mein Geschick:
Und wenn sie nach mir fragt,
Ich bitt' euch, Brüder, sagt:
Der Feind hat mich erschossen.

R.

Es dürfte nun nicht uninteressant sein, da, wie erwähnt, der Almanach von 1777 höchst selten geworden ist, ein Inhaltsverzeichniß vom poetischen Theile desselben, wie die Gedichte der Reihe nach aufeinanderfolgen mit Angabe der Verfasser, beziehungsweise der Chiffren hier wiederzugeben. Ich bemerke dazu, daß ich die Anfangszeilen eines jeden Poems in Klammern beifüge:

Schäferlied, von G. Leon. (Lilla, diese jungen Myrthen.)
An aufrührerische Bürger. Nach dem Horaz, von R. (Wohin? wo stürzt ihr hin? was waffnet ihr, Rebellen?)
An den Mond, von Löbl. (Mond, sey Zeuge meiner Lieder.)
Die Weinlese, von —sch—. (Hinaus in das Rebengebirge, ihr Brüder.)
Auf eine Colette, von G. Leon. (Kathrinchen scheut die Sonn' und geht nur Abends aus.)
Wer hätte das gedacht? von J. F. Ratschky. (Dorinde, wie ihr Alle wisset.)
Um Mitternacht, von Schlosser. (Bist du's, o ernste Stunde des Todes, die.)
Sonett, von —sch—. (Das schöne Kind! ach, hättest du's gesehen!)
Der glückliche Baum. Nach dem Lateinischen des Desbillons, von F. v. G. (Victoria! ruft Star, und eilt im vollen Lauf.)
Selma an Selmar, von G. Leon. (In Elysens lichten Palmengärten.)
Der verpachtete Parnaß, von J. F. Ratschky. (Der Musengott war öfters schon.)
Der Lindenbaum. An Lisinden, von Löbl. (Ach! hier ist sie, die holde Linde.)

Der Gast. Nach dem Martial, von A. (Du speisest nie, wenn du kein Schweinfleisch hast.)

Tröstungsgedicht. An die Frau, von St. (Theuerste, hemme die Thränen! Er hat die Laufbahn vollendet.)

Der Esel. Nach dem Lateinischen des Desbillons, von F. v. G. (Ein Esel fand einst den Virgil.)

Nach einem alten Liede, von R. (Als einst ein gefährlicher Aufruhr entstand.)

Maienlied von G. Leon. (Lieblicher bricht hinter Myrthen.)

Rabener's Analnise, von J. F. Ratschky. (Mit Gunst, ihr ausgelaff'nen Spötter.)

Yariko. Aus dem Französischen, von R. (Wie? ärgert's dich, daß ich dich liebe, Yariko?)

Der neue Orpheus. Nach dem Lateinischen des Desbillons, von F. v. G. (Als einst ein unwillkomm'ner Freier.)

Der Barde und der Minnesänger, von J. F. Ratschky. (Ihr Götter helft! ein Waldgott drückt mich.)

Frühlings-Empfindungen, von G. Leon. (O wie Alles grünt und blüht.)

Die witzige Antwort, von —sch—. (Als Friedrich einen Mann mit einer Narb' einst sah.)

Die echte Freude, von Schlosser. (Sollen wir echte Freude fühlen, warum.)

An Doris, von G. Leon. (Kleine Doris, traue nicht.)

An Damon, von A. (Der du des Landmanns Glück, die frohe Tugend singest.)

Neujahrslied, von Löbl. (Auf! reiche mir die gold'ne Leyer.)

Die Geduld des Sokrates. Nach dem Lateinischen des Desbillons, von F. v. G. (Zur Wirthschaft theils und theils zum Zeitvertreib.)

Nachtgesang, von G. Leon. (Schon erlöschet gemach, Abend, dein Rosenstrahl.)

An Thrax, von C. Mayr. (Du schiltst den Tod, daß er dir Lieschen nahm.)

Minnelied. An's Liebchen, von G. Leon. (Liebchen, dem mein Herze glüht.)

Abbildung eines Biedermanns. Nach dem Französischen des Fenelon, von —y. (Mensch, leiste deinem Gott, was du ihm schuldig bist.)

Auf einen Schmetterling, von Löbl. (Wie schön, du kleines Thierchen, du!)

Liebeslied. An Röschen, von G. Leon. (Ach! schon so lang, so lang erfüllt.)

Wider die Liebe, von —sch—. (Ein dummer Gec ist der, der liebt.)

An einen Freund, von G. Leon. (Freund, fleuch das stürmende Getümmel.)

An Lydia. Die 13. Ode des Horaz im I. Buche, von —y. (Wenn du, Lydia, Thelephans.)

Daphnis und Daphne, von C. Mayr. (Es ist doch eine arge Sache.)

An Hannchen, von G. Leon. (Das kleine lose Hannchen hat.)

Alexis, eine prosaische Idylle. Nach dem Virgil, von A.

Geschichte des Isters (Prosa), von G. Leon[1]).

---

[1]) In der Sammlung der Gedichte von Leon unter dem Titel „Ister und A[n]ripe"

Man ersieht aus diesem Inhaltsverzeichnisse, daß Ratschky, und zwar theils mit seinem Namen, theils anonym, und G. Leon am meisten in diesem ersten Wiener Musen-Almanache vertreten erscheinen und daß als genannte Mitarbeiter noch Schlosser, Löbl und C. Mayr vorkommen, freilich eine sehr geringe Zahl, die sich jedoch, wie wir sehen werden, von Jahr zu Jahr steigerte. Abgesehen von den zwei letzten Idyllen in Prosa sind die Dichtungen fast durchwegs lyrisch, einige epigrammatische Anklänge kann man nicht als besonders gelungen betrachten, da ihnen zumeist die Spitze fehlt. Ratschky's satyrisches Gedicht: „Rabener's Anakrise" sticht in seinem humoristischen Tone merklich von den übrigen Piècen ab, überhaupt ist er der begabteste unter der kleinen Poetengesellschaft. Leon dagegen vertritt darin das romantische Element und die Poesie der Liebe und der Naturfreudigkeit, auf welchen Gebieten er es in der Folge zu großer Gewandtheit gebracht hat. Jedenfalls scheint dem Herausgeber Ratschky — der mit Leon besonders innig befreundet war — zu Anfang keine große Zahl passender Gedichte zu Gebote gestanden zu sein. Bevor der Almanach noch einige Aufmerksamkeit auf sich gelenkt hatte, war eben die Zahl der Betheiligten vielleicht nur aus den dem Herausgeber persönlich bekannten poetischen Talenten gewählt und derselbe konnte auch kaum sehr wählerisch sein.

Werfen wir, bevor wir noch auf den Inhalt der übrigen Jahrgänge eingehen, noch einen Blick auf die Herausgeber.

Ratschky hatte, nachdem er den Almanach durch die Jahrgänge 1777, 1778 und 1779 redigirt, so viel Unannehmlichkeiten zu bestehen[1]), daß er von der Redaction zurücktrat und sie dem ebenfalls schon bekannten Schriftsteller Josef Richter übergab, der

---

[1]) Des Herausgebers eigene Worte im „Vorbericht zum Almanach für 1779" sind: „Aus dreierlei Gründen ende ich mit diesem 3. Jahrgange die Herausgabe des Wiener Musenkalenders: für's Erste bin ich des Recensions- und Versemusterns herzlich müde. — Der zweite Grundtrieb sind Berufsgeschäfte... Ich bin leider nicht in derjenigen behaglichen Unabhängigkeit, meine Tage sorglos an rieselnden Bächen verschlummern zu können... Zur dritten Bewegursache dient der durch die itzigen Kriegsumstände gehemmte Buchhandel."

den Jahrgang 1780 zusammenstellen sollte. Aber Richter mußte
verreisen und so tritt als Herausgeber des Almanachs für 1780
M. Prandstetter an dessen Stelle, der schon im Musen-Almanach
von 1779 durch die zwei Gedichte „Die Natur" und „Auf Haller's Tod"
bekannt wurde. Ratschky nahm aber seine redactionelle Thätigkeit
wieder auf; vom Jahrgange 1781 an finden wir ihn mit Alois
Blumauer zusammen, wenigstens auf dem Titelblatte als Herausgeber genannt; „die Hauptarbeit freilich besorgte Blumauer" (Wurzbach: „Biogr. Lex.", XXV, S. 23). Von 1793 an steht Blumauer
allein auf dem Titelblatte und 1795 redigirt die Sammlung Gottlieb Leon, der den Dichter der travestirten Aeneis schon in den letzt-
vorhergegangenen Jahren, wie er in seinem „Vorberichte" sagt, bei
der Redaction unterstützte. Leon's Versuch, auch Prosabeiträge dem
Büchlein einzuverleiben, gelang nicht nach Wunsch; der Jahrgang
1795 ist überhaupt der letzte in der Reihe der alten Musen-Almanache;
Leon beschloß ihn. Der „Neue Wiener Musen-Almanach auf das
Jahr 1798. Herausgegeben von einer Gesellschaft. Wien 1798, 8°."
ist ein ganz neues Unternehmen, das weder mit den früheren Herausgebern, noch mit deren Mitarbeitern, die übrigens anonym erscheinen
und nicht einmal mit Chiffren die Gedichte unterzeichnen, etwas
gemein hat, und auch in den Rahmen dieser Darstellung nicht fällt.

Ich komme nun wieder auf die letzten Bände der Siebziger-Jahre
zurück. In Anordnung und Einrichtung waren die Jahrgänge 1778
und 1779 dem ersten Jahrgange gleich. Die Titel, wie auch Ver-
leger waren dieselben. Auf das Verzeichniß der in beiden Theatern
gegebenen Stücke folgten die kritischen Anzeigen „von den im kaif. kön.
National-Schauspielhause neu aufgeführten theatralischen Producten",
hierauf eine größere Pièce mit separatem Titelblatte.

Im Jahrgange 1778 ist Leon der Verfasser dieser größeren Dichtung, welche diesmal etwas verschnörkelt auftritt, wie schon aus dem
Titel zu ersehen ist, der lautet: „Anmüthige und züchtige Historia
von dem schönen Ritter Engelhardt, eines edlen Ritters Sohn aus
Lysabon und der schönen Gertraud, einer Königstochter von Neapolis.

Zum Nutz und Kurzweil wohlehrbarer Frauen und Jungfrauen in Reime gesetzt und aus Licht gestellt durch Amadeum Leon" [1]). Von neuen Mitarbeitern finden wir in diesem Jahrgange fast nur anonyme, welche mit Chiffren zeichnen, nämlich: F. S——ng. (Franz Schisling, der als Mitarbeiter auch in den weiteren Jahrgängen erscheint.) O. W., R**r., P., W. G., und einen ungenannten Einsender „aus Glogau". Mit Namen erscheint neu Jos. Rabitschnig, der ein Poem, „An die Dichter" bringt. Was die bis nun hervorragenderen Namen betrifft, so ist Leon mit den Gedichten: „An meine Zukünftige", „An Demoiselle Johanna J**r.", „Jägerlied", „An Gott", „Maienlied", „Kupido", „Jägers Liebslied", „An Sylli Wallberg", „Drang zu Gott", „Denkmal der Freundschaft", „In einer Regenmondnacht", „An meine künftige Geliebte", „Minnesang auf die Edelveste und Tugendsame Jungfrau Kunigunde Friediner", „Brief an den Verfasser des S**ts" vertreten. Ratschky bietet ein prächtiges kleines Gedicht: „Das Linzermädchen", voll Gluth und Leidenschaft in anmuthiger Form. Im Ganzen ist der Inhalt des poetischen Theiles in diesem Jahrgange durch bedeutend bessere Piècen vertreten, freilich sind Leon's Beiträge die besten. Der ebenfalls den Gedichten eingefügte „Versuch einer Uebersetzung des Polyeukt von Peter Korneille" bietet auch die Probe einer Uebertragung französischer Poesie aus einer Wiener Feder.

Die größere Dichtung, welche nach der „Wienerischen Theaterkronik" und den „Neuen Stücken" im Jahrgange 1779 die Reihe der Poesien eröffnet, hat wieder dramatischen Charakter, sie erscheint dadurch besonders interessant, daß sie die offenbare Tendenz kundgibt, in satyrischer Weise das „Geniewesen" der gleichzeitigen deutschen Dichter zu geißeln. Der vollständige Titel der Piéce lautet: „Geburt, Leben und Tod Alexander's des Großen, ein Schauspiel für Wahnsinnige. Aufzuführen von einer Horde reisender Komödianten. J'écris en insensé, mais j'écris pour des fous. Voltaire."

---

[1]) Der Name Amadeus, eine Uebersetzung des deutschen Gottlieb schien Leon wahrscheinlich „romantischer", es wird wohl Niemand daran zweifeln, daß wir es hier wirklich mit Gottlieb Leon zu thun haben.

Auch die „Eingangsrede" dieser tollen dramatischen Farce ist
sehr charakteristisch, und möge hier wiedergegeben werden. Sie lautet:
„Zum Genie gestempelt durch Thatkraft, Instinct und Eigengefühl,
wer mag dieser meiner dramatischen Erstgeburt was anhaben? Hab'
ich nicht all' den herrlichen Wirrwarr getreulich befolgt, der da in
den Tagen der Originalität Sitte ist unter den Dramenfabrikanten
meiner Nation, so tret' Einer auf und zeuge wider mich! Sonder
Eigenlob sei's gesagt, ich bin weiter vorgedrungen denn einer meiner
Vorläufer. Mir war's vorbehalten, zu enden das Afterregiment der
tyrannischen Zeitordnung, denn, Brüder, was soll solch' ein alberner
Zwang uns fürder coujoniren? Abgeschüttelt das Joch! Wir sind
Genies. Um ein paar lumpichte Jahrhunderte auf oder ab! O Genie!
Genie! Genie!!! Was bist du doch für eine herrliche Gabe! Wer
sich deiner freut, mag seiner Manie den Zügel lassen ungehindert:
's ist all' nur Auswuchs des Genies. Ihr, liebe Leser wollt euch
ja nicht befremden, daß ich das Werklein für reisende Komödianten
bestimme. 's ist wohl keine Schaubühne in all' den neun Kreisen des
deutschen Reichs, der ich's nicht allbereits überantwortet hätte: allein
ich fand um und um regelmäßige Starrköpfigkeit, haftend mit Kraft
und Macht am genielosen Schlendrian unserer Altväter. Ildephons
Kunterbunt, der schönen Wissenschaften Beflissener zu Hirschau." Worauf diese satyrische Einleitung zielt, die einen nicht uninteressanten
Beitrag zum Cultur- und Literaturleben jener Zeit bietet, ist leicht
abzusehen. Man denke an die ersten Jahre von Goethe's Aufenthalt
in Weimar, an seinen Verkehr mit Klinger, Lenz, Wagner, an die
jüngsten vor dem Musen-Almanach erschienenen Producte der Stürmer
und Dränger, an ihr tolles Gebahren, nicht nur in ihren Dichtungen,
sondern auch im realen Leben, in der greifbaren Wirklichkeit. Das auf
die „Eingangsrede" folgende Kunterbunt dramatischer Scenen ist nun
freilich mit weniger Witz geschrieben, die Absicht, jene „Geniewirth-
schaft" zu persifliren, leuchtet aber auch hier aus jedem Worte hervor.

Von den lyrischen Dichtungen finden sich in dem neuen Jahrgange des Almanachs einige recht gelungene Sachen, auch ist die

Zahl der Mitarbeiter nicht mehr so beschränkt und zeigt schon ein regeres Interesse, welches sich für das junge Unternehmen kundgibt. Erwähnenswerth sind unter den neu auftretenden Namen insbesondere M. Prandstetter und Richter, welch' Letzterer durch ein Gedicht: „Der Luxus" („O blendendes vergöttertes Phantom") vertreten ist. Kein Zweifel, daß auch die mit —nbst— unterzeichneten Gedichte von Prandstetter herrühren; derselbe zeigt in seinen Liedern Zartheit, Innigkeit und eine sehr gut gewählte Form, man höre z. B. das nachfolgende Gedicht:

An Kloen.

Du zürnest über nichts mit mir,
Und heißest gar mich gehen;
O glaub es nur, du hast mich hier
Zum letztenmal gesehen.

Und schickst du, wie du drohtest, mir
Zurück die kleinen Lieder,
Gut, Stolze, gut, so geb ich dir
Auch deine Küsse wieder.

—nbst—

Auch J. K. Hartel und Hegrad, denen wir später noch begegnen, bieten in diesem Jahrgange des Almanachs ihre ersten Poesien. Hegrad bringt das nachfolgende recht gelungene Epigramm:

Amarant.

Aus Mangel an Papier schrieb Meister Amarant
Ein Dutzend Reime jüngst auf seine flache Hand.
Ich lacht' ihn d'rüber aus. Schrieb man nicht schon vor Zeiten
Auf Eselshäuten?

Der Redactionswechsel, welcher mit dem Jahrgange 1780 des Wiener Almanachs vor sich ging, hatte keinen besonderen Einfluß auf die innere Organisation desselben. Der Titel blieb mit dem der früheren Jahrgänge gleich, gedruckt erscheint das Bändchen bei „Joh. Thom. Edl.

v. Trattnern", der sich bekanntlich um die Literatur in Wien überaus
verdient gemacht hatte. Besorgt ist der Almanach nun von Martin
Josef Prandstetter, welcher den Vorbericht mit seinem vollen
Namen unterzeichnet; Richter, aus dessen Händen „das Publicum den
Almanach erwartet und erhalten haben würde", mußte plötzlich eine
dringende Reise unternehmen. Prandstetter ließ die kurzen Recensionen
neuer Stücke, welche bisher in den Almanachen erschienen waren, aus,
er selbst gibt im Vorbericht den Grund hievon an: „Die kurzen
kritischen Anzeigen der in Wien neu aufgeführten Stücke schienen mir
völlig wegzulassen zu sein, vorzüglich, weil sie heuer sehr gleichlautend
mit jenen waren, die von Zeit zu Zeit in der K. k. privilegirten
Realzeitung allhier bekannt gemacht wurden; und dann dünkt es mir
eine sehr vergebliche Mühe, Stücke zu verurtheilen, die lange schon
vergessen wären, wenn sie nicht zuweilen der Anschlagzettel in unser
Gedächtniß zurückriefe, und eine sehr undankbare, diejenigen Stücke
zu untersuchen, die der stachelvolle Panzer des sogenannten allgemeinen
Beyfalles deckt."

„Darthula, ein Trauerspiel nach Ossian von Friedrich Saam"
eröffnet nun die dichterische Abtheilung des Almanachs und zeigt
uns schon den Ossian-Cultus, welchen damals Alles betrieb, und dessen
Hauptvertreter, Michael Denis, ja selber in Wien, in den Kreisen
dieser Poeten, weilte. Von den lyrischen Dichtern finden wir dreizehn
genannte und vier anonyme, Letztere also schon in bedeutend geringerer
Anzahl, ein Beweis, daß man dem Unternehmen bereits Bedeutung
und Lebensfähigkeit zutraute. Genannt zu werden verdienen besonders
Antonia Forster[1]) und Josef von Retzer, welche auch in diesem Almanach zuerst mit Beiträgen vertreten sind, ferner finden wir Poesien
von Engel, Prandstetter, Schisling, insbesondre auch von dem jungen
Höfflein, der jedoch schon einige Jahre bevor der Almanach erschien
gestorben war. Retzer's Beiträge bestehen in zwei Gedichten: in einem
zierlichen erotischen Poem: „Amor und Klio" und in dem Epigramm:

---

[1]) Deren Schattenriß auch dem Bändchen beigefügt ist.

Der Richter.

Der Richter Damien verkauft das Recht;
Hierüber klagt die ganze Stadt,
Mir deucht: er handle nicht so schlecht,
Wenn er verkauft, was er gekaufet hat.

Besonders hervorragende poetische Beiträge weist der Almanach übrigens noch immer nicht auf und selbst die bedeutenderen bisher darin vertretenen Dichter nahmen später, als sie ihre Gedichte in Sammlungen veröffentlichten, wenig von den hier publicirten Jugend= arbeiten auf oder unterwerfen die Stücke, welche sie doch aufnehmen, genauer Umarbeitung.

Wenn man die Geschichte des Wiener Musen=Almanachs zum leichteren Ueberblicke in gewisse Perioden eintheilen wollte, so böte sich hiezu als bester Eintheilungsgrund die Abtheilung in so viele Gruppen von Jahrgängen als von demselben Herausgeber besorgt wurden. Wenn diese Herausgeber bisher wechselten, so erscheinen zwei Namen derselben in Verbindung eine Reihe von eilf Jahren gemein= schaftlich auf dem Titelblatte. Es sind dies wieder J. F. Ratschky und Alois Blumauer, welche den „Wienerischen Musen=Almanach" (der übrigens von 1786 an den sprachlich richtigeren Titel „Wiener Musen=Almanach trug), von 1781 bis 1792 vereint redigirten[1]). Schon äußerlich machten die Bändchen nun einen besseren Eindruck, die Lettern sind groß und deutlich, auch die für Almanache damals so allgemein üblichen Notenbeilagen klar und rein gedruckt. Von da an bringt der Almanach auch einzig und allein nur Gedichte, alle übrigen Beilagen, welche die früheren Jahrgänge enthielten, fallen weg.

Der Vorbericht der Herausgeber im Jahrgange 1781 bietet wichtige Andeutungen über den Erfolg des Unternehmens und die Ursache seiner neuen Wandlung, und ein Theil desselben möge hier vor= geführt werden. Dieser „Vorbericht" beginnt: „Vier volle Jahre schon

---

[1]) Derselbe erschien von 1781 bis 1785 bei Rudolf Gräffer, 1786 bei dem berüchtigten G. Ph. Wucherer, 1787 bei C. F. Wappler, 1788 bis 1792 bei Rudolf Gräffer und Comp.

rang dieser Almanach sich aus der Minderjährigkeit emporzuwinden,
die, wie viele wack're Leute sich verlauten ließen, ihm zwar eben
nicht zur Unehre gedieh, die aber doch immer Minderjährigkeit war.
Und noch würde es (lag die Schuld an der Unbiegsamkeit oder
Schüchternheit des Vormünders, oder an was sonsten, das wollen
wir, so triftig wir's auch könnten, nicht entscheiden), noch würde es
vielleicht ein frommer Wunsch geblieben sein, hätte sich nicht ein Freund
des Gesanges, der selbst einen der rühmlichsten Ehrenstühle unter
Deutschlands Dichtern einnimmt, und dem auch das Verdienst der
heurigen Herausgabe größtentheils zuzurechnen ist, mit all' dem
Enthusiasmus, dessen ein Mann von Genie fähig ist, dafür verwendet [1]).

Der erste Stifter dieses Institutes (der von seinem Unternehmen
Wien eine eigene poetische Blumenlese zu geben, eigentlich nur aus
Ueberdruß abstand, weil er sah, daß es das nicht ward, was er sich
idealisirt hatte) und einer seiner Freunde fassen also, da sie sich nun
durch die Beiträge fast aller Dichter, die hier nur einigen Namen
haben, so gütig und reichlich unterstützt sehen, neuen Muth, und ent-
schließen sich, für nun und künftig die Herausgabe gemeinschaftlich
zu besorgen."

So tritt denn der Almanach Wiens im Jahre 1781 mit neuem
frischem Muth unter der Obhut zweier Talente auf, von denen Gutes
zu erwarten ist, unter einer Reihe von Mitarbeitern, deren manche
zu hervorragenden Größen der gleichzeitigen Literatur zählen.

In bescheidener Weise vertheidigen sich die Herausgeber gegen den
etwaigen Vorwurf der Dürftigkeit des Gebotenen in Vergleich mit den
deutschen Musen-Almanachen in den Worten des Vorberichts: „Wenn
man uns mit den auswärtigen Musenkalendern in Absicht des Ganzen
vergleichen will, so sähen wir gern, wenn man dabei in Erwägung
zöge, daß diese der Zusammenfluß von fast mehr als halb Deutsch-

---

[1]) Es ist wohl unzweifelhaft Michael Denis damit gemeint, welcher auch
in diesem Jahrgange zuerst und zwar mit fünf Piècen vertreten erscheint.

land sind, hier aber für heuer nur Dichter einer einzigen Stadt[1]) ihre Producte aufstellen."

Der vertretenen Dichter im Jahrgange 1781 sind 21 genannte, zwei anonyme und ein Ungenannter. Die bedeutendsten Namen der Genannten sind jedenfalls neben den beiden Herausgebern Johann Alringer, Michael Denis, Leop. Friedr. Günther-Goekingk, L. L. Haschka, G. Leon, Prandstetter, Ratschky und Retzer. Zwei Oden eröffnen das Bändchen, von denen die eine, „Germanien", von Hofstäter den Ruhm deutscher Kunst und Wissenschaft im Liede feiert. Die zweite ist Michael Denis' so berühmt gewordenes Gedicht: „Der Bardenweg". Alois Blumauer hatte sich damals noch keinegswegs jener vielbejubelten frivolen Richtung zugewendet, die später so sehr überhand nahm; zum Beweise vergleiche man nur seine in diesem Jahrgang des Almanachs ver- öffentlichten Gedichte: „Die Donaufahrt", „Lied an die deutschen Mädchen", „Illusion und Grübelei", „Die Autorpolitik", „Der Blick der Liebe", „Die geschmückte Rose", „Die Sehnsuchtsthräne". Dafür zeugen einige schöne Stücke von dem patriotischen Gefühle des Dichters, von der Liebe zu seiner österreichischen Heimat, die sich beispiels- weise so schön in dem längeren Gedichte: „Die Donaufahrt 1779" kundgibt, von dem ich einige Strophen hiehersetze:

> Sag an, mein Lied, wo fern und nah
> Ich Gottes hohe Wunder sah,

---

[1]) Eine Ausnahme wurde übrigens bezüglich dieses Punktes doch gemacht, Fr. Günther v. Goekingk, der bekannte und berühmte Verfasser der „Lieder zweier Liebenden" (Leipzig 1777), hatte eine poetische Epistel: „An Josef v. Retzer in Wien, den 22. October 1780" eingesendet, die natürlich aufgenommen wurde und von der Bemerkung begleitet war: „Schon war der Abdruck dieses Almanachs beinahe zu Ende, als wir diese vortreffliche noch ungedruckte Epistel des Herrn Goekingk im Manuscripte zu Gesichte bekamen, und in Versuchung geriethen, unserer in der Vorrede geäußerten Erklärung, für heuer nur hiesige Producte aufgestellt zu haben, ungetreu zu werden. Wir wünschen, daß uns Herr Goekingk die Ein- rückung seines Gedichtes eben so gewiß zu gute halte, als uns die Leser diesen kleinen Widerspruch verzeihen werden." — Diese Epistel findet sich auch in der Ausgabe „Gedichte von L. F. G. Goekingk" (Leipzig 1781), 2. Theil, Seite 134 abgedruckt.

Wo ich die Erde, schön geschmückt,
In ihrem Feierkleid erblickt? —
Du Donau, Du Vaterstrom, zeigtest sie mir,
Das danket, das danket mein Liedlein dir.

.

Das Osterland auf deinem Lauf
That all' mir seinen Brautschaz auf;
Und rief mir zu: schau auf und sieh
Des hohen Schöpfers Galerie,
Gar reich an Bildern wohlgestalt,
Von Gottes eigner Hand gemalt;
Und Bilder auf Bilder in bunter Reih
Entstanden und eilten vor mir vorbey.

Bald vor mir hin ein reiches Feld,
Mit Gottes Segen wohlbestellt,
Und weiter hin auf Hügeln groß,
Hochaufgethürmt ein mächtig Schloß;
Und drüber hin, höher in fernem Blau,
Der hohen Gebirge Wolkenbau.

Bald engumgrenzt ein ländlich Bild,
In tausendfaches Grün gehüllt,
Hier Gras, da Quell' die Wies' entlang,
Der frohen Heerde Speis' und Trank;
Und Mahder und singende Schnitter viel,
Daneben der Dorfjugend Schaukelspiel. — — —

Doch fort mein Lied, in deinem Lauf!
Ein neues Schauspiel thut sich auf:
Sieh, wie des Ostlands höchste Pracht
Auf rebenreichen Hügeln lacht!
O weile, Strom, weile, laß' auf den Höh'n
Mich Oesterreichs Traubenhimmel seh'n!

Ich bin überzeugt, mit diesen wenigen Versen aus dem im Wiener
Musen-Almanach von 1781 veröffentlichten Gedichte Blumauer's
Manchem den Dichter der travestirten Aeneis von einer Seite gezeigt

zu haben, von welcher er denselben wohl kaum kannte, jedenfalls aber nicht würdigte.

Witz und Satyre nehmen von 1781 an im Almanach nun ebenfalls zu, und auch unter den Epigrammen finden wir manches Treffliche, 1781 schon finden wir den witzigen Steiermärker J. E. König [1]) mit einigen Stücken vertreten, darunter mit dem nachstehen satyrischen Gedichte:

Kriminalrath im Städtchen X. Y. Z.

Referent.

Vermög' Rechtens hätte der Wicht
Den Galgen verdient — allein
Das Hängen macht Kosten, d'rum rath' ich's nicht:
Die Cass' ist einmal zu klein,
Und zieh'n wir das Geld für die Kosten heraus,
So bleibt uns nichts übrig zum künftigen Schmaus.

Erster Assessor.

Dennoch notir' ich: der Kerl soll sterben;
Kein Pardon, man knüpf' ihn auf!
Wollen wir dem Publicum den Spaß verderben?
Es freut sich doch all'zeit so herzlich darauf.

Zweiter Assessor.

Ein Mittel zu treffen hochweise Herren!
Um weder den Lauf der Justiz zu stören,
Noch auch das Aerarium zu beschweren,
Geben wir dem Kerl fünf Gulden — ist nicht viel:
Dafür soll er sich hängen lassen wo er will.

Christoph Regelsberger, der bekannte Schauspieler und Dichter Johann Friedrich Schink, Brandstetter, Haschka und Andere bieten außerdem bald mehr, bald minder gelungene Epigramme. Von epischen

---

[1]) Näheres über diesen vielseitig gebildeten, auf dem Gebiete des Epigrammes durch einige trefflich: Stücke vertretenen Mann ist zu finden in meinem „Inner-österreichischen Stadtleben" (Wien 1877), S. 158 ff., woselbst sich auch mehrere Proben seiner witzigen, sowie auch ernsterer Gedichte finden.

Gedichten findet sich wenig, Josef Stürmer publicirt jedoch „Rosemunde, eine Ballade aus dem Englischen", welche mindestens beweist, daß man jener Literatur auch hier schon die Aufmerksamkeit zuwendete.

Ein Gedicht von Denis: „Der Neueingeweihte und Sined" eröffnet den Jahrgang 1782, der des Interessanten manches enthält. Gottlieb Leon, der Forscher in den Handschriften alten Gesanges, publicirt nach einem alten Drucke des 15. Jahrhunderts das bekannte Volkslied, welches mit der Strophe beginnt:

> Wer ich ein Wilder falcke,
> so wolt ich mich schwingen auff,
> ich wolt mich nider lassen,
> für eines Reichen Burgers Haus.

Auch Goekingk ist wieder durch eine Epistel („An die Frau M* in Heidelberg. Bey Uebersendung seiner Gedichte") vertreten, Haschka bringt wieder drei Gedichte, Alxinger ebenfalls deren drei und eine bearbeitete Uebersetzung der ersten Scene des fünften Actes aus Adison's Kato, Blumauer selbst eine Reihe von Poesien, darunter die weithin bekannt gewordene „Wunderseltsame Klage eines Landmädchens" und das schöne „Lied an die Donau". Eine besondere Aufmerksamkeit verdient das Gedicht: „Auf die Genesung meiner Freundin", welches unterzeichnet ist: „Karoline von Greiner, ein zwölfjähriges Fräulein." Dieses Poem ist die erste Publication der nachher berühmt gewordenen Karoline Pichler, der Tochter des Hofraths v. Greiner, dessen literarische Soireen Gräffer so hübsch in seinen bekannten „Memoiren" zu zeichnen wußte. Karoline v. Greiner erregte damals die Aufmerksamkeit des ganzen Kreises, der sich in dem Hause Greiner's versammelte, und insbesondere auch die Aufmerksamkeit Ratschky's, dem das Gedicht des jungen Mädchens zu Gesicht kam. Er nahm keinen Anstand, dasselbe dem nächsten Jahrgange seines Musen-Almanaches mit einzuverleiben. Da dieses Gedicht in die Gesammtausgaben der Werke Karoline Pichler's nicht aufgenommen erscheint und insbesondere für Oesterreich ein gewisses literarhistorisches Interesse hat, so sei dasselbe trotz des einfachen Vorwurfs und der dürftigen Behandlung hier mitgetheilt:

Dem Veilchen an dem Bache gleich,
Geliebte, blühtest du;
Es spiegelt sich im Silberteich
In unschuldsvoller Ruh.

Doch bald zieht durch die dumpfe Luft
Heran ein Wolkenmeer;
Der Regen saust, aus ferner Kluft
Brüllt Sturm und Donner her.

Das arme Veilchen schwankt, und nickt
Der nassen Erde zu;
Und ach! es sinket und erliegt:
So, Lalage, auch du. —

Doch bald erheitert sich die Luft,
Der Regen braust nicht mehr,
Und nimmer rollt aus ferner Kluft
Der wilde Donner her.

Die Sonne geht in neuer Pracht
Aus dem Gewölk hervor,
Das Veilchen hebt sein Haupt und lacht
Zur lieben Sonn' empor.

So floß dein Leben sanft und gut
Hin, wie ein Frühlingstag,
Bis dein zu schwacher Leib der Wuth
Des Fiebers unterlag.

Doch Gott gab Ernst und Heilung dir:
Das böse Fieber wich,
Du lebst! Was wäre, Freundin, mir
Das Leben ohne dich?

Noch öfter begegnen wir von da an dem Namen Karoline von Greiner's in den Wiener Musen-Almanachen, und nicht lange darauf auch schon im „Deutschen Museum" und in anderen bedeutenden Zeitschriften Deutschlands. Ihre literarische Ausbildung steht insofern mit dem Entstehen der Wiener Musen-Almanache im innigsten

Zusammenhange, als sie diese Ausbildung ebenso recht dem Dichter-
und Gelehrtenkreise verdankte, welcher im Hause ihres Vaters zu-
sammenkam, und größtentheils den bedeutenderen Mitarbeitern des
Almanachs angehörte. Schon die Mutter Karolinens war Vorleserin bei
der großen Kaiserin Maria Theresia, des Mädchens poetische, wissen-
schaftliche und künstlerische Bildung war später ein Werk der Poeten
Haschka, Alxinger, Ratschky, Mastalier, auch Denis und Maffei
übten durch ihren persönlichen Umgang auf sie eine große nachhaltige
Wirkung aus. Natürlich stachelte es ihren Ehrgeiz nicht wenig, so früh
ihr Gedicht in dem Musen-Almanach gedruckt zu sehen. Karoline Pichler
trat übrigens erst im Jahre 1800, und zwar mit den „Gleichnissen"
(Wien) in einem separaten Werke an das Licht der Oeffentlichkeit.
Ihre Thätigkeit als historische Romanschriftstellerin, als welche allein
sie merkwürdigerweise mehr bekannt geworden ist, datirt erst aus den
Zwanziger-Jahren unseres Jahrhunderts.

Für das Culturleben der Residenz ist in dem Almanach von 1782
auch ein Gedicht in englischer Sprache von James Kemper interessant,
zu dem die Redaction die Bemerkung macht: „Da es seit ein paar
Jahren das Ansehen gewinnt, als ob hier in Wien die französische
Literatur von der englischen verdrängt werden würde, so glaubt man,
diesen Versuch eines jungen Mannes ohne Bedenken hier einrücken zu
dürfen." Das Gedicht, überschrieben „The fate of Chloe", ist eine
Art von Erotikon und recht leicht und glatt in der Versification. Als
Beispiel sei hier die erste Strophe angeführt:

> Unhappy Damon long had tried,
> To soften Chloe's stubborn mind.
> Invain he begget, invain he sighed,
> In nuptial ties their hearts to bind.
> The cruel maid triumphing in his pains,
> Was pleased to lead her slave in iron chains.

Das ganze Gedicht umfaßt sechs solcher Strophen. Es beschließt
die Reihe der Poesien im Jahrgang 1782. Der Nama Kemper's
findet sich in den übrigen Jahrgängen nicht mehr.

Die Jahrgänge 1783 bis 1786 des Wiener Musen-Almanachs sind verschiedener Mitarbeiter wegen, welche darin zum erstenmale erscheinen, wieder von besonderem Interesse. Vor Allem enthalten sie mit Ausnahme des Jahrganges für 1784 Beiträge eines Mannes, der zu den hervorragenden Geistern jener Zeit nicht nur in Wien, sondern auch in ganz Oesterreich und Deutschland zählte. Beiträge aus der Feder keines Geringeren als Josef's v. Sonnenfels, jener über alle Zeitgenossen so hoch emporragenden Gestalt, jenes echten Förderers der Kunst, der Literatur, der Gesittung und aller Factoren des culturellen Lebens in Oesterreich, der, von einem Jahrhunderte in's andere hinüberreichend, den Uebergang bildet von der alten Aera in die neue der Aufklärung und geistigen Freiheit. Wenn auch Sonnenfels nicht gerade als eine Autorität auf dem Gebiete der Dichtkunst galt, so war er doch eine Persönlichkeit von so allgemeinem Wissen und von so gelenkigem Geiste, dabei zugleich von so lebhafter Phantasie, daß man ihn selbst auf diesem Gebiete zu den besten Geistern des damaligen Oesterreich zählen muß; insbesondere zeugen seine Epigramme von scharfem schlagenden Witz, und lassen ihn viele deutsche Epigrammen-Dichter jener Zeit weit überragen. Sonnenfels war gerade fünfzig Jahre alt, als er seine Beiträge dem Wiener Musen-Almanache zuzuwenden begann, wohl über specielles Ersuchen der Herausgeber; auch hatte er sich vielleicht absichtlich von den ersten Jahrgängen ferngehalten, da sie wohl kaum seinen vollen Beifall errungen und er erst den Verlauf des ganzen Unternehmens beobachten wollte. Eigenthümlicherweise scheint er außer den in den drei Jahrgängen des Musen-Almanachs veröffentlichten Gedichten überhaupt keine kleineren Dichtungen mehr verfaßt und veröffentlicht zu haben [1]). Sonnenfels

---

[1]) Vergleiche Sonnenfels' gesammelte Schriften (Wien 1786), Bd. IX. Von den poetischen Schriften, welche in diesem Bande gesammelt sind, finden sich außer den Gedichten auf den Tod Kaiser Franzens, über die Genesung Theresiens, auf den Tod des Feldmarschalls Daun, an Katharina Jaquet und außer dem Schäferspiele: „Das Opfer" nur noch unter dem Sammeltitel „Kleine Gedichte" diejenigen Stücke, welche im Wiener Musen-Almanach zuerst gedruckt erscheinen, und zwar in folgender Reihenfolge: Strephon, Die Bestimmung, Magni animi

3 *

war auch seit 1777 Redacteur der bekannten Wiener „Realzeitung", in der er so vortheilhaft für die Hebung des guten Geschmackes wirkte. Seine Thätigkeit, die somit recht angestrengt war, mag ihn ebenfalls bisher abgehalten haben, sich als Mitarbeiter an den Musen-Almanachen zu betheiligen. Eine Zahl von Epigrammen und einige andere Gedichte veröffentlichte Sonnenfels also zuerst im Jahrgange 1783, sodann in den Jahrgängen 1785 und 1786, und es dürfte von Werth sein, seine epigrammatischen Beiträge aus diesen Jahrgängen hier als Proben der Dichtweise des berühmten Mannes zusammenzustellen. Der Jahrgang 1783 enthält die nachstehenden Epigramme:

Frage und Antwort.

Warum entzückt ein Kuß dich von Chlorinde,
Der Kuß von deinem Weibe nicht?
Warum? des Mädchens Kuß ist Sünde,
Der Kuß von deinem Weibe Pflicht.

Die Bestimmung.

Zu betteln schämst du dich:
Du bist zu faul, den Pflug zu führen.
Die Jahre nahn und füttern muß man sich:
Hör denn, mein Sohn! du sollst studieren.

Das treue Weib.

„Nie" — prahlt die häßliche Karkasse —
„Wenn an des Ehstands heil'ger Straße
So manch leichtfertig Weib, vorbey
Auf Seitenpfädchen sich geschlichen,
Bin ich von der beschwornen Treu
Nur einen Fußbreit abgewichen;
Der Himmel ist mein Zeug'!" — Es braucht der Schwüre nicht;
Für Ihre Tugend bürgt Ihr redliches Gesicht.

---

es: etc., Brevity is very etc., Afterphilosophie, Nach Prior, Frage und Antwort, Das treue Weib, An Frau * * *, Mein Wunsch, Rundgesang über die Freundschaft, Ballade nach dem Englischen, Schwestergedicht, Das treuherzige Lischen.

Strephon.

(Geschrieben in dem Jahre 1766, da man binnen 4 Monaten 27 neue
Wochenschriften angekündigt und verschwunden sah.

> Mit allen Grazien entzweyt,
> Auf seine Grobheit zuverlässig,
> Und feinerm Wize stäts gehässig,
> Doch dreist, wie die Unwissenheit
> Es ewig war, setzt Strephon auch sich hin,
> Und schreibt — ein Wochenblatt für Wien.

Im Jahrgange 1785 finden wir nachstehende epigrammatische
Beiträge, deren erster eigentlich nur eine Uebersetzung der beigefügten
Verse Prior's ist.

Nach Prior.

> (Draw your wit as seldom as your sword,
> And never on the weak, for you'll appear
> There as no Hero, nor a Genius here.)

> Zieh deinen Witz so selten als dein Schwert;
> Und auf den Schwächern nie;
> Denn jenes macht dich nicht als Held bewährt,
> Und dieß nicht als Genie.

**Magni animi est, fictilibus sic uti, tanquam argento, sed non
minoris, argento sic uti tanquam fictilibus.**

Seneca.

> Mit Hastigkeit von Königstafeln
> Jagt Aristipp der Thor nach Glück:
> Mit grobem Stolz von seiner Tonne
> Scheucht es Diogenes der Thor zurück.
> Der Weise wird, wie Seneca,
> Des Glückes Gaben zu genießen,
> Und, wenn es seine Gunst entzieht,
> Des Glückes zu entbehren wissen.

**Brevity is verygood,
When w'are, orare not understood.**

Hudibras.

> Kürze schlägt stets trefflich an,
> Damit man euch versteh'n — auch nicht verstehen kann,

Sir Butler's große, weise Lehre,
Autoren, o vergeßt sie nie!
Sein Hudibras lebt noch, und eure Schwere
In Folio wer kennet die?

Der Jahrgang 1786 endlich enthält drei Gedichte von Sonnen=
fels, nämlich das Epigramm:

Afterphilosophie.

Aphron, um Philosoph zu scheinen, spricht:
„Ich wünsche mir des Krösus Schätze nicht.“
Wollt ihr den Grund so großer Weisheit wissen?
Ihm fehlt Verstand, des Reichthums zu genießen.

Dann die zwei Gedichte: „Wahrheit im Kleide des Witzes.
An Frau ***“ und das freimaurerische „Schwesterngedicht“. Diese
Auswahl von Sonnenfels' Epigrammen aus dem Wiener Musen-
Almanach beschließe noch ein hübsches Lied desselben aus dem Jahr=
gange 1783, das in seiner heiteren Fröhlichkeit und geschickten Versi=
fication an Lessing's Jugendlieder erinnert:

Rundgesang.

Schränkt Hand an Hand und Herz an Herz!
Liebt, Brüder, in die Wette!
Es werde Freude, werde Schmerz
Ein Ring zur Freundschaftskette!

Der Freud' allein gefühlte Lust
Ist Lust nur halb genossen —
Erst ganz, wann in der Brüder Brust
Aus uns'rer überflossen.

Kürzt, schwer wie Berge Last auf dir,
Der Schmerz an deinen Tagen:
Komm! ruft der Bruder, theil' mit mir!
Und hilft die Last dir tragen.

Hand dann an Hand und Herz an Herz!
Liebt, Brüder, in die Wette!
Es werde Freude, werde Schmerz
Ein Ring zur Freundschaftskette!

Wenn wir im Uebrigen den Inhalt der Jahrgänge von 1783 bis 1786 betrachten, so finden wir unter den Gedichten hervorragender Mitarbeiter außer den fortwährend vertretenen Namen eines Alxinger, Blumauer, Denis, Leon, Mastalier, Ratschky, Retzer, auch Poesien von Gabriele v. Baumberg, Jos. v. Josch, von den steiermärkischen Dichtern: Johann N. Ritter v. Kalchberg und J. J. Scheiger, von Anton Grolzhammer und Sophie v. La Roche, der „Verfasserin des Fräuleins von Sternheim". Der letzteren interessanten Persönlichkeit begegnen wir leider nur einmal, und zwar im Jahrgange 1785 des Almanachs. Die Freundin Goethe's, deren Tochter Maximiliane dem großen Dichter bekanntlich den Vorwurf zur Figur des „Fräulein B." in „Werther's Leiden" gegeben, und die als Verfasserin des obengenannten Romans, den ja eben auch Goethe in den „Frankfurter Gelehrten Anzeigen" einer freundlichen Besprechung unterzog, viel Aufsehen in Deutschland gemacht hatte, scheint mit den Wiener Dichtern, insbesondere mit den Herausgebern des Musen-Almanachs ebenfalls in Verbindung und Correspondenz gestanden zu sein. Da keine Sammlung ihrer Gedichte erschienen, das Gedicht, welches im Wiener Musen-Almanach enthalten ist, auch, so viel mir erinnerlich, noch nirgends abgedruckt wurde, so dürfte die Wiedergabe aus dem seltenen Büchlein, dessen noch existirende bekannte Exemplare man wohl zählen kann, nicht ohne Interesse sein, zumal das schöne Poem werth ist, erhalten zu bleiben. Dasselbe lautet:

An eine Linde.

Meiner schönen trauten Linde,
Die mir freundlich Schatten gab,
Reißen, ach! die bösen Winde
Millionen Blätter ab.

Blaß und zitternd fallen alle
Nah' bei meinem Fenster hin,
Gleich als suchten sie im Falle
Schutz bei ihrer Nachbarin.

Gute Blätter! euer Grünen
Machte grünen auch mein Herz,
Kommt ihr nicht zum Bild zu dienen
Meines Lebens Wohl und Schmerz

Denn in meinen Sommertagen
Grünten Freuden um mich her,
Feinde kehrten sie in Klagen,
Und sie welkten — sind nicht mehr.

Von dem kalten Nord getrieben,
Sterbt ihr weit von eurem Stamm,
So wie ich von all' den Lieben,
Die mir Neid und Unglück nahm.

Komm, Geduld, du mußt mich trösten —
Du auch bist ja eine Pflicht,
Ausgeübt nur von den Besten;
Denn der Schurke kennt dich nicht.

Doch in lauen Frühlingstagen
Grünt die Linde wieder neu —
Dann wird auch von ihren Klagen
Meine Seele wieder frey.

Segnet Gott in Keim und Blüthe
Meiner Kinder Geist und Glück,
Ha! dann bringt ja seine Güte
Tausendmal mein Wohl zurück.

Noch einer Dichterin begegnen wir in dem Almanache für 1785 zum erstenmale, die insbesondere für das literarische Leben Wiens aus jener Periode von Bedeutung erscheint: es ist Gabriele v. Baumberg, ein junges Mädchen, das, in den poetischen Kreisen Wiens herangebildet, eine feine Darstellungsgabe und zarte Empfindung in ihren Versen zeigte [1]). Gabriele v. Baumberg verehelichte sich später

---

[1]) Wenn sie wirklich, wie Wurzbach („Biogr. Lex.", I., S. 112) angibt, im Jahre 1775 (in Wien) geboren ist, so hätte sie mit 10 Jahren ihr erstes Gedicht publicirt, jedenfalls das jüngste aller poetischen Talente, welches die Reihe der Almanache enthält.

mit dem ungarischen Dichter und Schriftsteller Johann Bacsányi, den sie in Wien kennen lernte, den sie auch, als dieser sich der politischen Stimmung wegen nach Paris flüchtete, dahin begleitete. Die traurige Gefangennahme ihres Gatten trennte sie sodann von ihm; sie starb, unverdienterweise fast vergessen, im Jahre 1839 in Linz. Im Jahre 1800 erschienen gesammelt ihre Poesien unter dem Titel „Sämmtliche Ge= dichte", ferner im Jahre 1807 ebenfalls aus ihrer Feder: „Amor und Hymen. Ein Gedicht in fünf Gesängen". Karoline Pichler nennt Gabriele v. Baumberg „ein Mädchen, das durch ihre Gestalt und den Zauber ihres Umganges, noch mehr aber durch das Talent der Dichtkunst damals — im achten Decennium des vorigen Jahrhunderts, also gerade zur Zeit ihrer Mitarbeiterschaft an dem Wiener Almanache — in Wien Aufsehen, Bewunderung und vielfältig herzliches Wohlwollen erregte" [1]. Wie schön ist beispielsweise das kurze Gedichtchen Gabrielens v. Baumberg aus dem Jahrgange 1786 des Almanachs, welches überschrieben ist:

Rechtfertigung.

Beschlossen hab' ich es, ich darf nicht Adolph lieben,
Auch hab' ich förmlich schon den Abschied ihm geschrieben:
Doch traust du dem Entschluß des schwachen Mädchens nicht;
Denn ach! du weißt, wie sehr mein Herz ihm widerspricht.
Du sahest meine Thränen fließen:
Trotzdem sey gläubig, Freund! denn weißt du nicht,
Daß auch ein König oft, von Mitleid hingerissen,
Erst weint, und dann ein Todesurtheil spricht?

Gabriele v. Baumberg ist vom Jahre 1785 an bis 1796 ununter= brochen durch Beiträge in dem Almanach vertreten, und sowohl die epigrammatischen, wie auch die lyrischen Piècen, welche sie zur Ver= fasserin haben, zeugen von gewandter Versification und edler Sprache, von feinem poetischen Gefühl und von einem gewissen Ernste, wie er

---

[1] „Sämmtliche Werke von Karoline Pichler." (Wien 1845.) 60. Bändchen. „Zerstreute Blätter." N. F. 2.

sich bei weiblichen Dichternaturen nicht immer zu finden pflegt. Zur Probe finde noch ein längeres Gedicht Gabrielens v. Baumberg aus dem Jahrgang 1791 des Almanachs hier seine Stelle:

Eine Phantasie.

Der Weg von Freundschaft bis zur Liebe
Ist eine blumenreiche Flur:
Nie scheint uns da die Sonne trübe,
Und ringsum lächelt die Natur.

Sie leitet uns durch Rosengänge
Und zeigt uns fern ein Paradies,
Und Harmonie macht durch Gesänge
Uns diese Frühlingsreise süß.

Wohin wir blicken, seh'n wir Segen,
In jeder Pflanze, jedem Kraut
Lacht eine Freude uns entgegen,
Und Hoffnung grünt, wohin man schaut.

Sie flicht aus ihrem eig'nen Kranze
Die schönsten Blätter uns in's Haar,
Und uns umschwebt im leichten Tanze
Der Chor der Wünsche unsichtbar.

Aus Wünschen werden endlich Triebe,
So keimt und blüht, so wächst und reift
Im Herzen unvermerkt die Liebe,
Eh' man der Schlinge noch entläuft.

Doch, ach! wie traurig und wie trübe,
Wie freudenlos, wie kalt und lang
Ist dann der öde Weg von Liebe
Zur Freundschaft! — Welch' ein Uebergang!

Wenn Hinderniß von allen Seiten
Den müden Wanderer bestürmt,
Und ein Gebirg Unmöglichkeiten
Sich seinem Lauf entgegenthürmt!

Dann wandelt sich in öde Haiden
Des Blumenweges Rosenflur,
Und statt der Hoffnung süßen Freuden
Geht Schwermuth uns zur Seite nur.

Kurz war der Weg hinan zum Glücke,
Der Liebesfreuden bunte Reih'n
Verkürzten ihn — doch ach! zurücke
Geht man den langen Weg allein.

Und wohl dann noch den armen Blinden,
Die an der Weisheit kalter Hand
Den Pfad zur Ruhe wieder finden,
Den Liebe ihrem Blick entwand.

Einer eigenthümlichen Gattung von Poesien begegnen wir in den
Gedichten des Almanachs, und zwar der Jahrgänge 1783, 1784 und
1785, welche unterzeichnet sind „Von einem Soldaten", es sind meist
sehr gut gelungene Charakterbilder aus dem Soldatenleben, die der
ungenannte Verfasser uns darin vorführt, daneben übrigens auch
einige Stücke, die sich nicht auf den Soldatenstand beziehen. Die
Soldatenlieder weisen aber eine besondere Eigenthümlichkeit und
Charakteristik auf. Sie waren auch, trotzdem sie nur in diesem
Almanach gedruckt erscheinen, nachher in Oesterreich sehr verbreitet.
Kaltenbäck[1]) erwähnt, daß er die Lieder: „Vor und nach einer Execution",
„Der Geldtag" ꝛc. öfter und namentlich von Invaliden singen gehört,
nach dem Namen des Verfassers aber vergeblich geforscht habe. So
wurden diese Gedichte zu eigentlichen Volksliedern und das beweist
am besten, wie sich ihr Verfasser in den Geist hineinzufinden wußte,
den er in diesen Dichtungen zum Ausdrucke brachte. Als Probe
aus diesen Gedichten möge aus dem friedlichen Soldatenleben hier
das nachstehende Lied[2]) Platz finden:

---

[1]) Im Austria-Kalender für 1845. — Kaltenbäck hat daselbst unter dem
Titel „der erste Wiener Musen-Almanach" die erste und bisher einzige geschlossene
Darstellung über den Gegenstand, freilich nur auf kaum 4 Seiten versucht und
auf die Almanache und ihren oft werthvollen Inhalt dabei wenigstens aufmerksam
gemacht.

[2]) Aus dem Jahrgange 1783.

Der Geldtag.

Heyda, lustig, Geld ist hier!
Heyda, Brüder, kommt mit mir,
Kommt zum Brandwein und zum Bier!

Weg mit Gram und Herzeleid!
Geld ist hier und Fröhlichkeit,
Die des Lebens Lust erneut!

Jeder wär' ein armer Wicht,
Wär' der edle Geldtag nicht,
Der der Sorgen Nebel bricht.

Nun, so laßt bey Spiel und Wein
Uns des lieben Tages freu'n,
Und im Herren fröhlich seyn.

'Raus in's Wirthshaus! folgt nur mir!
Unter diesen Bäumen hier
Färbeln und treschakten wir!

Wenn das gar zu hastig geht,
Brandle, spiele Kauflabet,
Solo, oder gar Pilet. —

Nur getrunken, nur gespielt,
Wer des Lebens Reize fühlt,
Die uns jede Stunde stiehlt!

Denn nach allem Augenschein
Wird, noch eh' die Nacht bricht ein,
Nicht ein Heller übrig seyn.

Ha! wie 's nun so schwer und leicht
Aus dem Glas in Kopf uns steigt,
Und uns unf're Stärke zeigt!

Ha, nun sind wir stark und klug,
Sonder arge List und Trug,
Haben Geld und Gut genug.

Binden an mit jedermann;
Wer von uns was sagen kann,
Der komm' her, wir binden an.

Unser ist die ganze Welt,
Ha! was brauchen wir wohl Geld?
Die Menag' ist ja bestellt.

Und Frau Kathel hat zum Schluß,
Euch Kalfaktern zum Verdruß,
Kreide noch im Ueberfluß.

Diesem friedlichen Bilde aus dem Soldatenleben schließe sich
ein kriegerisches aus den „Drey Soldatenliedern. Auf das Gerücht
vom Türkenkriege zu Anfang 1783"[1]) an:

Sie fahren wohl und reiten
Von Früh bis in die Nacht;
Und bange wird den Leuten,
Doch Joseph's Krieger lacht.

Wohin denn, ihr Kam'raden?
Geht's etwa wieder los? —
Was habt ihr aufgeladen?
„Viel Kugeln, klein und groß.

Dazu noch span'sche Reiter;
Das fahren unverwandt
Nach Ungarn wir und weiter
Bis hin in's Türkenland.

Der Türk' ist aufgestanden
Und will nicht länger ruh'n,
Und will in Joseph's Landen
Als wie in seinen thun.

Mit Morden und mit Rauben
Fiel er in's Kaiserland,

---

[1]) Aus dem Jahre 1785.

Brach Völkertreu' und Glauben,
Den Säbel in der Hand.

D'rum reiten wir und fahren
Von Früh bis in die Nacht,
Den wilden Janitscharen
Zu zeigen Joseph's Macht." —

Juheißa, liebe Brüder!
Ein Jubellied stimmt an!
So giebt es endlich wieder
Krieg mit dem Muselmann!

Seit mehr als vierzig Jahren
Ließ unser Schwert ihn ruh'n:
Doch nun soll er erfahren
Wie deutsche Säbel thun!

So wetzt denn eure Klingen,
Gleich Sicheln vor dem Schnitt,
Und laßt uns fröhlich singen
Ein altes Türkenlied.

Wie aus dem Schlachtgedränge
Eugen's sie mußten fliehn!
Ihr wißt ja die Gesänge
Von Belgrad und Semlin?

In dem Jahrgange 1785 erscheint auch zuerst eine dichterische Persönlichkeit Steiermarks, die in der Folge insbesondere zur Hebung des literarischen Lebens in Innerösterreich so viel beigetragen, nämlich der steiermärkische Dichter Johann Nep. Ritter v. Kalchberg[1]) mit seinem Gedichte „Die todte Nachtigall"; ebendaselbst finden wir Pfeffel's

---

[1]) Nicht „Edler" v. Kalchberg, wie das Inhaltsverzeichniß im Almanach unrichtig angibt. Ueber Kalchberg vergleiche man die Einleitung zum 1. Bande der von mir besorgten Neuausgabe von Kalchberg's Gesammelten Schriften (Wien 1878), auch mein „Innerösterreichisches Stadtleben" (Wien 1877), Seite 138 ff.

„Lied auf die Geschichte der Blindheit des Fräuleins Paradis" und charakteristischerweise ein Gedicht „Belisar und Pfeffel" von „einem Frauenzimmer".

Alxinger, Blumauer, Haschka, Leon, Mastalier und Retzer, daneben natürlich vor Allen Sonnenfels treten im Jahrgange 1786 des Almanachs nimmermehr in den Vordergrund. Blumauer schlägt leider seine frivolere Richtung ein und verläßt das Gebiet des patriotischen Gesanges, welches er früher so anmuthig und warm gepflegt. Alxinger's edle Dichtungen ragen unter dem verschiedenen Mittelgute, das in dem Almanach außerdem erscheint, hervor und Retzer bietet auf dem Gebiete des Epigramms — er wählt gerne Vorbilder aus dem Englischen oder Französischen — einige witz- und humorreiche Piècen.

Die Wiener Musen-Almanache von 1787 bis 1792 machten wieder manchen neuen Namen bekannt; Benedikt Josef Koller und Ulrich Petrak müssen unter den neu auftauchenden besonders genannt werden, Beide mit einer humoristischen Ader begabt, bieten Gedichte, welche zu den besten satyrischen des Almanachs zählen. Petrak wählt seine Stoffe gerne aus dem Leben des Klosters (dem er wohl angehört haben mochte). Seine Sinngedichte haben oft eine scharfe Spitze. Zwei derselben aus dem Jahrgange 1787 und 1789 mögen hier ihre Stelle finden.

Das Armen-Institut.

Fort! rief ein Filz, an Tausend reich,
Zu einem Armen, fort mit euch!
Ihr Lumpenvolk empfangt das Gute
Vom Armen-Institute.
Da gieng, und sprach der arme Mann:
Man merkt es euerm Reden an,
Ihr gebt von euerm Gute
Nicht viel zum Institute.

Die Frage.

Das sind euch dumme Köpfe, schrie
Bathill erhitzt, in einer Kompagnie,

Die in dem heil'gen Ehestande
Sich krönen lassen! Pfui die Schande!
Die allgedulb'gen Memmen die!
In's Wasser werfen soll man sie! —
Sein Weib, die junge schöne Rose,
Hört sein Ereifern ruhig an,
Und frägt den Schreyer dann halblose:
Kannst du auch schwimmen, lieber Mann?

Josef Freiherr von Retzer, seit 1780 ein getreuer Mitarbeiter des Almanachs und ein feinsinniger, besonders anregend wirkender Poet des damaligen Wien[1]), trug sich mit der Absicht, die Werke des Hieronymus Balbi, ehemaligen Bischofs von Gurk, eines als Dichter, Redner, Rechtsgelehrter, Bischof und Staatsmann merkwürdigen Mannes (1485—1530), herauszugeben, welche Ausgabe im Jahre 1791 und 1792 auch wirklich unter dem Titel „Hieronymi Balbi . . . opera poetica, oratoria ac politico moralia ex codicibus manuscriptis primisque typis collegit ac praefatus est" (Vienna 1791 et 1792) erschien.

Im Almanach für 1789 nun veröffentlicht Retzer einige Proben der Poesien Balbi's in deutscher Uebersetzung.

Aus diesen sei zur Charakteristik das nachfolgende Gedicht hervorgehoben.

An Camilla.

Fühlest du, Ungetreue, denn nicht mit dem Sterbenden Mitleid?
Schrecken die Götter dich nicht, die du beleidiget hast?
Grausame! grausamer bist du, als in den Wäldern die Bären,

---

[1]) Gräffer (Kleine Wiener Memoiren. Band 2. Seite 194) charakterisirt Retzer in seiner barocken Weise: „er war sehr belesen, verstand seine sechs bis sieben Sprachen aus dem Grunde; er war äußerst wohlwollend, dienstfertig, liebenswürdig. — Voltaire war sein Abgott. Einen Brief Voltaire's hatte er unter Glas und Rahmen ober seinem Schreibtische hängen. Er besaß sogar alle Editionen der Oeuvres complètes de Voltaire, ein eigenes Zimmer voll. — Für die vaterländische Literatur wirkte er rechtschaffen und eifrig. — Die Stadt Krems, sein Geburtsort, ist auf Retzer so stolz wie auf ihren Maler Schmidt, auf ihr Weiß und auf ihren Senf."

Härter bist du als Stein, weicher ist Eisen als du!
Demant, Kiesel und Wild muß weit an Härte dir nachstehn.
Ja, ich glaube du hast wirklich aus Marmor die Brust!
Grausame! nein! dich zeugten gewiß nicht fühlbare Menschen:
Eine der Löwinnen war's, unter dem Felsen ein Wolf!
Du bist gebohren im Wald, von der Milch der Thiere genähret;
Dich hat kein zärtliches Weib, dich hat ein Tyger gesäugt!
O noch niemal gerührt von allem, was ich erdulde,
Sättige vollends durch mein Leiden dein grausames Herz!
Denn ich ertrage der Schmerzen so viel, als am Himmel Gestirne
Schimmern, als Vögel die Luft zählet und Wellen der Fluß.
Der, wer jemahls begehret der Schmerzen Fülle zu kennen,
Uebel jeglicher Art — gebe der Liebe Gehör!

Koller's Epigramme bieten in decenter Einkleidung manches humoristische Stück in wenigen Zeilen; aus den Jahrgängen 1790 bis 1792 seien nur drei dieser epigrammatischen Piècen hier angeführt:

Auf einen schlechten Tragödiendichter.

Den Zweck des Trauerspiels — den weiß er zu erreichen,
Das Mitleid — mit dem Stück, die Furcht — vor mehr dergleichen.

Polygamie.

Ey nehm' er sich, Herr Muselmann,
Der Frau'n, so viel er will,
Bey uns hat mancher wack're Mann
An einer schon zu viel.

An einen Maculaturpoeten.

Die erste Würze, die in deine Verse kam,
War, als der Krämer sie zu Pfefferdüten nahm.

Da Ratschky, einer der beiden Mitherausgeber des Wiener Musen-Almanachs von 1786 an bis 1791, seinen Wohn- und Aufenthaltsort in Linz hatte und daher dem eigentlichen Redactionsorte Wien mehr fern bleiben mußte, so hatte in der That Blumauer die Hauptredaction zu besorgen und diesem Umstande ist es auch zuzuschreiben, daß in den letzteren der bisher betrachteten Jahrgänge sich ein

bald mehr bald weniger frivoler Ton bemerkbar machte, der nicht selten
die Grenzen des poetischen Anstandes zu sehr überschritt; Epigramme
und längere Gedichte fanden Aufnahme, die jedenfalls nicht dazu dienten, dem Unternehmen, das immerhin schon recht gediehen war, überall
Aufnahme zu verschaffen, vielmehr es bewirkt haben mochten, daß ihm
manche Kreise verschlossen wurden, die früher den Almanachen Wiens
keineswegs abhold gewesen waren. Anmuthig hoben sich aus dem
Ganzen besonders die Gedichte Gottlieb Leon's hervor, der nicht nur
mittelalterliche Dichter nach den von ihm selbst gefundenen Handschriften übertrug und so das Seinige zur Kunde des alten deutschen
Gesanges beitrug, sondern auch andere zarte Natur- und Liebeslieder,
so wie warme patriotische Gesänge ertönen ließ, die zu dem Besten
gehören, was der Almanach während seines Bestehens auf diesem
Gebiete brachte. Leon war es auch, der, als der große Josef II.
starb, im Almanach für 1791 sein Gedicht „Ueber Josef des zweiten
Tod. An Eulogius Schneider" veröffentlichte, eines der schönsten
Gedichte auf den Tod des unvergeßlichen Monarchen, mit den schönen
Schluß-Strophen:

> Sieh, zu Oestreichs Heil und Wonne
> Bricht schon eine neue Sonne
> Ueber seinem Grab herauf;
> Langsam zwar, doch ernst und prächtig,
> Und von tausend Segen trächtig
> Ist ihr wundervoller Lauf.
>
> Wenn auch Wolken, voll von Wettern,
> Uns're Saaten zu zerschmettern,
> Ihr noch rings entgegenbräu'n;
> Sieh, bald bricht des Nebels Hülle
> Siegreich ihre Strahlenfülle,
> Und der Oelbaum muß gedeih'n.
>
> Mild wird sie durch Wärm' und Regen
> Die verwaisten Felder pflegen,
> Deren Aerndte nicht gelang,
> Weil ihr Samenkorn nicht reifte,

Da es Nord und Frost bestreifte,
Und der Dohlen Schwarm verschlang.

Reich wird ihre Saat nun sprießen,
Auf die vollen Blüthen schießen
Durch des Frühlings milderm Schein;
Himmelsmilde wird die Aehren
Ganz zur Reise dann gebähren,
Und die Aerndte fruchtbar seyn.

Mit den schönsten aller Garben,
Die einst Nord und Frost verdarben,
Wird sie dort des Dulders Haupt
Durch die Hand des Bruders krönen,
Ihn mit dem Geschick versöhnen,
Das ihm alles hier geraubt.

Die Geschäfte, welche Ratschky immer mehr in Anspruch nahmen, zwangen diesen bald, sich überhaupt jeder Theilnahme an der Redaction des Almanachs zu enthalten, und so finden wir auf dem Titelblatte der Jahrgänge 1793 und 1794 A. Blumauer allein als Heraus= geber genannt.

Der Jahrgang 1793 enthält einige besonders interessante Mit= arbeiter, vor Allem einen sehr vornehmen; Ludwig Fürst von Batthyani bietet ein leichtes, im Tone Hagedorn's gehaltenes Gedicht: „Die Gränzen der Pflicht", er erscheint später im Jahrgange 1795 noch einmal vertreten. Außerdem begegnen wir in dem Jahrgange 1793 einer Reihe von Gedichten, die unterzeichnet sind „Moritz, k. k. Feuer= werker", meist kürzere Epigramme, gewandt und mit Leichtigkeit abge= faßt, die auf Witz und poetisches Talent des Verfassers weisen. Dieser Verfasser ist Johann Freiherr v. Moritz, der als Artillerie=Hauptmann und Ritter des Maria Theresien=Ordens im Jahre 1815 zu Olmütz starb. Moritz, von einfacher bürgerlicher Herkunft — er war 1768 zu Leitmeritz geboren — zog schon 1784 als junger Artillerist in den Türken= krieg und kämpfte in allen späteren Schlachten, er wurde 1797 zum Officier befördert. Im Jahre 1809 zeichnete er sich durch Muth und Unerschrockenheit aus, insbesondere zwang er den Gegner bei Eßlingen

4*

durch gut angebrachtes Artilleriefeuer zum Rückzuge. Ebenso fügte er dem Feinde in der Schlacht bei Wagram große Verluste zu. Er erhielt in Folge seiner besonders ausgezeichneten Haltung den genannten Orden und starb leider plötzlich am 19. November 1815; erst lange nach seinem Tode wurde er in den Freiherrnstand erhoben. Daß Moritz auch auf dem Gebiete der Poesie aufgetreten war, ist bisher nicht bekannt geworden, und die Verschollenheit, in welche die Wiener Musen-Almanache gerathen sind, haben den „Feuerwerker Moritz" darin der Vergessenheit anheimfallen lassen. — Endlich finden wir in dem Musen-Almanach für 1793 eines der ersten Gedichte Leopold Mathias Schleifer's, es ist dies eine längere epische Pièce „Adelheit von der Wart", von ergreifender poetischer Wirkung. Schleifer's Name zählte bald zu einem der hervorragendsten österreichischen Dichternamen. Er ist im Wiener Musen-Almanach von 1793 bis 1795 vertreten, und zwar durch eine Reihe der ersten Poesien, die er überhaupt veröffentlichte. Aus dem letzteren Jahrgange sei hier ein charakteristisches Gedicht Schleifer's wiedergegeben, das nicht nur überhaupt weniger bekannt ist, sondern auch ein gewisses literarhistorisches Interesse beansprucht [1]).

Mein Amor.

Siegwart's Amor, der nur immer
Zärtlich seufzet, schmachtend blickt,
Und sein nächtliches Gewimmer
Nach dem lieben Monde schickt;
Der im frischen Jugendlenze
Düst're Todtenblumenkränze
In Cypressen-Haynen flicht,
Und mit Kirchhof-Heimchen spricht;

Der, im Anschau'n ganz versunken,
In ein Wonnemeer zerfließt,
Und vom höchsten Taumel trunken
Liebchens Fingerspitzen küßt;

[1]) Umsomehr als es in der Ausgabe: „Gedichte von Mathias L. Schleifer. (Gesammt-Ausgabe. Herausgegeben von K. A. Kaltenbrunner" (Wien 1847) auch nicht aufgenommen erscheint.

Niemahls kühner, niemahls freyer,
Hochentflammt vom Götterfeuer,
Seines Blödsinns Fessel bricht:
Nein, dieß ist mein Amor nicht!

Grecourt's Amor, der im Schlamme
Roher Sinnlichkeit nur wühlt,
Die entweichte Liebesflamme
Nur in geilen Armen kühlt;
Nicht die süßere Empfindung
Einer innigen Verbindung
Zweyer treuen Herzen kennt:
Nur in Faunenglut entbrennt;

Den kein Thal, wo süßer Friede
In der Mondnacht Veilchen pflückt,
Mit dem himmelvollen Liede
Einer Nachtigall entzückt;
Der sich lieber, wo Bacchanten
Wild in frecher Wuth entbrannten,
Seine Siegeslorbeern flicht:
Nein, dieß ist mein Amor nicht.

Wieland's Amor, Sohn der Freude,
Den die Weisheit küßen lehrt,
Weisheit, die im Rosenkleide
Süßen Frohsinn nie gestört;
Amor, der auf Blumen lieget,
Sanft von Zephyrn eingewieget,
Wie ihn schlafend hold und schön
Einst die Grazien geseh'n.

Der bald mit des Westes Flügeln
Liebchens Rosenmund umfliegt,
Bald auf ihres Busens Hügeln
Los' als Schmetterling sich wiegt;
Amor, der auch stille Thränen,
Die mit wollustreichem Sehnen
Treue Zärtlichkeit vergießt,
Gern von seid'nen Wimpern küßt;

Amor, der im frohen Tanze
Jugendliche Reih'n durchrauscht,
In der Mondnacht heiterm Glanze
Nachtigallgesängen lauscht:
Amor, deinem Heiligthume
Bring' ich meiner Jugend Blume
Auf Uraniens Altar
Als ein reines Opfer dar!

Dieses überaus zarte, sinnige und schöne Gedicht Schleifer's führt uns auf die letzten zwei Musen-Almanache Wiens, deren einem es entnommen ist, nämlich auf die Jahrgänge 1795 und 1796. Auch Blumauer fühlte sich als Redacteur des Musen-Almanachs nun nicht mehr am Platze, überdies hatte er bereits seine Wiener Buchhandlung übernommen, die er schon seit Josef's II. Tode inne hatte, und deren Geschäfte ihn vom poetischen Schauplatze doch mehr zurückdrängten.

Es übernahm dann die Herausgabe des für 1795 erscheinenden Wiener Musen-Almanachs (der wie der Jahrgang 1796 bei Jos. Camesina & Comp. in Wien erschien) Gottlieb Leon, ein poetisches Talent, dem wir hier schon öfter begegnet sind und von dem sich allerdings noch Vieles hoffen ließ. Es war inzwischen im Laufe der Jahre, was die Poesie auf österreichischem Gebiete betraf, anders geworden, der Dichter waren nicht mehr wenige und das Publicum zeigte nicht mehr das Interesse für Gedichte wie früher, daher schrieb Leon in seinem Vorberichte: „Da gegenwärtig die Fruchtbarkeit auf unserem Parnasse eben so sehr als der Geschmack des Publicums an einer Sammlung von blos poetischen Producten abzunehmen scheint, so seh' ich mich genöthiget, von dem Plane meiner würdigen Vorgänger abzugehen, und nicht blos Gedichte allein, sondern auch kleine prosaische Aufsätze jeder Gattung (der theologischen und politischen allein ausgenommen) in diese Sammlung aufzunehmen. Dadurch kann sie nicht nur an Mannigfaltigkeit gewinnen, sondern ich werde mich auch in der Folge weniger der Nothwendigkeit ausgesetzt sehen, der selbst der wohlmeinendste und geschmackvollste Sammler von blos poetischen

Producten nie ganz auszuweichen vermag: manches gemeine poetische
Laub und Blatt unter den edleren Pflanzen der Dichtkunst mit auflesen
zu müssen." Der Jahrgang 1795 selbst brachte nun gleich einige Prosa-
piecen, nämlich eine Art prosaisch-poetischer Epistel „An Hrn. S**"
von Ratschky, zwei Naturbilder von Karoline v. Greiner: „Die Morgen-
nebel" und „Die Pappelweide", und von dem Herausgeber selbst „Die
Herrschaft der sieben Gestirne und ihre Feier. In zwei Götterfabeln."
Es ist zweifelhaft, ob diese an sich ziemlich unbedeutenden prosaischen
Stücke sich einer besondern Gunst des Publicums erfreuten. Unter den
poetischen Mitarbeitern sind wieder viele neue; der witzige Epigrammatist
Franz Xaver Josch muß hier besonders hervorgehoben werden, Blumauer
betheiligt sich überhaupt gar nicht mehr, nur Gabriele v. Baumberg,
Karoline v. Greiner, Leon, Ratschky und Schleifer sind treu geblieben.

Es ist nun noch der letzte der Musen-Almanache zu betrachten,
welcher in der alten Form in Wien erschienen ist, der Jahrgang 1795.
Dem Vorsatze, Prosa-Aufsätze den poetischen Beiträgen einzufügen, ist
Leon in demselben insofern nicht treu geblieben, als er nur eine theil-
weise in ungebundener Sprache abgefaßte Pièce: „Geschichte der
Schönpflästerchen und der Mode. Fumée de Londres. 1790. An
Constantie Freiin v. R." aus seiner eigenen Feder, und dramatische
Scenen: „Die Kleinodien" von B. D. Arnstein einverleibte, im
Uebrigen aber nur Gedichte brachte, aus dem Grunde, den er in der
„Nachschrift" selbst angibt: „Der Vorsatz: diesen poetischen Blumen-
korb auch noch zur Aufsammlung kleiner prosaischer Aufsätze anzuwen-
den, blieb dies Jahr zum Theil aus keiner andern Ursache unerfüllt,
als weil der Herausgeber bereits der poetischen Blumen genug hatte,
und er daher die ursprüngliche Bestimmung dieser Sammlung nicht
eher aufgeben wollte, als bis er sich nicht durch einen Mangel an
guten dichterischen Producten dazu genöthiget fände, oder doch wenigstens die prosaischen Aufsätze an Werth und Interesse die poetischen
um etwas überwögen. Aus diesem Gesichtspunkte, keineswegs aber
wegen eines Mangels an Werth ist daher die Beseitigung einiger nur
von meinen Freunden zugesandten prosaischen Aufsätze zu betrachten."

Unter den Mitarbeitern ist Franz Xaver Josch auch heuer wieder durch witzige Epigramme vertreten. Nur zwei als Beispiel:

An den gefräßigen Paler.

Du schmausest stäts bei Freunden: billiger zu seyn,
Freund! lade dich bey deinen — Feinden ein.

Auf einen langsam fahrenden Postillon.

Du trägst ganz recht das Horn auf deinem Rücken,
Man kann daran der Schnecke Bild erblicken.

Außerdem arbeiten an diesem letzten Jahrgang von Genannten mit: Joh. v. Alxinger, Bened. Dav. Arnstein, Gabriele v. Baumberg, Karl Julius Friedrich, F. A. Gaheis, Gerning, Karoline v. Greiner, J. Leidesdorf, Gottl. Leon, Wilhelmine Maisch, F. C. Paldanus, J. Perinet, Josef Franz Ratschky, Josef Edler v. Retzer, Johann Rupprecht, Thomas Schidion, M. Span, v. Traubenberg, so wie eine Zahl von Anonymis. Die Gedichte sind zumeist edel gehalten, einige Fabeln, kleinere poetische Erzählungen und Epigramme zeigen manches Talent, besonders die schönen Poesien Alxinger's heben sich sehr vortheilhaft aus dem Ganzen hervor.

Warum dieser Jahrgang des Wiener Musen-Almanachs der letzte blieb, der letzte wenigstens nach der alten Art und Einrichtung, ist nicht bekannt, der Hauptgrund dürfte wohl Mangel an Interesse für die poetischen Gaben gewesen sein; die hereinbrechende Kriegszeit, die bald sehr unangenehm auftretende Censur mögen das Ihrige zu dem Abbrechen eines Unternehmens beigetragen haben, das sich zwanzig Jahre lang erhalten hat und während dieser Zeit das Centralorgan des poetischen Lebens in Wien, ja des poetischen Lebens in Oesterreich gewesen, und zwar gerade in einer Zeitperiode, welche jedenfalls zu einer der interessantesten unter den verschiedenen culturgeschichtlich wichtigen Epochen Oesterreichs zu zählen ist.

Eine Uebersicht der poetischen Kräfte, die sich an dem Wiener Musen-Almanach von 1777 bis 1796 betheiligten, möge das nachstehende alphabetisch geordnete Verzeichniß der genannten Mitarbeiter am Almanach während dieser zwanzig Jahre geben, nebst der Angabe, in welchem Jahrgange der betreffende Name vertreten erscheint[1]).

Aaron, 1787.
Adlersburg Karl Edler v., 1792.
Afsprung, 1783.
Alxinger Johann v. (1755 — 1797), 1781 bis 1788, 1790 bis 1794, 1796.
Arnstein Benedikt David (1765 — 1841), 1796.
Auffenberg Bened. v., (1772? — ?) 1793.

Batthyani Lud. Graf. v., 1785, 1789, 1790, 1793, 1795.
Baumberg Gabriele v. (1775 — 1839), 1785 bis 1796.
Binder v. Kriegelstein Fr. Jos. Freiherr (1708 — 1782), 1783.
Blödig v. Sternfeld Jos., 1782.
Blumauer Alois (1755 — 1798), 1781 bis 1791.
Bundesmann Anton, 1791.
Bur, 1784.
Buschmann Josefa Baronesse v., 1795.

Coith, 1793.

Tagberg Florian, 1795.
Denis Michael (1720 — 1800), 1781 bis 1784, 1790 bis 1792.
Teurer Georg Ferd., 1786, 1794, 1795.
Tirnböck Georg, 1781, 1782.
Topler Jos., 1782 bis 1784.

Eberl Ant. Bern. (1766 — 1807?), 1787.
Engel, 1780.

Fleßinger Gab., 1781, 1782.
Follershall Ernst Herm., 1795.
Forster Fräul. v., 1780.
Friedlberg J., 1794, 1795.
Friedrich R. Jul., 1784, 1785, 1791, 1794 bis 1796.
Frischherz J., 1790.

Gaheis F. A. (1763 — 1811), 1796.
Gaßler Fl., 1782, 1784.

Gerning, 1796.
Göckingf L. F. G. (1748 — 1828), 1781, 1782.
Greiner Karoline v., siehe unten Pichler Karoline.
Grolzhammer Ant. (1768 — 1786), 1782 bis 1786.
Gruber Bern. v., 1784.

Hartel Joh. R., 1779, 1781.
Haschka Lorenz Leop. (1749 — 1827), 1781, 1782, 1785, 1786.
Haugwitz Otto Graf v., 1784.
Degrab, 1779, 1781 bis 1784.
Herz Leop., 1783, 1791 bis 1793.
Hiesberger Leop., 1787.
Höflein, 1779, 1780.
Hofmann, 1786.
Hofstäter Felix Frz. (1741 — 1814), 1781, 1782.
Holzmeister Jos., 1784.
Dompeck, 1779.
Hummel Jos., 1792.
Hungar Franz, 1794.
Huffar, 1780.

Josch Frz., 1782, 1795, 1796.
Josch Johann Valentin, 1781, 1782, 1785, 1789, 1790 bis 1792.
Jünger Joh. Friedr. (1759 — 1797), 1788, 1789.

Kalchberg Joh. R. Ritt. v. (1765 — 1827), 1785, 1787, 1788.
Kemper James, 1782.
Koller Benedikt Josef (1769 — 1798), 1788 bis 1793.
König Jos. Eust. (1758 — 1795), 1781, 1782, 1792.
Kreußner v., 1790.

Lackner R. v., 1785.
Legne T. R. A. H., 1789, 1793.
Leidesdorf, 1792, 1794, 1796.
Leon Gottlieb (1757 — 1832), 1777 bis 1779, 1781 bis 1783, 1785 bis 1793, 1795, 1796.

---

[1]) Hiezu sei bemerkt, daß bei denjenigen Mitarbeitern, welche hervorragender sind oder auch nachträglich einen gewissen literarischen Ruf erlangt haben, das Geburts- und Todesjahr, so weit dies eben im Bereiche der Möglichkeit lag, in Klammern beigefügt erscheinen. Außerdem sind die Namen Derjenigen, welche sich — ob auf dem Titelblatte genannt oder nicht genannt — an der Herausgabe des Wiener Almanachs betheiligten, mit gesperrten Lettern gedruckt.

Liebe v. Kreußner, 1790, 1791.
Liebwerth, 1789.
Löbl, 1777.

Maisch Wilhelmine, 1796.
Mastalier (1731 – 1795), 1783, 1784.
Mayer E., 1777 bis 1779.
Meißner Aug. Gottl. (1753–1807), 1787, 1788.
Meyer, 1783.
Mißkai J., 1791.
Moritz Joh. (1768 – 1815), 1793, 1794.
Müller v. Krügelstein J. J., 1795.

Neuberger Frz., 1781.
Romis U. A., 1783, 1784, 1793, 1794.
Ruth F. A., 1793.

Oswald, 1780.

Paldanus F. R., 1793, 1796.
Papa v. Papowsky, 1794.
Perinet J. (1765 – 1816), 1783, 1789, 1790, 1792, 1796.
Perler Ant., 1784, 1787.
Petrack Ulrich, 1783, 1785 bis 1789.
Pfeffel Gottl. Konr. (1736 – 1809), 1785.
Pichler Karoline, geborne Greiner (1769 – 1843), 1782, 1787, 1795, 1797.
Brandstetter Martin J. (1750 – ?), 1779 bis 1794.
Preindinger, 1790.

Raditschnig Jos. (1753 – 1812), 1778.
Rathlef E. L. M., 1783.
Ratschky J. F. (1757 – 1810), 1777 bis 1796.
Regelsberger Christ. (1734 – 1797), 1781.
Reicheßer Franz (1770 – ?), 1792.

Reiter J., 1786.
Reyer J. Freiherr v. (1754 – 1821), 1780 bis 1786, 1790, 1792, 1794, 1796.
Ribini (1760 – 1820), 17_6.
Richter Josef (1748 – 1683), 1779.
Rupprecht Joh. Bapt. (1776 – 1846), 1796.

Saam Fr., 1780.
Sannens Friedr. Karl (1751 – 1850), 1794.
Scheiger J. J., 1785, 1786.
Schidlon Th., 1796.
Schink Joh. Fr., 1781.
Schießling Fz. (1756 – ?), 1780 bis 1782.
Schlangenberg Joh. Freiherr v., 1783.
Schleifer Leop. Mathias (1771 – 1842), 1793 bis 1795.
Schloffer Thab., 1777 bis 1780.
Schneider R., 1789.
Schopfenbrunn B. R. Edler v., 1794.
Schram Fr., 1789.
Sonnenfels Jos. v. (1732 – 1817), 1783, 1785, 1786.
Span M. (1760 – 1840), 1788 bis 1792, 1796.
Stein A., 1780.
Stürmer Jos., 1781.
Sulzer v. Winterthur, 1786.

Umlauf L., 1780.
Urbain R. G. v., 1787.

Vessel J. E., 1794.
Vogel Ant. Edler v., 1794.

Wagenmann Ben. v., 1791, 1792.
Wagner Jos. Al., 1794.
Wiebmann Karl v., 1791, 1793.
Winkler v. Mohrenfels Jos. R., 1784, 1785, 1787.

Der Vollständigkeit wegen, damit über die Zahl der Mitarbeiter überhaupt eine genaue Uebersicht gegeben werde, sei in derselben Art ein Verzeichniß der unter Chiffren vorkommenden Mitarbeiter gegeben, nämlich die Aufzeichnung dieser Chiffren in möglichst alphabetischer Reihenfolge ebenfalls mit Angabe der Jahrgänge, in denen dieselben vertreten sind.

A., 1777.
B., 1792. — B***r., 1792. — C. B. B., 1783. — G. B. b., 1785. — Jos. Ant. v. B—j., 1783, 1784.
J. R. D., 1787.
E., 1789. — E***., 1785. — A. E. 1784. — Eee., 1784, 1790. — Maria Anna E—g., geborne Z—l., 1795.

F***g., 1796. — v. F***., 1793. — Freiherr v. **, 1785. — Von einem Frauenzimmer. 1785.
G. 1789. — F. p. G., 1777.
H., 1784. — J. H—b., 1792. — H. L v. H***r., 1795. — H—s-b., 1789. — Thefn Edle v. H****., geb. N*., 1798.
J., 1779, 1788. — —im—, 1783, 1784, 1793.

ſ**g., 1781. — R—r., 1790.
G. v. L., 1789. — Lotte v. **, 1786.
R., 1790. — J. M., 1779. — C. b. M., 1780.
R., 1783, 1784, 1796. — R**r., 1778. —
—nbſt—, 1779 bis 1784, 1787.
F., 1777, 1788 bis 1790, 1792, 1793, 1796. —
U P., 1784. — P**e., 1795.
R., 1777, 1784. — v. R**., 1790. — R. v. R.,
1783. — Freiherr v. R. 1790. — J. F. R.,
1789.
F. S., 1779. — G. S***t, 1793. — —ſch—,

1777. — Sch——ng., 1778, 1779. — F.
S——ng., 1778, 1783. — Ignaß S—th—r.,
1791. — S*th*r., 1794 bis 1796. — Chri-
ſtoph Sthr., 1796. — R. L. St., 1792. —
Von einem Soldaten, 1783 bis 1785.
Tr., 1784. — Edler v. Tſſer., 1793.
U., 1785, 1789. — Ungenannt, 1781 bis 1783,
1785, 1788 bis 1790, 1792 bis 1794, 1796.
W., 1794 bis 1796. — W—g., 1778. — Joſ.
R. W., 1789. — C. W., 1778.
—y., 1777, 1778.

Betrachten wir die Herausgeber des erſten Wiener Muſen-
Almanachs in ihrer Aneinanderreihung, ſo folgen ſie in nachſtehender
Reihe aufeinander.

Joſef Franz **Ratſchky**, von 1777 bis
1779.
Martin Joſef **Prandſtetter** (anſtatt Joſef
Richter), 1780.

J. F. **Ratſchky** und Alois **Blumauer** zu-
ſammen von 178? bis 1792.
Alois **Blumauer** allein, 1793 und 1794.
Gottlieb Leon, 1795 und 1796.

Einige Worte über die Hauptmitarbeiter an dem genannten
Wiener Muſen-Almanach, ſo weit dieſelben dem öſterreichiſchen Dichter-
kreiſe angehörten, mögen hier noch ihren Platz finden. Zu den hervorragendſten derſelben gehörten wohl Johann Baptiſt von Alxinger,
der im Jahre 1780 mit ſeiner Sammlung von „Gedichten" hervor-
trat und durch die Rittergedichte „Doolin von Mainz" (1787), ſowie
„Bliomberis" (1791) einen hochgeachteten Namen unter den deutſchen
Poeten errang, ſowie Michael Denis, der Barde Sined, welcher
in ſeinen edelgehaltenen wenn auch nebuloſen Bardengeſängen den
Ton gut getroffen, der die damalige Zeit ſo ſehr anſprach, der
Oſſian's Nebelgeſtalten ſo gut im Liede zu bannen wußte. Wir
finden beide Dichter mit Beiträgen in den hervorragendſten deutſchen
Zeitſchriften und Almanachen vertreten, ſo Denis in dem von Boie
1776 gegründeten „Deutſchen Muſeum", und zwar in den Jahrgängen 1781 und 1784, Alxinger in den Jahrgängen 1783 bis
1788 dieſes Muſeums. Alxinger erfreute ſich der höchſten Beliebtheit
in den weiteſten Kreiſen Deutſchlands und war an vielen der hervorragenden Blätter thätig, ſo nimmt er auch Theil an Wieland's
„Deutſchem Merkur", deſſen Jahrgänge 1785 und 1787 mehrere Beiträge von ihm enthalten und an der von Gedike und Bieſter heraus-

gegebenen „Berlinischen Monatsschrift", welche seit ihrer Begründung
im Jahre 1783 die besten Geister Deutschlands versammelte. Die
Aufmerksamkeit, welche Blumauer zu seiner Zeit erregte, ist bekannt,
es wurde schon oben angedeutet, daß er die leichtfertigere Richtung
erst später einschlug und im Wiener Almanach mit warmen patriotischen
Liedern vertreten war, die zu dem Besten gehören, was er auf ernstem
Gebiete überhaupt gedichtet. Seine Blüthezeit fällt in die Regierungs-
zeit Josef's II., und unter diesem großen Monarchen erlangte er, der
früher dem Jesuiten-Orden angehört hatte, auch den bedeutenden
Namen unter den österreichischen Dichtern, der ihm bis heute geblieben
ist. Auch Blumauer war bei den obengenannten deutschen Zeitschriften
ein hervorragender Mitarbeiter, außerdem sind Gedichte von ihm im
Hamburger Musen-Almanach von 1784 und 1786 enthalten. —
Auch Lorenz Leopold Haschka, der Dichter der Volkshymne: „Gott
erhalte Franz den Kaiser", muß hier unter den Ersten genannt werden.
Haschka's Umgang mit Alxinger, Ratschky, Leon wirkte nicht wenig
auf die Ausbildung seiner poetischen Gewandtheit, insbesondere hatte
sein Verkehr mit Denis die Folge, daß sich Haschka der Ode zuwandte
und in derselben bald eine gewisse Meisterschaft erlangte, auch ihm
standen das „Deutsche Museum", in dessen Jahrgängen 1782, 1783
und 1787 er vertreten ist, der „Deutsche Merkur" (1787) und andere
wichtige deutsche periodische Schriften offen, im Jahrgange 1787 des
Hamburger und in den Jahrgängen 1786 und 1787 des Göttinger
Musen-Almanachs findet sich Haschka ebenfalls durch Beiträge vertreten. Ueber Gottlieb Leon hatte ich oben schon öfter Gelegenheit
zu sprechen. Leon war eine durch und durch liebenswürdige gewinnende
Persönlichkeit, er war das Prototyp des echten Dichters, insbesondere
liebte er es schon zu seiner Zeit lange vor der auftauchenden Ro-
mantikerschule, seinen Gedichten einen romantischen Anstrich zu geben
und liebte es alte deutsche Gedichte umzuformen, sowie seinen neuen
den alterthümlichen Anstrich zu geben. Seine Liebesgedichte zählen
jedenfalls zu den besten erotischen Poesien, die Oesterreich zu jener
Zeit aufzuweisen hatte. Er starb hochbetagt im Jahre 1832 in seiner

Geburtsstadt Wien, in der er sein ganzes Leben zugebracht hatte. Im Göttinger Musen-Almanach ist Leon's Name schon in den Jahrgängen 1780 und 1783 vertreten, ebenso im Jahrgange 1783 des Hamburger Almanachs, im „Deutschen Merkur" finden wir Beiträge von ihm im Jahre 1787 und im „Deutschen Museum" 1782, 1783, 1787 und 1788. Der Name des großen Sonnenfels, der, wie wir oben gesehen, ebenfalls drei Jahre lang sich am Wiener Musen-Almanach betheiligte, ist auswärts natürlich sehr verbreitet, der Hamburger Musen-Almanach bringt im Jahrgange 1786, das Museum 1780 und 1782 und auch die „Berlinische Monatsschrift" 1787 Beiträge aus seiner Feder. — J. F. Ratschky, der Begründer und langjährige Herausgeber des Wiener Almanachs, den er zwanzig Jahre alt herauszugeben begann, erscheint unter den Wiener Poeten mit Retzer und Sonnenfels am frühesten als Mitarbeiter am „Deutschen Museum", nämlich in den Jahren 1780 und 1781, später auch 1787 und 1788, im „Deutschen Merkur" finden wir mehrere Beiträge von ihm 1786, und 1783 ist er auch mit zwei Gedichten im Göttinger Musen-Almanach vertreten. Endlich sei noch Retzer's gedacht, eines, wie wir gesehen haben, mit hervorragenden Beiträgen ebenfalls lange Jahre hindurch im Wiener Almanach vertretenen Poeten, dessen so ungemein vielseitige Bildung allein ihn schon als eine interessante Persönlichkeit der Residenzstadt Wien jener Tage erscheinen läßt. Retzer hat für eine Zahl von Jahrgängen des „Deutschen Museums" (1780, 1781, 1783, 1784) Beiträge geliefert und im Hamburger Musen-Almanach für 1781 und 1783 finden sich auch Gedichte von ihm. In dem genannten Musen-Almanach erscheinen von Mitarbeitern an den Wiener Almanachen, außer den schon oben Genannten, auch Gedichte von Schink (1782), Prandstetter (1783), Mastalier (1787) und J. J. Scheiger, auch von dem „Soldaten" findet sich im Jahrgange 1784 des genannten Almanachs ein Beitrag. Schink ist mit vier Gedichten auch im Göttinger Almanach für 1796 vertreten; im Jahrgange 1788 des „Deutschen Museums" endlich finden wir einen Beitrag von Gabriele v. Baumberg.

So sehen wir denn — und nur diesen Zweck wollen die in dem eben Dargelegten vorgeführten Daten haben — die hervorragenden Mitarbeiter des Wiener Musen-Almanachs im fortwährenden Contact mit den wichtigsten Organen Deutschlands, welche die Pflege der schönen Literatur sich zur Aufgabe gestellt, in einer fast ununterbrochenen Berührung mit den Größen des deutschen Literaturlebens und trotz aller Abgeschlossenheit, in der sich Oesterreich in vielen Beziehungen damals jenem Boden gegenüber befand, im regen literarischen Verkehr. Es ist daher ganz unrichtig anzunehmen, daß die Wiener Musen-Almanache ein in der Luft schwebendes Unternehmen von zweifelhaftem Werthe gewesen, wobei freilich als Werthmesser die Verhältnisse jener Zeit in Betracht gezogen werden müssen. Große, gewaltige Namen waren freilich wenige in diesen unscheinbaren kleinen Bändchen vertreten, aber so manches Gedicht und so mancher Gedanke daraus ist auch heute noch werth, der unverdienten Vergessenheit entrissen zu werden; auf die culturelle Entwickelung Oesterreichs aber werfen die unscheinbaren Musen-Almanache, in ihrer Gesammtheit betrachtet, ein gewiß interessantes Streiflicht.

Es erschienen im achtzehnten Jahrhundert allerdings noch einige „Musen-Almanache" in Wien, welche jedoch in keiner Beziehung zu dem von Ratschky gegründeten Unternehmen stehen. Im Jahre 1796 hatte Johann Wächter, ein früherer Zuhörer Schiller's, evangelischer Prediger zu Wien, die Absicht, mit dem Secretär Bast einen österreichischen Almanach herauszugeben, es wurden Vorbereitungen hiezu getroffen, Wächter schrieb diesbezüglich an Schiller selbst „um einen kleinen poetischen Beitrag, er mag noch so wenig Zeilen ausmachen und zu einer Gattung gehören, zu welcher er immer will"[1]). Das Vorhaben scheint jedoch nicht zu Stande gekommen zu sein. Im Jahre 1797 erschien in Wien ein „Taschenbuch für Deutschlands Söhne und Töchter", das aber wohl schon des Titels wegen nicht den Musen-Almanachen beigezählt werden kann.

[1]) Vrgl. Briefe an Schiller. Herausgegeben von L. Urlichs (Stuttgart 1877). S. 253.

Wichtiger ist der Neue Wiener Musen-Almanach, heraus-
gegeben von einer Gesellschaft [1]), der für 1798, 1800 und 1801 erschienen
ist und in seinem ersten Jahrgauge Goethe's Porträt als Titelkupfer
hatte. Die Gedichte darin erschienen ohne Nennung des Autors, angeblich,
um das Publicum nicht durch einen Namen in seinem Urtheile zu
beeinflussen, in Wirklichkeit wohl deshalb, weil wirklich keine nennens-
werthen Mitarbeiter daran betheiligt waren; zu nennen wären von
den Mitarbeitern: Gaheis (durch alle drei Jahrgänge), Jünger (1798
und 1800), Joh. R. v. Kalchberg (1801), Christ. Kuffner (1800,
1801), Joh. Phil. Neumann (durch alle Jahrgänge), Schilling (1798),
Schwaldopler (1800) und Widemann (1800).

Noch erschien ein „Wiener Musen-Almanach für 1802", den
Ignatz Libel herausgab, der aber ebenfalls keine nennenswerthe Erscheinung auf dem Gebiete der Almanach-Literatur Oesterreichs zu
nennen ist, übrigens schon ganz außerhalb den Bereich dieser Betrachtung fällt.

Von Interesse dürfte zum Schlusse noch die Andeutung sein, in
welcher Art auch im Leben der Provinz durch die Musen-Almanache
Wiens das geistige Leben angeregt wurde; in verschiedenen Provinzen
Oesterreichs erschienen Almanache, bald dem Wiener nachgeahmt, bald
von demselben unterschieden. So ist als einer der ersten Herausgeber
A. Th. Linhard mit seinen „Blumen aus Krain. Für das Jahr 1781"
(Laibach) zu nennen, die allerdings nur dem Titel nach ein Musen-
Almanach in dem Sinne der betrachteten waren, da Linhard die
Gedichte darin selbst verfaßt hatte. Im Jahre 1785 jedoch gab
M. Tekusch einen „Preßburger Musen-Almanach" (Preßburg) heraus,
und 1787 so wie 1788 erschien der „Salzburger Musen-Almanach,
herausgegeben von Lorenz Hübner", eine für ihre Zeit sehr geschmack-
voll geordnete Zusammenstellung mit hübschen Beiträgen des berühmten

---

[1]) Eigentlicher erster Herausgeber war Joh. Philipp Neumann, 1812
Professor der Astronomie im Joanneum in Graz. Vergl. über ihn meine Brief-
sammlung: „Erzherzog Johann und sein Einfluß auf das Culturleben der Steiermark" (Wien 1878). S. 224 ff. — Später gab ihn F. A. Gaheis heraus.

Herausgebers[1]). In den Jahren 1789 und 1790 erschienen die „Früchte vaterländischer Musen", herausgegeben von Joh. N. v. Kalchberg zu Grätz, mit Gedichten Kalchberg's und einer Reihe höchst anerkennenswerther Talente Steiermarks, die sich auch am Wiener Almanach mit Beiträgen betheiligten. Die Sammlung „Blumen, Blümchen und Blätter statt eines Prager Musen-Almanachs von J. D. John" (Prag 1787) und der Musen-Almanach für 1788 (von Bretschneider, Lemberg) sind eigentlich wieder nicht hieher zu zählen, da sie nur Sammlungen von Poesien eines und desselben Verfassers bilden, zeigen aber so gut wie die übrigen Sammlungen das Bestreben, zur Hebung der Poesie und Kunst in Oesterreich beizutragen.

---

[1]) Vergl. Dr. Lorenz Hübner's biographische Charakteristik . . . . . von Joseph Wißmayr. München 1855.

II.

Ziegler's „Asiatische Banise" auf der Bühne.

———

Ein Beitrag zur Geschichte der Haupt- und Staatsactionen in Oesterreich.

——— ·

Eine recht traurige Zeit für das deutsche Literaturleben war es, als die Sturmfluth des dreißigjährigen Krieges vorübergebraust und nur noch die letzten leisen Wellenschläge zu spüren waren, endlich auch diese langsam verschwanden, das ganze Gebiet aber, auf dem kurz zuvor die wildeste Kriegsfurie getobt, starr und leer liegen blieb; darniederlagen Handel und Wandel, Kunst und Wissenschaft, darniederlag überhaupt jedes geistige Leben, und die einzelnen Dichtergestalten, welche unmittelbar nach jenen traurigen Tagen auftauchen, sind nur seltsame Zerrbilder eines poetischen Lebens, wie es früher in den deutschen Gauen frisch und lebendig geblüht, wie es später gottlob wieder emporwachsen und zur schönen Blüthe gelangen sollte, wie es aber jetzt nur als ein Schatten emportauchte aus dem Gewirre der Zeit.

Zerrbilder, wie gesagt, sind es, die uns in den Dichtern oder besser in den Dichtungen entgegentreten, welche unmittelbar nach dem Abschlusse des westphälischen Friedens in den deutschen Landen auf= tauchen. Obgleich Martin Opitz für die Lyrik und für die Poesie in des Wortes engerer Bedeutung so schön den Weg geebnet hatte, so war doch, nachdem der Kriegssturm darüber hinweggezogen, auch sein Einfluß vorläufig fast vergessen und sollte erst später wichtig werden; die Namen eines Paul Fleming, Friedrich v. Logau, J. W. Zink= gref, welche sich an Opitz anschlossen und in vielen ihrer Lieder und Sprüche uns mit hoher Achtung erfüllen vor dem Geiste, der sich in ihnen noch am meisten geläutert herzerhebend erhalten, waren damals wenigstens ebenfalls von keinem so gewaltigen Einflusse, als wir ihnen denselben etwa heute zuschreiben; das Schauspiel hatte einen

6*

einzigen bedeutenderen Vertreter, Andreas Gryphius, aufzuweisen
der allerdings mit seinen ersten Dichtungen noch in die Kriegszeit
selbst hineinragte; dieser erschien freilich bedeutender durch die Nach-
haltigkeit seiner Wirkung; die Charakterzeichnungen in seinem „Peter
Squenz" und im „Horribilicribifax" erinnern an die trefflichsten
Gestalten des britischen genialen Dramatikers, aber sie waren nur
dazu bestimmt, die ganze Versunkenheit nach dem großen Kriege in
ihrer Erbärmlichkeit zu zeigen; das epische Gedicht war fast ganz
unbekannt, und die vorübergegangenen Thaten und Gestalten der
jüngsten Jahre lebten noch viel zu sehr verworren und unklar in den
Gemüthern, um Anlaß zu geben, durch Hervorheben des Einen oder
des Anderen den Mittelpunkt einer Heldendichtung zu bilden. Der einzige „Simplicissimus" Grimmelshausen's schuf ein lebendiges, kräftiges
Bild der Kampfesjahre, und, seltsam genug, sein Held war keiner derjenigen, die wir heute als Kriegshelden jener Zeit bewundern und deren
Namen die Weltgeschichte für immer aufbewahrt hat. Und der „Simplicissimus" war ein Roman, der erste wirkliche deutsche Roman, kein Gedicht in unserem modernen Sinne, sondern eine Erzählung. Das Gebiet
des Romanes aber war es nun auch vor Allem, welches sich noch einiger
Pflege erfreute, und die nachsimplicianischen Romane allein vertraten
das epische Element deutscher Poesie eine lange, lange Zeit hindurch.

Unter diesen Romanen gelangte einer zu ganz besonderer Geltung
und seinerzeit zu europäischer Berühmtheit; es ist dies die kurzweg
genannte „Asiatische Banise" oder mit dem vollen Titel:

„Die asiatische Banise oder das blutige, doch muthige Pegu,
dessen hohe Reichs-Sonne bey geendigtem letztern Jahr-Hundert an dem
Xemindo erbärmlichst unter-, an dem Balacin aber erfreulichst wieder
auffgehet. Welchem sich die merkwürdigen und erschrecklichen Veränderungen der benachbarten Reiche Ava, Aracan, Martabane, Siam
und Prom anmuthigst beygesellen. Alles in historischer und mit dem
Mantel einer annehmlichen Helden- und Liebes-Geschichte bedeckten
Wahrheit beruhende. Diesem füget sich bey eine aus Italiänischer in
Deutsch-gebundene Mund-Art übersetzte Opera oder Theatralische Hand-

lung benennet: Die liftige Rache oder Der Tapffere Heraclius. Auff-
gejehet von H.(einrich) A.(nshelm) v. Z.(iegler) und K.(lipphaujen). —
Leipzig. Gleditjch. 1689"[1]).

Diejer lange Titel jchon jeht die Abjicht des Verfaffers der
Banije klar, dem Publicum eine Helden- und Kriegsgejchichte vorzuführen, in der anmuthige Liebesjcenen mit der Schilderung von
Kämpfen und Schlachten abwechjeln. Gegen die früheren Romane
der neueften Zeit hatte aber Ziegler durch genaue Beachtung des
Gejchmackes jeiner Lejer ungemein viel voraus, er führte diefe Lejer
in eine ferne tropijche Gegend nach Indien und in die angrenzenden
Länder, er jchilderte an der Hand ethnographijcher und naturhiftori-
jcher Werke das Leben und Treiben, die üppige Vegetation, die orienta-
lijche Pracht an den Königshöfen diefer Länder, er zeigte die Kriegs-
führung, die Sitten und Gebräuche der Afiaten, und der Reichthum
an Abenteuern in jeinem Buche kam ihm der abenteuerluftigen Lejewelt
jeiner Zeit gegenüber nicht wenig zu ftatten. Die früheren Romane
bildeten förmliche Compendien in mehreren Quartbänden, es waren
darunter berühmte, aber für einen Lejer von heute durch ihren Umfang
geradezu erjchreckende Werke, während die Banije nur einen allerdings
ftarken Octavband füllte, in demfelben aber für den Zeitgejchmack
Alles bot, was man verlangen konnte.

Dies der Grund, warum Ziegler's Buch einen ungeheuren
Erfolg errang. Derfelbe zeigt jich auch in den jpäteren, jo zahlreichen
Nachahmungen. So erjchien eine „Deutjche Banije" (1752) eine „Eng-
ländijche Banije, Princejjin von Suffex" (1754), eine „Aegyptijche
Banije" (1759), eine Bearbeitung des Romanes als Oper von Joachim
Beccau (1710) und jchon im Jahre 1743 ein Trauerjpiel: „Banije",
das zum Verfaffer den erft im Jahre 1807 verftorbenen gothaijchen
Minifter Fr. Melch. v. Grimm hatte.

---

[1]) Weder Goedeke („Grundriß zur Gejchichte der deutjchen Dichtung") noch Jör-
dens („Lexikon deutjcher Dichter") kennen die citirte Ausgabe, wohl aber Cholevius
in jeinem Werke: „Die bedeutendften deutjchen Romane des jiebzehnten Jahrhunderts. Ein Beitrag zur Gejchichte der deutjchen Literatur" (Leipzig 1866).

Der Verfasser des zu großem Rufe gelangten Werkes, dessen voll=
ständiger langer Titel eben mitgetheilt wurde: Heinrich Anshelm von
Ziegler und Klipphausen, wurde dadurch einer der berühmtesten Männer,
einer der gelesensten Schriftsteller seiner Zeit und für ein halbes Jahr=
hundert hinaus, ja noch viel länger war die „Asiatische Banise" für
jeden Kenner und Mann von Geschmack das unerreichte Muster eines
Romanes. Wer das Buch heute lesen wollte, würde darüber staunen,
daß eine solche Geschmacksrichtung damals möglich gewesen, und
der Verfasser dieser Zeilen leugnet es selbst nicht, daß die noth=
wendige Lectüre des dicken Octavbandes mit den gräulichen Kupfern
ihm Mühe und Anstrengung genug gekostet hat. So viel Wortschwall,
solche Satzfügungen, so viel angehäufter Bombast lassen es beinahe un=
glaublich erscheinen, daß gerade der Verfasser dieses Romanes sich von
Excessen in dieser Richtung fernhielt — fernhielt wenigstens seiner
Ansicht und der Ansicht der Zeit nach — und daß seine Vorgänger
es noch viel weiter und ärger treiben konnten. Und doch ist es
so. Ziegler blieb eine Zeit lang der bewunderte, gefeierte, wie wir
gesehen, oft nachgeahmte Romanschriftsteller. Nur einige Worte über
sein Leben.

Ziegler war am 6. Januar 1663, also fünfzehn Jahre nach der
Beendigung des dreißigjährigen Riesenkampfes, zu Radmeritz in
Schlesien geboren, er absolvirte in Görlitz das Gymnasium und
betrieb von 1680 an die Rechtsgelehrsamkeit an der Universität zu
Frankfurt an der Oder. Insbesondere betrieb er aber daselbst das
Studium der Dichtkunst, um im Sinne jener Zeit das Dichten an
der Hand von Fachleuten zu erlernen. Seine natürliche poetische An=
lage kam ihm dabei zu statten und dieses Studium wäre ihm wohl
ohne dieselbe nie besonders geglückt. Als er seine Studien geendet,
war er in der angenehmen Lage sich den Lieblingsgegenständen ganz
hingeben zu können; er übernahm 1684, nachdem sein Vater gestorben
war, die Verwaltung des Rittergutes Probsthain, zuletzt brachte er
nach mehrfachem Wechsel von Gütern Liebertwolkwitz bei Leipzig in
seinen Besitz und wurde Stiftsrath zu Wurzen. Nur mit literarischen

Arbeiten beschäftigt schädigte er aber durch die angestrengte Thätigkeit seine Gesundheit und starb am 8. September 1697 in dem zuletzt genannten Orte.

Es wäre zu viel behauptet, wenn man die weitere literarische Thätigkeit Ziegler's eine besonders erfolggekrönte nennen wollte. Seine übrigen Arbeiten sind: „Heldenliebe der Schrift Alten Testaments, in sechzehn anmuthigen Liebesbegebenheiten, mit beigefügten curieusen Anmerkungen, poetischen Wechselschriften" (Leipzig 1691) ferner der „Tägliche Schauplatz der Zeit" (Leipzig 1700) das „Historische Labyrinth der Zeit" (Leipzig 1701) und das Trauerspiel in Versen: „Die Handlung der listigen Rache" (Leipzig 1687), welches ohnedies den Ausgaben der „Asiatischen Banise" beigefügt erscheint. Der „Schauplatz" und das „Labyrinth der Zeit" waren insbesondere deshalb einige Zeit hindurch Modewerke, weil sie der Verfasser der „Asiatischen Banise" geschrieben hatte, es machen aber diese Sammlungen von Geschichten „weder Auswahl und Zusammenstellung, noch Vortrag und Sprache bemerkenswerth". Uebrigens hatte Ziegler auch in seiner „Heldenliebe" (nichts Anderes als eine schwülstige Darstellung der Begebenheiten aus der Bibel) auf den Ruf gerechnet, zu dem ihm seine Banise verholfen, weshalb er auch in der „Zuschrift an den nach Standes-Gebühr geehrten Leser" erklärt: „Nachdem mich meine Asiatische Banise bei ihrer Retour versichert, sie habe so wohl hin und wieder über Vermuthen so viel honette Gemüther angetroffen, welche sie mit geneigten Augen empfangen ... so hat sich meine versprochene Heldenliebe der Schrift gleichfalls erkühnet ihrer Schwester zu folgen."

Wir haben also in der Asiatischen Banise wieder ein Beispiel, wie plötzlich ein Werk eines vielleicht nicht einmal hervorragend begabten Schriftstellers gewissermaßen zu einem literarischen Ereignisse für das Publicum werden kann, wenn es in Ton und Anordnung dem Zeitgeschmacke gerecht zu werden weiß. Die Asiatische Banise bildet auch so ziemlich eines der letzten Producte jenes schwülstigen Geschmackes und mit dem Ende ihres Ruhmes hörte diese Gattung

von Romanen, welche der Geschmacklosigkeit Thür und Thor geöffnet,
ganz auf.

Es erschien hier nothwendig, Ziegler's literarische Thätigkeit ganz
kurz ins Auge zu fassen, um den Einfluß anzudeuten, welchen des
Dichters hervorragendstes Werk gehabt und die Beziehungen, in denen
es zu dem im Nachfolgenden besprochenen eigenthümlichen dramatischen
Producte steht.

An der Hand der bisher gänzlich unbekannten dramatischen Bearbeitung der Banise ist auch zugleich der Einfluß nachgewiesen, dessen
sich der Roman in Süddeutschland und in den südlichsten Ländern des
deutschen Oesterreich erfreute, wie sehr der Roman allüberall auch hier
Wurzel gefaßt hatte und verbreitet erschien. Zum richtigen Verständniß
erscheint es jedoch nothwendig, einen Blick auf die Verhältnisse der
Schauspielkunst jener Zeit zu werfen und insbesondere jener Gattung
von dramatischen Productionen zu gedenken, die zu Ende des siebenzehnten und noch zu Anfang des achtzehnten Jahrhunderts die Bühne
beherrschten.

Wie sehr die dramatische Literatur und das ganze dramatische
Leben jener Zeit darniederlag, ist dem Kenner der Geschichte deutschen
Cultur- und Literaturlebens bekannt genug und geht auch aus dem
oben Gesagten hervor. Nennenswerthe dramatische Producte waren
fast gar nicht bekannt, von den eigentlichen (nach damaligen Begriffen)
bühnenfähigen Stücken kannte man oft den Verfasser nicht, ja wenige
derselben sind bis auf uns gekommen. Zu Ende des siebenzehnten
Jahrhunderts erscheinen nun neben der prunkhaft auftretenden insbesondere italienischen Oper, in der die großartige effectvolle Ausstattung
eigentlich viel wichtiger erscheint als der musikalische Theil, die sogenannten Haupt- und Staatsactionen, welche in kurzer Zeit sich einer
besonderen Beliebtheit beim Publicum erfreuten. Diese Gattung von
Bühnenspielen steht im engen Zusammenhange mit den eigenthümlichen Zuständen des Theaterwesens, welche sich im siebenzehnten Jahrhunderte bildeten. Lange ist zu jener Zeit von einer stehenden Bühne
keine Rede, und zumeist, außer an den fürstlichen Höfen, kommen nur

wandernde Schauspielertruppen vor, doch hatten sich diese wandernden
Truppen an manchen Orten für längere Zeit festgesetzt, und sie waren
es, welche die Haupt= und Staatsactionen zur vollen Blüthe brachten.
Der Name dieser also bezeichneten Gattung dramatischer Kunst ent=
spricht ganz der Schwülstigkeit damaliger Ausdrucksweise, die wir in
jedem Büchertitel des siebenzehnten Jahrhunderts heute noch so sonder=
bar finden. Unter den Haupt= und Staatsactionen hat man sich
eigentlich nichts Anderes zu denken, als prunkhaft ausgestattete Schau=
spiele, in denen Fürsten, Kaiser, Könige und ähnliche hervorragende
Personen nicht selten vorkamen — aber nicht vorkommen mußten—
in deren jedem aber die lustige Figur des Hanswursts den Ernst der
Handlung durch ihre tollen Späße unterbrach, „er durfte", mit Prutz'
Worten, „in keinem dieser Stücke fehlen, vielmehr ist er der eigentliche
Held derselben". Die Darsteller solcher Komödien kommen zu Anfang
des siebenzehnten Jahrhunderts unter dem Namen der englischen
Komödianten oft vor; man hielt übrigens die Stücke, welche auf=
geführt wurden, sehr geheim, dieselben bestanden überhaupt nur ab=
schriftlich, und vielfach mischten sich extemporirte Scenen in den Gang
der Handlung, welche meist der Erfindungsgabe des Hanswurst=
Darstellers überlassen blieben. Was die englischen Komödianten
betrifft, so bilden diese den eigentlichen Uebergang von dem Volks=
schauspiel und von den verschiedenen an höheren Schulen cultivirten
dramatischen Darstellungen der früheren Zeit in das eigentliche Sta=
dium der Schauspielkunst, in welchem man zuerst von Berufsschau=
spielern sprechen kann[1]). Es ist eine müßige an diesem Orte nicht
zu erörternde Frage, ob diese englischen Komödianten wirklich
Engländer gewesen, jedenfalls war es Einer, Johann Spenzer, welchen
der Kurfürst von Brandenburg dem von Sachsen zu Anfang des
siebenzehnten Jahrhunderts mit seiner Gesellschaft, oder besser gesagt,
Bande empfohlen hatte. Diese Schauspielertruppen zogen an den

---

[1]) Man vergleiche über alle diese Zustände die vorzügliche Darstellung in
Ed. Devrient's „Geschichte der deutschen Schauspielkunst", I. Bd. (Leipzig 1848),
S. 148 ff.

Höfen umher und sie bildeten auch jene Gattung von Schauspielen
aus, welche im Jahre 1624 gesammelt im Druck erschienen[1]) und
uns daher genau über die Art dieser Stücke belehren, die den Grund
zu den Haupt= und Staatsactionen zu legen bestimmt sein sollten.
Der „Pickelhering" spielt, wie schon der Titel der genannten Samm=
lung andeutet, in diesen Stücken eine wichtige Rolle, später finden wir
den Hanswurst an seiner Stelle. Neben diesen Komödianten=Gesell=
schaften sind nur noch etwa die einzeln vorkommenden Studenten=
Gesellschaften zu nennen, welche ebenfalls „fahrend", unter eigenen
„Principalen" ihre Stücke aufführten und die natürlich von den
Schulkomödien=Darstellern der früheren Zeit wohl zu unterscheiden
sind. Ein Mitglied einer solchen Studenten=Gesellschaft war auch Johann
Velthen aus Halle, welcher sehr bald selbst als Leiter einer Theater=
truppe auftreten sollte, die auf künstlerischem Gebiete die wichtigste
aller bisherigen zu sein bestimmt war. Velthen insbesondere hat die
Haupt= und Staatsactionen zu ihrer Blüthe gebracht. Er erkannte
die Neigungen des Publicums mit raschem Blicke, zumal er ein Mann
von höherer Bildung war, er verstand die bedeutenderen europäischen
Sprachen, insbesondere auch französisch, und konnte daher seine Auf=
merksamkeit auch auf die verschiedenen fremden Literaturen richten, die
ja schon auf dramatischem Gebiete einige der hervorragendsten Dichter
aufzuweisen hatten, wie Corneille, Racine, Molière, ja mit den
Charakter=Komödien des Letzteren, welche freilich viel und seltsam ver=
ändert von der deutschen Bühne recipirt wurden, finden wir zum erstem=
male Darstellungen des Charakters, seiner Schwächen und seiner Be=

---

[1]) Unter dem Titel: „Engelische Comedien vnd Tragedien. Das ist: Sehr
Schöne herrliche vnd ausserlesene geist= vnd weltliche Comedi vnd Tragedi Spiel,
Sampt dem Pickelhering. Welche wegen ihrer artigen Inventionen kurtzweiligen
auch theils wahrhaftigen Geschicht halber von den Engelländern in Deutschland
an Königlichen= Chur vnd Fürstlichen Höfen, auch in vornehmen Reichs= See=
vnd Handelsstädten seynd agiret vnd gehalten worden, vnd zuvor nie im Druck
aussgegangen. An ietzo Allen der Comedi vnd Tragedi Liebhabern vnd Andern
zu lieb vnd gefallen, der Gestalt in offenen Druck gegeben, daß sie gar leicht
darauß Spielweiß wiederumb angerichtet vnd zur Ergetzlichkeit vnd Erquickung
des Gemüths gehalten werden können. Gedruckt im Jahr M. DC. XX."

deutung für das Geschick des Menschen auf unserem Theater. Velthen
suchte in jeder Richtung nicht nur reformirend, sondern auch möglichst
geschmackvoll umgestaltend auf die Bühne zu wirken; so wurde dem De-
corationswesen Rechnung getragen, und neben dem Prunkvollen erhielt
auch die Natürlichkeit ihr Recht, an die man früher gar nicht gedacht
hatte; daß dabei blutige Scenen, namentlich traurige und stark auf die
Nerven der Zuschauer wirkende Situationen besonders beliebt waren
und in's Auge gefaßt wurden, lag in der Natur der Sache und eben
dieser Zuschauer. Aber für das Theater war eine andere Eigenthümlichkeit, die sich bei Velthen's Truppe geltend zu machen begann, wichtig,
die in der Folge zu ganz seltsamen Consequenzen und auch zum Ver-
fall dieser ganzen Gattung führte. Es sind dies die Improvisationen,
die extemporirten Reden der spielenden Personen. Die Truppe
Velthen's bestand zumeist aus besser gebildeten Leuten, welche Worte wohl
zu setzen und zu fügen wußten, italienische Improvisatoren gab es
schon lange und sie hatten überall Erfolg, auch die englischen Komödianten brachten in ihren Stücken viel aus dem Stegreife vor, es war
also den Spielern Velthen's nahe gelegt, auf der Bühne ihre eigenen
guten Einfälle zu verwerthen, den Dichter, gewöhnlich war derselbe
ohnedies nicht viel werth, gleichsam zu verbessern und selbst mehr
Leben und Geist in die Handlung zu bringen; dies führte freilich noch
weiter, nämlich zu den ganz improvisirten Komödien und Haupt- und
Staatsactionen, wobei den Darstellern der Inhalt, die Intrigue und
ihre Führung mitgetheilt wurde, „man verabredete, in welcher Weise
die entscheidenden Momente der Handlung eintreten sollten, stellte
solche Momente, wohl auch ganze Scenen, welche den Ausschlag zu
geben hatten, wörtlich fest und memorirte sie. War damit der Fort-
gang der Handlung gesichert, so überließ sich nun ein Jeder seiner
Erfindungskraft, die auf den Proben Uebung und Ausbildung fand.
Denn ein solches Spiel schloß, bei einer sorgfältigen Behandlung,
keineswegs die Proben aus, im Gegentheile wurden dabei alle möglichen Wendungen des Dialoges durchgeprüft, damit man sich bei der
Aufführung sorglos innerhalb der Situation bewegen könne. Abends

wurde noch hinter der Scene bei einem Lichtchen ein Blatt aufgesteckt, worauf in der Ordnung angegeben war, wie weit die Handlung in jeder Scene vorrücken solle und an diesem Leitfaden lief dann die Darstellung in humoristischer Willkür fort"[1]). Der Hanswurst fehlte bei den Darstellungen nicht und selbst in den eigentlichen Haupt- und Staatsactionen, die sich ja nur auf ernstem Gebiete bewegten, bot sich immer eine Figur, eine dienende Person oder sonst eine passende Gestalt, welche der Hanswurst bekleiden konnte und in welcher Rolle der Lustigmacher seine freilich mitunter recht derben Scherze nie sparte, wäre auch eine der ernstesten Scenen kurz vorhergegangen. — Die Haupt- und Staatsactionen waren, und zwar anfangs zumeist von den Mitgliedern Velthen's selbst, auf ganz raffinirte Art zusammengesetzt, es wurde das, wie man heutzutage sagen würde, Pikanteste aus allen Ecken und Enden der dramatischen Kunst und der Literatur zusammengesucht und dem also verfertigten Stücke einverleibt, Romane, Gedichte, Dramen aller Zeiten und Völker wurden ausgebeutet und mit recht packendem scenischen Apparate verbunden eingefügt, ja man ging so weit, daß die Schauspieler Monologe und andere ihnen passende schöne Stellen hervorragender Werke zusammentrugen und sie dann in der extemporirten Rede an passendem Orte wortgetreu oder auch beliebig verändert anwendeten. Man kann sich eine Vorstellung davon machen, wie bunt eine solche Action demnach ausfallen mußte und wie entstellt oft die besten Stellen der berühmtesten Dichter vor die Ohren des Publicums gelangten. Die Haupt- und Staatsactionen finden sich nicht immer vereinigt; eine Staatsaction darf uns durch ihren Namen ja nicht glauben machen, daß man es darin etwa mit dem zu thun hatte, was das Staatswesen anging, sondern der Name bezog sich eben nur auf die Pracht der Ausstattung, auf den „Staat", der in der Komödie entwickelt wurde; die Hauptaction bildete immer eine Pièce ernsterer Gattung und machte den Haupttheil der Vorstellung aus, welchem allenfalls dann noch eine humoristische Gabe beigefügt wurde. Sowohl diese Unterscheidung als auch die ganze Aus-

[1]) Devrient a a. O. S. 242.

bildung der dramatischen Gattuug aber haben wir Velthen zu ver=
danken. Im Jahre 1685 wurde übrigens Velthen schon Hoftheater=
director in Dresden, wohin ihn der Kurfürst Johann Georg III., der
dem Theater so eingehende Aufmerksamkeit zuwendete, berief, und er
leitete somit die erste deutsche Hofbühne, ein Beweis, daß man der
Hauptgattung von dramatischen Producten, die er vorführte, in allen,
sogar in den höchsten Kreisen überaus gewogen war.

Einen besonderen Vortheil hatte die Erweckung der deutschen
Bühnenthätigkeit durch die englischen Komödianten und die sich daran
schließende Periode der Haupt= und Staatsactionen, nämlich die freilich
damals oberflächliche, kaum merkbare Einführung Shakespeares auf
die deutsche Bühne. So bietet die Sammlung der englischen Komö=
dien in dem Stücke: „Eine sehr klägliche Tragedia von Tito Andro=
nico und der hoffertigen Kayserin" unzweifelhaft eine Pièce, deren
Ursprung in Shakespeares, „Titus Andronikus" zu suchen ist, während
in derselben Sammlung die „Tragedia von Julio und Hyppolita"
an „Die beiden Edelleute von Verona" in nicht wenigen Zügen
erinnert [1]). Ebenso erschienen in den Haupt= und Staatsactionen ein=
zelne Themen, welche Shakespeare bearbeitet hatte, und zwar nicht
zufällig, sondern wirklich in Folge des Einflusses, den der große
Brite durch die englischen Komödianten und in anderer Art auf diese
Schauspiele ausgeübt hatte.

Was dieses Theaterleben und insbesondere die Haupt= und Staats=
actionen anbelangt, so bieten die österreichischen Erblande hierin viel
mit den obigen Verhältnissen Gleichartiges, wie ja überhaupt das
Gebiet der Bühne es ist, welches in allen deutschen Landen zu gleicher
Zeit immer so ziemlich auch denselben gleichen Charakter aufweist.
Charakteristisch ist insbesondere dabei Eines, die Einführung des Hans=

---

[1]) Darüber vergl. man insbesondere: R. Genée, „Geschichte der Shake=
spearischen Dramen in Deutschland". (Leipzig 1870.) S. 35 ff. und das ausführliche,
mit besonderer Genauigkeit in alle Detailfragen eingehende Werk: „Shake=
speare in Germany in the sixteenth and seventeenth centuries ... by
Albert Cohn. (London 1865.) 4⁰.

wursts. Der frühere Pickelhäring, welcher englischen oder eigentlich
holländischen Ursprunges erscheint, verschwindet von der Bühne und
an seine Stelle tritt der Hanswurst, welcher sich eine so lange Zeit
auch auf derselben behauptet. Die englischen Komödianten finden sich
begreiflicherweise auch in Wien und gab beispielsweise 1653 eine Truppe
derselben bei dem kaiserlichen Hofe Vorstellungen, ja schon 1561 wurde
in Wien ein Schauspiel mit „niederländischen Personen" aufgeführt,
welche mit den englischen Komödianten so viel gemein haben. Dagegen
finden wir von 1653 an schon öfter „Compagnien" von Komödianten
in Wien, die oft, wenn auch nicht den Namen, so doch den Charakter
der englischen Komödianten vollständig haben, so erscheinen[1]) Johann
Fasteyer aus Cassel, Hanns Georg Emkher aus Dresden, „Inns-
bruggische Comoedianten", Jakob Kühlmann, Andre Elenson, Johann
Carl Samenhofer, Principal der fürstlich Eggenberg'schen Compagnie,
Katharina Veltin, Balthasar Brumbach bis 1702 als Principale von
Gesellschaften, die theils länger, theils kürzer in der Residenz weilten
und ihre Komödien aufführten. Am wichtigsten wurde jedoch zu Anfang des achtzehnten Jahrhunderts Joseph Stranitzky, der eigentliche
Wiener Hanswurst, und wenn man auch erwiesenermaßen nicht annehmen kann, daß von Stranitzky der Name und die Gattung des
Hanswurstes herrühren, so hat Stranitzky doch dieser lustigen Person
auf dem Theater ein so eigenthümliches Gepräge gegeben, daß man
ihn füglich als denjenigen annehmen kann, welcher den Hanswurst in
seiner österreichisch-typischen Eigenthümlichkeit begründet. Er ließ ihn
in der bekannten Figur des Salzburger Bauern mit der Pritsche in
der Hand und mit dem breitbebänderten Hut zuerst vor das Wiener
Publicum treten, er führte ihn in allen Stücken, die er gab ein, insbesondere auch in den Haupt- und Staatsactionen, er brachte aber
auch die Stücke, in denen eben der Hanswurst die Haupt- und Titelrolle zugetheilt erhalten, auf die Bühne. In den Haupt- und Staatsactionen insbesondere spielte der Hanswurst nicht selten eine feinere

---

[1]) Karl Weiß, die Wiener Haupt- und Staatsactionen. Wien 1854.
S. 42 ff.

komische Rolle — wenn dieser Ausdruck hier überhaupt mit Bezug auf jene bizarren dramatischen Producte um Platze ist. Stranitzky's Hanswurst in den Haupt= und Staatsactionen hatte nur den Namen mit dem früheren Pickelhäring 2c. gewechselt, blieb aber eigentlich die= selbe Figur. „Während in der Erscheinung des Salzburger Bauern immer ein tüchtiger Theil von Dummheit, Derbheit und Unbeholfen= heit ausgedrückt sein mochte, hatte der Hanswurst der Staatsactionen schon eine andere Aufgabe; hier trat er mit den Waffen der Jronie und des Spottes auf, überlistete gewöhnlich seine Collegen und scheute es selbst nicht, die Leitung der Jntrigue des Stückes zu übernehmen. Das Hauptverdienst Stranitzky's bei dem Hanswurst der Staatsactionen besteht daher darin, daß er denselben mit der Haupthandlung des Stückes vollständig verflochten hatte"[1]). Hiezu bot ihm insbesondere die improvisirte Komödie einen großen Spielraum und wenn auch des Hanswursts Thätigkeit dabei oft zu sehr in den Vordergrund trat, so schadete ihm dieser Umstand in den Augen des Publicums gewiß sehr wenig.

Schlager[2]) führt eine Reihe von Titeln verschiedener Stücke von Stranitzky's Composition an, in denen der Hanswurst die Hauptrolle spielt und die theilweise auch ernsterer Natur sind, wie etwa „die gestürzte Thranney in der Person des Wüttrichs Pelisonte oder Triumph der Liebe und Rache mit Hanns Wurscht, den getreuen Spion, einfältigen Soldaten, leichtsinnigen Liebhaber und was für Lustbarkeiten ferner seyn, wird die Action selber Vorstehlen. Wien den 29. Juli A. 1724" oder „Sieg der Unschuld über Haß und Ver= reterey, oder Scepter und Kron hat Tugend zum Lohn, mit Hanns Wurscht, dem Doctor in der Einbildung Undt Seltsamen Complimen= tario. Im Jahr 1724". In diesen Stücken ist der Hanswurst als lustige Person der Action eingefügt und es wurde dabei natürlich wenig Rücksicht darauf genommen, inwiefern er, wenn die historische Treue gewahrt bleiben sollte, hineinpaßt, kommt er doch auch vor im:

---

[1]) Weiß. a. a. O. S. 48.
[2]) In seinen „Wiener Skizzen aus dem Mittelalter". N. F. 1. 1839.

„Triumph der Ehre und des Glükes oder Tarquinius Superbus mit
Hanns Wurscht den Unglükseligen Verliebten, durchgetriebenen Hoff=
schrantz, intressirten Kupler, Närrischen Großmütigen und Tapferen
Schloß Stürmer. Im Jahr 1724".

Um auf die Haupt= und Staatsactionen wieder zurückzukommen,
welche zur Zeit Stranitzky's so recht in der Blüthe waren und wie
wir gesehen von diesem mit Hanswurstspäßen ausgeschmückt, nicht
minder gerne aufgeführt wurden als die eigentlichen scherzhaften Hans=
wurststücke, so haben sich in Wien eine Reihe derselben schriftlich fixirt
erhalten und sind dankenswertherweise[1]) auch publicirt worden. Diese
Actionen wurden in Wien um 1724, also um dieselbe Zeit als die
von mir unten angeführte Staatsaction aufgeführt, und die Originale
derselben befinden sich in der Handschriftensammlung der k. k. Hof=
bibliothek in Wien. Es sind fünfzehn Stücke, alle aus Stranitzky's
Zeit, deren Titel hier angeführt zugleich einen Ueberblick geben
mögen über Art und Geltung der zur Darstellung gelangten Haupt=
und Staatsactionen, zumal dieselben gewiß nicht in der Residenz
allein aufgeführt worden sein mögen, sondern auch in der Provinz.
Die Titel dieser Stücke lauten: „Triumpf römischer Tugendt und
Tapferkeit oder Gordianus der Große, die Enthauptung des welt=
berühmten Wohlredners Ciceronis, die Verfolgung aus Liebe oder die
grausame Königin der Tegeanten Atalanta, Nicht diesem, dem es zu=
gedacht, sondern dem das Glücke lacht, oder der großmüthige Frauen=
wechsel unter königl. Personen, die gestürzte Thyranney in der Person
des Messinischen Wütthrichs Pelisonte, oder Triumpf der Liebe und
Rache, der betrogene Ehemann, der großmüthige Ueberwinder seiner
selbst, Sieg der Unschuld über Haß und Verreterey oder Scepter und
Kron hat Tugend zum Lohn, Triumpf der Ehre und des Glückes
oder Tarquinius Superbus, der Tempel Dianä oder Spiegel wahrer
und treuer Freundschaft, der besiegte Obsieger Adalbertus, König in
Wälschlandt oder die würkungen des Betrugs bei gezwungener Liebe,
Was sein soll, daß schickt sich wohl oder die unvergleichliche Bestän=

---

[1]) Von Karl Weiß a. a. O.

digkeit zweyer Verliebten, Großmüthiger Wettstreit der Freundschaft,
Liebe und Ehre oder Scipio in Spanien, die allgemeine Treu und
endlich die glorreiche Marter Johannes von Nepomuk unter Wenzes-
lav dem faulsten König der Böhmen und die politischen Staatsstreiche
und verstellte Einfalth des Doctor Babra eines großen Favoriten des
König." Das letztere Stück, dessen Text uns der Herausgeber vollständig bietet, ist eine Bearbeitung für Wien und liefert zugleich den
Beweis, daß nicht nur die Profangeschichte in den Haupt- und Saats-
actionen vertreten war, sondern daß man oft auch in katholischen
Ländern geistliche Stoffe, wie etwa hier aus der Heiligengeschichte,
hervorhob. Die Rolle des Hanswurst ist hier nicht namentlich bezeichnet, die Gestalt: „Doctor Babra, ein verwirrter Jurist und
Favorit des Königs" repräsentirt sich aber, wenn auch in milderer Form,
als der eigentliche Hanswurst, welcher mit seinen Scherzen die ernst-
hafte Handlung nicht nur in unpassender, sondern meist auch in un-
anständiger Weise unterbricht, wie ja das derbrealistische Princip in keiner
Bühnenfigur so zur Geltung gelangt wie im Hanswurst Stranitzky's.

Devrient erwähnt[1]), daß leider keine der berühmtesten Haupt- und
Staatsactionen bis jetzt aufgefunden wurde, als solche führt er an: den
Bethlehemitischen Kindermord, die Asiatische Banise, Tamerlan und
Bajazeth, Don Juan und Doctor Faust; ich habe es einem besonders
günstigen Zufalle zu verdanken, die „Asiatische Banise", über deren Urbild
nebst dessen Verfasser oben gesprochen wurde, hier als Haupt- und Staatsaction bearbeitet wiedergeben, beziehungsweise den vollständigen Scenen-
entwurf verzeichnen zu können, offenbar war ja auch bei dieser Action
der Improvisation und dem Extempore der weiteste Spielraum gelassen.

Da es sich, was die Aufführung betrifft, hier um eine Bühne
Steiermarks handelt, nämlich um die Bühne in Graz, so wollen
wir nur flüchtig die früheren dramatischen Verhältnisse daselbst andeuten. Es war begreiflicherweise im Allgemeinen das dramatische
Leben der Steiermark, insbesondere der Hauptstadt, nicht viel ver-

---

[1]) A. a. O. S. 300.

schieden von demjenigen der Residenz, die Schulkomödien des fünf-
zehnten und sechzehnten Jahrhunderts, welche insbesondere von den
Jesuiten mit so großer Pracht und mit einem so riesigen scenischen
Apparate vorgeführt wurden, daß sie oft die Aufmerksamkeit des ganzen
Reiches erregten, wurden auch hier theilweise und immer mehr verdrängt
durch die wandernden Komödiantentruppen. Eine Nachricht (im erz-
bischöflichen Archive zu Olmütz) meldet von englischen Komödianten,
die zu Graz ihre Komödien aufgeführt; dieselben gaben schon im
Jahre 1607 und 1608 am herzoglichen Hofe daselbst beinahe täglich
zur Winterszeit Vorstellungen, ihr Leiter J. Spencer dürfte sogar
wirklich ein Engländer gewesen sein. Es gibt darüber eine Briefstelle
des Bischofs Carl zu Brixen an den Cardinalbischof Dietrichstein zu
Olmütz [1]) urkundliche Auskunft, welcher demselben die Komödianten
empfiehlt und fortführt: „Wan wir vns dan zueruckh wol eryndern
können, daß noch bei weilandt vnserer geliebsten frawen Mutter hoch-
ehr- vnd Lobwürdigsten angedenckhens, lebens Zeiten, eben dieselbe
Personen zue Gräcz, ihre Comedien, gancz Erbar vnd zichtig, mit
der Vnserigen allerseits genedigistenn gefallen vndt begnügen verrichtet."
Später — freilich erst im achtzehnten Jahrhundert — kam es zu dem
Baue eines ständigen Theaters. Bis dahin aber folgten einander
mehrere der besten Wandertruppen, die uns auch in Wien begegnen.

Nach dem Tode Velthen's, dessen Witwe übrigens die Theaterleitung noch eine Zeit lang betrieb, waren solche Wandertruppen, die
selbst Gutes leisteten, nichts Seltenes mehr und es wäre schwierig, ein
vollständiges Verzeichniß derselben zu geben, selbst wenn man sich der
Mühe unterziehen wollte.

So findet sich in Kopenhagen jene deutsche Truppe von Quoten
im Jahre 1712, 1720 Haßkarl mit einer in deutschen Bädern umher-
ziehenden Komödiantenbande, Johann Ferdinand Beck mit der Waldeck-
schen Hofkomödianten-Gesellschaft, Stoll, der Hessen-Cassel'sche Hof-
komödiant. Im südlichen Deutschland sind diese Gesellschaften weniger

[1]) d'Elvert, „Geschichte des Theaters in Mähren" Brünn 1852). Der Brief auch bei Cohn, „Shakespeare in Germany". P. XCIII.

aufgetreten, dagegen waren in den bayerisch-österreichischen Gebirgsländern, in Böhmen und Mähren und überhaupt in ganz Süddeutschland die Gesellschaften von Peter Hilverding, Tilly, Geißler, Markus,
der Witwe Feld und des kurfürstlich pfälzischen Hofkomödianten-Direc-
tors Johann Heinrich Brunius verbreitet und zogen in den größeren
Provinzstädten umher, hielten sich auch wohl an dem einen oder andern
Orte länger auf, so lange ihnen die Theilnahme des Publicums entgegenkam.

Allerdings war von höherem Kunststreben bei allen „Principalen" dieser und ähnlicher Gesellschaften keine Spur zu finden, „sie
schleppten in buntem Gewimmel den Thespiskarren durch alle Stra-
pazen und Wechselfälle launischer Erfolge, um einander den Bissen
Brod abzujagen, den die Schau- und Lachlust der Menge sich abge-
winnen ließ". Von keiner Truppe läßt sich behaupten, „daß sie auf
etwas Anderes als auf den Erwerb ausgegangen sei".

Dessenungeachtet ist den Stücken, die sie aufführten, selbst den
trockenen abgeschmackten Haupt- und Staatsactionen, Aufmerksamkeit
zuzuwenden, da sie eine bedeutende culturgeschichtliche Wichtigkeit haben
und das Leben jener Zeit oft in überraschender Weise widerspiegeln,
andererseits auch die einzigen dramatischen Producte sind, welche damals
den allgemeinsten Anklang fanden.

Im Jahre 1722 war die pfälzische Hofkomödianten-Gesellschaft des
Johann Heinrich Brunius in der Hauptstadt Steiermarks und führte
neben den gewöhnlichen humoristischen Hanswurststücken auch eine
Reihe von Haupt- und Staatsactionen auf[1]), unter denen die dramati-
sirte Banise die meiste Aufmerksamkeit auf sich zieht[2]).

---

[1]) Z. B. auch die „Staats und Haupt Action betitult Kähser Nero, in
denen ersten fünff Jahren seiner Regierung der Sanftmüthige", wobei der Hanswurst als lustiger Diener der Florisena, Braut des armenischen Königs Tiritates
vorkam.

[2]) Brunius (Prunius) war als „Principal der Comoedianten" auch im
Jahre 1727 und 1729 in Graz. Vergl. E. Kümmel, „Kunst und Künstler in
ihrer Förderung durch die steir. Landschaft vom 16. bis 18. Jahrhunderte" in den
„Beiträgen zur Kunde steir. Geschichtsquellen", 16. Jahrg. (Graz 1879).

Balacin aber muß seines Vaters Haus verlassen, da ihn dieser wegen des Chaumigrem verbannt, er macht nun, begleitet von seinem treuen Diener Scandor, eine Reihe von Abenteuern durch, kommt nach Pegu, wo er dem Kaiser Xemindo das Leben rettet, sich für den Prinzen Pantoja von Tanassery ausgibt und die Prinzessin Saavady zur Gattin bestimmt erhält. Allein ein Traumbild in einem Tempel, den er auf der Reise besuchte, hatte Balacin die herrliche Banise, Xemindo's Tochter, gezeigt und nach dem Besitze dieser ausgezeichneten Schönheit geht nun Balacin's Sinnen und Trachten. Ueberdies liebt die Prinzessin von Saavady den Prinzen Zorang von Tangu. Bald darauf lernt Balacin die Banise persönlich kennen, indem er ihr durch Erschlagen eines sie verfolgenden Panthers ebenfalls das Leben rettet. Während ihm nun die ganze königliche Familie verpflichtet erscheint, wird auch sein Incognito aufgedeckt, er als Prinz von Ava erkannt, und seiner Bewerbung um Banise kein Hinderniß entgegengesetzt; es erfolgt vielmehr die Verlobung der Beiden. Aber eine Reihe großer Kämpfe beginnt nun. Es war schon früher die Nachricht eingetroffen, Chaumigrem habe das Reich Martabane überfallen. Prinz Zorang will die Verlegenheit benützen, da er ebenfalls nach Banisens Hand strebt, und nachdem man seinen Beistand um den Preis dieser Hand ablehnt, verläßt er Pegu. Nach Ava zurückreisend, sucht Balacin seinen Vater zu bewegen, sich dem Xemindo anzuschließen, allein vergebens, vielmehr wird er selbst gefangen genommen und in Haft gehalten, während Chaumigrem nun Pegu mit Krieg überzieht, das Reich erobert und den König Xemindo sowie seine Tochter Banise gefangen nimmt. Balacin mit Scandor kommt dennoch, der Haft entlassen, nach Pegu, wo er vom Schatzmeister Talemon, welcher bei Xemindo angestellt war, versteckt wird. Inzwischen aber stirbt Balacin's Vater Dacosem, Balacin geräth in den Besitz von Ava, auch das Reich Aracan erwählt ihn zum Könige. Der Prinz, um das Schicksal Banisens besorgt, verbleibt aber vorläufig bei Talemon.

Es werden nun die Gräuelthaten Chaumigrem's geschildert, der in gräßlicher Weise tyrannisch herrscht und den König Xemindo hinrichten läßt; die Hinrichtung der Prinzeſſin Baniſe aber wird nur durch eine Täuſchung des Abazar, welcher den Leichnam einer Sklavin unterſchiebt, da ihm die Prinzeſſin übergeben wird, verhindert. Auch das Reich Prom, über welches eine Königin herrſchte, wird nun von Chaumigrem erobert und mit vielen Grauſamkeiten heimgeſucht. — Scandor, Balacin's Diener, hat inzwiſchen bei Talemon ein heiteres Liebesabenteuer, indem Talemon's Tochter den Balacin mit Liebes-anträgen verfolgt, Scandor des Prinzen Stelle bei einer Zuſammen-kunft im Dunkeln vertritt und mit dem Mädchen ſogar getraut wird, zu ſpät erſt bemerkt man, daß es nicht der Prinz iſt, — die Braut gibt ſich aber endlich doch mit der Verwechslung zufrieden. — Chau-migrem wüthet, da ihm die Nachricht zukommt, Baniſe ſei noch am Leben, er läßt ſie vor ſich kommen, wird aber, nachdem er ſie geſehen, von ihrer Schönheit ſo bezaubert, daß er ſie ſelbſt zur Gattin ver-langt. Balacin ermöglicht es, unterſtützt vom Oberhofmeiſter der kaiſerlichen Frauen, Ponnedro, einem Sohne Talemon's, verkleidet zu Baniſen zu gelangen; allerdings beſucht ſie zu derſelben Zeit Chau-migrem, wobei jedoch Balacin verſteckt anweſend iſt. Der Prinz ver-abredet nun eine Flucht mit Baniſen, die auch in's Werk geſetzt wird, dabei geräth jedoch Baniſe ihren Verfolgern in die Hände. Sie wird zurückgebracht, allein der alte Oberprieſter (Rolim genannt) wird ſelbſt von einer Leidenſchaft zur Prinzeſſin hingeriſſen, er gibt ihr den Rath, um eine längere Friſt, die ſie in einem Tempel zum Betrauern ihres Vaters verbringen wolle, zu bitten. Dieſe Bitte wird ihr auch ge-währt. Dagegen iſt ſie in dem Tempel den Zudringlichkeiten des Rolim ausgeſetzt. — Während Balacin nach Hauſe eilt, ſeine Schweſter als Königin gekrönt und Alles in ſeinen Reichen zum Krieg gegen Chaumigrem vorbereitet wird, überzieht Chaumigrem auch den König von Siam mit Krieg, dieſer überträgt dem einſtigen Verlobten Hig-vanama's, ſeinem Sohne Nherandi den Oberbefehl. In Siam ent-ſtehen auch noch Unruhen im Innern der königlichen Familie. Endlich erobert Chaumigrem Siam. Nherandi und ſeine Schweſter Fylane, welche nur der gefangen in der Stadt weilende Abazar durch einen

Zweikampf vor den Ränken der königlichen Stiefmutter gerettet, werden ebenfalls gefangen.

Nun beginnen die Kämpfe zwischen Chaumigrem und Balacin, Ersterer verliert eine Schlacht in Folge von Minen, die Balacin graben und mit Pulver füllen läßt. Auch der Prinz Zorang von Tangu bekämpft Chaumigrem mit einem Heere. Zwischen ihm und Balacin wird die Vereinigung getroffen, daß die Banise ihrem Retter zu Theil werden solle. Balacin's Schwester und Nherandi aus Siam unterstützen den Prinzen ebenfalls durch ihre Heeresmacht. Eine Verwechslung führt dem Prinzen Zorang die aus der Stadt entflohene Prinzessin von Saavady zu, indem er glaubte Banisen zur Flucht zu verhelfen. Gerührt durch ihre Liebe erwählt sie endlich Zorang zu seiner Gattin und zieht ab. — Was die Prinzessin Banise anbelangt, so sucht sich der Rolim dieser im Tempel immer mehr zu nähern, bei einer neuerlichen Zudringlichkeit tödtet sie ihn durch einen Messerstich. Allerdings soll nun Banise durch den neuen Rolim dem Kriegsgotte zum blutigen Opfer gebracht werden, doch Balacin weiß sich die Verkleidung des Priesters zu erkaufen und tödtet bei dem Opferfeste den Chaumigrem, welcher den Irrthum kurz zuvor zu spät erkennt. Die Truppen dringen nun in die Stadt, das Regiment Chaumigrem's ist gestürzt und Balacin und Banise vermälen sich, ebenso Nherandi und Higvanama, sowie Abaxar, der als Prinz von Prom erkannt wird, und Fylane.

Also gliedert sich der Roman in drei Theile (Bücher), welche hier durch die drei Absätze der Inhaltsangabe bezeichnet erscheinen[1]).

Betrachten wir nun die vorliegende Bühnenbearbeitung des Romanes als Haupt- und Staatsaction, wie sie von den Bruniusschen Komödianten aufgeführt wurde. Das betreffende Textbuch trägt den Titel:

---

[1]) Ausführlicheres über Inhalt, Form, Anordnung, Charakteristik und Bedeutung des Romanes siehe bei L. Cholevius: „Die bedeutendsten deutschen Romane des siebenzehnten Jahrhunderts" (Leipzig 1866).

Einer Hochlöblichen

In. Oeſt. Regierung

Und

Hoff-Cammer

Wird

Zur Alleruntertähnigſten Pflicht und Schuld Bezeigung
eine Sehens-Würdige und vortrefliche Haupt-Action

Betitult:

Die Siegende

Unſchuld,

In der Perſohn der Aſiatiſchen

Banise

von

Johann Heinrich Brunius, Churfürſtlich-
Pfälţiſchen Hof-Commoedianten-Principalen
Mit bey ſich habender Hoch-Teutſcher Compagnie,
Unterthänigſt-Gehorſambſt offerirt und dedicirt.

Grätz, gedruckt bey den Widmannſtätteriſchen Erben. 1722.

Es wird nicht uninteressant sein, das Dedications-Gedicht aus
dem nur 4 Blätter umfassenden Büchlein hier mitzutheilen, es ist ein
kleiner Nachweis über das Verhältniß, in das sich der Komödianten-
stand jener Zeit zu den Vertretern des Landes stellte und zugleich eine
der wenigen existirenden Proben von Poesie, welche, aus diesem Stande
selbst hervorgegangen, einen Einblick auf die Bildung der Truppe thun
läßt. Das Gedicht lautet wortgetreu:

Wür kommen Heut gebückt vor Eure Gnaden-Thüren,
Ihr Stützen dises Lands! mit einem Opffer an,
Dann weil wir Eure Gnad je mehr, je grösser spühren,
So ist der Künheit leicht ihr billichs Recht gethan.
Wir bringen nur Papier vor Eure Gnaden-Augen,
In wenig Worten wird der gantze Schaz bestehn;
Doch würdigt Titan sich die Dünste auch zu saugen
Auß trüben Wasser-Sumpff, die durch die Wolcken gehn.
In diser Meynung nun Ihr theuere Landes-Vätter!
Erscheinen wir vor Euch die Pflicht zu statten ab;
Ahmt doch dem Himmel nach, Ihr, O Ihr Erben-Götter!
Und nehmt den Willen an bey dieser schlechten Gaab,

Laſt eine kurtze Zeit der Sorgen Arbeit fahren,
Und ſtellet gnädig Euch bey unſern Schauplatz ein,
Laſt einen Augenblick ſich Sorg und Ruhe paaren,
Alsdann wird unſer Werck erſt recht vollkommen ſeyn.
Wie aber, die ſo offt Euer Gnaden-Aug geſpühret,
Erſetzen diſe Gunſt mit Wünſchen nur allein:
Der Höchſte, der die Welt und alle Land regieret,
Der woll zum Landes-Nutz auch Euer Beyſtand ſeyn
Und weil die Unſchuld ſtäts bey Euch hat Gnad gefunden,
Weil ein Asylum Grätz der hart Verfolgten war,
Wo ſich Gerechtigkeit mit Güte hat verbunden,
Stellt unſre Wenigkeit ein Unſchuld-Opffer dar;
Es legt Banise ſich zu Euren Gnaden-Füſſen,
Bey denen mancher ſchon Genad gefunden hat,
Sie hofft bey ſelbigen auch ſichre Ruh zu küſſen,
Wann ihr der Sorgen-Hauff vergönnet Ruh und Statt;
Find diſe Gnad bey Euch, ſo wird Vergnügeu ſpühren
Auch unſer aller Hertz, der Himmel ſelbſten ſpricht:
Es blüh das edle Grätz! und die ſo es Regieren!
So lang, biß Himmel, Erd, und all Geſchöpffe bricht.

Die Unterthänigkeit dieſer Verſe entſpricht ganz der Stellung, welche die Komödianten einnahmen. Es war allgemein bei der Geſellſchaft des Brunius üblich, mit ähnlichen einleitenden Worten, welche die üblichen Textbücher eröffneten, die Honoratioren der Stadt und des Landes zu ehren und für ſich zu gewinnen und man muß ſogar geſtehen, daß im Vergleiche mit der gleichzeitigen Dichtkunſt dieſe Alexandriner von einer gewiſſen Fertigkeit des Schauſpielers, welcher ſie jedenfalls abgefaßt, Zeugniß ablegen.

Das Perſonenverzeichniß folgt im Originale unmittelbar nach dem Titel und vor obigen Verszeilen, es möge jedoch hier den weiteren Text der Actionsſkizze eröffnen:

Unterredende Perſohnen.

Banise, Käyſerliche Printzeſſin von Pegu.
Balacin, Printz von Ava.
Ximindo, Käyſer von Pegu.
Ximin, deſſen Printz.

Savadi, eine vertribene Printzeſſin.

Zorang, Printz von Tangu.

Talemon, Reichs-Schatz-Meiſter von Pegu.

Chaumigrem, Thrann, hernach Kähſer v. Pegu.

Abaxar ⎱
Mortang ⎰ deſſen Generalen.

Rolim, Ober-Prieſter.

Hans Wurſt, Balacin's luſtiger Diener.

Currier von Martabana.

Hauptmann deß Printzen Zorangs.

Actus I.

Scena I.

Balacin entſchläffet nebſt dem Hannß-Wurſt vor der Porten deß Tempels deß Oraculs Appolitae, ſihet in Traum die unvergleichliche Banise, und erhaltet Befehl, ſeine Reyß nacher Pegu zu nehmen; Hannß-Wurſt erzöhlet gleich-fahls ſeinen Traum.

Scena II.

Der von etlichen, durch Chaumigrem erkaufften, Mördern verfolgte Ximindo wird von Balacin entſetzet, die Mörder erleget, und Balacin nebſt dem Hannß-Wurſt (der ſich bey diſer Passage auf einen Baum ſalviret) als ein Erretter deß Kayſers nach Hof genohmen.

Scena III.

Die ſchlaffende Banise ſihet im Traum das Unglück ihres Vatters, wird von einem ſich loßgeriſſenen Löwen angefallen, von

Scena IV.

Balacin aber auß der Gefahr durch die Niderlag der Beſtiae geriſſen. Hannß-Wurſt hat ſeine Luſtbarkeit mit dem todten Löwen.

Scena V.

Die vor diſem auch von dem Löwen verfolgte Ximindo, Zorang und Ximin kommen voller Angſt, finden aber mit Vergnügen die Printzeſſin auſſer Gefahr, da ſich Ximindo mit gröſter Eyferſucht deß Zorang dem Balacin verbunden erkennet.

Scena VI.

Talemon forſchet auß dem Hannß-Wurſt die Herkunfft ſeines Printzen, die er auß dem Mund deß Balacins bey Schwörung ewiger Treue erfahret.

Scena VII.

Ximin, da er das an Balacins Bruſt haugende Bildnuß der Savadi erblicket, gerathet mit ſelbigem auß Eyferſucht in einen Zweykampf, welchen Streit aber die Printzeßin artßig beyleget, indeme sie beyde Printzen ihres Conterfaits beraubet, und also ihre Liebes-Zwistigkeit in Freundschafft verwandlet.

Scena VIII.

Zorang haltet vergeblich bey Banise umb Liebe an, verstosset derowegen die Flamm der ihn äusserst anbettenden Savadi.

Actus II.

Scena I.

Balacin und Hannß-Wurst haben eine curieuse Unterredung von der Liebe, worüber beyde entschlaffen.

Scena II.

Banise erkennet auß dem an der Brust beß schlaffenden Balacins hangenden Bildnuß, daß er der Printz von Ava, sie rühmet ihre glückliche Wahl, und entweichet, das Bildnuß raubend. Der erwachende Balacin betauret den Verlust des Conterfaits seiner Schwester, indem er auß der Beyschrifft förchtet erkannt, und seiner angebetteten Banise beraubet zu werden.

Scena III.

Wird von Talemon zur Käyserl. Tafel eingeladen.

Scena IV.

Dise wird prächtig mit allerseitßiger Vergnügung gehalten, die aber unterbricht die unvermuthete Ankunfft

Scena V.

Eines Curriers, welcher mit jedermanns Bestürtzung berichtet, wie Chaumigrems Tyranney den Königlichen Stammen von Martabana außgerottet; Balacin munteret den König zur Rache an, seine Hülf anbietend, da aber Zorang solche verlachet, gerathen beyde erbitterte Printzen in einen Säbel-Kampff, der von dem König eingestellet, und beeden der Hof untersaget wird; Zorang entschliesset sich, mit seinen Völckern zu Chaumigrom überzugehen. Bald hierauf kommet

Scena VI.

Hannß-Wurst, daß sein Printz den Zorang besiget, gehet solches dem Käyser zu hinterbringen.

Scena VII.

Nachdem Ximindo den Balacin bewogen, seinen eigentlichen Stand ihnen zu entdecken, erkläret er ihm vor seinen Eydam; dessen

Scena VIII.

Banise verblümbter Weise verständiget, und artig, doch vergnügt mit Balacin verbunden wird.

Actus III.

Scena I.

Chaumigrem rüstet sich, nebst denen Seinigen, zum Streit; er sieget

Scena II.

Und nihmet Talemon gefangen.

Scena III.

Ximindo wird gleichfals gefässelt vor dem Thrann gebracht.

Scena IV.

Die Banise, welche ihren Vatter mit einem Trunck Waffer zu laben kommet, befihlet der Thrann niderzusäblen, welches Abaxar durch Abführung der Printzessin verhindert.

Scena V.

Der verstelte Balacin ist zweifelhafftig, ob Banise todt oder lebendig.

Scena VI.

Kan solches von dem durch Offenbahrung etlicher Schätze sich frey gemachten Talemon nicht erfahren.

Scena VII.

Biß ihm Abaxar versichert, daß er den unmenschlichen Befehl deß Thrannen zu Trotz Banise in seinem Pallast verwahret, wird von Mortang auf Käyserl. Befehl gefänglich abgeführet.

Scena VIII.

Der fast verzweiflende Balacin will sich ermorden, welches Talemon verhindert, und ben rasenden Printzen abführet.

Scena IX.

Hannß-Wurst eylet seinen Herrn zu retten

Scena X.

Nachdem Chaumigrem von Abaxar vernohmen, daß ihm die Schönheit der Banise seinen Befehl ungehorsamb gemachet, so, daß er statt ihrer eine Sclavin auf den Marckt werffen lassen, geräth er in noch grössere Wuth, und läßt den vor seinem Ende sich zu dem Christenthumb bekennenden Ximindo stranguliren.

Scena XI.

Banise wird vor Chaumigrem gebracht, der ihr 6 Täge zur Bedenck-Zeit, ihm zu lieben, und in Talemons Verwahrung gibet; sie will sich hierüber entseelen, wird aber von Talemon verhindert, entschließt sich endlich, solches ihrem geliebten Printzen zu schreiben, dem sie noch im Leben zu seyn erfahret.

Actus IV.

Scena I.

Balacin ist bestürzt über das Schreiben seiner geliebten Printzessin, gerathet fast ausser sich selbst, da ihm

Scena II.

Der mit Talemon ankommende Hannß-Wurst auch 2 Briefe überreichet, deren einer ihm von dem Hintritt seines Herrn Vatters, der andere aber die Wahl zur Arracanis. Cron entdecket; worauf ihm Talemon den Außspruch des Oraculs erkläret, indem das meiste allbereits erfüllet; und weil Balacin höret, daß Banise noch lebet, entschliesset er sich, auf Einrathen des Hannß-Wurst, in verkleydter Gestalt selbe zu entführen.

Scena III.

Banise entdecket der Savadi ihre Sorge wegen der Treu ihres geliebten Printzen, wird aber derselben bald befreyet, da sie

Scena IV.

Von Talemon erfahret, daß sie Balacin ehestens in Gestalt eines Portugesischen Kaufmanns besuchen wolle.

Scena V.

Solches geschihet mit höchsten Vergnügen der Printzessin, da ihr Balacin einen vergifften Schlaf-Trunck vor dem rasenden Chaumigrem eingehändiget.

Scena VI.

Disen überreichet Banise unter schmeichlenden Liebkosungen dem verliebten Tyrannen, und nachdem er entschlaffen, wechselt sie ihre Kleyder mit denen seinigen, und nihmet die Flucht.

Scena VII.

Talemon ist begierig zu erfahren, ob der Banise ihr Anschlag gelungen, erfahret von dem erwachenden Chaumigrem, daß er durch den Schlaf-Trunck betaubet statt der Banise einen leeren Schatten umarmbet, ertheilet Befehl, selbe geschwind zur Straffe aufzusuchen.

Scena VIII.

Balacin fraget den Hannß-Wurst, ob zur Flucht alles parat stehe? gehet seine Banise zu suchen.

Scena IX.

Da aber dise indessen bey dem Hannß-Wurst eingetroffen, und nach Balacin gefraget, werden beyde

Scena X.

Von Mortang gefangen genohmen.

Scena XI.

Chaumigrem ist entschlossen (nachdem Banise sich auf keine Weise zu seiner Liebe verstehen will) selbe hinrichten zu lassen, übergibet sie dem Rolim, mit Befehl, sie entweder zu seiner Gunst, oder zu dem Tode zu befördern.

Actus V.

Scena I.

Der in die Banise entbrannte Rolim suchet bey selber mit Gewalt die Kühlung seiner Flamme, die er aber von der hierdurch höchst-beleydigten Prinzessin mit einem tödlichen Stich erhaltet. Der hierzu kommende

Scena II.

Chaumigrem schwöret der Banise den grausambsten Todt, befihlet den Mortang selbe wohl zu verwahren, dem Talemon aber deß Rolims Stelle zu ersetzen; nach dessen Abtritt seynd Abaxar und Talemon auf die Rettung der Banise folgender Gestalt bedacht: Balacin solle mit verstellten Gesicht deß Rolims Stelle vertretten, Abaxar aber bey dem Opffer auf der Prinzessin Rettung bedacht sein.

Scena III.

Hannß-Wurst als ein Officier gekleydet, gehet seinen Herrn zu suchen, welchen Abaxar einen Brieff in einem hollen Pfeil ins Lager geschossen, daß er mit verstellten Gesicht als ein gemeiner Soldat auß dem Lager gehen, und deß Rolims Stelle vertretten solle, zu welcher Wahl Talemon den Chaumigrem beredet.

Scena IV.

Balacin als Rolim haltet sich im Tempel zum Opffer fertig, deme Chaumigrem beyzuwohnen ankommet, befihlet dasselbe in Schlachtung der Banise zu vollziehen, welche mit erbärmlichen Worten der Welt Adieu saget, da sich aber Balacin den Streich zu vollziehen weigert, will zwar Chaumigrem selbst Hand anlegen, wird aber von Balacin mit einem Strick erwürget, worauf ein helles Freuden-Gethön erschallet, welches den Heldenmüthigen Prinzen Balacin mit seiner unvergleichlichen Banise vor wahre Beherrscher deß Kayserthums Pegu erkläret, wobey die Liebe dise zwey gequälte Herzen mit Ehelicher Liebe zu deß ganzen Reiches Vergnügen entzückt verknüpffet, endlich machet deß Hannß-Wurst arthiger Hochzeit-Wuntsch der Action ein lustiges

Ende.

Am Schlusse erscheint die übliche Bemerkung beigefügt:

Nach diser vortrefflichen Haubt Action folget ein Ballet,
Und
Extra Lustige Nach-Commödie.

So weit der wortgetreue Inhalt des zur Hauptaction verarbeiteten Romanes von der Asiatischen Banise. Man ersieht daraus im Vergleiche mit dem oben gegebenen Inhaltsverzeichnisse der drei Bücher, in welche Ziegler's Roman zerfällt, die Art der Anordnung des Stoffes und der Einreihung in den dramatischen Rahmen. Der Verfasser der Action hat es mit Geschicklichkeit verstanden, nur die Hauptpersonen aus dem Ganzen hervorzuheben und der dramatischen Handlung einzuverleiben, dabei sind jedoch selbst einige Neben-Episoden nicht unberücksichtigt geblieben, wie etwa diejenige Episode, in der Prinz Zorang und die Prinzessin Saavady eine Rolle spielen. Das Verhältniß Talemon's zu Balacin zeigt sich weniger ausgeführt. Die Anordnung der Acte, von denen die ersten zwei acht Scenen, die mittleren beiden je eilf Scenen haben, während der letzte Act nur vier Scenen aufweist, zeigt von großer Sachkenntniß des Verfassers oder besser Zusammenstellers der Action, der in den letzten Scenen insbesondere auf die Spannung der Zuschauer hinwirkt und den Abschluß sodann rasch und gewandt herbeiführt, freilich eine leichtere Sache bei der Composition der Erzählung, die dem Zeitgeschmacke entsprechend des Gräßlichen und Schauerlichen so viel enthält und von einem Extreme in's andere übergeht. Bemerkenswerth ist es immerhin, daß von allzugräßlichen Scenen während der ganzen Darstellung bis zum Schlusse abgesehen wird und die vielen blutigen Ereignisse, von denen ja der Roman überfüllt ist, in der Darstellung nicht berührt werden.

Eine scharfe oder überhaupt eine präcisere Charakteristik läßt sich natürlich aus den verzeichneten Scenen nicht entnehmen, es mag wohl hauptsächlich Sache des Darstellers gewesen sein, sich die eigentliche Charakteristik der Person, welche er vorstellte, selbst zu bilden; es ist nicht zu zweifeln, daß der Darsteller des Balacin die vielen hochtönenden Phrasen, die auffallenden grellen Bilder und Vergleiche Ziegler's, vielleicht auch einzelne der Lieder und Gedichte, die im Romane nicht selten vorkommen, sich wörtlich zu eigen gemacht hatte und damit dem Verlangen des Publicums nach einer gekünstelten „schönen" Sprache

entgegenkam. Was man unter einer ſolchen „ſchönen" Sprache ver-
ſtand, davon zeugt ja jede Seite in der „Aſiatiſchen Baniſe" und gleich
die Exclamation Balacin's, welche den Roman eröffnet, dürfte nicht
ohne Wirkung auf die Zuhörer wortgetreu benützt worden ſein. Es
iſt dies der ob ſeiner Schwülſtigkeit zu einem gewiſſen Rufe gelangte
Ausruf: „Blitz, Donner und Hagel als die rächenden Werkzeuge des
gerechten Himmels, zerſchmettern der Pracht deiner Gold-bedeckten
Thürme und die Rache der Götter verzehre alle Beſitzer der Stadt,
welche den Untergang des königlichen Hauſes befördert oder nicht
ſolchen nach euſerſten Vermögen, auch mit Darſetzung ihres Blutes
gebührend verhindert haben" u. ſ. w. Auch die Darſtellerin der
Baniſe hatte wohl oft genug Gelegenheit, ſich der Worte des Dichters
ſelbſt zu bedienen, worauf die Stelle: „welche mit erbärmlichen Worten
der Welt Adieu ſaget" in der IV. Scene des V. Acts insbeſondere
hinzudeuten ſcheint, da im Original Baniſe vor der Opferung eine
lange Rede über den Tod hält, die für die Situation unpaſſend genug
iſt, jedoch eine Fülle von Sätzen und Wendungen enthält, welche
gewiß dem Publicum nicht ohne Wirkung geboten werden konnten.
Die Figur des Scandor, welche in den Hanswurſt umgewandelt
wurde bot natürlich Gelegenheit genug zu den eingeſtreuten Poſſen,
zumal ſelbſt der Romandichter in Scandor eine Perſönlichkeit gezeichnet,
die ſchon darin humoriſtiſch wirkt und in einem gewiſſen intimeren
Verhältniſſe zu dem Prinzen, ſeinem Herrn ſteht, ſich manche Scherz-
rede und manche Tollheit erlauben kann, ohne Balacin zu beleidigen.
Wir erhalten ſomit durch die genaue Darſtellung des Ganges und
Inhaltes dieſer Staatsaction eine genaue Ueberſicht über das Gefüge
der ganzen Gattung und über die Gliederung einer ſolchen Action,
welche ſich genau an eine dem Zeitgeſchmacke entſprechende berühmte
Erzählung hält. Darin aber glaube ich, beruht auch ihr cultur-
geſchichtlicher Werth.

III.

Zur Geschichte des Grazer Theaters

im achtzehnten Jahrhundert.

———

Ein Beitrag zur österreichischen Theatergeschichte.

————

Kein Jahrhundert ist für die Entwicklung der dramatischen Kunst in Oesterreich so wichtig geworden, als das verflossene, wie ja überhaupt das Culturleben in unserem Vaterlande damals eine so eigenthümliche Richtung eingeschlagen und den Grund zu so vielen Aeußerungen der Sitte unserer Tage gelegt hat. An einem andern Orte[1] habe ich eingehende Untersuchungen über das Theaterleben der steiermärkischen Hauptstadt aus jener Zeit angestellt, in welchen ich die Absicht hatte, den Zusammenhang klarzulegen, in dem die dramatische Kunstentwicklung der Provinz mit derjenigen Wiens und mit derjenigen im deutschen Norden stand und damit die Theilnahme an jener großen Reaction auf diesem Gebiete, die sich in den Siebenziger- und Achtziger-Jahren in Deutschland geltend machte. Die nachfolgenden Zeilen dürften neue Streiflichter auf das Culturleben jener Zeit werfen und einen Beitrag zur Theatergeschichte Oesterreichs liefern. Sie behandeln die Baugeschichte eines der wichtigsten österreichischen Provinztheater.

Das neue Material, welches ich hiemit an dieser Stelle veröffentliche, verdanke ich einem umfangreichen Actenfascikel des steiermärkischen Landesarchivs mit der Aufschrift: „Acta, betref. die Erbau- und Errichtung eines neuen Comoedien Hauß im Landsvicedomischen Garten (in Graz). Ab Anno 1771." Abgesehen von ihrem historischen Werthe bieten diese Acten und Schriftstücke vielfach interessante Einblicke in das gleichzeitige Sittenleben.

---

[1] „Inneösterreichisches Stadtleben vor hundert Jahren" (Wien 1877), Abtheilung II: Theaterverhältnisse.

7*

Es läßt sich nicht leugnen und wird heutzutage als eine erwiesene Thatsache angenommen, daß die Existenz einer ständigen oder auch nur einen Theil des Jahres hindurch besetzten Bühne in einem Orte zugleich als eine Art von Gradmesser der Bildung und Cultur daselbst angesehen wird, so wie ja fast alle nur einigermaßen bedeutende Orte — nicht nur Städte — eine Bühne besitzen und man Schauspielergesellschaften von mehr oder weniger künstlerischer Bedeutung überall findet. Es ist dies ein Zeichen der vorgeschrittenen dramatischen Bildung der Zeit, des Bedürfnisses nach den dramatischen Darstellungen, und mögen diese kleinen Bühnen auch an sich noch so unbedeutend sein, im Ganzen und Großen und in ihrer Gesammtheit betrachtet, zeichnen sie auf das vortrefflichste die Zeit und ihre Richtung.

Ganz anders waren bekanntlich diese Zustände im achtzehnten Jahrhundert; stehende Bühnen, oder besser gesagt, stabile Schauspielergesellschaften kamen in der ersten Hälfte desselben fast gar nicht vor, in der zweiten Hälfte dieses Jahrhunderts aber dauerte es noch immer lange, bis sich das dramatische Kunstleben consolidirte, zusammenfügte und zu jenem Ganzen gestaltete, das uns allerdings zu Ende des Säculums entgegentritt. Die eminente Bedeutung der deutschen Bühne insbesondere für die Zukunft hatte ja erst der geniale Sehergeist eines Lessing erkannt und bis zu seinem Auftreten waren alle Schaubühnen mehr Unterhaltungs- als Kunstinstitute, Unterhaltungsstätten nicht einmal der edelsten Art, denn die Periode des Hanswurstes und der extemporirten Theaterstücke zählt zwar zu einer sehr merkwürdigen der deutschen und der österreichisch-deutschen Theatergeschichte, sie kann aber keinen Anspruch darauf erheben, als die Periode einer besonderen Blüthe des dramatischen Lebens betrachtet zu werden. Weder im Norden Deutschlands, wo ja eine Hamburger Bühne immerhin schon frühzeitig einen Ruf hatte, noch in Wien, im Mittelpunkte Oesterreichs, standen Schauspiel und Schauspieler in besonderem Ansehen und konnten sich auch nicht hoher Achtung erfreuen, da Derjenige, welcher einer bunten Menge tolle Hanswurstpossen vormachte und sich durch die derben, oft geradezu höchst unanständigen Aeußerungen seines

„Witzes" ihren Beifall zu erringen suchte, unmöglich in den besseren Classen der Gesellschaft eine angesehenere Stellung einnehmen konnte. Solche Darsteller waren eben dann auch nicht viel besser als ihr Publicum und hatten natürlich vom höheren Zwecke der Kunst keinen Begriff.

Das änderte sich seit Lessing's Zeit aber; man begann einzusehen, daß die Bühne zu Höherem berufen sein könnte, als zu tollen Faschingsschwänken und Hanswurststücken, man begann das sittlich= ethische Element zu ehren, welches in dem Dargestellten und in der Art der Darstellung lag, und sobald sich diese Erkenntniß Bahn gebrochen hatte, lenkte man seine Aufmerksamkeit der Bühne zu, die nun ein Kunst=, ein Nationalinstitut wurde. Damit war denn auch der Anstoß zur Errichtung und Erbauung solcher Anstalten gegeben, der Monarch und das Land hatten natürlich nun das gleiche Interesse an der Errichtung von derlei Anstalten, die zur Hebung des künstlerischen Bewußtseins im Volke dienten und unterstützten dieselbe auf jede mögliche Weise. Diese Erkenntniß hatte sich, wie in anderen Reichen, auch in Oesterreich Bahn gebrochen, und Steiermark, das Land, welches unmittelbar an das Territorium grenzte, in dem sich die Re= sidenzstadt selbst befand, war nicht das letzte, welches an die Errichtung einer ständigen Bühne dachte und dieselbe in seiner Hauptstadt in's Werk setzte.

Die ganze Geschichte dieses Theaterbaues, nach archivalischem, bisher nicht bekannten Materiale dargestellt, dürfte also in nicht nur einer Hinsicht von culturgeschichtlichem Interesse sein und auf Grund= lage des obenerwähnten Actenmateriales bietet sich die Gelegenheit, sie hier darstellen zu können.

Bis zum Jahre 1776 befand sich das Theater in Graz auf dem sogenannten Tummelplatze. Dieser Platz, durch sein hohes Alter bekannt, hatte aber damals ein wesentlich anderes Aussehen als heute. Die ganze, der heutigen „Ringstraße" zugekehrte Häuserreihe von dem An= fange der Burggasse bis zur Realschulgasse, meist landschaftliche Unterrichtsgebäude, bestand noch nicht, vielmehr befanden sich an dieser

Stelle die Basteien der „Fortification", welche in den mit Wasser gefüllten Graben abfielen, der die Stadt von den noch im Keime befindlichen Vorstädten (Jakomini, Münzgraben) abgrenzte. Die Basteien boten ein breites Terrain, sie waren mit Kanonen stark besetzt und aus diesem Grunde stand auch dort ein ziemlich umfangreiches Pulverhaus. Das Terrain auf den Basteien war Eigenthum des Hofes.

Hier stand der in seinem Aeußern wenig an ein Kunstinstitut erinnernde Holzbau, wo die „wandernden Komödien-Gesellschaften" — nur solche kommen ja noch in der ersten Hälfte des achtzehnten Jahrhunderts vor — ihr Lager aufschlugen und die alten Hof- und Staatsactionen, italienischen Opern oder Hanswurstkomödien aufführten, welche ein gemischtes Publicum in den beschränkten Räumen dieses Musentempels versammelten. Es war dies ein sehr kleines Theater und erst im Jahre 1753 wurde das Haus von einer Witwe Namens Pizinelli angekauft und mit eben nicht großen Kosten in ein besseres Schauspielhaus umgewandelt, das freilich noch immer keine besondere Bequemlichkeit bot. — Mitten zwischen den obenerwähnten Hütten und dem Pulverhause, mit der Frontseite gegen die Stadt gekehrt, stand dieses Theater, das ein „Entrepreneur deren Schauspielen Pietro Mingotti" — wahrscheinlich auf seine eigenen Kosten — bauen ließ. Es war in diesem Zustande ein schwacher Holzbau, nicht mehr als sechs Klafter breit und sechzehn Klafter lang; im Innern befanden sich „3 Classen oder Abtheilungen deren Zuschauern" und dürfte das Ganze wohl nicht mehr als 400 Personen gefaßt haben. Warum der Bau so schwach und klein errichtet wurde, wird aus dem Umstande klar, daß der eben genannte Theaterdirector (Entrepreneur) Pietro Mingotti, der dieses Theater auf kaiserlichem Grunde errichtet, einen Revers ausstellen mußte, daß er solches auf jedesmaliges Verlangen des Hofes abbrechen und in die Wagen-Stallungen, die sich früher dort befunden hatten, verändern wolle. Das Jahr der Erbauung dieses Theaters ist zwar nicht genau festzustellen, dürfte aber in den Anfang des dritten Decenniums des achtzehnten Jahrhunderts fallen, nachdem erst seit dem Jahre 1734 gedruckte Textbücher der damals immer italienischen Oper vorkommen, und auf dem Titel derselben das Theater als „nuovo teatro" bezeichnet wird. Man dürfte daher nicht fehlgreifen, wenn man annimmt, daß der erste Bau noch vor dem Ankaufe durch die genannte Witwe Pizinelli unter der Regierung Carl's VI. vor sich ging.

Aus dem Gesagten ergibt sich von selbst, warum im letzten Drittel des Jahrhunderts das Augenmerk auf einen Neubau (eigentlich zuvörderst auf einen Umbau) des Theaters gelenkt wurde: für größere Schaustellungen war der Bühnenraum, bei der schon auf 25.000 Seelen erhöhten Bevölkerungszahl auch der Zuschauerraum viel zu klein, eine Feuersgefahr hätte, zumal wegen der unpassenden Lage in der Nähe des Pulverhauses, die übelsten Folgen haben können, und der „Fortification" stand das Theatergebäude überdies im Wege. Unter den Ständen waren schon öfter Stimmen laut geworden, welche auf alle diese Unzukömmlichkeiten hinwiesen und sogar die Absicht durchblicken ließen, daß sie nicht abgeneigt wären, selbst einen Theil der nöthigen Mittel zum Theaterbaue beizutragen.

Die große Kaiserin Maria Theresia war es, welche die Landschaft Steiermarks auf die Errichtung eines neuen Schauspielhauses hinlenkte[1]),

---

[1]) Man vergl. die schönen Worte in dem auch in seinem historischen Theile so vortrefflichen Werke „Die Landesvertretung von Steiermark" (I) von (dem jetzigen österreichischen Ministerpräsidenten und Unterrichtsminister) Dr. Carl v. Stremayr (Graz 1878), II. Aufl. S. 65: „Zu derselben Zeit (1770), als die deutsche Literatur ihre schönsten Blüthen zu entfalten begann, und als auch die Bühne sich der wahren Kunst und dem geläuterten Geschmacke eröffnete, forderte die Kaiserin Maria Theresia die ehrsame Landschaft in Steyer auf, selbst ein Theater in Graz zu errichten. Die Landschaft nahm diese Aufforderung zum Anlasse einer eingehenden Berathung und erwog insbesondere die Frage, ob sich wohl das Land mit der Errichtung einer solchen Anstalt zu befassen habe und ob dem Willen der erlauchten Kaiserin nicht durch einen bloßen Beitrag aus Landesmitteln entsprochen sei. Die Entscheidung der Stände fiel dahin aus, ein Theater selbst zu errichten und zu erbauen, und dadurch die Zwecke der Kunst und Bildung im Interesse des Landes zu fördern." Noch zu vergleichen wären: Kalchberg, „Ursprung und Verfassung der Stände Steiermarks", in dessen Neuausgabe der „Gesammelten Schriften". (Wien 1879), Bd. III., S. 264. — Polsterer, Grätz (Grätz 1827), S. 114. — Schreiner, Grätz. S. 216.— C. G. R. v. Leitner. „Ueber den Einfluß der Landstände auf

und das k. k. innerösterreichische Gubernium erließ daher, datirt vom
4. December 1770, an die Landschaft ein umfangreicheres Schriftstück,
das sich auf den Neubau eines den Zeitumständen entsprechenden
Theaters bezog, und welches, da es den ersten Anstoß zur Neubegrün=
dung des Theaters gab, und hiefür wichtig erscheint, hier vollständig
mitgetheilt werde, zumal es ein interessantes Streiflicht wirft auf die
Verhältnisse und Zustände der Landeshauptstadt in künstlerischer Be=
ziehung und auf die Ansichten, welche man von einem Theater zu
fassen begann.

„Das ein wohl geordnetes Schau Spill eine wahre Schulle der
Sitten, Höflichkeit und Sprache seye, daß durch solche die Inwohner
auf eine erlaubt angenehme Art unterhalten und aufgemunteret werden,
denen Fremden der Aufenthalt angenehm gemacht, der Jugend ihre
Ausschweiffungen verhinderet, und überhaupt bey Vorstellung regel=
mäßiger Stücken die Zeit angenehm und nuzbahr Verwendet, ville
üble Folgen vermieden werden, dieses ist eine der Einsicht deren
hiesigen Herren Ständen und besonders deroselben würdigsten Vor=
steher gar nicht unbekannte Sache — Das der Plaz sowohl alß der
Zugang zu der alhiesigen Schaubühne sowohl wegen dessen Entlegen=
heit, alß schlechten zufahrt, dann der nächst den Pulver Magazino
habenden laage unbequem, zu klein, und gefährlich, dißes bewehret der
Augenschein und erfahrung.

Es kan auch denen alhiesigen Herren Ständen nicht unbekant
seyn waß beträchtliche Kosten bey anwesenheit höchster Herrschaften, um
höchst selbten wie billich, die Täge der beglückten anwesenheit doch in
etwas angenehm zu machen, selbe nur zu den äußerlichen Verzier und
Bedeckung deren dißortigen Schaubühne gebrochen verwenden müssen,
welche nach höchst deren abreiß wider abzuthun mithin vergeblich
wären.

Alle dise Betrachtungen haben die Polizeybesorgung, welche immer=
hin auf all jenes, so zur Zierde der Stadt erlaubten zeit Vertreib

die Bildung in Steiermark." In der Steiermärk. Zeitschrift (Gräz 1835), N. Folge
II, 1. S. 122.

Bequemlichkeit der Inwohner und Fremden, dann Sicherheit deren Insassen ihr Sorgsamstes Augenmerk richtet, Veranlaßt, auf die zu Standbringung einer bequemen, geraumigeren und sicheren Schaubühne den Bedacht zu nehmen.

Gleichwie aber zu erreichung dises Endzweck ein geld Vorschuß unmittelbahr nothwendig, zu deßen Bedeck- und Zurückzahlung aber ein Pachtungsquantum des Impressarij die Bestandnehm- oder Verkauffung deren Logen und andere Bedingnußen mit denen um Geld Ball haltenden fremden Partheyen zu Marktzeit oder sonst ankommenden Fremden, mithin das Geld von hier abführenden Sail und Trat Tänzern, Schau Spillern, Gauklern, und anderen für Geld seltsame Thüre und Künsten darweißenden Partheyen einen derley Darlehen die Vollkommenste Sicherheit, sowohl über das anlehen als deßen Zinse versprechen.

Dannenhero wird diser dem Publico zur Zierde, Sicherheit und Bequemlichkeit gereichende Antrag denen Herren Ständen hierdurch zu dem Ende mitgetheilt, selbe wollen sich des ehesten anhero äußern ob selbe den Bau einer derley Schaubühne auf sich zu nehmen ... oder einen Geld Vorschuß zu machen geneigt seyen."

Der ständische Ausschuß, an deßen Spitze damals der Landeshauptmann Leopold Graf von Herberstein stand, ein Mann, der für das Wohl und die Hebung aller Interessen des Landes in jeder Beziehung einzustehen nie unterließ, antwortete in verhältnißmäßig kurzer Zeit, indem er schon am 2. Januar 1771 seine Meinung dem Guberninm zukommen ließ; er war nicht abgeneigt, auf den Vorschlag einzugehen, und stellte sich der Staatsbehörde zur Verfügung, nur fand er sich bemüßigt, zu erklären: „das zwar dieses orthes zur anderweit neuerlichen Selbsterbau- und errichtung der in Antrag seyenden Schaubühne sich ganz nicht eingelaßen werden möge, jedoch aber in anbetref des hierzu erforderlichen Geldes-Vorschuß man mit 15 auch 16.000 Fr. — von denen allenfahls um die in Triest zum Verkauff vorfindige landschaftl. Stücke und angehörige Geräthschaften einhollenden Geldern, oder ansonst auch ex cassa domesticæ in gemelten quanto, allein

nachmahlen anders, als gegen der Landschaft darfür zuzuwendende
vorläufig zu bestimmen und festzusetzen kommende genugsame Versicherung und Hypotec, dann sogestalter Verbündlichkeit das sothane
vorschüßende Capitalssumma von Zeit an, da das neue Theater in
eine ertragnuß kommen wird, mit jährlichen 4 per Cento verinter-
essieret wie nicht münder annuo eine thunliche rückzahlung an den
Capital Selbsten unfehlbar abgeführet werden solle, an Hende zu
gehen nicht ungeneigt seyn wollte".

Es bedarf hier der Erläuterung, daß unter den in Rede stehenden „landschaftlichen Stücken" Kanonen zu verstehen sind, welche der
Landschaft gehörten und die noch aus jenen Zeiten stammten, da die
Grenzen des Landes mit kräftigen Vertheidigungsmitteln zu versehen
nöthig erschienen war. Diese Kanonen, welche vorläufig in Triest ver-
wahrt wurden, hätten an den Consul von Neapel für die italienische
Regierung veräußert und aus dem Ertrage dieser so wie anderer im
Grazer Zeughause verwahrten Geschosse ein Theil der Summe für
den Theaterbau beschafft werden sollen. Man hoffte später aus den
Triester Kanonen allein 17.000 Gulden zu lösen, also eine Summe,
welche die präliminirte eigentlich überstieg[1]). Es wird sich im Verlaufe der Darstellung zeigen, daß die beizuschaffende Summe bedeutend
erhöht worden war.

Die Sache verschleppte sich aber nun zwei Jahre lang. Es wurde
in der Angelegenheit, wenigstens nach der Lage der vorliegenden Acten

---

[1]) Ich führe diesbezüglich schon hier eine Stelle aus einer Zuschrift des
stänb. Ausschusses an die k. k. stänb. Cassa-Deputation vom 20. Aug. 1773 an:
„Es scheinet in sache der erbauung des antragenden neusten Theaters alleine auf
die Begnehmigung dieser hochlöbl. Cassa Deputation anzukommen, wobei der
Ausschuß nicht verhalten, daß man dieses orts wirklich im Begrife stehe die
zu Triest befindl. laustl. Canonen an den H. Consul von Neapel für Se. Königl.
Majestät nächstens zu verkaufen, wofür bey 17000 fl. angehofet werden. —
Die Metalleue Stük zu Triest, so, wie all übrige in dem laustl. Zeughauß
allhier vorhandene desgleichen auch die andere Armatura allda sind je- und allezeit lediglich ein Ständisches Eigenthum gewesen, da weder zu Erbauung des
Zeughauses selbst noch zu Beyschaffung deren namentlichen Kriegs-Gerätschaften
aus der allgemeinen Provincial Kasse nichts hergenommen worden" ꝛc.

nichts unternommen. Möglich, daß man Bedenken trug, den Platz, der, wie oben erwähnt, Eigenthum des Hofes war, aus der Hand zu geben oder daß man eine Beeinträchtigung der Festungswerke insofern fürchtete, als diese Werke dann mit Rücksicht auf das neue kostspielige Theater nicht ganz zu ihrem militärischen Zwecke hätten verwendet werden können — genug erst im Jahre 1773 weist ein neues Schrift-stück die Fortsetzung der Bau-Angelegenheit nach.

Es erschien nämlich eine Hofresolution und wurde vom inner-österreichischen Gubernium ddto. 9. März 1773 der Landschaft be-kannt gegeben, „da Ihro kayl. königl. May. allergnädigst zu resol-viren geruhet haben, daß in betref der antragenden erweiterung er-melten Comedien Hauses ein förmlicher Bau Riß entworfen und solcher der hiesigen Bancal Administration um ihre Erinnerung zu-gefertiget, wegen denen Unkösten aber, sofern gedachtes Comedien Haus nicht aus der Domestical Cassa [1]) noch anderen fundo, der von Unterthanen komme, repariret werden könne, es ersagtem Herrn Landeshauptmann, daß die Herren selbst für ihre Lust etwas beytra-gen, oder die Entree erhöchet werde, ganz überlassen werden solle."

Man nahm sich nun die Sache warm an, schon am 3. April 1773 zeigte der ständische Ausschuß dem Gubernium an, daß „dem Maurer-meister Hueber die Verfassung des Grund Risses Quæstionis aufge-tragen worden seyn". Die Landschaft beschloß auch einen Geldvorschuß aus der Domesticalcassa zu dem Zwecke des Baues zu bestimmen. Der Regierungsbehörde war dies gerade passend und am 18. Mai 1773 wurde von Seite des Guberniums der Landschaft eröffnet: „Da nun in sothaner allerhöchsten Resolution gnädigst gestattet wird, daß der dießfällige Kosten Aufwand allenfalls aus der Erhehung der Entree

---

[1]) „Die Stände haben gewisse Gefälle, welche in ihre Domesticalhauptcassa fließen, und von denen sie . . . Auslagen bestreiten, welche mittel- oder unmittelbar für die Provinz einen nützlichen Zweck haben." Vergl. Kalchberg, „Ursprung und Verfassung der Stände Steiermarks" in der Ausgabe J. R. v. Kalchberg's Ges. Schriften (Wien 1879), III. Bd., S. 236, woselbst auch die verschiedenen Gattungen der Domesticalgefälle genau verzeichnet sind.

erjezet werden möge, als habe dieses Gubernium die Herrn Stände
dahin zu verbescheiden, daß denenselben, ihren ex Cassa Domesticali
zu Erweiterung des gedachten Comoedien Hauses leistenden baaren
Geld-Vorschuß an den successive eingehenden Loge-Geldern zu
suchen bevorgelassen seye."

Inzwischen war ein besonderer Fall eingetreten, indem sich ein
hervorragender Mann um die Angelegenheit annahm, der die Verhältnisse der Stadt, in welcher er lange gewohnt hatte, genau kannte
und wie sich in der Folge zeigen wird, ein ausgezeichnetes Geschick
in technischer und künstlerischer Hinsicht bekundete. Dieser Mann, ein
ungarischer Cavalier, Franz Ant. Graf v. Inzaghi, war es auch,
welcher zuerst auf die Vortheile eines völligen Neubaues des Theaters
an anderer Stelle als wo das Theater bisher gestanden hinwies und
sich überhaupt um die ganze Angelegenheit so verdient gemacht hatte,
daß es als höchst wichtig erscheint seiner Vorschläge in der ganzen
Sache eingehender zu gedenken, zumal sein Eingreifen in der Folge
auch besonders wichtige Umänderungen in dem anfänglich gehegten
Projecte zuwege brachte.

Mit Recht mag der kunstliebende Cavalier gefürchtet haben, daß
die Sache abermals verschleppt werden könnte, oder aber durch die
Mitwirkung einer, wenn auch mit der Technik des Baues, so doch
mit der artistischen Seite desselben nicht ganz vertrauten Persönlichkeit einen empfindlichen Schaden erleiden könnte. Graf Inzaghi
machte sich vor Allem mit der Lage und Größe des bestehenden
Schauspielhauses genau vertraut, ließ die nöthigen Messungen vornehmen, erkannte mit scharfem Blicke die nothwendig erscheinenden
Abänderungen, Erweiterungen und Bauten und legte endlich, nachdem
er genau informirt war und öfter mit dem Gubernialpräsidenten Grafen
von Wagensperg hierüber Besprechungen gepflogen hatte, der Landschaft ein detaillirt ausgearbeitetes Promemoria vom 14. Februar
1773 (also von früher datirt als die letzte Hofresolution) vor, in
dem er alle seine Ansichten und Vorschläge des Weiteren auseinander-
setzte.

Dieses Schriftstück lautet:

Pro Memoria.

Ueber die von Sr. Excellenz Herrn Grafen von Wagensperg, als des Hochansehnl. k. k. i. oe. Gubernii Interimal Praesidenten gegen mir theils schriftlich, theils mündliche gemachte Äußerungen in betref der Abänderung des hiesigen Theatri und Anverlangung meines hierinfalls unmaßvorschreiblichen Darvorhalten sowohl respectu des Bau selbsten, als der hiezu benöthigten Fundi und hierüber erforderlichen Abzahlungs Mitteln.

Die Ausgleichung mit denen Pizinelischen Creditoren, und Wittib nicht minder der Hof Consens, und einwilligung wegen verstattung eines erweiterten Terraine durch überlassung einiger Hütten an sogenannten Tummel Plah dürfte eine mehrere Zeit erfordern, dahero scheinete nicht unvorträglich zu seyn, wan man um diesen zwischen Raum der Zeit zu gewinnen nun mehro vor allen anderen

I^mo den völligen terraine des besagten Plahes mit Peripherielinien entwerffen, die theils angesehte und erbaute kleine neben Wohnungen, wie auch die hölzernen Hütten und Wagen stallungen mit eben derley linien anmerken, und endlich einen zweiten, und besonderen Grund Riß mit 2 profil sowohl nach der länge, als breite des gegenwärtigen Theatri abmessen und gehörig aufzeichnen liese, der erste Plan mit denen alleinigen Peripherielinien wäre der Ansuchung des Hofs Consens beyzulegen, damit bey ersehung dessen um so weniger ein Anstand sich fünden möge als ansonsten durch eine etwann wiedrige Gegenvorstellung ein ganz anderer begrif von diesen nur kleinen und sonst fast unbrauchbaren terraine kunte gefasset werden.

II^do Nach verfertigten diesem gemelten Abriß kunte sodann an den neüen Plan wie künftig das Theater abzuändern seye, als auch an einen Überschlag der beyläufig erforderlichen Unkösten gearbeitet werden, um aber

III^: desto gesiecherter sothanen neüen Plan zu verfassen, will vorhero erforderlich scheinen, daß einige vorläufige Grundsäze, nach welchen ich meinen Plan auszuführen gedenke, untersuchet, überleget, und sodann nach Befund vestgesezet wurden, dahero ginge

IV.° Meine erste Absicht dahin von der gegenwärtigen stellung des Theatri abzugehen, und den Schau Plaz, wo aniezo das Scenarium stehet, zu versezen, und hiemit das dermalige Theatrum zuwenden, und gleichwie

V.to Bis anhero nicht mehr als 3 Classen oder Abtheilungen deren Zuschaueren gewesen, auch für das Künftige die nemliche Zahl beyzulassen, nur mit dem Unterschied, daß eine jede Class einen geraumeren Plaz, als bis anhero finden solte, dahero

VI.to für die erste Class, welche aus der noblesse, Ritterstand und Räthe bestehet, wurde der Raum auf 250 Personen, für die 2. und 3. Class jede auf 200, zusammen also 650 Personen angetragen, nach welcher Zahl die grösse, und der Platz deren Zuseheren zu bestimmen hinlänglich zu seyn scheinete. Damit aber

VII.mo einer jedweden Class der erforderliche Plaz verschaffet wurde, müste das Theater anstat selbes dermalen aus zwey, künftighin aus 3 Stockwerchen bestehen und hiemit

VIII.to der par-terre eine erweiterte Gallerie, dan der erste Stock in welchem beyläufig 16 loges, ohne des Amphitheatri anzubringen wären, blieben der 1. Class gewidmet. Das 2. ob. mitlere Stockwerch wurde für die 2. Class, als welche vormals auf dem par-terre gewesen und endlich der 3. Stock der letzten Class bestimmet. Das Amphitheatrum wurde in Folge meines Antrags in dreyen loges so gestaltig eingetheillet, daß jene jedoch bey anwesenheit eines Hofs in eine allein verändert, gegenwärtig aber nach Belieben in drey abgetheilten, oder als eine loge allein vor die Herren Chefs oder Capi des Landes vorbehalten bleiben solle.

Ruckwärts besagten Amphitheatri schlüessen sich ein oder mehrere Neben-Zimmer an, und falls man die samentlichen Wagen Hütten von Hof erhalten solte, so kunte ferners aldort sowohl ein Saal für Tanzende, alß zuseher aufgeführet, unter diesen Saal aber bey ergebenden Fall dannoch einige Wagen gestellet, ansonst aber zu verwahrung deren theatral Maschinen gebraucht werden solte.

Hingegen dieser Antrag nicht können ausgeführet und nur ein ob. 2 Hütten allein verwilliget werden, so wäre Scenarium dergestalten zu verlängern, und dahin im übrigen Bau anzutragen, daß man aus solchen allein den Tanz Plaz errichten möge, wodurch der übrige Theil des Schauplatzes nicht alleine von aller Verwiestung verschonet bliebe, welcher bei so öfteren Veränderungen nicht auszuweichen ist, sondern anderseits kunte dieses Scenarium in wenig Zeit zu einem Tanz Saal verkehret, wo dermalen ville Stunden und ganze Nächte dahin angewendet werden müssen, und andurch sich die Hindernus ergebet, daß an einem Abend Spectacul und Ball nicht zugleich gehalten werden mögen, welches einem Impressario zur Faschings Zeit villen Nutzen benehmet; was gestalten aber

IX.^{no} Sowohl der Bau des Theaters als Tanz Saal die ein-theilungen deren loges, Gallerie und par-terre die zu- und Aus-gänge und überhaubt die völlige Herstellung desselben nach einem jedoch unmaßvorschreiblichen Plan auszuführen des Willens wäre, wird sodann der von mir übergebende Grund- als Profil-Riß das verläßlicher ausweisen, und zu fernerer Überlegung Anlaß geben.

Ich werde auch ohne Aufschub an jener Ausarbeitung anfangen, sobald einerseits diese meine vorläufige Vorschläge Beyfall finden, und andererseits die zuerst angezogen erforderliche Riß des dermaligen Plazes und das theatri selbst zu meinen einsehen kommen solte.

Auf was vor eine Arth hingegen die Vorschuß Gelder zu diesem antragenden Gebäu zu überkommen wären, so scheinet meines er-achtens kein anderer Behelf zu sein, als solche aus einem öffentlichen Fundo, oder Communitäts Cassa zu entnehmen, weilen zur Abzah-lung derenselben kein anderer, als ein ausschneidender fundus gewiedmet werden könne, welche Abzahlungs Arth bey einem privat individuale nicht wohl bestehen mag.

Es wäre demnach zu wünschen, und meines Darvorhaltens auch die alleinige Aushilf so fern Se. Excellenz Herr Landeshaubtmann als Chef deren Herren Landesständen sich dahin beliebig äussern möchten ob nicht aus einer der Ständischen Cassa zum Theil unent-geltlichen Beytrag vorzüglich zu entfertigung deren noch haftenden Pizinelischen Creditoren und Wittib, zum Theil aber gegen Abzahlung des Kapitals und Interessen der benöthigte Vorschuß geleistet werden wolte, jedoch mit folgenden Vorbehalt, daß andurch für alle Zeiten das Theatrum denen Herren Ständen in eigenthum verbleiben muste, welches auch um so mehreres ohne künstigen aggravio beschehen kunte, da sowohl an der Bezahlung des Vorschusses als auch künstigen unterhaltung kein Bedenken fürzuwalten scheinet, weilen nur allein einen jeweiligen impressario der Betrag von der entrée bey denen Spectacles zu verstatten, die Vermiethung deren loges aber auszunehmen und vorzubehalten wäre, als welche pro fundo der abzahlung alß auch unterhaltung des Theater gewiedmet verbleiben muste, und insofern 16 loges errichtet werden, und dieselbe monatweiß, oder auf längers, einige aber bey jemaligem Spectacle gegen einer mäßigen Bezahlung verlassen wurden, ein Einnahme nach geringer Berechnung über 500 fl. jährlich angehoffet werden kunte, nicht minder würden auf andere Beziehungen als von einem Coffée Sieder und impressario selbsten können pro hoc fundo angerechnet werden, daß man hiemit nicht nur das Interesse von dem Anticipations Capital ganz sicher, sondern auch jährlich zur Abstossung des Capitals selbsten ein hinlängliches quantum mit Grund vorsehen, zu verläßlicherer einhebung oberwenten fundi aber sowohl zu Bedeckung des Interesse alß successive Tilgung des Capitals von seiten deren Herren Ständen selbst jemand aus deren landsch. Officianten zu dessen Einnahm und Berechnung angestellt werden könnte.

Gleichwie nicht minder bey vornehmenden Bau des Theater ebenfalls ein derley in Rechnungs Führung erfahrener laast. Beamter die übernehmenden Geld. gegen Anweisung zu verausgeben und zu berechnen hätte, und hiemit alles, was das Geldweesen betreffet, von keinen anderen als lediglich von dessen eigenem versprechen abhangen solle."

Dies ist das Promemoria des Grafen Inzaghi und dasselbe zeigt von genauer Ueberlegung und von einer trefflichen Berechnung und Berücksichtigung aller möglichen Umstände. Zumal waren die Finger-

* Grafen bezüglich der Ausgaben für den Theaterbau überaus

beherzigenswerth und zeigten, daß in dem adeligen Kunstfreunde auch eine tüchtige Berechnungskraft verborgen sei. Wie die Vergleichung zeigt, war die oben erwähnte Hofresolution (vom 9. März 1773) nicht lange nach der Abfassung dieses Promemorias erlassen worden und da dieselbe ziemlich den Intentionen entspricht, welche in dem Schriftstück ausgesprochen werden, dürften auf irgend eine Weise die Ansichten des Grafen schon an den Hof berichtet worden sein.

Auch die Landschaft sah nun, daß sich Graf Inzaghi, auf das genaueste mit den Theaterverhältnissen vertraut, der Sache wärmstens annahm und sie ersuchte ihn denn auch, „amore publici die Mühe auf sich zu nehmen und in vorzüglicher Erwägung, ob die Erweiterung des alten Comedien Hauß et qua modalitate thunlich, einen Plan mit sicheren entwurff sothaner Kosten, wann solches alte Theater verkaufet, erweitert und in erforderlichen Stand hergestellet und jener wenn ein anderes etwa darzu anständiges Hauß an einer besseren Lage erkauffet und zu dieser Bequemlichkeit zugerichtet werden sollte, auch welcher gestalten nachhin durch den einnahm der logen bestands Gelder die landsch. Anticipation successive wiederum erholet und eingebracht werden könne, nächstens gefällig anhero einzureichen".

Es zeigt sich daraus, daß man nun schon daran dachte, den Platz für das Schauspielhaus an eine andere Stelle zu verlegen, also einen völligen Neubau vorzunehmen. Hauptsächlich handelte es sich dabei um die Bestimmung des geeigneten Platzes, der allen Anforderungen, die man stellte, entspräche und dessen Erlangung auch mit nicht allzu großen Schwierigkeiten bewerkstelligt werden könnte.

Auf das oben angeführte Ansuchen der Landschaft ließ nun Graf Inzaghi in seinem Eifer nicht nach und es ist ein umfangreiches außerordentlich genau gearbeitetes Schriftstück, in dem er am 23. Juni 1773 seinen ganzen, allerdings etwas modificirten Plan den Ständen vorlegte, dessen größter Theil hier auszugsweise ebenfalls folgen möge, da das Exposé eines der wichtigsten Actenstücke über den ganzen Theaterbau und zugleich ein nicht uninteressantes culturhistorisches Document bildet.

„Ich habe mich," schrieb Graf Inzaghi,

„I^{mo} zu äußern, ob das dermalige auf dem sogenannten Tummel-
platz liegende alte Comoedien Hauß erweitert und in erforderlichen
Stande hergestellet werden möge? wessentwegen dann das gegenwärtige
Theatre nach denen Klaftern abgemessener durchsuchet und befunden,
daß solches in der Breite durchaus nicht mehr als 6, dann in der
Länge nur 16 Klafter aushalte, folgsam annoch 4 in der Breite und
12 Klafter mit Einbegrief eines Redouten Saals in der Länge zuzu-
setzen erforderlich wären. Und obgleich zu dieser Erweiterung und
Verlängerung die nebenstehenden Häußer und Wagen = Stallungen
abgebrochen und deren Platz zu den Theatre verwendet werden wollte,
so erheben sich auch hierwegen beträchtliche Gegenstände und Bedenklichkeiten, anerwogen einerseits auch durch Niederreissung dieser Gebäuden an einigen Orten nur so viel Raum übrigte, daß kümmerlich
1 Wagen umkehren, und dem anderen aus weichen könnte, und überhin
bey dessen Verlängerung die Zufahrt auf die Pastein an ein anderes
Ort zu übersezen, dieses hingegen besonders kostbar und beynebst ob
Seiten des Fortificatorii einigen Einwürfen, ja vielleicht einiger Ver-
weigerung ausgesezt wäre: anderer Seits hingegen stehet dieser ganze
Plaz, als das Theatre nebst denen oberwähnten Häußern und Wagen-
Hütten auf Cameral Grund und ist somit dem Allerhöchsten Hof angehörig, auch genüssen in diesen kleinen Neben Häußern einige Par-
thehen das Hof Quartier, folgbar wurde denenselben eine ander-
weite Wohnung oder Ersaz zu verschaffen kommen, beynebst hat sich
schon vormals der fürgeweste Entrepreneur deren Schauspielen, Herr
Pietro Mingotti (der dieses dermalige Theatre vielleicht aus dieser
Ursach so klein und schwach erbaut), reversiren müssen, daß derselbe
solches auf jedesmaliges Verlangen des Hofes wiederumen abzubrechen
und in die vorige Wagen=Stallungen zu verändern gehalten seye,
mithin eine derley Verbindlichkeit auch bey Abtrettung dieser Gebäuden
von Seiten der Kammer denen Herren Landes Ständen zugemuthet
werden dörfte. Vorzüglich aber kommen die hierwegen vorläufig, ehe
noch der Bau selbst geführet werde, erforderliche Kösten, als die Er-

laufung des gegenwärtigen Comoedien Haußes, Niederreissung deren
Nebenhäußern und Hütten, dann Schadloshaltung deren das Quartier
in selben genüssenden Partheyen in billige Erwegung zu nehmen,
maßen sonach eine völlig neue Erbauung des Comoedien Haußes
mit denen erforderlichen Reben-Zimmern, und dem antragenden Redouten Saal auf solche Art einen mehreren Aufwand verursachete
und dieser dennoch auf einen fremden denen Herren Landes Ständen
nicht einmal eigenthümlichen Grund verwendet wurde. Ueberhaupt
aber ist die entfernte Lage, und unbequeme Zufahrt des jezigen
Theatre ohnehin jedermann bekannt und da der Allerhöchste Hof zur
Vorbeugung aller Unglücksfällen den Vorschuß hierzu aus der ständischen Domestical Cassa bereits verwilliget, würde Allerhöchst demselben ganz gleichgültig seyn, diesen auf einen anderen denen Herren
Ständen anständigeren Ort verwenden zu mögen, bevorderist wo vor-
gezeigter maßen die Erweiter- und Herstellung des dermaligen Theatre
und Plazes größere Unkösten, auch viele beschwerliche Anstände ver-
anlassete, und dennoch die antragende Bequemlichkeit und mögliche
Hindanhaltung deren Gefahren, womit auch die abzillende Anlockung
des Publici niemals vollkommen erreichete. Um aber andurch die
verwittibte Piccinell in sammt deren Creditoren an ihren Genuß des
dermaligen Theatral Bestandes nicht empfindlich zu bekränken, könte
ganz unmaßfürschreiblich die Wittib mit einer pension ad dies vitae
unterstüzet und diese anwiederum von dem jeweiligen Impressario
aus dem Einnahm eingehollet, denen creditoribus aber, als bena-
mentlich: denen Doblersche Erben an ihre Forderung pr. 1940 fl.,
dann denen Handelsleuten Gadolla pr. 170 fl. und Wolfarth pr.
185 fl. das gegenwärtige Gebäude des Theatre zu fernerweit beliebigen Nuzniessung mittels Zurichtung einiger Wohnungen oder Maga-
zinen zu anderweitiger Verzinsung überlassen werden, als worzu diese
Partheyen zu Erhollung ihrer Forderungen auch von selbst Hand zu
biethen, bekanntermaßen vermögend wären, noch auch die alleinige
Bedeckung deren Creditoren, auf eine ohnehin unsichere Nuzniessung
des nur auf eine Zeit an diesen Ort aufgeführten Theatral Gebäudes

8*

die Herren Stände keinerdings verbinden mag, selbes bey erfindenden
mehreren Anständen nicht auf einen bequemeren Ort zu übertragen.
Da also die hieraus erscheinende Unanständig= ja Unthunlichkeit von
selbst den Schluß machet, von diesem ersten Antrag vollends abzu=
gehen, und mich auf den zweyten bereits an Hand gegebenen Saz
zu verwenden: ob nämlich nicht ein anderes dazu anständiges Hauß
von einer besseren Lage erkaufet und zu dieser Bequemlichkeit zugerichtet
werden könnte. In wessen Absicht denn

11do. bereits vormals in Majo 1771 eine Concertation von
Seiten des Hochansehnl. Gubernii mit Zuziehung deren Herren Ver=
ordneten, und des Herrn General Einnehmers abgehalten, und bey
schon damals erfundener Unanständigkeit der Lage und Plazes des
gegenwärtigen Theatre vielmehr ein ganz neues, und zwar in den
nächst der allhiesigen Burg liegenden sogenannten Banco Garten auf
zuführen angetragen wurde. Ob aber dieser Antrag damals von dem
Allerhöchsten Hof, in Anbetracht des vorgeschlagenen Geld=Vorschusses
aus denen Waisen Hauß Mitteln oder des Cameral Grundes nicht
beangenehmet worden, ist zwar ein mir unbekannter Umstand, sollte jedoch
auch dermalen auf dieses Ort abgezillet werden, so entstehen respectu
jurisdictionis des Grund und Bodens gleiche Bedenklichkeiten, indem
sowohl der Banco Garten, als die nebenher befindliche Pläze und
Gebäude der Kammer angehörig und solche dem Fortificatorio und
Artillerie Weesen zu bewahrung ihrer Requisiten dienen, besonders
weil das Kail. Zeug=Hauß sehr nahe angebaut ist, es wäre denn,
daß der Allerhöchste Hof den hierzu erforderlichen Terrain denen
Herren Landes=Ständen in Eigenthum zu überlassen Gnädig beliebete.
Anbey aber auch zu erwegen, daß, da dieser Ort in einer Anhöhe
lieget, somit die dahin führende Gässen Winters Zeit, wo die Schau=
spiele am meisten besuchet werden, mit Glatt=Eiß bedecket seynd, sowohl
denen fahrenden, als besonders denen Fußgehenden zu beschwerlich
und vorzüglich bey dunkler Abendszeit zu gefährlich fallen, folgsam
diese Lage dieselbe vielmehr von Zusehung deren Comoedien abhalten,
als dahin anreizen dürfte. Auch wurden damalen die Unköften für

das Theatre allein auf 17.000 fl. berechnet, doch bey diesen von mir
eingesehenen Ueberschlag noch einige Rubriquen, die bey 1500 fl. be=
tragen dürften, übergangen, minders aber auf einen Redouten Saal,
und was zu diesem erforderlich, angetragen, wo doch solcher zu anstän=
diger Ergözung des Publici hauptsächlich aber zur Subsistenz eines
jeweiligen Entrepreneurs ganz unumgänglich zu seyn anscheinet, weilen
lezterer ohne denen Bals sich schwerlich mit dem Einnahm deren
Comoedien allhier wirdet erschwingen können. Ein anderer leerer
Plaz hingegen, wo ein anständiges Theatre aufgeführt werden könnte,
ist außer oberdeuten Banco Garten in der ganzen Stadt meines
Wissens nicht vorfindig. Dahero kein anderer Behelf übriget, als ein
hinlänglich großes, und hierzu anständiges oder mehrere derley kleinere
Häußer zu erkaufen. Nun habe verschiedentlich sowohl größere, als
kleinere untersuchet, überhaupt aber diese Anstände befunden, daß die
grossen Häußer, in welchen genugsamer Raum wäre, theils nicht
verkäuflich, die verkäuflichen aber, wegen ihrer guten Lage, und erträg=
lichen Zinß Nuzung an der Schäzung und Werth zu übertreiben
seyen; wo doch nur ausser dem Plaz wenig von denen Gemäuern zu
diesem Gebrauch dienen wurde. Vor kleineren Häußern hingegen,
deren mehrere zusammen mußten erkaufet, und abgebrochen werden,
habe keine, sowohl in sich selbst, als wegen der Lage und Zugang
anständige meines Behalts erfunden, und wurde andurch zu weitläufig
fallen, wenn ich die bey beyden dieser Gattungen sonderheitlich be=
merkte Anstände und bedenken allda specifice anführen sollte.

Nur allein habe bey vorgekehrter Untersuchung gesammter Häußer
jenen dem löbl. Stift Pöllau angehörigen auf dem sogenannten Flie=
gen=Pläzl alba liegenden, auch in eine löbl. Landschaft beansagten
Hof[1]) hierzu aus folgenden Ursachen am anständigsten und zugleich
verkäuflich zu seyn erhoben: indem dieser

1^{en} In Mitte der Stadt lieget, und demnach also situiret, daß
selber vorwärts auf das Pläzl mit 3^{en} Theilen des Gebäudes frey

---

1) Es ist dies das heutige Gebäude des k. k. Oberlandesgerichtes.

und von andern Häußern abgesördert auch nur ruckwärts mit einem
Theil sich an die hohe Jesuiten Garten Mauer oder besser zu sagen
Pastein anschliesset, mithin auduch um so weniger einer Feuers Gefahr,
wohl aber im ereignenden Fall dessen einer behenden Hilf und würk-
samen Rettung ausgesezet wäre, massen nächst dieses Hauses 2 öffentl.
Brunnen, dan ein Brun in dem Jesuiten Garten, wo das Terrain
gleich dem Tach des Pöllauer Hofes stehet, und beynebst in diesem
Hof selbsten ein Wasserreicher Brun vorfindig, welcher gar süglich
mittels eines Drukwerkes bis unter das Tach geleitet werden könnte,
solgsam hierdurch der bey solchen Umständen am vorzüglichsten zu
erwegen kommenden Feuers-Gefahr eine schleunige Abhilf natürlich
anzuhoffen wäre.

11ᵗᵉⁿ Kann die Zu- und Abfahrt deren Wägen bekanntermassen
durch 3 in ihrer Lage abgetheilte Gässen genommen werden, und obgleich deren einige nicht breit, so sind selbe doch auch von wenig
Klastern in ihrer Länge und dermassen abgesondert, daß solche denen
Fahrenden keine Unbequemlichkeit oder Hindernuß verursachen mögen,
vorderist, wenn jene Ordnung gleich in anderen Orten und in Wien
selbst eingeführet wirdet, daß von denen 3 Gässen eine alleinig für
die leere dahin kommende und abfahrende Wägen angewiesen wurde,
worunter jene, so nach den Convict führet die anständigste zu seyn
anscheinet, da durch diese Veranstaltung ein Wagen dem anderen weder
entgegen kommen, noch ausweichen dürfte.

Überhin können an denen vor diesem Hauß befindlichen Pläzen,
nebst der Färbergassen bis 40 Wägen sich stellen, und auch bey deren
Vermehrung die Jesuiter Gassen zur Aushilf dienen, mithin die
Stellung derselben weit bequemer und nicht so weit von dem Theatre
entfernt, als die vorige, wo sich die Wägen öfters bis gegen das
eiserne Thor erstrecken mußten ¹).

---

¹) Man vergleiche über die Lage dieses Pöllauerhofes die meinem „Inner-
österreichischen Stadtleben" beigegebene sehr genaue planartige Ansicht der Stadt,
wo das hier in Rede stehende Gebäude unter Nr. 26 genau ersichtlich, auch seine
Lage, die oben erwähnten Gassen zc. sehr deutlich und klar zu übersehen sind.

III^tio Faſſet dieſes Gebäude in der Länge 35, dann in der Breite zu 12 und 15 Klafter, mithin der Plaz allerdings hinreichend ſowohl ein anſtändiges Theatre, ſammt denen hierzu erforderlichen requiſiten, als auch einen Redouten-Saal, nebſt vielen ſich an=ſchlieſſenden Zimmern zu ſpielen, Soupiren und Erfriſchungen, ſowohl für die Tanzende, dann auch abgeſönderte Zimmer für die Zuſehern nicht minder die nöthige Kuchl= und Behältnuſſen für Traiteur, und Caffée Sieder, endlichen auch eine beſtändige Wohnung für einen Loge- und zugleich Haußmeiſter, mit genugſamer ganz ſchicfjamen Raum anzubringen.

Die Unköſten dieſes alles im fertigen Stand ſowohl an Maurer als Zimmer=Arbeit, ſammt der Zurichtung von Schloſſer= Tiſchler= Glaßer, und derley Meiſterſchaften, wie auch für die Bildhauer= und Mahlerey, welche leztere das Scenarium, Schauplaz, Logen, Re-douten Saal, und Zimmer, mithin ſehr vieles betrift, herzuſtellen werden vermög genauen Überſchlag zwiſchen 19 und 20.000 fl. ohne des Kaufſchillings des Hauſſes ſich belaufen.

Den Werth deſſelben hat Herr Prälat gemäß der gegen mir gemachten mündlichen Äuſſerung auf 14.000 fl., jedoch mit dieſer Be=dingnuß geſchäzet, falls daſſelbe ein anders für ſeinen Gebrauch ihme anſtändiges Hauß käuflich überkommen möge. Allein dieſer angebottene Preiß ſcheinet mir um ſo mehreres anjezo übertrieben, als ſolcher vor-mals, wie zu vernehmen kommet, unter 12.000 fl. geſezet wäre. Wann demnach auch gegenwärtig der Ankauf um den vorigen Werth könnte getroffen werden, und hiermit der völlige Aufwand der Koſten zwiſchen 30 und 31.000 fl. ſich erſtrecken wurde, ſo verbliebe dieſer annoch geringer, als wann die Aufführung eines ganz neuen Gebäudes von Grund aus mit all obernannten Erfordernuſſen ſollte unternommen werden, aber die Unköſten ohne einem Kaufſchilling des Terrains gerechnet, vermög gemachten Überſchlag auf 2 oder 33.000 fl. auf das allerwenigſte ſich belaufen dürften, wohingegen denen Herren Stän-

---

Der kleine Plaz links von dem Gebäude iſt das genannte „Fliegen Pläzl", der heutige Fliegenplaz.

den bey Erhandlung öfters angezogenen Pöllauer Hofes, sowohl der
Grund, als das ganze Theatral Gebäude in einen unbeschränkten
Eigenthum verbleibete.

Die successive Hereinbringung und Erziezung des Vorschusses
könnte theils von der Vermiethung deren Loges, als gesperrten Sesseln,
maffen einem jeweiligen Impressario nur der Betrag der Entrée bey
denen Spectacles und Bals einzugestehen wäre als auch anderen Be-
ziehnungen sowohl pro fundo der Rückzahlung, als Erhaltung des
Theatre nach mehreren Ausweiß anliegenden Entwurfes auf 1000 fl.
jährlich angetragen werden.

Nun beruhet es von der Entschliessung, und ferneren beliebigen
Einleitung Euer Excellenz, und eines löbl. Ausschusses ob der Pöllauer Hof dahin zu adaptiren oder aber in den Banco-Garten ein
ganz neues Gebäu aufzuführen vorträglicher wäre. Dann nur allein
annoch beizurucken habe, daß im ersteren Fall nach meinem Antrag
eine Zeit von 15 bis 16 Monat, alles in fertigen Stand zu bringen
vermögend wäre. Bey Unternehmung eines neuen Baues aber auf das
wenigste 2 Jahr erforderlich seyn dürften, weilen sowohl die aufbrin-
gende Materialien und deren Zuführung vielen Aufschub verursacheten,
und der mehrere Bau von sich selbsten längere Zeit bedürfe. Welches
demnach alles in Folge zuerst angezogenen Ausschusses Verordnung
berichtlichen vorstellen und mich gehorj. empfehlen wollen 2c."

Der gegen Schluß dieses Schriftstückes erwähnte beiliegende
Entwurf ist nicht nur durch die Rechnung als solche, sondern auch durch
die daraus ersichtlichen präliminirten Preise von Interesse. Er lautet
wörtlich:

„Entwurf

Was jährl. sowohl von dem Theatre als Redouten Saal an
Geld Einnahme zu Erziezung des Vorschusses anzurechnen kommete:
16 Loges, eine den Monat zu einem Dukaten oder
4 fl. 16 kr. gerechnet, betragete durch 9 Monat . 614 fl. 24 kr.
20 gesperrte Sessel, einen pr 7 kr., dürften von beyläufig 100 abhaltenden Schauspielen einmal gegen

614 fl. 24 kr.

dem anderen auf 4 gerechnet, und somit angetra=
gen werden mit . . . . 46 fl. 40 kr.
Der Bestand eines Caffee Sieders vor das ganze
Jahr mit Einbegrief der Bals . . . . . . 65 fl. — kr.
In simili eines Traiteur zur Faschings Zeit . . 50 fl. — kr.
Ein jeweiliger Entrepreneur deren Schauspielen das
Monat 20 fl.: mithin durch 9 Monate . . . 180 fl. — kr.
Für den Redouten Saal, Faschings Zeit . . . 100 fl. — kr.

Summa 1056 fl. 4 kr.

Notandum.

Wann der Pöllauer Hof gewehlet wurde, könnten die alda be=
findliche und zur Bestands Verlassung annoch verbleibende Keller bey
50 fl. besonders benuzet werden."

Die Genauigkeit, die Sorgfalt und die Aufmerksamkeit, welche
Graf Inzaghi für diese Angelegenheit bewies, wird in so ausführlichen
und selbst kleine Detailfragen berührenden Schriftstücken, wie es das
vorhergehende ist, am besten klar. Er war es auch gewesen, der, wie
wir nun gesehen, auf den sogenannten Pöllauer Hof das dem steirischen
Stifte Pöllau gehörige Gebäude mitten in der Stadt gelegen, hier zu=
erst aufmerksam gemacht hatte und die Stände waren nicht abgeneigt,
die wirklich plausiblen Gründe, welche der Graf hiefür vorgebracht,
zu acceptiren und sich für das genannte Gebäude, dessen Ankauf
und Umbau zu entscheiden.

· Alles war im besten Zuge, als plötzlich ein Umstand auch dieses
bereits acceptirte Project umstieß; eine Note des Guberniums an die
Landschaft ddto. 7. Juni 1774 erwähnt nämlich: „Da man in An=
betref des vorfeyenden neuen Theatre Baues beynahe im Begrif
ware, die ständische Äusserung gutächtlich nacher Hof zu begleithen,
ereignete sich der Umstand, daß der Herr Probst zu Pöllau respectu
seiner hierzu beyzunehmen vermeynten Stifts-Hofs seine Erklährung
geändert und diese Hiebeylassung abgeschlagen habe . . . so findet man
denen Herren Ständen das Ansinnen zu machen, daß selbe sich mit

einem anderweithen wohl überlegten Vorschlag sowohl respectu loci
physici als quanti heranzulassen keinen Anstand nehmen möchten."

Natürlich sträubte man sich von Seite der Gläubiger jenes Gebäudes, in dem das Theater bisher untergebracht war, gegen das
Project eines Neubaues oder Umbaues eines anderen Gebäudes, es
wurde sogar ein Gesuch um „Einstellung der Erbauung eines neuen
Comedien Hauses" von denselben vorgelegt, aber von der Landes-
behörde selbstverständlich zurückgewiesen.   Graf Inzaghi brachte die
eingetretene Verwirrung wieder einigermaßen in's rechte Geleise; er
legte abermals ddto. 23. August 1774 ein Promemoria vor und
machte nun auf den „Vice Dom Garten" als geeignetsten Platz für
den Bau aufmerksam. Die Schritte, welche man nun that, hatten auch
in der That den gewünschten Erfolg und eine Zuschrift der Bancal-
Administration vom 7. November 1774 verständigte das Gubernium
davon, daß „der besagte Garten ohne weiterem denen Herren Ständen
einzuräumen seye". Dieser Garten, eigentlich Hofeigenthum, ging nun
auch wirklich in das Eigenthum der Stände über und der Platz für
das neue Theater war somit definitiv festgesetzt.

Die Oberleitung des Baues führte Graf Inzaghi.   Der Landeshauptmann Leopold Graf Herberstein überließ sie gern diesem kunst-
verständigen Manne, der sich bisher so viel Mühe um das Zustande-
kommen des neuen Kunstinstitutes gegeben hatte.   Unter den Mitgliedern der Direction des Baues sind noch zu nennen: der Amts-
präsident Ignaz Graf Kazianer und die verordneten Räthe, Johann
Anton, der Probst des Stiftes Stainz, Karl Graf von Trauttmans-
dorff und Franz Edler v. Lierwald, deren Wappen sich auch an der
Stirnseite des vollendeten Baues eingemauert befanden. Rasch schritt
der Bau vorwärts und war im Jahre 1776 vollendet[1]), er befand
sich somit an derselben Stelle, an welcher heute noch das Grazer
Landestheater steht.

---

[1]) Einzelne kleine Hindernisse wurden glücklich beseitigt.   So zeigte Graf
Inzaghi am 5. December 1776 an, daß von Seite „der allhiesigen Artiglerie
Besorgung" eine Beschwerde „gegen das neue Schauspill Hauß" eingelangt sei,

Der erste „Entrepreneur", Director Jakobelli, hatte das Local auch für Bälle übernommen und sich verpflichtet, siebzig Gulden „vor jeden abzuhaltenden Baal zu geben, wofür die Stände die Beleucht= Beheiz= und Säuberung des Baal Saal und Zimmern auf sich nahmen."

Am 9. September 1776 wurde das Theater eröffnet; man gab „Derbi oder Treue und Freundschaft, ein Trauerspiel von fünf Auf= zügen", dem ein „heroisch=pantomimisch" Ballet: „Der Sieg der Tugend und der Liebe" von der Composition Jakobelli's selbst folgte.

Das Local war nun nicht allein für Theatervorstellungen passend, sondern auch durch den hergerichteten Redoutensaal dem Ballvergnügen des Faschings gewidmet. Eine Verordnung, welche bald darauf erschien, regulirte diesen Theil der Vergnügungen und es dürfte zum Schlusse einiges Interesse gewähren, auch diese Verordnung kennen zu lernen [1]), die erste, welche in der angedeuteten Richtung in Graz erschienen war und im Zusammenhang mit dem abgeschlossenen Bau des Theater= gebäudes steht.

Diese Verordnung erschien als „Ball Avertissement" zuerst im Fasching des Jahres 1778 und lautet in ihren wichtigsten Stellen:

„Nachdeme Ihro Kaiserl. Königl. Apostolische Majestät für den Fasching des gegenwärtigen 1778sten Jahrs, die öffentliche Balle zu mehrerer Ergötzung des Publikums in Masquen oder Verkleidungen in dem allhiesigen ständischen Theater und Ballsaal in der aller= gnädigsten Zuversicht zu erlauben geruhet haben, daß niemand diese allerhöchste Gnade mißbrauchen, sondern jedermann dabey sich um so anständiger betragen werde, als im widrigen ohne mindester Rücksicht der Person die öffentliche Beschimpf= und Herausführung von dem Ballort erfolgen würde, als kommen hiebey nachfolgende Maßnehmun= gen genauest zu beobachten.

„wie daß nämlich die von sothanem Hauß auf der einen Seite geführte Mauer fest an das Quartier des Herrn Artiglerie Majors angebaut und so gestellet wäre, daß ihme andurch die Lichte von 2 Fenster genommen seye, wodurch man die dortseitige Jurisdictions-Gerechtsame beeinträchtiget".

[1]) Dieselbe liegt im Druck als Einzelblatt auch den Actenstücken, aus denen der größte Theil dieser Darstellung rührt, bei.

Erstens sind zur Beybehaltung der nachstehenden Ordnung Ball=
kommissarien[1]) bestellet, damit sich jedermann im Erforderungsfall an
selbe verwenden und Remedur ansuchen könne ...

Zweytens erstrecket sich diese Erlaubniß der abzuhaltenden Ballen
allein auf den allhiesig ständischen Theater Ballsaal und sind außer
diesem Orte sonst nirgend, weder bey einen anderwärtigen öffentlichen
Ball, noch anderen zusammengelegten Privat=Faschingsfesten die
Masquen verstattet.

Drittens können die masquirten Balle in obigen Saal den
11. Jänner dieser 1778 Faschingszeit den Anfang nehmen, somit
durch die erste Wochen zweymal als am Sonntag und Dienstag oder
Mittwochs von 9 Uhr Abends bis 3 Uhr nach Mitternacht; von
Septuagesima aber, das ist für gegenwärtiges 1778ste Jahr den
15. Hornung, mögen selbe auch von 9 Uhr Abends bis 5 Uhr Frühe
abgehalten.

Wo übrigens in Ansehung des Fasching Dienstags es bei der
bisherigen Beobachtung dergestalt verbleibet, daß am selben der
masquirte Ball zwar früher als sonst anzufangen, doch bis halb 12
Uhr Nachts sich ohnfehlbar zu endigen haben soll, unter welcher Zeit
sowohl die Fürdauerung des Balls als auch die dabei haltende Nacht=
mahlzeiten oder Soupeen verstanden sind. Und wird solchen jedermann
also gewiß nachzuleben haben, als in widrigen der vorsetzlich dagegen
Handlende zu Erlegung einer Strafe von 100 Dukaten in Gold an=
gehalten und wohl gar durch die Wache von dem Ballorte hinweg
geführet werden solle.

Viertens werden zu diesen Ballen alle und jede Personen, ohne
Unterschied des Standes, wenn sie masquirt, oder auch in eigenen
Kleidern, doch mit einer Larve versehen sind, die einzigen Bedienten
in der Livree und Dienstmägde in der Schlephaube ausgenommen,
gegen Erlag v. 51 kr. für jedes Eintrittbillet ohne Unterschied, sie
mögen in Tanzsaal, oder in zween Stocken daranstossende Zimmer zum
Tanzen oder Zuschen kommen, zugelassen.

---

[1]) Die hier gleichgiltigen Namen sind genannt.

Jedoch wird hieben ernstgemessen anbefohlen, daß jedermann in einer ehrbar und wohlanständigen Masque erscheinen solle, und werden somit all diejenigen Masquen, die etwa mit eckelhaften Figuren, oder Larven, oder mit einer solcher Verstellung versehen sind, wodurch die Leibesgestalt gänzlich verborgen oder verändert wird, als da sind Kästen, Zuckerhüte und dergleichen Maschinen, Fledermäuse, Zwergen, Riesen 2c. wie auch die Verkleidungen aus dem italiänischen Theater, als Arlekins, Pollicionellen 2c. hiemit ausdrücklich untersaget.

Und verstehet sich dahero von selbsten, daß noch weniger in geistlichen oder Ordenskleidern daselbst einzutretten erlaubet seye, dergestalten zwar, daß wenn wider besseres Vermuthen dennoch sich jemand in einer dergleichen Masque einfände, selber in Ballsaal oder die Zuscher- und Speißzimmer nicht eingelassen, oder wenn diese Entdeckung erst in dem Saal oder Zimmern geschähe, alsogleich ohne Ansehen der Person herausgeführet werden würde. Und obschon

Fünftens ein jeder ohne Frage ganz ungehindert mit der Larve vor dem Angesicht in den Ball eintretten und darin entweder durch die ganze Zeit masquirt bleiben, oder sich nach Belieben entlarven kann, so sollen doch alle Personen beederley Geschlechts verbunden seyn bey dem hinausgehen, es mag frühe oder spatt geschehen, im Austrittsorte die Larve von dem Gesichte zu nehmen, und also entlarvter über die Stiege hinunterzugehen.

Sechstens wird bey wirklicher Abweisung durch die Wache verbotten ein Seitenfeuer oder anderes heimliches Gewehr bey sich zu haben, nochweniger aber die Gewehrtragung denen Bedienten gestattet, welchen besonders aufgetragen wird, daß sie sich allenthalben, und zuforderst gegen die angestellte Wache mit aller Bescheidenheit aufführen, und mit brennenden Fackeln über das Absteigort nicht weiter hineingehen sollen.

Siebentens wenn sich eine mit der Larve vor dem Angesicht masquirte Person öffentlich auf der Gasse außer einen Wagen oder

Tragsessel erblicken ließe, so ist der Befehl, solche durch die aller Orten angestellten Wachen arrestirlich zu halten, und noch besonders bestrafen zu lassen. Wohl aber ist es erlaubt, ohne Larven vor das Angesicht in der Verkleidung oder Masque um die Zeit des abzuhaltenden Balls zu Fuß über die Gassen, theils um sich dahin, als von dem Ballort zurück zu begeben, zu gehen. Schlüßlichen und

Achtens sind auf diesen masquirten Ballen so wie anderer Orten ohne Ausnahme die hoche und vorhin schon unerlaubte Spiele auf das schärfeste verbotten, dergestalten, daß die Spieler und Gestatter der- selben nicht nur allein allsogleich durch die Wache hinweggeführet, son- dern auch noch besonders nach der Strenge der bereits hierwegen bestehenden Generalien werden angesehen werden. — — —

Wornach sich also jedermann schuldigst zu achten, und vorbesagter- massen mit aller Bescheidenheit zu betragen wissen wird. Auch werden sich alle Stände dermassen gleich halten, daß von keinem ein Unter- schied, sehe es im Tanzen oder Sitzen zum Abbruch und Nach- stand anderer gemacht werde, massen darauf durch unbekannte und ebenfalls masquirte Aufseher allenthalben genaue Absicht getragen werden solle."

Diese das Ballwesen regelnden Verordnungen wurden von dem genannten Jahre an alljährlich öffentlich kundgemacht und so begann nach dem neuen Theaterbaue auch auf diesem Gebiete öffentlicher Lust- barkeiten Ordnung und Regelung sich geltend zu machen.

Nach dieser Abschweifung von dem eigentlichen Thema über den Theaterbau und die wichtigsten daran betheiligten Behörden und Per- sonen bleibt nur noch übrig, einen letzten Blick auf den Mann zu werfen, der sich um die ganze Bau- und Herstellungsangelegenheit so warm angenommen und dessen eigentliches Verdienst das Zustande- kommen des neu gegründeten Theatergebäudes ist, nämlich auf den Grafen Inzaghi.

Acht Jahre lang verwaltete der Graf noch das neue Theater, im eigentlichsten Sinne des Wortes seine Schöpfung; die Stände zeigten sich für die geleisteten Dienste dankbar und Graf Inzaghi "erhielt für die bey dem Bau des Schauspielhauses zu Gratz aufgehabte Direction und Mühe 300 Ducaten Remuneration ex domestico statu". In der Folge aber wurde dem Grafen durch vielfache Nergeleien, ja selbst Verdächtigungen seine Stellung schwierig gemacht. Auf ein Promemoria Inzaghi's um Zuweisung mehrerer sich meldenden Impresarii an das Gubernium und auf die bezüglichen Andeutungen über die Entscheidung erklärte das Gubernium, daß „diese Landesstelle sich in der Ihro allein zustehenden Macht und Direction der hiesigen Spectacul nicht beschränken lassen" könne.

Nach einer Rechnungslegung Inzaghi's wurde diese Rechnung zwar genehmigt, aber bestimmt, daß „künftighin das neue Schauspiel= haus von der löbl. verordneten Stelle gleichwie alle übrigen landschaftl. Gebäude besorgt werden solle". Derartige Bestimmungen kränkten den vielverdienten Mann und er legte endlich, gewiß sehr schmerzlich berührt, seine Stelle als Oberleiter des Theaters nieder. Die bezügliche Zu= schrift an den Landesausschuß vom 25. August 1784 schließt mit den Worten: „Da ich aber durch mannigfältige Umständfälle ganz auf= fallend mich überzeugt sehe, daß jenes Zutrauen, mit welchem man mich beehrte, sich immer mehr für mich vermindert; so finde ich am schicksamsten zu sein, denen fernern absichten von selbst vorzukommen und mich von der bisher aufgehabten Theatral=Bau=Direction und waß immer dieses Geschäft betreffen mag, für allezeit zu entfernen." Diese Resignation wurde denn auch am 15. September 1784 acceptirt.

Damit endet die wechselvolle Geschichte der Entstehung dieses Schauspielhauses, des bedeutendsten in Innerösterreich, einer Bühne, die in der Folge zu den besten Kunstinstituten des Reiches zählte.

Das Gebäude selbst stand 47 Jahre, bis im Jahre 1823, gerade in der Christnacht, ein Brand ausbrach und diesen Bau, dessen Entstehungsgeschichte die vorstehenden Zeilen schildern, in Asche legte. Im Herbste 1825 schon erhob sich der heute noch bestehende Neubau.

Man ersieht aus der obigen Entstehungsgeschichte des Grazer Theaters zugleich die Entwicklung jenes Kunstsinnes, der mit zu den

Errungenschaften des großen Lessing und anderer hervorragender Geister seines Jahrhundertes gehört, welche für die Hebung der deutschen Bühne so wirksam thätig waren und der Culturhistoriker wird in dem mechanischen Bau auch jenen Bau langsam erstehen sehen, der da heißt: die deutsche dramatische Kunst, und der mit zu den Verbindungsgliedern gehört, welche jene Geister mit dem aufstrebenden geistigen Leben Oesterreichs vereinigten.

IV.

Goethe

und

zwei innerösterreichische Theaterdirectoren

im achtzehnten Jahrhundert.

———

Ein Beitrag zur Geschichte des österreichischen Theaterlebens.

———

Eine der glänzendsten Epochen des deutschen Theaterwesens nicht nur im achtzehnten Jahrhunderte, sondern überhaupt bis auf unsere Zeit herab waren wohl jene Jahre, während welchen Goethe die Leitung des Hoftheaters in Weimar führte. Strenge Wahl der Mitglieder und der Stücke, die in das Repertoire aufzunehmen waren, genaue Detailkenntniß der Theaterzustände überhaupt und der Bühnenverhältnisse jener deutschen Bühne, ein scharfer Blick für die hervortretenden Mängel und die ganze große geistige Begabung des „Geheimrathes" machten die Weimarer Hofbühne zu einem Kunstinstitute, das man jedem anderen Theater der Folgezeit als Muster aufstellen kann und das auch damals etwa jene hervorragende Stellung einnahm wie die heutige so ausgezeichnete Hofbühne in Meiningen. Dabei darf man die schwierige Stellung, welche zu jener Zeit der Leiter eines Theaters überhaupt inne hatte, nicht außer Acht lassen; das Publicum war ein ganz eigengeartetes gegenüber jenem Publicum, das man sich etwa heutzutage vor dem Bühnenraume versammelt denkt; alle jene dramatischen Producte, welche eben zur Bildung des Geschmackes nothwendig sind, waren ja noch nicht vorhanden oder, wie die Dramen eines Shakespeare, kaum bekannt geworden. Was aber bis gegen Ende des achtzehnten Jahrhunderts an deutschen Dramen auf die Bühne gekommen, war, mit wenigen Ausnahmen allerdings glänzender unsterblicher Piècen, leichtestes Mittelgut, über das die Zeit längst hinweggegangen und das heute zu dem Vergessenen und Verschollenen zählt, und zwar zu dem mit Recht Vergessenen und Verschollenen. Goethe's Blick hatte, wie gesagt, die

9*

schon damals erkannt, das heißt, er hatte erkannt, was der deutschen Bühne Noth thut, er hatte erkannt, wie und auf welche Art der Geschmack des Publicums herangebildet werden könnte und auf welche Art ein Schauspieler auch ein wirklicher Künstler zu werden berufen sei.

Daher kam es denn auch, daß fast alle Mitglieder der Weimarer Bühne zu einer gewissen Berühmtheit gelangten, zumal ihnen ein Widerschein von dem strahlenden Schimmer verliehen ward, der das Haupt unseres großen Dichters umgab; daher kam es, daß man schon damals Jedem mit großer Achtung begegnete, der sich rühmen konnte, unter seiner Leitung die Bretter jenes Theaters betreten zu haben. Zwei Gestalten sind es, die ich aus der ziemlich großen Menge jener Schauspieler hervorhebe, welche eben wegen dieses Zusammenhanges mit Goethe's Kunstthätigkeit auf praktisch-dramatischem Gebiete gewissermaßen bedeutend erscheinen, welche aber insbesondere für Oesterreich interessant geworden, da sie in der Folge Beide einer Bühne vorstanden, die schon im achtzehnten Jahrhunderte ihrer trefflichen Leitung wegen die Aufmerksamkeit auf das Theaterleben des österreichischen Kaiserstaates lenkte — ich meine die Bühne der Landeshauptstadt Graz. Bevor jedoch die Thätigkeit der beiden Persönlichkeiten, von denen hier die Rede sein soll, genauer in's Auge gefaßt wird, ist es nothwendig, einen Blick zu thun auf Goethe's Thätigkeit als Director des Weimarer Theaters und auf die ersten Beziehungen, in welche Goethe zu den erwähnten Leitern des Theaters der Hauptstadt Steiermarks getreten war.

Das Theater in Weimar hatte schon früher einen gewissen Ruf. 1757 gründete Ernst August Constantin ein Hoftheater daselbst und wir finden im Jahre 1768 die seinerzeit so berühmte Gesellschaft Koch's, von 1771 an bis 1774 aber die Seyler'sche Gesellschaft in Weimar; beide Gesellschaften hatten tüchtige Kräfte[1]).

Daß sich Goethe schon seit dem Jahre 1775 an dem fürstlichen Dilettantentheater thätig betheiligte ist bekannt, manche heitere Stunde

---

[1]) Zur genaueren Vergleichung dient die treffliche Arbeit: „Goethe's Theaterleitung in Weimar. In Episoden und Urkunden dargestellt von Ernst Pasqué" (Leipzig 1863). 2 Bände.

hatte der große Mann auf dieser Liebhaberbühne eigentlich mehr ver-
scherzt als mit ernstlichen Theaterstudien zugebracht. Das Gebahren
des Dichterfürsten in jener Zeit war ein noch recht tolles und sein
Verkehr mit der herzoglichen Familie engte ihn keineswegs in Schranken
ein, die seinen tollen Uebermuth gezügelt hätten. Der geistvolle Kreis,
bestehend aus Goethe, Knebel, Seckendorf, Bertuch, Musäus und
Anderen, beschäftigte sich damals mit dramatischen Aufführungen, selbst
von Opern, wobei der Herzog Mitglieder der Hofcapelle zum Orchester
beistellte. Die Herzogin Amalia nahm gerne mit Theil an allen
diesen dramatischen Ergötzlichkeiten, welche einer ihrer Lieblings-
neigungen entsprachen und bald in der Stadt, in den herzoglichen
Wohnungsgemächern, bald aber auch im Walde und im Tiefurter
Parke stattfanden. Corona Schröter hatte damals die weiblichen
Hauptrollen in den heiteren Singspielen und der Herzog und die
Herzogin selbst nahmen nicht selten thätigen Antheil als Acteurs [1]).
    Im Linke'schen Bade zu Dresden spielte im Jahre 1782 ein
Director Namens Joseph Bellomo mit seiner Gesellschaft. Dieser
war es, welcher zuerst wieder, nachdem der Hof seines Liebhabertheaters überdrüssig geworden, eine ständige Hofbühne auch in Weimar
leiten sollte. Es wurde ein Vertrag mit ihm abgeschlossen und zu
Ende des Jahres 1783 begann er schon Vorstellungen in Weimar zu
geben, und zwar scheint er anfangs im Sommer noch in Dresden
gespielt zu haben, während er im Winter zu Weimar mit seiner Gesellschaft debutirte. Diese Gesellschaft hatte recht tüchtige Kräfte aufzuweisen,. von denen insbesondere später viele zu hohem künstlerischen
Ansehen gelangten; von den Namen aus dieser Gesellschaft seien aus
den männlichen Mitgliedern Ackermann, Bellomo selbst, Duny, Engel-
recht, Felser, Frühbach, Grießbach, Leonhard, Meier, Metzner, Miersch,
Pfüller, Reiherr, Schopper genannt, aus den weiblichen Mitgliedern
Ackermann, Bellomo, Duny, Fritsch, Fürich, Jagdstein, Leonhard,
Miersch, Simoni, Voß, Waldher, ferner befanden sich das Sängerpaar

---

[1]) Vergl. Wachsmuth, „Weimars Musenhof in den Jahren 1772 bis 1807"
(Berlin 1844).

Weyrauch, das Ehepaar Kaselitz und Herr Krako, genannt „Einer", ein origineller Kauz, der aber schließlich den Director heimlich verließ, unter den Mitgliedern dieser Gesellschaft. Für das Ballet waren besondere Kräfte da; die Opern betreffend hielt sich Bellomo meist an die damals so beliebten italienischen Opern, die in der Uebersetzung gegeben wurden. Gotter's „Marianne" eröffnete am 1. Januar 1784 die Reihe der Vorstellungen nach dem Inslebentreten des erwähnten abgeschlossenen Contractes. Bellomo selbst gab in diesem Stücke die Rolle des Barons, Sophie Ackermann die Titelrolle. Es wechselten von da an Lust- und Schauspiele mit der Oper ab, und es blieb nun Bellomo sieben Jahre lang Leiter der Hofbühne in Weimar unter Goethe's Augen. Wie der Herzog selbst über die Gesellschaft Bellomo's dachte, beweisen seine Worte an Knebel: „Die Gesellschaft ist eben nicht ausnehmend gut, doch hat sie das Glück, ziemlich gute Stimmen zu besitzen und sehr guten Geschmack in Auswahl der komischen Opern zu haben; sie spielen meistens italienische Musik, deren Schönheit die Güte des Spiels und der Uebersetzung ersetzt." Allerdings mochte der Herzog und der Kreis, zu dem Goethe gehörte, besonders gespannte Erwartungen stellen.

Bellomo's Direction [1]) des Weimarer Hoftheaters nahm im Jahre 1790 ihr Ende und es übernahm die Oberleitung der Bühne am 1. Mai 1791 Goethe selbst. Er sollte dieselbe 26 Jahre lang innehaben, die berühmt gewordene Pudelgeschichte [2]) im Jahre 1817

---

[1]) Ich nehme hier die Gelegenheit wahr, eine kleine Unrichtigkeit, die sich in der übrigens trefflichen Arbeit J. W. Schaefer's: „Goethe's Leben", 3. Aufl. 1877, I, S. 408 findet, richtigzustellen. Bellomo wird daselbst ein „Wiener Unternehmer" genannt; thatsächlich leitete er nie ein Wiener Theater, so viel mir bekannt ist.

[2]) Zur Recapitulation sei über diese Geschichte angedeutet, daß im März 1817 der Schauspieler Karsten das bekannte Melodram „Der Hund des Aubry", in dem Karsten's dressirtem Pudel eine Hauptrolle zukam, in Weimar aufführen wollte, von Goethe aber abgewiesen wurde, mit der Bemerkung, daß nach dem Theaterreglement das Mitbringen von Hunden auf die Bühne untersagt sei. Karsten wandte sich an den Großherzog selbst, der als Jäger für den klugen Hund besonderes Interesse bezeugte. Obgleich Goethe fort dagegen war, wußte es Karsten durch Mittelspersonen dahin zu bringen, daß sein Hund auftreten durfte und Goethe's Protest weiter nicht beachtet wurde. Hierüber war Goethe außer sich,

erst ward zur Veranlassung, daß er diese Bühnenleitung aufgab und sich von nun an dem Bühnenwesen Weimars fast ganz fern hielt.

Von der kurz zuvor aus Weimar abgegangenen Schauspieler-gesellschaft des Directors Bellomo hatte Goethe bei seinem Antritte ein junges Mädchen von dreizehn Jahren beibehalten, das sein richtiger künstlerischer Blick als bedeutendes Talent erkannte und das auch in der That später den bedeutendsten Vertreterinnen der dramatischen Kunst beigezählt wurde. Dies war Christiane Amalie Luise Neumann, welche, im Jahre 1778 geboren, sich im Jahre 1793 mit dem ebenfalls dem Weimarer Kunstkreise angehörigen Schauspieler Becker vermält hatte, aber schon im Jahre 1797 starb[1]). Goethe konnte diese Künstlerin nie vergessen; auf seiner Schweizerreise schrieb er aus Zürich (25. October 1797) an den Oberconsistorialrath Böttiger über sie: „Das gute Zeugniß, das Sie unserm Theater gegeben, hat mich sehr beruhigt; denn ich leugne nicht, daß der Tod der Becker mir sehr schmerzlich gewesen, sie war mir in mehr als einem Sinne lieb. Wenn sich manchmal in mir die abgestorbene Lust, für's Theater zu arbeiten, wieder regte, so hatte ich sie gewiß vor Augen, und meine Mädchen und Frauen bildeten sich nach ihr und ihren Eigenschaften. Es kann größere Talente geben, aber für mich kein anmuthigeres. Die Nachricht von ihrem Tode hatte ich lange erwartet; sie über-raschte mich in den formlosen Gebirgen. Liebende haben Thränen und Dichter Rhythmen zur Ehre der Todten; ich wünschte, daß mir etwas zu ihrem Andenken gelungen sein möchte." Auf derselben Reise in der Schweiz hatte er sie (17. October 1797) in dem „Euphrosyne"

er reiste plötzlich nach Jena ab und legte sofort die Oberleitung des Theaters nieder, die er nicht mehr übernahm.

[1]) „Die kleine Neumann hatte in Weimar am 2. Februar 1787, also noch nicht volle neun Jahre alt, als Edelknabe in dem gleichnamigen Stücke von Engel debutirt, und durch ihr ausgesprochenes Talent, ihr liebenswürdiges, natürliches Gebahren, ihre unverkennbar schönen Mittel ein solches Interesse erregt, daß der kunstsinnige Hof das Kind alsogleich der berühmten Sängerin und Darstellerin des ehemaligen Weimarer Liebhabertheaters, Corona Schröter, zur ferneren Ausbildung übergab. Bald legte die Kleine weitere Proben ihres Talentes ab." — Ernst Pasqué a. a. O. I, S. 99 ff

überschriebenen Gedichte verherrlicht, das die Ueberschrift davon erhielt, weil die Rolle der Euphrosyne in der Zauberoper „Das Petermännchen" [1]) die letzte Rolle war, in der er sie überhaupt gesehen. Dieses Gedicht ist eine der schönsten Elegien, welche wir dem Genius Goethe's verdanken, es ist ein poetisches Todtenopfer, dargebracht einer Künstlerin, deren künstlerische Gaben groß gewesen sein müssen, nachdem ihr der Gewaltige so prächtige Verse in's Grab nachrief.

Goethe schildert in der Elegie „Euphrosyne" das Sinken des Tages in den herrlichen Bergen der Schweiz, die er durchreist, plötzlich naht auf rosiger Wolke ihm eine Gestalt, eine Göttin, die ihm auf seine Frage, welche sie sei, „von den ewigen Töchtern Zeus" zur Antwort gibt:

„Kennst du mich, Guter, nicht mehr? Und käme diese Gestalt dir,
Die du doch sonst geliebt, schon als ein fremdes Gebild?
Zwar der Erde gehör' ich nicht mehr, und trauernd entschwang sich
Schon der schaudernde Geist jugendlich frohem Genuß;
Aber ich hoffte mein Bild noch fest in des Freundes Erinn'rung
Eingeschrieben und noch schön durch die Liebe verklärt.
Ja, schon sagt mir gerührt dein Blick, mir sagt es die Thräne:
Euphrosyne, sie ist noch von dem Freunde gekannt.
Sieh, die Scheidende zieht durch Wald und grauses Gebirge,
Sucht den wandernden Mann, ach! in der Ferne noch auf;
Sucht den Lehrer, den Freund, den Vater, blicket noch einmal
Nach dem leichten Gerüst irdischer Freuden zurück.
Laß mich der Tage gedenken, da mich, das Kind, du dem Spiele,
Jener täuschenden Kunst reizender Musen, geweiht.
Laß mich der Stunde gedenken und jedes kleineren Umstands!
Ach, wer ruft nicht so gern Unwiederbringliches an!
Jenes süße Gedränge der leichtesten irdischen Tage,
Ach, wer schätzt ihn genug, diesen vereilenden Werth!
Klein erscheinet es nun, doch ach! nicht kleinlich dem Herzen,
Macht die Liebe, die Kunst jegliches Kleine doch groß!
Denkst du der Stunde noch wol, wie auf dem Brettergerüste
Du mich der höheren Kunst ernstere Stufen geführt?

---

[1]) „Das Petermännchen." Ein Schauspiel mit Gesang und Decorationen in vier Aufzügen von Karl Friedrich Hensler.

Knabe schien ich, ein rührendes Kind, du nanntest mich Arthur
Und belebtest in mir britisches Dichtergebild [1]),
Drohtest mit grimmiger Gluth den armen Augen und wandtest
Selbst den thränenden Blick, innig getäuschet, hinweg.
Ach, da warst du so hold und schütztest ein trauriges Leben,
Das die verwegene Flucht endlich dem Knaben entriß.

So mahnt den Dichter der Schatten „Euphrosyne's" an die
schönen vergangenen Tage und ruft ihm dann zu:
Aber du vergesse mich nicht! Wenn eine dir jemals
Sich im verworr'nen Geschäft heiter entgegenbewegt,
Deinem Winke sich fügt, an deinem Lächeln sich freuet,
Und am Platze sich nur, den du bestimmtest, gefällt,
Wenn sie Mühe nicht spart, noch Fleiß, wenn thätig der Kräfte,
Selbst bis zur Pforte des Grabs, freudiges Opfer sie bringt,
Guter, dann gedenkest du mein und rufest auch spät noch:
Euphrosyne, sie ist wieder entstanden vor mir!
Vieles sagt' ich noch gern; doch ach! die Scheidende weilt nicht,
Wie sie wollte; mich führt streng ein gebietender Gott!
Lebe wohl! Schon zieht mich's dahin in schwankenden Eilen;
Einen Wunsch nur vernimm, freundlich gewähre mir ihn:
Laß nicht ungerühmt mich zu den Schatten hinabgehn!
Nur die Muse gewährt einiges Leben dem Tod. — —

So viel der charakteristischen Verse aus den schönen Rhythmen,
welche Goethe dem Andenken der jungen Künstlerin geweiht und sie
damit unsterblich gemacht hat. — Diese Künstlerin erfreute sich nicht
nur des Beifalles eines Goethe, sondern auch Wieland urtheilte noch
bei ihren Lebzeiten über sie, „daß, wenn sie nur noch einige Jahre so
fortschritte, Deutschland nur eine Schauspielerin haben würde", während Iffland den Ausspruch that, „sie könne Alles, denn nie werde
sie in den künstlichen Rausch von Empfindsamkeit — das verderbliche
Uebel unserer jungen Schauspielerinnen — verfallen".

Dieser Künstlerin und ihrer Beziehung zu Goethe geschieht hier
eingehender Erwähnung, weil schon ihr Vater Johann Christian

---

[1]) An einem andern Orte schreibt Goethe: „Christiane Neumann, als Arthur
(in „König Johann" von Shakspeare) von mir unterrichtet, that wunderbare
Wirkung."

Neumann unter der Direction Bellomo's, auf den wir eingehender zu sprechen kommen, in Weimar engagirt war und weil seine Tochter eigentlich ihre erste dramatische Ausbildung demselben Director zu verdanken hatte. Neumann der Vater zeichnete sich durch seine Darstellung des Karl Moor aus, in welcher Rolle er im Jahre 1784 zuerst auftrat; er starb am 25. Februar 1791 in Weimar, von seiner Gattin, die auch diesem dramatischen Kreise angehörte und zuerst 1785 als Gräfin in Gotter's Lustspiel „Jeanette" auftrat, um fünf Jahre überlebt. Frau Neumann war zu Ostern 1791 abgegangen, sie trat jedoch wieder ein und debutirte am 7. Mai 1791 neu engagirt in Iffland's „Jägern" als Wirthin, wobei sie sich allgemeinen Beifalls erfreute. Ihr Todestag ist der 11. April 1796, auch sie starb zu Weimar. Die Familie Neumann gehörte also zu den hervorragendsten Mitgliedern von Bellomo's Gesellschaft und diese Todesfälle waren für ihn ein großer Verlust.

Welche Aufmerksamkeit man der Tochter Christiane Amalie Luise Neumann schenkte, bewiesen verschiedene Einzelschriften über dieselbe, welche auch noch später zur Verherrlichung „Euphrosyne's" und zur Darstellung ihres kurzen Lebenslaufes erschienen. Als sie starb, war in Weimarer Kreisen die Trauer allgemein, es wurde ihr auf dem Theater eine Todtenfeier veranstaltet und ein kleines hübsches Denkmal im Weimarer Park errichtet[1]). Ihre Stelle auf der Bühne Weimars aber ersetzte eine Madame Schlanzowsky, wenn nicht ganz, so doch theilweise, denn Goethe nennt diese wenigstens eine „wohlgefällige Schauspielerin" in seinen „Tages- und Jahresheften".

Joseph Bellomo, der mehrfach erwähnte Director, welcher eine Zeit lang dieser Künstlerfamilie vorstand, beansprucht nun unser besonderes Interesse, da er zweimal die Leitung der Bühne in Graz innehatte und das zweitemal sechs Jahre lang ununterbrochen dieselbe in hervorragender Weise fortführte. Was die erste Periode seiner

---

[1]) Man vergleiche J. W. Schaefer: „Goethe's Leben". 3. Aufl. (Leipzig 1877), I, S. 399. In den letzten Jahren beabsichtigte man die Erinnerung an die Künstlerin durch ein neu zu errichtendes Denkmal aufzufrischen.

Directionsführung daselbst anbelangt, so müssen wir in der Zeitfolge hier gegen die obige Darstellung etwas zurückgreifen.

Nachdem der Neubau des Schauspielhauses in der Hauptstadt Steiermarks im Jahre 1776 beendet war, eröffnete am 9. September 1776 Director Jakobelli die Bühne, welche nun gegen die frühere, in künstlerischer Beziehung wenig bedeutende Periode einen Aufschwung zu nehmen begann. Zwei Jahre später sehen wir nach vollzogenem Directionswechsel Joseph Bellomo an der Spitze der Leitung, der es sich vor Allem zur Aufgabe machte, die leichtere italienische Oper zu pflegen, im Gegensatze zu den Zeiten, welche dem Neubaue des Theaters vorhergegangen waren und in denen allerdings auch italienische Opern, und zwar nur solche aufgeführt wurden; diese gehörten aber alle dem heroisch-tragischen Genre an und sind trotz der Texte Metastasio's nur in musikalischer Beziehung vom Kunststandpunkte beachtenswerth. Bellomo suchte vor Allem jene leichte operettenartige Gattung zu pflegen, wie sie uns in den Compositionen Gazaniga's, Salieri's, Paisello's, Galuppi's und Anderer so freundlich entgegentritt. Man hat es in diesen heiteren musikalischen Humoresken mit einem gefälligen komischen Inhalte zu thun, und dieser Umstand machte den Director mit seinen Vorstellungen beim Publicum sehr beliebt und veranlaßte es jedenfalls, daß er, der Italiener, später auch in Weimar freundlich aufgenommen und in den Theaterkreis zugelassen wurde, der schon vor der eigentlichen Leitung Goethe's, doch unter dessen musternden Augen sich bildete. Neben Bellomo selbst spielte auch dessen Gattin Therese eine bedeutende Rolle als vortreffliche Sängerin; „Bravourrollen im Singspiele und Liebhaberinnen" waren das eigentliche Fach, in dem sie debutirte und zuvörderst in Steiermarks Hauptstadt die Aufmerksamkeit auf sich lenkte. Von solchen Bravourrollen der „Madame" Bellomo führe ich beispielsweise die Marinetta in Gazaniga's „Gasthaus" („La locanda"), die Lesbia in desselben Meisters „Insel von Alcina" („L'isola d'Alcina"), die Calloandra in Salieri's „Jahrmarkt von Venedig" („La fiera di Venezia") und die Donna Stella in Paisello's damals zu so außer-

ordentlicher Beliebtheit gelangten dramma giocoso „Das Mädchen
von Frascati" („La Frascatana") an. Man ersieht daraus zugleich
Namen und Gattung der von Bellomo in Graz aufgeführten Opern.
Auch die übrigen Mitglieder des Directors zeigten sich sehr leistungs=
fähig; es waren ausschließlich Italiener, wie schon die Namen Becci,
Guerrini, Guglielmini, Fortunati, Montanari, Manservisi andeuten.

Die Thätigkeit des strebsamen Leiters dieser Gesellschaft in Graz
dauerte jedoch vorläufig nicht lange; schon im Jahre 1779 zog der=
selbe ab; von seiner Gesellschaft aber blieben die meisten in der Haupt=
stadt zurück und schaarten sich um Bellomo's Nachfolger, der hier
nicht weiter in Betracht zu ziehen ist. Bellomo wendete sich nun dem
classischen Boden Weimars und dessen Umgebung zu. Wir finden ihn
anfangs, nachdem er Graz verlassen, allerdings einige Zeit lang wie
wir schon oben gesehen, noch nicht stabil; er spielt meistens in Bade=
orten, so in Lauchstädt, dem bekannten Sommer=Aufenthaltsorte des
Hofes von Weimar und Goethe's, ferner in dem Linke'schen Bade in
Dresden, an dem letzteren Orte nach dem Gothaischen Theaterkalender
zu jener Zeit als sich die obenerwähnte Liebhaberbühne ihrem Ende
zuneigte. Die Spieltage des Weimarer Theaters waren Dienstag,
Donnerstag und Samstag; im Sommer fanden auch in späterer Zeit
noch Vorstellungen der Gesellschaft in Lauchstädt statt, denen Goethe,
Karl August und der Hof beiwohnten. Darauf beziehen sich auch die
Bemerkungen Goethe's in seinen Briefen an Karl August vom
1. Juli 1791: „In Lauchstädt geht es ganz leidlich. Es fügt und
schickt sich Alles" und vom 3. September 1791: „In Lauchstädt geht
Alles ganz artig. Die Anstalt reüssirt gewiß." Es läßt sich aus den
angeführten Worten vielleicht auch annehmen, daß Bellomo, nachdem
im Jahre 1791 sein Contract ausging und Goethe die Leitung in
Weimar übernahm, diesem gegenüber schon Bellomo sein Project wegen
neuerlicher Uebernahme der Direction der Grazer Bühne auseinander=
gesetzt hatte. — Unter den Mitgliedern der Gesellschaft Bellomo's befand
sich auch „Herr Domaratius", der jugendliche Liebhaber in Schau=
spiel und Oper, da er zugleich Sänger war; derselbe debutirte im

Frühjahre 1789 und blieb nun, nachdem Bellomo abzog unter Goethe's Leitung in Weimar. Er wird hier eigens erwähnt, da er die zweite Persönlichkeit ist, über welche noch eingehender gehandelt werden soll und auf die ich weiter unten zurückkomme.

Der Weimarer Contract mit Bellomo ging also im Jahre 1791 zu Ende und es sollte nunmehr Goethe selbst die Leitung des Kunstinstitutes führen. Der Hof übernahm das Theater und man setzte sich mit in- und ausländischen Kräften in Verbindung. Von den oben genannten Künstlern blieben diejenigen, welche unter Bellomo engagirt waren, auch unter Goethe's Oberleitung der Bühne in Weimar treu. Am 5. April 1791 schloß Bellomo seine Vorstellungen; Madame Ackermann sprach dabei einen von Vulpius verfaßten Prolog und an Bellomo's Stelle tritt nun — Goethe.

Wir wenden nun unsere Blicke der bedeutendsten Stadt Inner-österreichs, der Hauptstadt Graz zu, wo im selben Jahre 1791 Joseph Bellomo als Director der landständischen Bühne, eines Kunstinstitutes, das sich bereits einen Namen zu machen begann, auftaucht. Daß ein Mann, der unter Goethe's Auge seine Kunstthätigkeit eine Reihe von Jahren fortgeführt, Geschmack und Geschick auszubilden im Stande war, zeigt sich in den Einrichtungen, die der neue Director traf. Mitglieder suchte er schon ein Jahr früher zu engagiren und zwar Mitglieder für das Schau- und Lustspiel, tüchtige tragische und komische Kräfte, wie sie nun der in der Läuterung begriffene Zeitgeschmack verlangte. Allerdings gelang es ihm nicht, manche tüchtige Kräfte, welche an der Grazer Bühne bereits früher thätig waren, zu erhalten, so ward insbesondere das Ehepaar Buchard der Grazer Bühne untreu und zwar in Folge eines eigenthümlichen Umstandes. Man hatte anfangs in Weimar das Vorhaben, daß die Bühne vom Hofe selbst übernommen werden sollte, geheim gehalten und ein Unternehmer Joseph Seconda in Leipzig wurde aufgefordert, sich um das Weimarer Hoftheater zu bewerben. Seconda schrieb am 26. Januar 1791 an den Landkammer-rath Kwins, der später bei der Intendanz des Hoftheaters angestellt war und den Director zur Uebernahme des Theaters animirt hatte:

„Auch habe ich Ew. Wohlgeboren die Ehre zu melden, daß Herr und
Mad. Buchard aus Graz angekommen find, fie haben mir von ihren
theatralifchen Verdienften nicht zuviel gefchrieben; ich habe fie und
ihre Tochter nur am Flügel fingen gehört, welchen fie felbft fehr
brav fpielt, und bin in meinen Erwartungen übertroffen worden.
Durch diefe neuen Mitglieder hat meine Gefellfchaft würklich einen
großen Glanz erhalten"[1]. Buchards finden fich übrigens nicht unter
den Mitgliedern der Weimarer Bühne, fie fcheinen jedenfalls bei
Seconda geblieben zu fein, da ja die Uebernahme des Hoftheaters in
Weimar durch denfelben weiter nicht mehr in Betracht gezogen wurde.

Dafür wandte fich Bellomo an andere Mitglieder, welche bewährt
waren und die er für Graz zu acquiriren fuchte, fo an Peter und
Caroline Amor; Letztere hatte einen befonderen Ruf als Darftellerin
von tragifchen und komifchen Müttern und wäre eine fehr fchätzbare
Errungenfchaft gewefen. Noch von Weimar aus ftellte Bellomo dem
Ehepaare den Antrag, dasfelbe möge ein Engagement nach Graz annehmen. Es war ihm dabei allerdings mehr um die Frau zu thun,
da Peter Amor nicht eben von befonderer Bedeutung und eben nur
in Epifodenrollen am Platze war. Mit beiden Gatten war Bellomo
von früher her perfönlich bekannt. Aus dem Antwortfchreiben Amor's
auf den Antrag mögen hier folgende Stellen Platz finden:

„— Nun endlich hoffen und wünfchen wir, daß wir dermalen das
Glück haben werden, Mitglieder Ihrer Direction zu werden. Was
nicht in Sachfen gefchah wird hoffentlich in Steyermark gefchehen,
nämlich: lange Zeit bey, neben Ihnen und um Sie zu feyn. Sie
verlangen unfere Bedingungen zu wiffen? felbe beftehen in fehr wenigem.
Wir erbitten von Ihnen einen jährlichen Contract und die Gage
anbelangend für meine Frau und mich 15 Thlr. wöchentlich. Mit
einem Sänger oder Sängerin können wir dermalen Ihr Verlangen
nicht befriedigen. An deren Stelle empfehlen wir Ihnen einen jungen
Schaufpieler mit Namen Becker, aus Berlin gebürtigt, welcher fehr

---

[1] Ernft Pasqué a. a. O. I, S. 44, A.

vortheilhaft die zweiten Liebhaber in Comödien spielt und in Sing=
spielen gut zu gebrauchen ist."

Diese Briefstelle wirft auch ein Streiflicht auf die Bestrebungen,
welche Bellomo, um Mitglieder zu erhalten, unternahm, sowie auf
die beiläufigen Gageverhältnisse jener Zeit in Oesterreich.

Der Brief Amor's jedoch, welcher aus Olmütz vom 21. Decem=
ber 1790 datirt erschien, langte zu spät in Weimar ein, Bellomo
hatte inzwischen schon anderweitig verfügt, mußte das Engagement
nun ablehnen, empfahl aber das Paar der Commission des Hoftheaters,
die man eingesetzt hatte und Peter, sowie Karoline Amor wurden in
Weimar engagirt, ein Beweis, daß man selbst in der letzten Zeit
seiner Weimarer Kunstthätigkeit auf den Rath Bellomo's als auf den
eines geschulten und gewandten Theaterdirectors viel hielt.

Bellomo gab sich also alle Mühe für das ständische Theater der
steiermärkischen Hauptstadt eine Gesellschaft zusammenzustellen, welche
selbst erhöhten Anforderungen entsprach, und als er im Jahre 1791
die Grazer Bühne eröffnete, hatte sie wohl einen der besten Leiter in
den gesammtösterreichischen Landen, selbst Wien nicht ausgenommen.
Es kann hier nicht meine Absicht sein, die Thätigkeit des neuen
Directors so eingehend zu besprechen, als dies nothwendig wäre, um
ein ganz genaues Detailbild desselben bis zu seinem Abtreten im
Jahre 1797 zu geben, da über das dramatische Walten der ersteren
Jahre die Berichte nur in Bruchstücken vorhanden sind, actenmäßiges
Material aber bisher überhaupt darüber noch nicht aufgefunden wer=
den konnte. Im Allgemeinen wirkte Bellomo so fort, wie er in Weimar
begonnen. Die später erst beginnende locale Theaterkritik (im Jahre
1795) bringt ihm trotz ihrer Strenge sehr viel Wohlwollen entgegen
und zeigt ihn als einen durchgebildeten Leiter.

Unter den hervorragenderen Darstellern der Grazer Bühne unter
Bellomo's Direction finden wir im Jahre 1795 die Herren Vetter,
Lißner, Schosleitner, Schwarz, Haas, Pohsel, Ferrari, die Frauen
Schwarz, Ferrari, Pohsel und Andere. — Was das Repertoire an=
belangt, so waren die beliebten Namen eines Iffland, Ziegler, Babo,

Jünger, Kotzebue, Gotter, Koller, Schröder, Bretzner vertreten und
somit insbesondere das deutsche Originalschauspiel gepflegt, es kamen
jedoch auch Stücke aus fremden Literaturen (so z. B. 1795 der Ver-
schlag nach Calderon) und verschiedene von den besseren älteren italienischen Opern, sowie auch gute deutsche Opern zur Aufführung.

Daß die Darstellung durch die eben erwähnten Mitglieder eine
gerundete und sehr gut durchgeführte war, wurde von der Kritik —
dieselbe war zu jener Zeit nicht gerade nachsichtig — allgemein an-
erkannt. So wurde beispielsweise am 9. April 1795 Iffland's Schauspiel „Allzuscharf macht schartig" zur Darstellung gebracht. Die Rollen
waren folgendermaßen besetzt: Hofrath Reichenstein: Hr. Vetter, Madame Reichenstein: Fr. Schwarz, Philipp, ihr Sohn: Hr. Lißner,
Wilhelmine: Fr. Ferrari, Franz: Hr. Schoßleitner, Lieutenant Lin-
denstein: Hr. Schwarz, Kommerzienrath Sidof: Hr. Haas, Herr
Frühberg: Hr. Pohsel, Jacob: Hr. Ferrari. — Das „Allgemeine
europäische Journal" wendete der Grazer Bühne eine rege Aufmerksamkeit zu und der Recensent in demselben schrieb damals über diese
Aufführung: „Dieses Stück wurde im Ganzen mit vieler Akkuratesse,
Kraft, Wahrheit und Natur dargestellet, daß jede spielende Person die
herzliche Aeußerung unseres Beyfalls, unsere und des ganzen Publikums Achtung verdient; Iffland selbst, wäre er dieser Production seines
Kindes gegenwärtig gewesen, würde seine Zufriedenheit an den Tag
gelegt haben." Das Grazer „Frauen Journal"[1] vom 27. Mai 1795
begann regelmäßigere Theaterberichte zu liefern, es versprach „künftig
eine Übersicht über die bey den größeren Schaubühnen Deutschlands,
und vorzüglich über die auf dem hiesigen Nationaltheater aufgeführten
neuen Stücke in einem besondern Artikel" zu liefern. Auch kündigte
es weiters an: „Von dem hiesigen Theater werden alle Vorstellungen
neuer Stücke mit kurzen Anzeigen des Werths derselben, und der
Schauspieler, welche durch den besondern Fleiß, durch richtige Beurtheilung und gründliches Studium des dargestellten Characters sich

---

[1] Vergl. mein „Innerösterreichisches Stadtleben", S. 106 ff., insbesondere
auch S. 112.

ausgezeichnet haben, angeführet, das Gewöhnliche übergangen, folglich
auch nur solche Fehler gerüget werden, welche besondern Unfleiß,
Nachlässigkeit, oder vorsätzliche Abweichungen von Charakter gegen die
eigene bessere Einsicht bezeichnen." — Man sieht daraus den Ernst,
mit welchem man sich auch in kritischer Beziehung dem Theaterwesen
in der Landeshauptstadt zuwendete und welche Aufmerksamkeit man
der Leitung des Directors Bellomo schenkte. Da dieselbe Nummer des
genannten Blattes eine genaue Uebersicht der Mitglieder Bellomo's
brachte, so wird es nicht ohne Interesse sein, dieselbe hier wiederzugeben:

**Personalstand des hiesigen Nationaltheaters
in dem Monate May 1795.**

Männer.

Herr Joseph Bellomo, Direkteur.	Herr Schal.
„ Ferrari.	„ Schoßleitner.
„ Greger.	„ Schwarz.
„ Haas.	„ Vetter.
„ Kistler.	„ Wabrich.
„ Lißner.	„ Zibulla, Opern-Korrepetitor.
„ Otto.	„ Seizenhofer, Musikdirektor.
„ Pohsel.	

Frauenzimmer.

Madam Bullinger.	Madam Pohsel.
„ Ferrari.	„ Schal.
„ Greger.	„ Schwarz.
„ Haas.	Madmois. Pohsel.
„ Müller.	„ Schal.

Die beiden Mitglieder Herr Otto und Madame Greger wurden
durch Bellomo erst in der letzten Zeit von der Bühne zu Lemberg in
Galizien engagirt, Bellomo hatte damit eine „vorzügliche Acquisition
gemacht", „Beide verdienen ohne Widerspruch den Namen denkender
Künstler" schrieb bei ihrem ersten Auftreten der Recensent, „denn ihr
Spiel ist jederzeit ganz auf den Hauptzweck des Stückes gerichtet,
und nie suchen sie durch zu stark aufgelegtes Colorit, oder durch das
gewöhnliche, vom wahren Kunstfeuer himmelweit unterschiedene Feuer
in Diction und Gebährden zum Nachtheil des guten Geschmacks, den

Beifall der Menge zu erhalten". Bei dem Schauspieler Otto wurde es insbesondere[1]) rühmend hervorgehoben, „daß er keinen naiven oder durch das Verhältnis witzigen, in Bezug auf den dargestellten Karakter aber ganz natürlichen Gedanken, durch Deklamation oder Accentuirung anatomiret, sondern mit jener Leichtigkeit und Natürlichkeit vorgetragen hat, die Naivität und Laune erfordern. Denn gleichwie Witz, dem man das Studium ansieht, kein Witz ist, so verschwindet auch der in sich witzigste Gedanken in dem Kleide eines declamatorischen Vortrags, und gleichet einem Stutzer in Allonge Perüke, und altfränkischer Kleidung".

Die erste Aufführung eines unsterblich gewordenen Werkes ist gewiß eines der wichtigsten Ereignisse für den Leiter eines Theaters und der Erfolg dieser Aufführung der beste Gradmesser für den Stand der Bühne und den Werth oder Unwerth ihrer Mitglieder. Die erste Aufführung von Mozart's „Don Juan" auf der Grazer Bühne fand am 28. Mai 1795 unter Bellomo's Direction statt; obgleich an dieser ersten Aufführung noch Manches auszusetzen war, „da ein so vollendetes Werk der musikalischen Kunst, wie Don Juan ist, in der Aufführung so vielen Schwierigkeiten unterworfen erscheint und nur bey dem angestrengtesten Fleiße aller Sänger und Sängerinnen, dann des Orchesters nach Würde gegeben werden kann", so errang doch die einige Tage darauf erfolgte Darstellung der Oper den Beifall des Publicums. „Herr Schak," schreibt der Berichterstatter, „hatte die Rolle des Don Juan und erhielt sowohl in Ansehung des Gesangs — ob es gleich eine Baßrolle und Herr Schak eigentlich Tenorist ist — als auch des Spiels die volle Zufriedenheit. Madame Haas erwarb sich in der Rolle der Zerline besondern Beyfall. Sie sang mit Anmuth und Empfindung, und spielte diese Rolle mit Lebhaftigkeit." Ganz richtig macht derselbe Kunstrichter an einer anderen Stelle die Bemerkung: „Das Bestreben und der angestrengte Fleiß unserer Sänger bey Mozartischen Musiken machen ihnen viele Ehre, und sie

---

[1]) Anläßlich einer Besprechung seiner Leistung als Benedikt Halter in Jünger's Lustspiel: „Die Geschwister vom Lande."

werden keineswegs dadurch heruntergesetzt, wenn man ihren Vortrag
nicht ganz vollkommen findet. Eine Gesellschaft, die eine Mozart'sche
Oper so vortrüge, daß einem nichts zu wünschen übrig bliebe, würde
in der musikalischen Welt den ersten Platz verdienen."

Am 18. August 1796 kam unter Bellomo's Direction wieder
eine Oper Mozart's zur ersten Aufführung, die „Weibertreue" (Cosi fan
tutti); sie wurde bei trefflicher Darstellung enthusiastisch aufgenommen.

Es wurde schon oben bemerkt, daß sich Bellomo Mühe gab, neue
Stücke auch moderner Lustspieldichter dem Repertoire einzuverleiben.
Unter diesen befand sich als besonders beliebter Autor auch Johann
Friedrich Jünger, der um dieselbe Zeit in Wien lebte. Ein soeben
erschienenes Stück von ihm, „Maske für Maske", nach Marivaux,
wurde im Juni 1795 rasch von Bellomo zur Darstellung gebracht.
Der Beifall, welchen mehrere Stücke des Dichters seit Bellomo's Leitung auf seiner Bühne erlangten, bewog diesen, auch dieses neueste
Stück desselben dem Publicum vorzuführen. Ich erwähne dieser Aufführung nur, weil sie Gelegenheit bot, zwei Mitglieder der Gesellschaft Bellomo's zu charakterisiren. Dieses neue Lustspiel Jünger's
betreffend, bemerkte nämlich die Kritik über die Darsteller Otto und
Frau Ferrari: „Man muß Madame Ferrari als Antonie, man muß
Herrn Otto als Sillburg gesehen haben, man muß das Entstehen,
das Wachsen der Leidenschaft bey beyden, man muß die Bemühung
der ersteren, ihrer Leidenschaft Meister zu werden, oder vielmehr sie
sich selbst zu verbergen, man muß gesehen haben, wie diese bey jedem
gleichgiltigen Worte, durch Miene, durch Ton sich verrieth, Antoniens
Bangigkeit als der vermeinte Bediente vor ihr auf den Knien jede
verlangte Aeußerung erhielt, und ihre Verlegenheit, o ihre Verlegenheit! als der Vater sie beyde in dieser Attitüde überraschte, als der Bruder
sie deshalb aufzog, noch mehr, als Sillburg, um abzureisen, sie verließ, als der erste Strahl des reizendsten Glückes eben so schnell, wie
er erschienen war, zu verschwinden drohte. Dies alles mußte man
gesehen haben, um sich die Wirkung vorstellen zu können, die diese
Situationen auf die Zuschauer machten."

Besonderes Glück machten damals zumeist die Stücke Iffland's. „Ifflands Name," hieß es „ist eine genugsame Empfehlung eines jeden Stückes, vor welchem er stehet, gleichwie auch jedes Stück, das von diesem Schriftsteller herrühret, neuen Glanz auf seinen Verfasser zurückstrahlet." In der That war die scharfe, eingehende Charakteristik in jedem neuen Stücke Iffland's so gänzlich verschieden von den damaligen Arbeiten auf dem Gebiete der dramatischen Dichtkunst, daß man solche Ausdrücke, welche für die heutige Zeit, wenn sie auf Iffland angewendet werden, seltsam klingen, für gerechtfertigt halten kann. Iffland's Stücke waren für das Publicum ein Ereigniß und Bellomo ließ es nicht daran fehlen, von ihm die neuesten Piècen möglichst rasch zur Darstellung bringen zu können. Als am 3. October 1795 „Die Mündel" gegeben wurden, hatte der Referent des Theaters Gelegenheit, dem Schauspieler Otto, welcher die Rolle des Philipp Brook inne hatte, die derselbe mit Einsicht und Wärme behandelte, sowie dem Darsteller des Kanzlers, Pohsel, recht warm seine Anerkennung zu zollen. Der Erstgenannte war jedenfalls eines der besten Mitglieder Bellomo's.

Einen interessanten Einblick in die Bemühungen Bellomo's, immer mehr tüchtige Mitglieder seiner Bühne einzuverleiben, gewähren auch die Vorfälle bei der Anwesenheit der deutschen Sängerin Katharina Schröfl in Graz. Dieselbe trat im October 1795 zuerst in einem Concerte, dann in der Oper: „Der Baum der Diana" als Gast in der Rolle der Diana unter Bellomo's Leitung auf. Sie zeichnete sich beidemale sowohl durch die Schönheit und Stärke ihrer Stimme, als auch durch die Richtigkeit und Kraft des Ausdruckes als eine vorzügliche Sängerin aus. Die Wünsche, daß sie in Graz bleiben möge, wurden im Theater laut geäußert, allein nach der Danksagung für den gespendeten Beifall berief sie sich auf einen sie bindenden Contract. Der Theaterdirector Bellomo gab sich nun alle Mühe, diese vom Publicum so hochgeschätzte und wirklich tüchtige Kraft seiner Bühne zu verschaffen, zumal der Wunsch darnach ihm allgemein und nachdrücklichst geäußert worden war, allein vergebens, Fräulein Schröfl schlug eine

nebst Versicherung besonderer Unterstützung von Theaterfreunden ange-
botene Gage von 20 Gulden aus und machte überhaupt überspannte
Forderungen, welche übrigens weniger Bezug auf den Contract hatten,
durch den sie gebunden zu sein erklärte. Es gelang dem Director
nicht, die Sängerin für seine Bühne zu erhalten, trotzdem er Alles
hiezu angewendet, was in seinen Kräften stand; zu seiner Rechtferti-
gung veröffentlichte dies auch Bellomo in einer eigenen Beilage zur
„Grätzer Zeitung"[1]).

Wie das Repertoire Bellomo's zu Anfang des Jahres 1796
beschaffen war, möge eine kurze Uebersicht der Stücke, welche im
Januar und Februar des genannten Jahres unter dessen Direction
aufgeführt wurden, zeigen. Es gelangte zur Darstellung:

Am 1. Januar: Der Löwenkampf oder der Mann von Stroh, ein Ritterschauspiel in drei Aufzügen. — Am 2. Januar: Der Kornwucher, ein Schauspiel
in fünf Aufzügen von Freiherrn v. Klesheim. — Am 3. Januar: Der Spiegel
von Arkadien. — Am 4. Januar: Der doppelte Liebhaber. — Am 6. Januar:
Der Fagottist. — Am 9. Januar: Die unglückliche Heirat, ein Trauerspiel in
drei Aufzügen nach dem Englischen von Schröder, dann: Ino und Athamas, ein
Melodrama in einem Aufzug. — Am 10. Januar: Die Schwestern von Prag,
Oper in zwei Aufzügen von Joachim Perinet. — Am 11. Januar: Der Vor-
mund, ein Schauspiel in fünf Aufzügen von Iffland. — Am 12. Januar: Die
Geschwister vom Lande. — Am 14 Januar: Der Baum der Diana. —
Am 16. Januar: Der travestirte Hamlet, eine Posse in drei Aufzügen von
Giesele. — Am 17. Januar: Die Zauberflöte von Mozart. — Am 21. Januar:
Tartüffe der Zweite oder die schuldige Mutter. — Am 23. Januar: Die Irrungen,
ein Lustspiel in fünf Aufzügen von Großmann. — Am 24. Januar: Der tra-
vestirte Hamlet. — Am 26. Januar: Der Spiegelritter. — Am 28. Januar:
Die Zauberflöte. — Am 30. Januar: Der Vormund. — Am 31. Januar: Der
Fagottist.

Am 2. Februar: Die bürgerliche Dame, ein Lustspiel in drei Aufzügen. —
Am 4 Februar: Der Spiegel von Arkadien. — Am 6. Februar: Der Tadler
nach der Mode, ein Lustspiel in fünf Aufzügen von Stephanie dem Jüngern. —
Am 7. Februar: Der Alte überall und nirgends, ein Schauspiel in fünf Auf-

---

[1]) Man vergleiche auch das Repertoire vom October 1795 in meinem
„Innerösterreichischen Stadtleben vor hundert Jahren", S. 63 f., insbesondere
S. 65 unterm 16. und 19. October.

zügen mit Mufik von Müller. — Am 8. Februar: Die Schweftern von Prag. —
Am 9. Februar: Burlin's und Hanswurft's Carnevals-Zufälle, ein Luftfpiel in
drei Aufzügen von Hafner. — Am 11. Februar: Don Juan, von Mozart. — Am
12. Februar: Fernando und Yariko, eine Oper in drei Aufzügen von Täuber. —
Am 13. Februar: Die Ausfteuer, ein Schaufpiel in fünf Acten von Iffland. —
Am 14. Februar: Fürftengröße, ein Schaufpiel in fünf Aufzügen von Ziegler. —
Am 16. Februar: Die beiden Savoyarden, eine Oper in einem Aufzug, und:
Die Entführung, Luftfpiel in drei Aufzügen von Jünger. — Am 18. Februar:
Leichtfinn und Größe, Schaufpiel in fünf Aufzügen. — Am 20. Februar: Er
mengt fich in Alles, Luftfpiel in fünf Aufzügen von Jünger. — Am 21. Februar:
Der Spiegelritter, Oper. — Am 22. Februar: Der Sclavenhandel, Schaufpiel
in drei Aufzügen von Kotzebue. — Am 24. Februar: Eine Dilettanten-Vorftellung
(wobei Ebert's Luftfpiel: „Noch feltener als Weibertreue" zur Aufführung gelangte). — Am 25. Februar: Das Räufchen, Luftfpiel in drei Aufzügen. —
Am 27. Februar: Das Petermännchen, Schaufpiel mit Gefang ꝛc. in vier Aufzügen von Heusler. — Am 28. Februar: Der Sclavenhandel, Schaufpiel in drei
Aufzügen von Kotzebue. — Am 29. Februar: Die vier Vormünder, ein Luftfpiel
nebft einem Ballet: Ertappt, Ertappt [1]).

So kam das Jahr 1797 heran, das letzte, in welchem Bellomo
feine leitende Thätigkeit an der Grazer Bühne ausübte. Viele der

---

[1]) Die bedeutendfte Bühne Inneröfterreichs war zu jener Zeit nächft der
unter Bellomo's Direction ftehenden Bühne zu Graz diejenige in der Hauptftadt
Kärntens in Klagenfurt. Obgleich verhältnißmäßig klein, bot diefes Theater doch
für die damalige Zeit ganz hübfche Leiftungen. Da dasfelbe daher immerhin in
der Theatergefchichte Oefterreichs eine Rolle fpielt, fowie zum Vergleiche mit dem
oben angeführten Verzeichniffe der unter Bellomo in Graz aufgeführten Stücke
folgt hier auch eine Uebersicht des Repertoires von Klagenfurt im Januar 1796.
Es wurde dafelbft aufgeführt: Am 1. Jannar: Die Weiberehre, von Ziegler. —
Am 3.: Die Oper: Der Apotheker und Doctor. — Am 6.: Die Reife nach der
Stadt, von Iffland. — Am 7.: Die Rache, Trauerfpiel von Jonug. — Am 9.:
Anna Boley, Trauerfpiel von Korompay. — Am 10.: Die Oper: Zamire
und Azor. — Am 12.: Friedrich Ehrenwerth oder die gefcheiterte Kabale, von
Fuchs. — Am 13.: Der Herbfttag, von Iffland. — Am 14.: Die Reife nach der
Stadt, von Iffland. — Am 16.: Der verlorne Sohn oder Lips Pumper, Luft-
fpiel von Schink. — Am 17.: Die Spanier in Peru oder Rolla's Tod, Trauer-
fpiel von Kotzebue. — Am 19.: Die Oper: Der Apotheker und Doctor. — Am 21.:
Der blonde Robert und das braune Nanutchen, von Heusler. — Am 23.: Die
Sonnenjungfern, von Kotzebue. — Am 24.: Die Spanier in Peru. — Am 25.:
Oda oder die Frau von zwei Männern, Trauerfpiel. — Am 26.: Kaifer Karl V.
in Afrika. — Am 28.: Die Oper: Zamire und Azor. — Am 30.: Die fchöne

Schauspieler hatten sich unter seiner Direction einen sehr ehrenvollen Namen herangebildet und wir finden dieselben in der Folge an hervorragenden Bühnen Oesterreichs und ganz Deutschlands.

Am 6. April 1797 beschloß der Director Bellomo seine Vorstellungen mit der Oper: „Das unterbrochene Opfer." „Der Spieler" von Iffland hätte eigentlich den Abschluß machen sollen, allein äußere Verhältnisse, die abzuwenden nicht in seiner Macht stand, verhinderten die Darstellung des beliebten Charakterbildes. Mit Bellomo verließ eine Zahl von tüchtigen Mitgliedern die Grazer Bühne, zum größten Theile Sänger, so der Bassist Haas, der Tenorist Kistler, die Sänger Schlanderer und Wawrik, der Schauspieler Lißner, dann die Sängerinnen und Schauspielerinnen Haas, Huber und Müller.

Es wird nicht uninteressant sein, hier am Schlusse der Besprechung von Bellomo's Thätigkeit die Charakteristik einiger der genannten Mitglieder seines Theaters, welche nun Graz verließen, nach zufällig erhaltenen gleichzeitigen Berichten zu skizziren. Die Berichte sind um so unparteiischer, als sie sich meist auf Erweise von wirklich gespielten Rollen und auf das gleichlautende Urtheil des Publicums stützen.

Das Ehepaar Haas sei hier vor Allem genannt. „Der Bassist Haas," sagt der Berichterstatter, „vereinet mit einem regelmäßigen Körperbau eine redende Miene. Sein Sprachorgan ist geläufig und vernehmbar; er verräth im Schauspiele nichts von dem Singenden in der Sprache, das oft den besten Sänger zum Schauspiele unbrauchbar macht. Sein Baß ist zwar nicht der festeste und erreicht nicht immer die gehörige Tiefe und Höhe, doch ersetzt er dieses einigermaßen durch seine richtige Action. Im Singspiele sind seine vorzüglichern Rollen eifersüchtige Sultane, Zauberer, Oberpriester, Schiffscapitäns, Doctors, Wirthe und Buffos. Im Schauspiele spielt er mit Glück Tyrannen, zärtliche und hartherzige Väter, intrikante Rollen, Minister und Fürsten. Er ist überhaupt ein Mann, der sich in jedes Fach findet und nichts verdirbt; für eine Provinzialbühne

Zünderin, von Huber. — Am 31.: Der Tausch, Lustspiel von J. Kottnauer, und das Ballet: Die Eifersucht auf dem Lande.

immer eine gute Acquisition." Ueber die Gattin des Genannten, die Schauspielerin und Sängerin Haas, spricht sich der Bericht weniger günstig aus, sie wurde „im Sing- und Schauspiele zu jungen und unschuldigen Liebhaberinnen, zu Amors, Bauernmädchen und Soubretten verwendet" und „obschon sie in diesen Rollen keine Künstlerin" war, so verdarb sie doch keine derselben. Eine ihrer vorzüglichsten Rollen war Pamina in der „Zauberflöte".

Einer der hervorragendsten Schauspieler war Herr Lißner. Der Bericht sagt über ihn: „Seine Taille ist etwas zu schmächtig, das Gesicht aber ausdrucksvoll, das Auge sprechend. Die Stimme hat, wenn er will, all das Biegsame, das mit der Leidenschaft wechseln soll: nur macht man ihm den Vorwurf, daß seine Stimme bei heftigen Leidenschaften zu viel Grelles, und bei ruhigen Situationen zuweilen viel Mattes habe — aber man muß ihm auch wieder die Gerechtigkeit wiederfahren lassen, daß er zu einem großen Schauspieler viele Anlage besitze, und solches auch in vielen Rollen sattsam erwiesen habe. Denn wer Herrn Lißner als Beaumarchais in „Clavigo", als Zameo in dem „Negersclaven", als Herzog Leopold in „Fürstengröße", als Czar Peter, als Abällino, als Vormund in dem eben so genannten Stücke und in andern von ihm mit Beifall gespielten Rollen gesehen hat, muß, wenn er nicht sehr partheiisch scheinen will, eingestehen, daß er in diesen und dergleichen sehr von einander unterschiednen Rollen unwidersprechliche Beweise seines Talentes zum großen Schauspieler abgelegt habe." Der Berichterstatter rügt freimüthig auch die Mängel, welche ihm aufgefallen sind, er schließt dann mit den Worten über Lißner: „Wir wünschen, daß er sich nicht von Eigendünkel, dieser gefährlichen Klippe der Schauspielkunst, verführen lasse zu glauben, daß er schon Meister in seiner Kunst sei, sondern, daß er freimüthige Zurechtweisung der Kritik mit Dank annehme und sich durch unermüdetes Studium der ächten Mimik zum großen Schauspieler bilde, den Deutschlands Bühne an ihm erwarten darf."

Was die übrigen männlichen Mitglieder der Bühne anbelangt, die mit Bellomo die Wiener Bühne verlassen, so tadelt der Bericht geber an dem Tenoristen Kistler die schwache Stimme und die Mimik, nennt die Tenorstimme des Sängers Mentschl „etwas weibisch" und ist ebenso mit dem Buffo der Oper, Schlanderer, nicht eben zufrieden, da er „niedrig und burlest" spielt und als „Copist des Herrn Schikaneder in Wien, besonders in seinen Papagenos, dummen Antons, Metallos, Tyrolerwastels 2c." seinen Meister in Gesticulationen und Miene „weit hinter sich läßt", endlich erkennt er auch den Sänger Wawrik „gut zu brauchen," wie er sich z. B. als Tarteleon im Spiegel von Arkadien und noch in andern derlei Rollen zu seinem Vortheile ausgezeichnet hat.

Endlich sei auch noch eines der tüchtigsten Schauspieler Bellomo's erwähnt, der am 1. September 1796 in Graz starb, nämlich Johann Ponsel. Geboren 1745 in Wien, betrat er 1762 zum erstenmale die Bühne. Er kam mit der Gesellschaft des Directors Waizhofer im Jahre 1786 nach Graz. Er war Sänger und im Schauspiele Dar- steller von Vätern und komischen Charakteren. Durch seine vieljährigen Erfahrungen und Uebung in seiner Kunst hatte er eine große Fertig- keit und Leichtigkeit erworben. Ton, Sprache, Geberden und das ganze Betragen von Charakteren aus den minderen Volksclassen wußte er auf das Getreueste nachzuahmen. Die erste Rolle, in welcher er in Graz auftrat, war der Musikus Miller in Schiller's „Cabale und Liebe", die letzte der Hausmeister in der Oper „Die Schwestern von Prag", beide Rollen gehörten zu seinen besten Leistungen. Auch der Wachtmeister Werner in Lessing's „Minna von Barnhelm", der Oberst Brand und der Oberförster in Iffland's „Vormund", in dessen „Jägern", und eine Reihe anderer Rollen gehören zu hervorragenden, wirklich künstlerischen Leistungen Ponsel's.

Die weiblichen Mitglieder der Bühne betreffend, sei angeführt die Sängerin und Schauspielerin Huber, der man beim Gesange „die Anstrengung in etwas harten Passagen zu stark ansah", deren Stimme aber „nicht übel" genannt wird. Im Schauspiele machte sie manche ihrer Rollen, wie die einer Coquette, einer Eifersüchtigen oder einer Eigensinnigen glücklich. Dann seien noch genannt die Damen

Penſel, Mutter und Tochter, Beide in nicht ſehr bedeutenden Rollen beſchäftigt. Sie verließen, als ſie ſich von Bellomo's Mitgliedern trennten, ganz die Bühne. Das brauchbarſte Mitglied, bei der Oper und im Schauſpiele, welches „unermüdet und faſt alle Tage auf der Bühne" zu treffen war und nun auch abging, war die Schauſpielerin und Sängerin Müller. Ihre Rollen waren „Soubretten, neckende, launichte, mitunter auch wüthende und eiferſüchtige Liebhaberinnen". Ihre Stimme war „gelenkſam" und ſie hatte dieſelbe ſeit ihrer An-weſenheit in Graz zu einer Vollkommenheit gebracht, die man anfangs von ihr kaum erwartet hatte. „Ihr Auge iſt beredt," ſagt der Bericht-erſtatter, „ihre Action, beſonders in luſtigen und ſchalkhaften Rollen äußerſt lebhaft; ihre Hände und jede Bewegung des Körpers ſind ganz in ihrer Gewalt. Einen Vorzug hat ſie noch, daß man beim Geſange jedes ihrer Worte verſteht. Es wird hier ſchwerlich ein Freund der Bühne ſein, der ihren Verluſt gleichgültig anſehen könnte."

So weit die Detailzeichnung und Charakteriſtik von Bellomo's Mitgliedern, welche bei ſeinem Abgange von Graz zugleich dieſe Bühne verließen, und von denen einige ſeit Jahren unter Bellomo engagirt waren und ſich die Gunſt des Publicums mehr errungen hatten, als die oft etwas ſtrengen Worte des Berichterſtatters in der Kritik der Perſönlichkeiten es zeigten. — Auch der Muſikdirector der Oper verließ gleichzeitig die Grazer Bühne.

Wir verlaſſen damit die Perſönlichkeit des Theaterdirectors Joſeph Bellomo. Aus dem Angedeuteten ſchon geht hervor, welch' einen Auf-ſchwung das Theater in der Hauptſtadt Steiermarks unter dieſer Leitung genommen hatte, und in der That datirt ſich erſt von Bellomo her die beſondere Aufmerkſamkeit, welche man dieſer größten Bühne Inneröſterreichs ſchenkte. Bellomo ſelbſt ſcheint ſich nun bald darauf in's Privatleben zurückgezogen zu haben und wir wenden uns nun ſeinem Nachfolger zu, dem zweiten Leiter der Bühne in der Haupt-ſtadt Steiermarks, der ſich ebenfalls in dem Weimarer Kreiſe unter Goethe's Leitung befand.

Es ist dies Karl Domaratius, ein Schüler des Vorigen und von nicht minderer Strebsamkeit. Auch diesem Namen begegnen wir zuerst in Weimar, wie wir schon oben gesehen, und zwar, wie schon erwähnt, gelegentlich seines ersten Debuts im Frühjahre 1789. Domaratius, um 1767 in Jena geboren, spielte damals unter Bellomo's Direction den Lieutenant Karl in „Haß und Liebe" und erfreute sich des Beifalles Goethe's; obgleich er nach dem Abgange Bellomo's zu Ostern 1791 ebenfalls aus dem Theaterverbande unter demselben getreten war, kehrte er doch über besondere Aufforderung wieder nach Weimar zurück und wurde unter Goethe's Oberleitung wirklich wieder engagirt. Schon am 10. Mai 1791 spielte er den St. Lambert in dem Schauspiele „Verstand und Leichtsinn" und trat zum erstenmale auf dem reorganisirten Hoftheater auf. Domaratius zählte zu den gewandtesten Mitgliedern der Bühne. Es ist bezeichnend, daß bei der ersten Aufführung von Schiller's „Don Carlos" in Weimar Domaratius die Titelrolle mit Schiller's Bewilligung zugetheilt erhielt und es beweist diese Rollenzutheilung das Vertrauen, welches man in den damals noch sehr jungen Schauspieler setzte. Ein Streit, der bei dieser Aufführung über die Besetzung der Rolle Philipp's entbrannte, ist von Interesse. Schiller hatte bei der Aufführung des Stückes in Leipzig unangenehme Erfahrungen gemacht, der Darsteller des Königs, Brückl, ein Tyrann aus der Zeit der „Haupt= und Staatsactionen", hatte seine Rolle mit allerlei willkürlichen Zusätzen versehen, insbesondere verschiedenemale „Merkt Euch das" eingefügt, was natürlich nicht die Würde Philipp's erhöhte. Den Darsteller des Domingo mußte der Dichter aus confessionellen Gründen in einen Staatssecretär Perez umwandeln, derselbe wurde aber in Leipzig sogar ausgelacht. Um nun in Weimar solchen Uebelständen zu begegnen mußte man die Sache vorsichtiger veranstalten. Der Regisseur des Weimarer Theaters, Franz Fischer, und Karl Krüger, ein Schauspieler, dem wir später in Oester=reich begegnen und der als Mitglied des Burgtheaters bekannt und berühmt geworden, waren Diejenigen, welche sich um die Rolle des Königs stritten. Natürlicherweise fand jeder der beiden Darsteller den anderen für die Rolle höchst unpassend. Krüger schrieb in einem Briefe vom 14. September 1791 aus Erfurt: „Gestern wurde ich zu Herrn Hofrath Schiller gebeten, wo kurz vorher Hr. Fischer gewesen war und annoncirte daß er den König schon in Don Carlos gespielt hätte — Fischer den König! — O Narrheit! — Der Herr Hofrath Schiller entladeten sich denn unter einem Schwall von Complimenten und Douceurs der Bitte, daß ich den Domingo übernehmen möchte — worauf ich antwortete, daß es mir herzlich leid thäte, ihm seine erste Bitte abschlagen zu müssen, indem ich mit Bewilligung der Ober-Direction keine Spitzbuben mehr spielte, zumal eine so kleine unbedeutende Rolle, wie diese wäre." Um die Rolle des Don Carlos bewarb sich auch ein Herr Heußer und Krüger schrieb in demjelben Briefe: „Jetzt eben höre ich, daß Herr Heußer zum Hofrath Schiller gesagt hat, er möchte den Carlos noch nicht an Herrn Domaratius geben, weil er erst noch den Coadjutor nochmals um Erlaubniß bitten wollte."

Bei der Aufführung, welche am 28. Februar 1792 in Weimar stattfand, spielte aber doch Fischer den Philipp und Domaratius den Don Carlos. Die Eboli wurde von einer Madame Gatto und Antonio Perez (Domingo) von Krüger dargestellt. Während die Infantin Clara Eugenia von Fräulein Mattstedt, die Herzogin von Olivarez von Frau Amor, die Marquisin von Mondecar von Fräulein Malcolmi, Posa von Herrn Einer, Alba von Herrn Becker, Parma von Herrn Genast, Feria von Herrn Benda, Medina Sidonia von Herrn Amor dargestellt wurden. Frau Amalie Luise Neumann, der wir als Euphrosine oben begegneten, spielte damals einen der Pagen. Nach diesem kleinen Excurse über die Aufführung des „Don Carlos" in Weimar wenden wir uns wieder dem Schauspieler Domaratius zu.

Wie gewöhnlich an Bühnen jener Zeit, so war auch an der Weimarer Bühne Domaratius sowohl in der Oper wie auch im Schauspiele beschäftigt und die Darstellung der jugendlichen Liebhaber-rollen, welche ihm hier wie dort übertragen waren, wurde viel gerühmt. Von Rollen in Schiller'schen und Goethe'schen Stücken, die er übernahm, erwähne ich nur noch den Domherrn im „Großkophta", den Beaumarchais, endlich den Hermann in den „Räubern". Zu Ostern des Jahres 1793 verließ Domaratius Weimar, wir finden ihn im Jahre 1794 als Mitglied des Stadttheaters in Regensburg, dessen Leitung er vielleicht zu übernehmen gesonnen war, aber bald darauf taucht er in Wien auf unter der Direction Schikaneder's. Seitdem verließ er den Boden Oesterreichs nicht wieder.

Das Grazer Theater übernahm Domaratius zu Ostern des Jahres 1797, so daß sich seine Direction unmittelbar an diejenige Bellomo's anschloß. Er eröffnete die Reihe seiner Vorstellungen am 16. April mit dem „Hausfrieden" von Iffland, einem Stücke, welches in Graz noch nicht aufgeführt worden war und schon des so außerordentlich beliebten Verfassers wegen viel Publicum anlockte. Der Umstand, daß Domaratius nun 16 Jahre lang die Bühne der Landeshauptstadt leitete, beweist zur Genüge, wie viel die classischen Einflüsse in Weimar auf ihn eingewirkt hatten. Der Verkehr mit Schiller und Goethe hatte seinen Geschmack ausgebildet und manche der Ideen jener genialen Männer suchte er hier in die reale Wirklichkeit zu übertragen. Einige der guten Mitglieder, welche schon Bellomo engagirt hatte, blieben auch unter der neuen Direction dieser Bühne treu, insbesondere Otto, „der beliebteste Schauspieler der Bühne", dann die beiden kenntniß= reichen Veteranen derselben, Vetter und Schosleitner, endlich die Frauen Ferrari, Greger und Mareschalchi.

Es gewann dem neuen Director die Gunst des Publicums, daß er mit einem Stücke Iffland's seine Vorstellungen begann, obwohl die Wahl gerade dieses Stückes von der Kritik nicht ganz gebilligt wurde. Eine poetische Antrittsrede des Directors ging der ersten Aufführung unter Domaratius' Leitung vor [1]). Die Kritik kam dem neuen Director mit ernstem Wohlwollen, aber auch mit wichtigen Fingerzeigen ent= gegen, sie rieth ihm, in Betreff der Auswahl der Stücke und der Ver=

---

[1]) Man findet den Wortlaut dieser zwar nicht als Product der Poesie, aber doch als ein Document des Theaterlebens jener Zeit interessanten Rede in meinem „Innerösterreichischen Stadtleben" in der Abtheilung „Theaterverhältnisse", S. 78.

theilung der Rollen sich nicht auf seine Kräfte allein zu verlassen, es fordere dies langen Umgang mit dem Publicum, das man befriedigen und doch dabei seinen Vortheil nicht außer Acht lassen will; sie empfahl ihm lieber ein paar Mitglieder weniger zu engagiren, sich nur „gute, fleißige und in ihrer Kunst feste Leute" zu wählen, vorzüglich sich vor Sängern zu hüten, die ihren Gesang mit keiner Mimik zu verbinden wissen; „denn das Hölzerne, Steife und Unbehilfliche, das unsere Augen beleidigt, verdeckt auch die beste Stimme nicht," sie machte ihn aufmerksam darauf, selbst so bescheiden und enthaltsam zu sein und nicht immer die hervorstehendsten Rollen für sich zu behalten und dadurch diejenigen Mitglieder, denen sie sonst zuständen, entweder in Unthätigkeit zu versetzen oder doch übler Laune zu machen. Eigenthümlich berührt uns heutzutage die Bemerkung, wornach dem Director empfohlen wird, den alten Unfug mit den marktschreierischen Avertissements wieder zu erneuern und die „goldenen, silbernen, rothen und gelben Anschlagzettel" abzuschaffen, „die bisher den Rang und Werth des Stückes bestimmen mußten, und meist zu nichts anderem dienten, als unsere Augen zu sefiren".

Der Stand eines neuen Theaterdirectors ist dem Publicum und der Kritik gegenüber immer ein sehr schwerer. Viel macht bei der Beurtheilung der Mitglieder, der Regie u. dgl. die Gewohnheit und sehr leicht wird dann bei dem Neuen, Ungewöhnlichen, wenn auch vielleicht sogar Besseren das Urtheil unbillig und hart. So mußte denn auch Domaratius, als er die neue Bühne übernahm, mit vielen Factoren rechten, zumal bei der Entfernung von Weimar und bei der Abgeschlossenheit, in welcher sich damals Oesterreich befand, kaum zu erwarten war, daß seine schöne Stellung an der Bühne in Weimar und die Schulung durch den großen Goethe selbst dem Publicum bekannt würde und somit eine gewisse Voreingenommenheit für ihn geschaffen wurde, zumal seit seinem Abgehen von Weimar schon einige Jahre verstrichen waren.

Recht günstig war es für den Beginn, daß dem neuen Leiter einige tüchtige schauspielerische Kräfte der vorigen Direction verblieben waren und wir wollen in dem Nachfolgenden noch einen Blick werfen auf die wichtigsten dieser Schauspieler, von denen uns die Namen Mehrerer schon oben begegnet sind. Die Charakteristik desselben rührt hier und da wieder von einem gleichzeitigen Berichte her und ist daher eine authentische Darstellung des größeren oder geringeren Werthes mehrerer der hervorragendsten Mitglieder von Domaratius' Bühne.

Eines der beliebtesten oder eigentlich bisher das beliebteste männliche Mitglied des Theaters war der mehrfach genannte Schauspieler Otto. Seiner wurde schon oben[1]) erwähnt. Der Berichterstatter wünscht ihm „daß er sich durch die auszeichnende Gunst des Publicums nicht verleiten lasse zu wähnen, er sei ein guter Schauspieler für jedes Fach. Wenn er als Libertin, als lockerer Zeisig, als hardiöser Aventürier bei Mädchen und Weibern, oder als Natursohn, als redlicher offener Junge, als gerader Soldat sich vor dem Publicum zeigt, so darf er allzeit sicher darauf rechnen, daß er gefallen und die Ehre eines guten Schauspielers nie auf das Spiel setzen werde". Dagegen gelängen ihm weniger Ritter, Helden oder überhaupt Rollen, worin heftigere Leidenschaften der Energie des Ausdrucks die Hand bieten sollen, wobei sprechende Miene und Augenspiel erforderlich sind. Otto verließ aber schon im Februar 1798 die Grazer Bühne und begab sich an das Theater in Frankfurt a. M.

Der Schauspieler Ferrari spielte „Bedienten, dumme Jungens, Kasperle" u. dgl. Er hatte sich den Kasperle der Marinelli'schen Bühne in Wien, Herrn La Roche, in seinen burlesken Rollen als Muster aufgestellt. Mit Ausnahme des Umstandes, daß er mitunter in seinen komischen Rollen etwas allzustark auftrug, war er übrigens eine für die damalige Zeit recht tüchtige komische Kraft, von der freilich die berechnende Kritik sagte: „Ob der gute Geschmack an ihm seinen Beförderer habe, lassen wir Jedermann, dem selber einigermaßen am Herzen liegt, selbst entscheiden."

Schosleitner spielte „Chevaliers, verzogene Muttersöhne, komische Bedienten, Notarien, Intrikenmacher, Carrikaturrollen". Der Bericht

---

[1]) Seite 145.

sagt über ihn: „Er ist in Erlernung seiner Rollen sehr mühsam und exact, so, daß man zuweilen seine Anstrengung und Pünktlichkeit zu sehr wahrnimmt, ein Fehler, den man manchem andern Schauspieler wünschen möchte."

Ein sehr fähiges Mitglied war der Schauspieler Vetter; er hatte bedeutende Theaterkenntniß, wie seine so sehr von einander unterschiedenen Rollen bewiesen, die er alle meist richtig und mit Beifall gab, er spielte zärtliche und hartherzige Väter, polternde, komische und verliebte Alten, ergraute Helden, Bauern, Wirthe u. dgl. mit aller Eigenthümlichkeit des betreffenden Charakters.

Endlich war von den männlichen Mitgliedern auch der Schauspieler und Sänger Zacharias verblieben, der Juden, Gecken und alte Herren, steife Amtleute u. dgl. und besonders einige Caricaturenrollen mit vielem Beifall spielte und Anzug, Sprache, Miene und Geberdenspiel mit dem Charakter, den er vorstellte, sehr gut zu verbinden wußte. Unter der Direction Waizhofer's, eines Vorgängers von Domaratius an der Grazer Bühne, war auch in dem Schauspieler Teller eine Kraft engagirt, die dem Publicum sehr genehm war. Im September 1797 wurde dieser beliebte Schauspieler wieder für die Bühne gewonnen, nachdem er im August desselben Jahres zu einem Gastspiele nach Graz gekommen und mit dem lautesten Beifalle des Publicums empfangen worden war.

Von den Frauen war die erste Liebhaberin Ferrari der Bühne erhalten. Ihr regelmäßiger Körperbau, ihr beredtes Auge, ihr ausdrucksvolles Gesicht, ihre biegsame und schmelzende Stimme hatten sie längst zu einem Lieblinge des Publicums gemacht.

Der Berichterstatter sagt von ihr: „Vorzüglich gerathen ihr verlassene, verrathene, verfolgte Liebhaberinnen und junge Mütter im ernsthaften Drama; denn da weiß sie Würde und Anstand zu geben; ihr Blick ist dann treffend und bedeutend; die Sprache hat Energie."

Die Schauspielerin Greger spielte alte und zärtliche Mütter, Haushälterinnen, Betschwestern und lächerliche Coquetten, sie war in allen diesen Fächern sehr brav und that sich besonders in Anstandsrollen hervor. Ihr Anzug war immer passend gewählt, ihre Sprache frei von Dialekt. — Eine schöne Erscheinung war Frau Mareschalchi, welche die ersten Rollen im Singspiele inne hatte; ein schöner voller Wuchs, eine starke reine Stimme, die sie ganz in ihrer Gewalt hatte und die viel Gewandtheit in harten Passagen zeigte, waren die Vorzüge an ihr, während ihre Mimik etwas unbehilflich genannt wird.

So weit die Charakteristik einiger Darsteller und Darstellerinnen des Directors Domaratius, die, wenn sie auch mitunter streng gehalten ist, doch darauf hinweist, daß im Ganzen recht tüchtige Kräfte dem Theaterleiter zur Verfügung standen. Im ersten Jahre dieser Bühnenleitung bestand die Mitgliederzahl der Gesellschaft aus fünfzehn männlichen und eilf weiblichen Darstellern beziehungsweise Darstellerinnen [1]).

Das Repertoire unter der neuen Direction gestaltete sich immer harmonischer. Iffland, Jünger, Gotter, Ziegler, später auch Kotzebue, sind dem Zeitgeschmacke entsprechend, die Namen, welche in demselben am häufigsten vertreten waren; die Wiener dramatischen Dichter: Stephanie der Jüngere, Schikaneder, selbst mitunter der alte Hafner, wurden auch nicht vernachlässigt, aber auch Goethe's und Schiller's Dramen läuterten den Geschmack des Publicums und kamen immer häufiger zur Aufführung. Die persönliche Bekanntschaft mit den beiden Dichterheroen kam dem Director dabei trefflich zu statten; er erfuhr es gewöhnlich auf brieflichem Wege sehr rasch, wenn ein neues Stück Goethe's oder Schiller's der Versendung nahe war, und scheute kein Opfer, dasselbe für seine Bühne so schnell als möglich zu erwerben.

Obgleich Gastspiele unter der Leitung des Directors Domaratius öfter vorkamen, so dürfte doch eines der bedeutendsten darunter dasjenige des berühmten Brockmann sein und jedenfalls nimmt die Reihe von Vorstellungen unter Domaratius' Leitung, an denen sich Brockmann betheiligte, einen der hervorragendsten Plätze während des ganzen Wirkens dieses Theaterdirectors ein. Dies Gastspiel fand im Juli des Jahres 1798 statt. Brockmann, damals k. k. Hofschauspieler in Wien, war

---

[1]) Ein genaues Verzeichniß der Mitglieder findet sich in meinem „Inneröster. Stadtleben", S. 80.

ein geborner Grazer und hatte nun nach einem Zeitraume von 13 Jahren
wieder zum erstenmale seine Vaterstadt besucht. Es dürfte nicht un-
angemessen sein hier mit einigen Worten das Leben des Künstlers,
eines der bedeutendsten jener Zeit zu schildern.

Brockmann ward am 30. September 1745 zu Graz geboren,
er studirte in seiner Vaterstadt die „Humaniora" und trat in seinem
18. Jahre zuerst auf und zwar an dem Theater zu Hermannstadt in
Siebenbürgen, von wo aus er im Jahre 1766 nach Wien kam und
daselbst eine größere Bühne kennen lernte. Zu jener Zeit stand in
Wien die Hanswurstkomödie noch in voller Blüthe und Brockmann
fühlte sich von dieser Gattung des Schauspiels nichts weniger als angezogen, er verließ Wien sehr bald und kam nach Hamburg, wo er
schon einen Ruf als tüchtiger Schauspieler erlangte. Im Jahre 1778
besuchte er Berlin und sodann gewann ihn das Wiener Nationaltheater, dessen Director er auch im Jahre 1790 wurde; er wurde in
der Residenzstadt Hofschauspieler und starb daselbst im Jahre 1812.
Zu Berlin wurde auf Brockmann eine Medaille geprägt und Chodo-
wiecky verewigte die Scene, wo ihm als Hamlet der Geist erscheint,
in einer seiner trefflichen Kupferstiche.

„Brockmann," schreibt ein Zeitgenosse, „ist einer der vortrefflichsten
Schauspieler Deutschlands und als Mensch ebenso liebenswürdig wie
als Künstler. Er hat von der Natur einen männlichen und rüstigen
Körper, ein schönes braves Gesicht mit ein Paar funkelnden Augen
und ein treffliches Organ erhalten, und diese Gaben der Natur hat
er auch durch sorgfältiges, überdachtes Studium ausgebildet. Immer
sich gleich, rührt er ebenso furchtbar in heroischen Rollen, als er in
stillern und sanftern des häuslichen Lebens ergötzt. Die Haupthelden,
mancherlei Charakterrollen, Ehemänner und Väter ernster und komischer
Art machen sein Fach aus."

Vom 5. Juli 1798 an begann das Gastspiel Brockmann's in
seiner Vaterstadt unter Domaratius' Direction. Er trat nacheinander in
der Rolle des Grafen Wodmar in Freiherr v. Gemmingen's Schauspiel:
„Der deutsche Hausvater", als Oberförster in Iffland's „Jägern",

als Welling in Kotzebue's „Silberner Hochzeit", als Hans Staudinger in Ziegler's „Liebhaber und Nebenbuhler in einer Person", als Willibald in Schröder's „Heirat durch ein Wochenblatt" und endlich als Oberst von Grauenstein in Ziegler's „Lorbeerkranz" auf. Mit begreiflichem Enthusiasmus war der ausgezeichnete, überdies heimische Künstler von dem Publicum und der Kritik aufgenommen. Nach der Vorstellung des „Deutschen Hausvaters" hielt Brockmann eine Ansprache an das Publicum, beseelt von den innigsten Empfindungen für sein Vaterland, welche er darin zum Ausdrucke brachte. Als der Künstler in der Rolle des Oberförsters in Iffland's „Jägern" auftrat, schrieb die Kritik: „Die Natur scheint den Künstler gleichsam selbst bei der Hand geführt zu haben, so getreu trat er in ihre Fußstapfen. Er zeigte die große Kunst, die gar keine Kunst merken läßt; Alles war wahr, Alles natürlich, und von einer angenommenen Manier war hier keine Spur zu finden." Ebenso wurde ihm in den andern Rollen das höchste Lob der Kritik zu Theil. In der humoristischen Rolle des Hans Staudinger „war die ganze Darstellung dieser Rolle ein harmonisches, ununterbrochenes Kunstwerk, welches mit jenem Leben und jener Raschheit sich fortbewegte, die ihm nur ein vorzügliches Talent, verbunden mit einer völligen Unabhängigkeit von dem Genius im Loche, zu verschaffen im Stande ist". — Brockmann nahm am 22. August 1798, nachdem er zuletzt noch als Oberst von Grauenstein in dem „Lorbeerkranz oder die Macht der Gesetze", Schauspiel in fünf Aufzügen von F. W. Ziegler, aufgetreten war und ebenso reichen Beifall wie früher geerntet hatte, mit einer Anrede Abschied vom Publicum, worin er den Bewohnern seiner Vaterstadt für den freundlichen Empfang gerührt dankte, nicht ohne noch zuletzt von den lautesten Beifallsbezeugungen des Publicums überschüttet zu werden.

Brockmann's Gastspiel war gewissermaßen ein Ereigniß während der Direction des Leiters, über den diese Zeilen handeln und gehört daher mit zu der Geschichte seiner Bühnenleitung.

Es ging schon aus mehreren Andeutungen oben hervor, daß Director Domaratius selbst Schauspieler an der unter seiner Führung

11*

stehenden Bühne war, und zwar, wie in früherer Zeit, ein Schauspieler
mit Geschick und Kenntnissen. Er spielte im Schauspiele Helden, Liebhaber, auch Charakterrollen und naive Rollen. Sein Rollenfach war
also ein sehr weites und sein Geschick in der Darstellung wird in den
Berichten über die Aufführungen stets betont. Von seinen Rollen
seien hier nur willkürlich einige hervorgehoben. Im „Schreibepult
oder die Gefahren der Jugend" von Kotzebue spielte Domaratius den
Diethelm, den er mit besonderer Lebhaftigkeit darstellte, in desselben
Dichters „Lohn der Wahrheit" finden wir ihn als trefflichen Darsteller des Advocaten Hellmuth, in dem Schauspiele „Die Drusen" als
Assad, in Iffland's „Mann von Wort" als Friedrich Maring und
in Kotzebue's „Gefangenen" als Darsteller der Hauptrolle, die er
mit Leichtigkeit und Laune sehr geschickt durchführte. Dasselbe gilt von
seinen Rollen als Philipp in Kotzebue's Ritterschauspiel „Johanna
von Montfaucon", als Willnang in Iffland's „Selbstbeherrschung", als
Kaufmann Frasen in Iffland's „Fremden" und als Justizrath Fel-
bing in Hannamann's „Hausehre", in welch' letzterem Stücke er seine
Rolle mit besonderer Auszeichnung spielte, mit Gewandtheit vortrug
und, wie es die Kritik betonte, „die Affecte nicht durch Geschrei und
Poltern, sondern durch jene unwillkürlichen Geberden, welche der wahre
Ausdruck der Empfindungen sind, darstellte". Damit erscheinen einige
Rollen, welche Domaratius spielte, bezeichnet; während seiner ganzen
Theaterleitung nahm er ununterbrochen als activer Schauspieler an
den Vorstellungen Theil und errang noch in den letzten Jahren seiner
Directionslaufbahn als Karl Last in Iffland's „Künstlern", als Ferdi-
nando in Ziegler's „Großem Geheimniß", als Kanzler in Iffland's
„Höhen", als Octavius in Kotzebue's „Octavio", als Rinaldo
Rinaldini in dem gleichnamigen Spectakelstück, kurz in vielen anderen
von einander sehr verschiedenen Rollen großen Beifall. Eine besonders
tüchtige Leistung war auch sein Carl Moor in Schiller's „Räubern",
welchen er noch im Jahre 1813, in welchem Jahre er, wie wir unten
sehen werden, von seiner Directionsführung abtrat, unter großem
Beifalle des Publicums spielte.

Schon aus dem bisher Angeführten geht hervor, daß Domaratius, während das Grazer Theater unter seiner Leitung stand, Alles aufbot, um das Publicum einerseits vollkommen zu befriedigen, andererseits auch dem Kunstgeschmacke, der gerade zu Ende des achtzehnten Jahrhunderts einen so gewaltigen Läuterungsproceß durchmachte, gerecht zu werden. In dieser Beziehung suchte er nicht nur seine spielenden Künstlerkräfte immer besser heranzubilden und zugleich immer tüchtigere heranzuziehen, sondern er besorgte auch mit Geschmack und Geschick die Novitäten seines Repertoires. Man muß bei der Beurtheilung natürlich den Zeitgeschmack hier besonders berücksichtigen, und wenn damals Kotzebue und Iffland die Bühne beherrschten, so war dies keineswegs die Schuld des Theaterdirectors, so wenig wie die Schuld des Publicums, vielmehr einzig und allein das Verschulden des Zeitgeistes, gegen den man eben nicht ankämpfen kann. Domaratius beeilte sich insbesondere immer die Stücke Schiller's rasch, noch bevor sie gedruckt und daher nach damaliger Ansicht allgemeines Eigenthum waren, für seine Bühne zugänglich zu machen; wie oben erwähnt, kam ihm dabei seine persönliche Bekanntschaft mit dem Dichter zu statten. Es dürfte passend sein ein Schreiben, das, als „Wallenstein" vollendet war, von Domaratius an Schiller gerichtet wurde, hier einzufügen und damit zu zeigen wie sich der Leiter des Grazer Theaters annahm, wenn es galt wichtige Novitäten zu erlangen. Dieses Schreiben lautet [1]):

Grätz, den 10. November 1798.

Der allgemeine Ruf den das Stück: Graf Wallenstein erhält, so auf dem Hof Theater zu Weimar in 3 Abenden aufgeführet wurde, hat sich hier so verbreitet, daß ich glaube meinem Publikum ein besonderes Vergnügen zu verschaffen, wenn ich es auf meinem Theater produzire. Daher ergehet meine ergebenste Anfrage an Hochdieselben, ob, wenn es noch Manuscript ist, und binnen einem Jahre nicht gedruckt wird, solches nicht um einen billigen Preyß erhalten könnte? Ich nehme mir die Freiheit mich geradezu an den Verfasser zu

---

[1]) „Briefe an Schiller", herausgegeben von Urlichs. Nr. 195. (Stuttgart 1877.)

wenden weil ich alle Seitenwege um Manuſcripte zu bekommen,
haſſe. Die Iffländiſchen und Kotzebueſchen werden auf meinem Theater
alle als Manuſcripte gegeben. Für die gute Vorſtellung bin ich
Bürge. Denn ich wende alle Aufmerkſamkeit auf das Schauſpiel, und
habe auch wirklich mehr Glück damit als mit der Oper. Sollte es
aber der Fall ſein, daß dieſes Stück bald im Druck erſcheint, ſo bitte
ergebenſt meinem Bruder den Organiſten gütigſt davon zu benach-
richtigen, damit dieſer es mir ſogleich ſendet.

Domaratius,
Unternehmer des hieſigen National-Theaters.

Eine Briefſtelle Schiller's an Cotta (16. December 1798) [1])
bezieht ſich hierauf, nämlich die folgende: „Es iſt allerdings ein be-
trächtlicher Geldverluſt für mich, wenn der Wallenſtein auf Oſtern
erſcheint, und da ich weiß, daß Sie mir dieſen gern erſparen, ſo rechne
ich auf Ihre freundſchaftliche Nachgiebigkeit. Ich habe Iffland, der
mir 60 Lbors. für die drei Stücke giebt, ſchon vorläufig wegen des
Druls zu beruhigen geſucht, jedoch in unbeſtimmten Ausdrücken. Die
Theater zu Frankfurt, Wien und Grätz haben ſich auch ſchon
darum gemeldet und ich bin gewiß, daß auch die Hamburger,
Leipziger und Breslauer das Manuſcript verlangen werden, ſobald die
verzögerte Herausgabe bekannt wird.“ — Im Juli des Jahres 1800
wandte ſich Domaratius wieder direct an Schiller um Ueberlaſſung
der „Maria Stuart“. Darauf beziehen ſich des Dichters Zeilen in
ſeinem aus Weimar an Cotta gerichteten Briefe vom 27. Juli 1800.
„Sie (Maria Stuart) hat hier ſowohl als in Lauchſtädt eine ungeheure Senſation gemacht, und auch Opitz ſchreibt mir aus Leipzig, daß
er ſich von der Vorſtellung dieſes Stückes alles verſpreche. Wenn
Sie gelegentlich an den Theaterdirector Damaratius [2]) nach Grätz
ſchreiben wollen, ob er die Maria Stuart um 15 Ducaten haben
wolle, ſo werden Sie mir eine Gefälligkeit erzeugen.“ — Auf dieſes
Erſuchen hin wandte ſich Cotta wahrſcheinlich an Domaratius ſelbſt,

---

[1]) „Briefwechſel zwiſchen Schiller und Cotta“, herausgegeben von W. Voll-
mer. Nr. 287. (Stuttgart 1876.)
[2]) Schiller ſchreibt den Namen Domaratius ſtets Damaratius.

denn er schreibt am 13. November 1800 aus Tübingen an Schiller: „Aus der Anlage ersehen Sie, schätzbarer Freund, was ich von Gräz zur Antwort erhielt; er erwarte nun Ihre Aeusserungen hierüber nebst dem Brief zurück." Leider fehlt diese „Anlage", der Preis für das Manuscript dürfte dem Director für die Verhältnisse seiner Bühne zu hoch gewesen sein und derselbe ein billigeres Angebot gemacht haben, um das Manuscript des von seinem Publicum so sehr verlangten Stückes vor der Drucklegung zu erlangen und einer der Ersten die Novität vorführen zu können. Man ersieht aus den obigen Stellen beiläufig, auf welche Summen sich Domaratius einließ, um eine Novität des gefeierten Dichters zu erlangen. In Oesterreich war es besonders zu jener Zeit, als Domaratius die Direction führte, sehr schwierig ein Stück, das man allenfalls aus dem „Auslande" erlangen konnte, zur Darstellung im Sinne des Dichters zu bringen. Es genügte die Uebersendung desselben von Seite des Verfassers hiezu keineswegs, da es noch der Censurbehörde unterbreitet werden mußte und dies oft mit sehr viel schwerfälligen Manipulationen verknüpft erschien. Darauf bezieht sich auch die Stelle in einem Briefe Schiller's aus Weimar an Cotta vom 24. November 1800: „An Domaratius haben Sie die Güte, ganz kurz zu schreiben, daß das Manuscript unter 10 Ducaten niemals gegeben wird und daß ich mich auf das Hin und Herfragen wegen der Censur nicht einlassen könne." So weit über den geschäftlichen Verkehr des rührigen Leiters der Grazer Bühne mit Schiller.

Aus Allem, was bisher über die Leitung der Bühne in Graz durch Carl Domaratius gesagt wurde, geht hervor, daß er dieselbe nach einem gewissen Systeme betrieb und nach jeder Richtung hin besorgt war, den Lehren, welche er unter Goethe in Weimar genossen, nachzukommen, daß er die Wichtigkeit der Bühne als Kunstinstitut erkannte, ein Umstand, der nicht selten von Theaterdirectoren zu sehr übersehen wurde, welche noch im Sinne jener nicht fernen Zeit handelten, da man im Theaterspielen nur der großen Menge ein Possenspiel darbieten zu müssen glaubte, in dem man sich wenig um

künstlerische Darstellung kümmerte oder eine geschraubte, mit hohlen
Phrasen ausgestattete Prunk=Komödie, die ebenfalls nicht darnach an=
gethan war, den Sinn für wahre dramatische Kunst im Sinne eines
Lessing zu wecken.

Einige Jahrzehnte waren seit jener Zeit nur verflossen, aber
die mächtigsten deutschen Geister hatten daran gearbeitet, die alten
verrotteten Anschauungen zu stürzen und neues Leben und neues
Kunstgefühl dem deutschen Volke beizubringen. Schiller und Goethe
waren als Dramatiker nicht die Letzten, welche das Schauspiel auf
eine hohe Stufe der Vollendung gebracht, und Schiller's ideale Bühnen=
gestalten waren so recht darnach angethan, die letzten Reste jenes
läppischen Bühnenlebens von früher zu verdrängen, das sich allen=
falls noch erhalten hatte. Darum rief auch Goethe seinem jüngeren
Freunde, als ihn der unerbittliche Tod viel zu früh für das deutsche
Volk hinwegriß aus dessen Mitte, die Worte nach:

> Und hinter ihm in wesenlosem Scheine
> Liegt, was uns Alle bändigt, das Gemeine.
>
> (Epilog zu Schiller's Glocke.)

Wenn wir noch einmal auf den Director Domaratius zurück=
kommen, so ist dies nur um das Bild abzurunden, welches im Obigen
darzustellen versucht wurde. Mit dem Schlusse des achtzehnten Jahr=
hunderts wäre eigentlich der Rahmen abgeschlossen, in dem sich diese
Darstellung bewegen sollte. Domaratius führte aber noch eine Reihe
von Jahren die Leitung der Bühne in Graz fort, und diese Bühne
hat auch in diesen Jahren unter seiner Leitung gewonnen, ein Beweis,
daß die Führung im richtigen Geiste der Kunst und in Erfassung
ihrer wahren Bedeutung geschah.

Es muß bemerkt werden, daß der Director wie auf das Personal,
so auch auf die äußere Ausstattung der aufgeführten Piècen genaue
Aufmerksamkeit verwendete und von dem richtigen Principe ausging,
daß durch nachlässige Ausstattung selbst das beste Stück leiden, ja
wohl seine ganze Wirkung verfehlen könnte. Wirkliche Ausstattungs=
stücke — im heutigen Sinne des Wortes — gab es damals eigentlich

noch nicht, diejenigen aber, welche etwa diesen Namen verdienten, erfreuten sich nicht minder der tadellosen Regie.

Das Jahr 1813 war das letzte von Domaratius' Directionsführung. Am 26. December 1812 wurde Kalchberg's „Wülfing von Stubenberg" aufgeführt, das erste Stück, welches dieser Poet, der bedeutendste von ganz Innerösterreich, verfaßt und später umgearbeitet hatte[1]), und so war es Domaratius, der noch vor seinem Abtreten von der Bühnenleitung des ersten innerösterreichischen Dichters erstes Product zur Aufführung brachte.

Am 10. April 1813 schloß Carl Domaratius seine Laufbahn als Director des Theaters der steiermärkischen Landeshauptstadt, welche Leitung er sechzehn Jahre lang inne gehabt hatte. Es wurde Babo's Schauspiel: „Die Standesproben" aufgeführt. Nach der Vorstellung rollte unter Trompeten und Paukenschall der Vorhang in die Höhe. Ein hellerleuchteter Saal, im Hintergrunde ein Thronhimmel mit dem Bilde des Monarchen gab dem letzten Erscheinen des Directors vor dem Publicum eine ehrende Feierlichkeit und Würde. Domaratius trat sodann vor die Rampen und hielt die nachfolgende Ansprache, welche ich hier wortgetreu mitzutheilen für passend halte:

„Nach sechszehn Jahren erscheine ich zum letztenmale in dieser Umgebung und ein letztes Wort ist es, was ich hier in der Fülle meines Herzens spreche. Dir, Monarch und Landesvater, unter dessen mildem Scepter ein friedliches, gesegnetes Oesterreich blüht, zu dem mit Wonne und Liebe ein treues dankbares Volk so kindlich hinanblickt, Dir sei mein erster feierlicher Dank. Dein ist das freundliche herrliche Land, welches den Fremdling mit Wohlwollen und Edelmuth aufnahm. Auch mir gabst Du den beglückenden Schutz Deiner weisen Gesetze, die Wohlthat Deiner väterlichen Regentensorge. In Deinem gesegneten Staate ward ich Vater und, was meine Seele mit Stolz erfüllt, Bürger. Mit Millionen Deiner Kinder rufen Tausende, aus fernen Gefilden in's schöne Oesterreich gezogen, Preis und Segen

---

[1]) Man vergleiche die Einleitung zum I. Bande meiner Ausgabe von „Johann R. v. Kalchberg's gesammelten Schriften" (Wien 1878).

Dir entgegen, und küſſen mit Rührung und Ehrfurcht die heilige
Erde, die Gott an Habsburg und ſeine erhabenen Enkel gab. Auch
mir ward Dein liebliches Gefilde zur Heimat, auch ich ward Dein
Unterthan und Mitbürger Deines biedern, treuen, hochherzigen
Volkes. Für Alles, was mir auf dieſer Stätte der Kunſt des Guten
beſchieden war, empfange Du, Monarch und Vater, meinen feier-
lichſten Dank. Abgetreten von dieſer Laufbahn lebe ich fortan in
Deinem Schutze, weiſer gütiger Fürſt, als Unterthan und Bürger,
treu den Geſetzen, werth Deines Schutzes und mit Liebe für dies mein
ſchönes Vaterland.

Nun an Sie, hochgeborne, hochgebietende Erſte im Namen
des allgeliebten Monarchen und Erſte im Namen des Landes.
Durch eine Reihe von ſechszehn Jahren erhielt mich Ihr gnädiges
ehrendes Vertrauen auf dieſer ſchweren Laufbahn, die ich nun ver-
laſſe. Ich bewahre die Erinnerung an die theuren Beweiſe Ihres
Schutzes und Ihrer Huld ewig in meinem Innern. Für all' jenes,
was ſchwache Kräfte mit dem redlichſten Willen nicht erreichen
konnten, nehmen Sie als Erſatz das Gelübde meiner ewigen Verehrung und Dankbarkeit. Ruft mich gleich das Los der Zeit aus
dieſem Berufe, ſo hebt ſich doch das Verhältniß der Pflicht und Ehrfurcht gegen Sie, Hochgeborne und Hochgebietende, nicht auf, die des
Monarchen gnädigſtes Vertrauen der Verwaltung des Vaterlandes an
die Spitze ſtellt.

Hohe, Gnädige, Verehrungswürdigſte! Feierlich war in dem
vollendeten Laufe von ſechszehn Jahren jede Stunde für mich, in der
ich hier als Künſtler und als Haupt dieſer Künſtlergeſellſchaft vor
Ihnen erſchien. Die feierlichſte iſt mir dieſe Stunde, in der ich zum
letztenmale zu Ihnen ſpreche. An ihrer Hand, Edelmüthige, laſſen
Sie mich mit wonniger und wehmüthiger Erinnerung noch einmal in
die ſchnell verfloſſenen Jahre zurückgehen, und ſie noch einmal hervor-
führen die Epochen der Kunſt, wo es meiner Kraft, meinem Eifer
in einer glücklichen Zeit gelang, Ihre Anerkennung und Ihre Huld
zu gewinnen. Geſtehen werden Sie, mit mir trauernd, das Los

der Vergänglichkeit hat uns die langgewohnten freundlichen Erschei=
nungen entrückt. Kein Wunsch, keine Klage, kein Opfer ruft sie
zurück. Gerne, ich betheuere es Ihnen mit gebeugtem Herzen, gerne
hätte ich vollendet wie ich begann. In meiner Seele lebte noch
immer das Streben, Ihnen die Stunden wie damals zu verherrlichen
und Ihr hohes Kunstgefühl mit eben der Würde zu ehren. Die Hand
des Verhängnisses, die da zerstört und umstaltet, lastete auch schwer
auf mir und diesem Kunstvereine.

Geadelt hat diese Bühne Iffland durch seine unvergeßlichen
Kunstdarstellungen, und was seine Muse des Herrlichen schuf, wußte
ich durch Mühen und Anstrengungen noch im Reize der Neuheit zu
erringen. Entfernt hält ihn sein ehrenvoller Beruf von diesen
Gefilden und auf nimmer welkenden Lorbeern ruht seine dramatische
Muse. Mit ganz Deutschland hat auch diese Bühne das allmälige
Verschwinden der ehrwürdigen Künstler der alten Schule betrauert
und das Los der Verarmung an classischen dramatischen Werken
getheilt.

Nach solchen Verhältnissen konnten Sie es nie verkennen, wie
sehr ich bemüht war, Ihnen durch alle Anstrengungen Ersatz für das
zu geben, was Zeit und Schicksal mir und Ihnen entriß und ver=
sagte. Mit gütiger Erkennung haben Sie es aufgenommen, was
meinem Eifer gelang, und mit edler Schonung übergangen, wo
Schwachheit hinter dem redlichen Willen zurückblieb. Es ist so schön,
dieses an Edelmuth einzige Publicum erheitert und vergnügt zu haben.
Es ist aber auch so schmerzlich, so viele Wünsche für Ihre Zufrieden=
heit ungelöst dem Schicksal zurückgeben zu müssen. Ihr Wohlwollen belebe
in mir die frohen Erinnerungen und erheitere die trüben. Mein Dank ist
unauslöschlich wie meine Verehrung und Liebe für Alle und für Jeden.
Mit Wehmuth trete ich von dieser Bühne, auf der meines Lebens
schönste Stunden schlugen, aber ich trete nicht aus Ihrer Mitte. Mir
bleibt der herrlichste Lohn langjähriger Mühungen. Das Glück der
Unterthanenschaft unter Franzens milder Regierung, eine geliebte
Heimat in der herrlichen Steiermark, ein ehrenvoller Rang als Ihr

Mitbürger und — um was ich Sie hier zum letztenmale bitte — die Hoffnung auf Ihr fortdauerndes Wohlwollen."

Mit diesen Worten schied Domaratius von der Leitung der Grazer Bühne und man sieht zugleich aus den Worten, welche sich auf das künstlerische Leben seines Institutes bezogen, daß ernste Streb= samkeit den Mann beseelte vom Anfang seiner Laufbahn als Director bis zu seinem Abtreten.

Domaratius trat noch einmal als einfacher Schauspieler auf dieser Bühne auf. Es war dies im September des Jahres 1818, es wurde ihm zu Ehren eine Benefice-Vorstellung gegeben und „Der Kranz der Ehre" von Schmidt aufgeführt, in welchem Stücke er noch einmal vor dasselbe Publicum trat, das er auf seiner Bühne aus dem acht= zehnten in das neunzehnte Jahrhundert hinübergeführt hatte. Graz hatte Domaratius aber nicht mehr verlassen, er lebte zurückgezogen in angenehmen bürgerlichen Verhältnissen und wenn man einer Angabe Glauben schenken darf, so hatte er die Marotte, später Inhaber eines Lohnfuhrgeschäftes zu sein.

Seltsam wäre dies jedenfalls bei einem Künstler, der in Weimar unter den Augen des gewaltigen Goethe seine Künstlerlaufbahn begonnen.

———

V.

Der Schwerttanz in Obersteiermark.

—

Ein Beitrag zur Volkskunde und Volkspoesie Steiermarks.

———

Wie gewisse Worte und Eigenthümlichkeiten der Sprache, welche in der heutigen Schriftsprache längst verändert, ja wohl verschwunden sind, bei verschiedenen Ständen der Bevölkerung, insbesondere bei solchen, unter denen sich eine gewisse Zusammengehörigkeit kundgibt, hauptsächlich also im Bauernstande, sich durch die Reihe der Jahrhunderte erhalten haben, so finden wir auch Gewohnheiten und Eigenthümlichkeiten hier gerade mitten im Volke erhalten, die als die Zeit ihrer Entstehung die graueste Vorzeit erkennen lassen und deshalb für den Alterthumsforscher von großem Werthe sind. Unsere großen deutschen Forscher des neunzehnten Jahrhunderts, insbesondere Jakob Grimm, haben uns, auf derartige Beobachtungen gestützt, die überraschendsten Nachweise zur Kenntniß der ältesten Culturgeschichte unseres Volkes geliefert, und seit dem Auftreten dieser für die Wissenschaft epochemachenden Geister wurde die Aufmerksamkeit erst eigentlich wieder auf die Eigenthümlichkeiten des Volksthumes gelenkt, die uns eine so reiche Quelle der Erkenntniß darbieten. Insbesondere reichen Gewohnheiten und Gebräuche oft in eine Zeit zurück, aus der schriftliche Denkmäler überhaupt nicht existiren, und so seltsam dieselben mitunter auch auf den ersten Blick erscheinen mögen, so erweisen sie sich doch, genauer und eingehender betrachtet, als der letzte Rest von Gepflogenheiten, die ein Streiflicht werfen auf das Volksthum und auf Alles, was mit demselben zusammenhängt.

Die Alles nivellirende Zeit hat hier nun freilich oft überaus störend eingewirkt und charakteristische Eigenthümlichkeiten in Sprache, Sitten und Gebräuchen verwischt, die heute zu kennen von so unend-

lichem Werthe wäre, die vielleicht manches mühsame Forschen und
Untersuchen ersparen würden, das man anstellt, um die eine oder die
andere Seite des alten Volkslebens klarzustellen und die Grundlage
für eingehendere Nachforschungen zu bilden. Die Bildung der letzten
Jahrhunderte ist eine gegen früher, vollständig verschiedene geworden,
die Sitten und Gebräuche sind oft nicht nur andere, sondern gerade
die entgegengesetzten wie früher und an die Stelle der allenfalls noch
in manchen Orten vor einem Jahrhundert, ja vor Jahrzehnten gepflo-
genen Volksgebräuche trat längst die von den modernen Anschauungen
geleitete Sitte unserer Neuzeit, welche sich vor allem Andern in der
Abschaffung solcher Gebräuche und Gewohnheiten bethätigte. In den
Gilden und Zünften von Handwerkern hatten sich verschiedene derartige
an alte Gepflogenheiten erinnernde Gebräuche noch am längsten erhalten,
das Gefühl der Zusammengehörigkeit, so lange es noch durch das
gemeinsame Zunftband fester begründet war, machte sich hier glänzend
geltend, aber mit dem Lösen dieses Bandes fiel auch das Uebrige, als
Beiwerk Betrachtete, hinweg. Es bleibt somit, wie oben angedeutet,
nur noch der Bauernstand übrig als Bewahrer solcher alter Gebräuche,
der Bauernstand, welcher festhält an dem alten Ueberkommenen, bei
dem sich Veränderungen nicht so leicht geltend machen können, dem
keine Gelegenheit geboten ist, seine Lebensweise, seine Sitten, seine
Gewohnheiten, ja selbst seine Sprache und Kleidung zu ändern und
mögen auch Jahrhunderte oder wohl gar Jahrtausende darüber hin-
weggehen. Der deutsche Bauernstand allein hat uns manchen Ausdruck
in seiner Sprache bewahrt, der uns an den längst verhallten Klang
einer fernen Urzeit erinnert, er hat uns Redewendungen erhalten, wie
sie vor Jahrhunderten üblich waren, die heute noch in seinen Kreisen
geläufig sind, er hält zähe fest an dem Ueberlieferten, und kein Archiv,
keine Bibliothek oder sonstige Gelehrtenanstalt kann ihre literarischen
Schätze so treu bewahren, wie sich das alte volksthümliche Element
im deutschen Bauernthum erhalten hat. Ein alterthümlicher Gebrauch,
über den ein interessantes Document aufzufinden mir gelang, soll das
eben Gesagte bestätigen.

Dieser alte Gebrauch ist derjenige des sogenannten Schwerttanzes, welcher erwiesenermaßen noch in den letzten Jahrzehnten in Obersteiermark und in dem daran grenzenden Theile von Salzburg vom Landvolke zur Darstellung gebracht wurde und wohl noch aufgeführt wird. Um das Alter dieses Tanzes, seine Bedeutung und seinen Zusammenhang mit einer Reihe ähnlicher Volkssitten in Deutschland darzustellen, erscheint es nothwendig, zuvörderst einen Blick in vergangene Zeiten zu werfen und die Spuren dieses Volksgebrauches, welche sehr weit zurückreichen, zu verfolgen.

Man gelangt dabei bis in eine graue Urzeit[1]). Wenigstens läßt sich nicht leugnen, daß Tacitus in seiner „Germania" wohl das Urbild aller Schwerttänze, welche noch später auf deutschem Boden vorkommen, dargestellt hat, wenn er im Cap. XXIV. schreibt: „Genus spectaculorum unum atque in omni coetu idem. Nudi juvenes, quibus id ludicrum est, inter gladios se atque infestas frameas saltu jaciunt. Exercitatio artem paravit, ars decorem; non in quaestum tamen aut mercedem, quamvis audacis lasciviae pretium est voluptas spectantium."

Die weiteren Nachrichten, welche uns über die eigenthümliche Gattung des Tanzes erhalten sind, die übrigens nicht ausschließlich in Deutschland gepflegt wurde[2]), führen uns, was den deutschen Boden betrifft, bis in das fünfzehnte Jahrhundert. Ob sich der Tanz, welchen der römische Geschichtsschreiber schildert, lange in derselben

---

[1]) Ich stelle gleich hier eine kleine Literatur-Uebersicht zusammen. Ueber den Schwerttanz handeln: K. Müllenhoff, „Ueber den Schwerttanz" in „Festgaben für Gustav Homeyer" (Berlin, Weidmann, o. J.). — Derselbe, „Zum Schwerttanz" in der „Zeitschrift für deutsches Alterthum" von Müllenhoff und Steinmeyer. N. F. VI. (Berlin 1875). — „Ein ländlicher Schwerttanz 1650" in der „Zeitschrift für deutsche Culturgeschichte" von Müller und Falke, Jahrgang 1857 (Nürnberg). — R. Voß, „Der Tanz und seine Geschichte" (Erfurt 1879). — J. Gebhard, „Der Schwerttanz im Salzkammergute" in seinem „Oesterreichischen Sagenbuch" (Pest 1863). — J. Schiestl, „Nürnberger Knappen- oder Schwert-Tanz". Mit Illustrationen, in dem „Jahresberichte des Salzburger Museums Carolino-Augusteum" vom Jahre 1865. (Der auch separat abgedruckte Aufsatz ist besonders wichtig).

[2]) Vergl. Müllenhoff a. a. O.

Art erhalten, darüber ist bis jetzt wegen des großen Dunkels, welches
auf der Geschichte der nachfolgenden Jahrhunderte schwebt, nichts
bekannt geworden. Doch taucht der Tanz später, als die deutsche
Städte-Entwicklung vorgeschritten war und sich eine feste Zusammengehörigkeit gebildet hatte, in den Städten auf. In Braunschweig
war um 1443 eine Art Schwerttanz gebräuchlich, den die Schmied-
gesellen aufführten, die Messerschmiede in Nürnberg hatten im Jahre
1350 oder 1351 ebenfalls einen solchen Tanz im Gebrauch und zwar
war bei diesen Tänzen der Handwerker Fastnacht die übliche Zeit, zu
der sie abgehalten wurden.

Der Schwerttanz der Messerschmiede (Messerer) dürfte einer der
ältesten sein, von welchen man überhaupt Kenntniß hat, daß sie längere
Zeit hindurch im Gebrauch waren. Der Tanz wurde mit einer gewissen
Feierlichkeit aufgeführt, insbesondere wurde vor dem Rathhause getanzt
und alle Tänzer erhielten sodann eine Mahlzeit. Diese Schwerttänze
der Messerschmiede in Nürnberg wiederholen sich, sie wurden anfangs
alle sieben Jahre abgehalten, später seltener, aber auch öfter, von 1490
bis 1600 ist der Tanz dreizehnmal als abgehaltene Volkslustbarkeit
nachgewiesen, im Jahre 1496 wurde der Tanz vor dem Pommerischen
Herzoge Bogislav, der sich in Nürnberg aufhielt, und im Jahre 1570
vor dem Kaiser Maximilian, als er mit seiner Gemalin die Huldigung empfing, abgehalten. Aus diesen Angaben geht hervor, daß der
Schwerttanz nicht nur als Volksbelustigung, etwa als Theil eines
Volksfestes, an die übliche Fastnachtszeit gebunden erschien, sondern
daß er insbesondere um hochangesehene Persönlichkeiten zu ehren und
auszuzeichnen, von den Mitgliedern der Zunft vor diesen Personen
aufgeführt wurde. Eine sehr alte Nachricht über das Vorkommen des
Schwerttanzes stammt auch aus Köln[1]); es wird durch ein vorliegen-
des Verbot, welches sich ausdrücklich dagegen wendet, „mit den
swerden off reyffen zo dantzen" und das aus dem Jahre 1487
herrührt, das Vorkommen des Tanzes als Volksgebrauch in jener Stadt

---

[1] Müllenhoff in der „Zeitschr. f. d. A."

dargethan. — In Frankfurt am Main waren es die Schuhmacher-
gehilfen, „die wegen ihrer Geschicklichkeit im Schwertertanze berühmt
waren" und einen solchen Tanz in jedem Jahre zu Fastnacht aufführten; dies geschah in Form von pantomimischen Darstellungen und
mit großer Kunstfertigkeit.

In Hildesheim scheint der Schwerttanz, und zwar auch von den
Schmieden — die insbesondere häufig bei diesem Tanze betheiligt sind —
ebenfalls schon im sechszehnten Jahrhunderte sehr üblich gewesen zu
sein. Ein Rathschlag vom 28. Januar 1583 aus den Hildesheimer
Rathschlußbüchern besagt: „Demnach die schmiede beim regierenden
herrn burgermeister ansuchung getan iren dienern gunstiglich zu
erlauben disen bevorstehenden rasselabende uber den schwerttanz zu
furn, als ist dasselbige zu rate gestalt und von rat und 24 man darauf
geslossen, das zu furhutunge allerhand leichtfertigkeit fur dismal den
schmiden ihr suchent abgeschlagen und den schwerttanz zu halten nicht
soll gestattet werden."

Aus dem sechszehnten Jahrhundert finden wir auch nachgewiesen
einen Schwerttanz, der jährlich in Schmalkalden aufgeführt wurde, und
zwar von den Innungen. Diese Tänze fanden bei irgend einem passenden Feste, besonders bei Anwesenheit eines hohen Herrn, so 1576 des
Fürsten Georg Ernst von Henneberg, statt. In Franken und Hessen
waren solche Tänze damals sehr üblich. Im Jahre 1551 fand in Ulm
ein Schwerttanz statt, den 24 Handwerksburschen aufführten, alle
tanzten „um einen Narren, auf dessen Achsel jeder sein Schwert liegen
ließ", der Meister stellte sich sodann oben hinauf. Diese Tänzer und
Fechter waren als Bauern verkleidet, es scheint dies darauf hinzudeuten, daß man schon damals besonders im Bauernstande diesen
Tanz gern aufzuführen pflegte oder wohl gar auf eine noch frühere
Zeit, zu welcher ihn Bauern aufführten und woran die Verkleidung
im Bauerngewande erinnern sollte. Es erscheint noch insbesondere
bemerkenswerth, daß von den süddeutschen Städten München und
Braunau es sind, aus welchen Nachrichten vorliegen, daß in ihnen
um jene Zeit der Tanz ebenfalls üblich war.

Was das nächste, siebenzehnte Jahrhundert betrifft, so liegen wieder aus Städten Nachrichten vor, darunter einige ihrer Details wegen höchst interessante; im Jahre 1613 „wurde den jungen Alten-burgischen Herrschaften zu Ehren", also wieder vor angesehenen Per-sönlichkeiten, gleichsam um sie zu ehren, „ein Schwerttanz von den Schustern zu Leipzig aufgeführt". Sieben Jahre später fand eine solche Aufführung von den Kürschnern in Breslau statt bei der Huldigung Friedrich's I., Königs in Böhmen und Herzogs von Ober- und Niederschlesien. Sechsunddreißig Kürschner erschienen damals zur Darstellung des Tanzes in besonderer Bekleidung, sie hatten schöne weiße Hemden an, große Fechtärmel, blaue Strümpfe, weiße Schuhe und an den beiden Schenkeln unterhalb der Knie Bänder mit Schnallen, auf dem Haupte einen Kranz. Sie zogen mit Trommel- und Pfeifen-klang aus, mit ihnen mehrere Knaben, von denen einer ein „Parade-schwert", ein anderer zwei Fechterschwerter und ein dritter ein paar jener hölzernen Schwerter der schwäbischen Bauern trug, die dort Tussaken genannt wurden. Auch diese Knaben waren besonders ge-kleidet in weiße Kleider mit bunten Streifen und mit „weißen heid-nischen Schürzen". Sie trugen auch Reisen mit blau und weißen Streifen und einer von Holz geschnitzten Rose darauf. Dieser Zug schloß in der Nähe des Königs einen Kreis und der eigentliche Schwerttanz wurde mit den erwähnten Waffen abgehalten. Ein alter Fechter schlug den knienden Knaben je einen Dreier vom Kopfe, es wurde eine Rose von Schwertern zusammengestellt und dergleichen, jedenfalls wurden verschiedene sehr künstliche Fechtarten producirt.

Von den bisher angeführten Schwerttänzen ist es nicht bekannt, ob dabei auch von einem oder dem andern Tänzer eine Art Formel, ein Gedicht oder dergleichen gesprochen wurde, wohl aber von einem solchen Tanze, auf den ich nun zu sprechen komme [1]. Wir haben darin auch einen Schwerttanz, den das Landvolk selbst veranstaltet. Im Jahre

---

[1] Denselben erwähnt Joh. Just. Winkelmann's „Beschreibung der Fürsten-thümer Hessen und Hersfeld" (Bremen 1697). — Der Wortlaut citirt bei Müllen-hoff, die Redeformel auch in der „Zeitschrift für deutsche Culturgeschichte", 1857.

1650 vermälte ſich Prinz Ludwig mit der Prinzeſſin Marie Eliſabeth, der Tochter des Herzogs Friedrich III. von Holſtein-Gottorp. Die Jugend der Dorfgemeinde Lollar veranſtaltete zu dieſer feſtlichen Ver- anlaſſung nun einen Schwerttanz. Auch hier waren die Tänzer in ein weißes Hemd gekleidet, hatten die Hüte mit Bändern oder einem weißen Tuche geſchmückt, ebenſo an den Armen Bänder und an den Knieen Schellen, in der Hand trugen ſie blanke Schwerter. Vor dem Tanze ſprach der Anführer den Ortsvorſtand und die andern Zuſchauer mit der Reimrede an:

Ehrenveſte, vorachtbare, fürſichtige, wohlweiſe Herren
Schultheißen, Bürgermeiſter und Rath!
Ich und meine Geſellen wünſchen den Herren einen guten Tag.
Hier ſind wir hergekommen auf dieſen Platz und Plan
Einen ehrlichen Schwerttanz wollen wir fangen an,
Nicht aus freiem Muth,
Sondern erlaubt von der Obrigkeit gut.
Alſo ſollen meine Geſellen ihre Schellen laſſen erklingen,
Wie die Engel im Himmel ſingen.
Mancher ſpricht: ſolchen Tanz hab ich nie geſehen.
Ich aber ſage was Plinius ſchreibt, daß es vor tauſend Jahren iſt
auch geſchehen.
Einer, der da ſingt,
Der andere, der da ſpringt,
Und der dritte, der auf die Trommel klingt.
Trommelſchläger, ſchlag auf die Trommen,
Daß wir zu dem Tanze kommen.

Der Tanz findet nun ſtatt, begleitet von dem Klange der Schellen; die Schwerter, welche die Tänzer in der Hand hielten, wurden kunſtgewandt gekreuzt und verwirrt und dann wieder gelöſt. Nachdem der Tanz zu Ende war, ſprach der Anführer wieder zu den Zuſchauern:

Dieſer Tanz iſt nun aus,
Den wir den Herren haben bracht zu Haus,
Die Herren werden ſich nicht bedenken
Und werden uns ein Trinkgeld ſchenken;

Ein Kopfstück oder vier
So komm ich mit meinen Gesellen zum Bier.
Ein Kopfstück oder neun,
So komm ich mit meinen Gesellen zum kühlen Wein.
Nicht daß wir auch setzen Maß oder Ziel,
Ihr mögt uns verehren mehr oder viel.
Da ich war wie ein Krug,
Mich mein Vater zum Haus hinaus schlug,
Gab er mir einen weißen Stecken in meine rechte Haud,
Und wies mich in das dreiunddreißigste Land.
Ich zog das dreiunddreißigste Land auf und nieder.
Ich bettelte mein Brod und verkaufte es wieder,
Da meinte mein Vater, ich wäre verdorben,
Da bin ich zu einem Kaufmann worden.
Ich hab verthan mein Gut,
Bis auf einen alten Filzhut;
Der liegt zu Speyer auf dem Keller
Und ist versetzt vor drei Heller.
Guter Gesell, willst du ihn haben? Ich will ihn dir schenken:
Dabei sollst du meiner gedenken.
Ihr Weiber auf der Reih'
Geht hin, holt uns ein Steig Eier oder drei,
Oder schneidt ein Stück aus der Seiten und schabt damit den Span,
Und sagt zum Hausvater, die Katz hab' es gethan;
So wird die Katz belogen,
Und der Hausvater betrogen;
Damit daß wir den Schwerttanz vollbringen.
Es möcht uns sonst mißlingen.
Danach sollen meine Gesellen ihre Schellen lassen klingen,
Wie die Engel im Himmel singen,
Und lassen mich fröhlich und frisch zur Erde springen.
Hab ich aber mein Wort nicht recht gesprochen,
So gebt uns Fleisch und den Hunden die Knochen.

So weit der gesprochene Text, der einzige, welcher uns von einem derartigen Schwerttanze überliefert worden ist, der aber sehr bezeichnend erscheint, da er auf einen Zusammenhang mit diesem Volksgebrauche im fernen Süddeutschland hinweist. Winkelmann selbst sagt darüber: „Ich halte diesen Schwerdtanz vor den ältesten von siebenzehen hundert jahren hero bey den Chatten und Hessen gewönlichen gebrauch und vor ein unsehlbares zeichen ihres uralten unveranderlichen Erbsitzes."

Sowohl Winkelmann als auch Hormayr[1]) nach ihm erzählen eine Sage, in welcher noch ein Schwerttanz, der in Hessen zur Darstellung gelangte, eine Rolle spielt. Obwohl nur nebensächlich erwähnt, weist doch schon diese Erwähnung nach, daß der Tanz im Bauernvolke, und zwar gewöhnlich vor höhergestellten Persönlichkeiten aufgeführt, üblich war. Um die Raubritter von der Burg Weißenstein beim Dorfe Wehre zu vertreiben, begaben sich nämlich die Bauern jenes Dorfes bewaffnet auf das Schloß und gaben vor den Rittern einen Schwerttanz bringen zu wollen, sie machten bei dieser Gelegenheit die Raubritter theils nieder, theils zwangen sie dieselben von ihren Bedrückungen abzulassen.

Ganz vereinzelt berichtet Taubert[2]) von einer Art Schwerttanz, der zu Anfang des achtzehnten Jahrhunderts allerdings von einem einzelnen Manne in Thüringen ausgeführt wurde, dieser tanzte mit einem Schwerte, mit welchem er mit großer Geschwindigkeit Hiebe nach allen Richtungen führte, und zwar gravitätisch und langsam, während die Schwerthiebe sehr rasch und behend erfolgten. Ob dieser Fall hieher zu zählen ist und insbesondere ob er „ein Ueberrest des historischen Tanzes" war, bleibt freilich dahingestellt.

Desto zweifelloser ist dies aber der Fall bei dem Tanze der Diethmarsen, welchen der Chronist Viethen noch im Jahre 1747 aufführen gesehen. Die Tänzer hatten, wie üblich, weiße Hemden, waren mit bunten Bändern geziert, hatten Schellen an sich hängen, der Vortänzer und ein Tänzer in der Mitte trugen einen Hut, auch die Anrede vor dem Tanze wird erwähnt, „darin die Vortrefflichkeit und das

---

[1]) In seinem „Taschenbuch für vaterländische Geschichte", XXV. Jahrgang der gesammten und VII. der neuen Folge, 1836 (Leipzig), S. 137: „Der Schwerttanz zu Weißenstein."

[2]) Voß a. a. O. S. 373.

Alterthum ihrer Tänze gerühmt und die Zuschauer gewarnet werden, sich vor den bloßen Schwertern in Acht zu nehmen, damit sie keinen Schaden bekommen mögen". Was den Tanz selbst betrifft, so sind die verschiedenen Verschlingungen der Schwerter und das Darüberspringen üblich, auch das Zusammenstecken derselben zu einer Rose, worauf der „König oder Vortänzer" in die Höhe gehoben wird [1]).

Eine Art von Schwerttanz findet sich auch in einem geistlichen Komödienspiele aus dem Oberharz [2]), von dem Herausgeber „Das Schwertfechterspiel" überschrieben, in demselben kommen die Könige von England, Sachsen, Polen, Dänemark und von „Mohrenland" vor, der „Schnortison", eine Art Hanswurst, stellt sich auf die am Schlusse des Spieles von diesen gekreuzten Schwerter mit den Worten:

> Ich komme hier draufgeschritten,
> Hätt ich ein Pferd, so käm ich draufgeritten.
> Weil ich nicht kann reiten,
> So muß ich nun drauf schreiten.

Am Schlusse tanzen Alle einen Rundtanz. Kein Zweifel, daß sich in diesem Spiele Anklänge an den alten Schwerttanz finden und insbesondere ist das Treten auf die gekreuzten Schwerter, welches hier vorkommt und an mehrere der alten Schwerttänze erinnert, bezeichnend. Es liegt also in diesem Spiele eine Art von geistlich-weltlicher Komödie vor, in welcher zugleich Andeutungen an den alten Schwerttanz mit aufgenommen erscheinen.

Keiner der bisher betrachteten Schwerttänze jedoch bewegt sich auf dem Boden der bayerisch-österreichischen Gebirgsländer und es könnte nach den Beobachtungen, deren Resultat wir im Obigen rasch übersehen, scheinen, als ob gerade in Süddeutschland und insbesondere im Gebiete der erwähnten Gebirgsländer dieser Volksgebrauch gar nicht vorkäme. Dies ist jedoch nicht der Fall, wie einige Beispiele im Folgenden und endlich der von mir wiedergegebene authentische Text,

---

[1]) Näheres darüber, sowie über die Aehnlichkeitspunkte dieses Tanzes mit den andern älteren Tänzen bei Müllenhoff („Festgaben") a. a. O.

[2]) H. Pröhle, „Weltliche und geistliche Volksschauspiele" (Aschersleben 1855).

welcher bei einem solchen Schwerttanz, der in unserem Jahrhundert zur Aufführung gelangt war, gesprochen wurde, nachweisen.

Die Nachrichten über Schwerttänze aus südlicheren deutschen Territorien beziehen sich auf Salzburg, also auf das schönste im Herzen des Hochgebirges liegende Land. Und zwar sind es die Bergknappen des Dürnberger Salzwerkes bei Hallein, welche bei festlichen Gelegenheiten heute noch einen Schwerttanz zur Aufführung bringen. Aber schon im Jahre 1586 wurde in Gegenwart des Erzbischofs Georg von Kuenburg in Salzburg und im Jahre 1587 bei Gelegenheit des Eintrittes des Erzbischofs Wolf Dietrich in die Stadt Hallein, ferner im Jahre 1631 vor dem Herzog Albrecht in Hofgastein, als er daselbst nach dem Wildbade durchreiste, von den Knappen ein solcher Tanz aufgeführt. Eine weitere Andeutung über diesen Schwerttanz haben wir in der Bemerkung, daß denselben Bergknappen im Jahre 1681 „für ihren abgehaltenen Schwerttanz in der Fastnacht bei Hofe auf mündlichen Befehl des Erzbischofes ein Betrag per 12 fl. ausbezahlt" wurde[1]. Ueber die Art und Weise des Tanzens hat sich eine Nachricht vom Jahre 1647 erhalten, welche es darthut, daß allerdings die Tanzart damals von der heute üblichen in Etwas verschieden war, es wird aber auch schon damals bemerkt, daß dieser Tanz „vor undenklichen Jahren im Gebrauche gewesen", wir können ihn also mit Sicherheit schon zu Anfang des sechszehnten Jahrhunderts als gebräuchlich annehmen.

Da die Bergknappen sich wohl zumeist aus dem Bauernstande recrutiren, so ist die Annahme keine gewagte, daß der Tanz aus dem Landvolke vom Knappenvolke überkommen wurde. Heutzutage führen ihn achtzehn Knappen auf, und zwar in der Berguniform, immer bei einbrechender Dunkelheit und bei Fackelschein. Der Tanz ist in der vorkommenden Form jedenfalls sehr stark modificirt, und zwar insbesondere mit Rücksicht auf das Bergwerkswesen. Bei diesem Tanze der Bergknappen wird überhaupt gar Manches mit Rücksicht auf das Bedürfniß des Momentes geändert, eine Art Ansage von Seite des Vortänzers

---

[1] J. Schiestl a. a. O.

scheint nicht vorherzugehen, während der kunstvollen Tänze aber werden
verschiedene Verse gesprochen, welche die Beziehungen der von den
Tänzern gebildeten Figuren zum Bergbaue erklären. Es hat sich auch
von unbekanntem Verfasser ein altes Gedicht erhalten, welches Schiestl [1])
wiedergibt und das in neun vierzeiligen Strophen den Tanz charakterisirt
Ich hebe daraus einige Strophen hervor:

> Knappen auf! im Kreise,
> Schwingt den Schwertertanz
> Nach der Väter Weise,
> Zu des Festes Glanz.

> Nackte Schwerter klirren
> In der Tänzer Hand,
> Fröhlich wallt um ihren
> Leib das Festgewand.

> So beim Schwertgeflimmer
> Kehrt vor unserm Blick,
> Kehrt das Vor'ge immer
> Neugeformt zurück.

> Bald baut in der Mitte
> Sich die Brücke auf,
> Und mit festem Schritte
> Steht der Führer drauf.

> Hoch dann schwingt zum Schlusse
> Er die Fahne auf,
> Und zum trauten Gruße
> Hallt: Glück auf, Glück auf!

Aber auch in bäuerlichen Kreisen selbst ist der Schwerttanz noch
im Salzkammergute im Gebrauch und diese Nachricht ist insbesondere
von großer Bedeutung, ich komme damit dem unten von mir mitgetheilten Tanze ganz nahe. Ueber den bäuerlichen Schwerttanz im
Salzkammergute berichtet J. Gebhard [2]):

---

[1]) A. a. O.
[2]) A. a. O.

„Dieser Tanz war einer der im Salzkammergute üblichen Volksgebräuche. Der Schwerttanz ist eine künstliche Leibesübung; er wird
producirt von neun Tänzern, einem oder zwei Pfeifern, von einem
Tambour und zwei Faschingsnarren oder Hanswursten. Sie treten
mit einem Spruch auf. Dieser lautet:

Wir treten herein, ganz edel und fest,
Und grüßen alle anwesenden Zuschauer auf's best'!
Grüßten wir einen oder den andern nicht,
So möchten sie meinen, wir wären die rechten Schwerttänzer nicht;
Die rechten Schwerttänzer sind wir genannt,
Wir tragen das Schwert in unserer Hand.
Spielmann, mach' auf den rechten Schwerttanz!

Sodann wird von ihnen ein ordentliches Rondo getanzt, jeder
die Spitze des Säbels seines Nebenmannes in Händen haltend, über
die Säbel gesprungen, selbe niedergelegt und herumgetanzt, wieder auf-
gehoben, der sogenannte Schnecken formirt, aus welchem der Vortänzer und die Nachfolgenden sich wieder herauswinden müssen, ohne
die Säbelspitzen auszulassen. Dann tritt ein Faschingsnarr in die
Mitte, kniet nieder, alle Tänzer legen ihre Säbel auf ihn und der
Vortänzer springt auf die Säbel, auf den Rücken des Faschingsnarren
und macht seinen Spruch:

Da bin ich heraufgestiegen,
Wär' besser, ich wär' unten 'blieben.
Der Fasching ist ein verthunlicher Mann,
Hat all' sein Hab und Gut verthan;
Er hat verthan sein Hab und Gut
Bis auf einen alten zerrissenen Hut.
Er reist das Land wohl auf und nieder;
Was er bekommt, versauft er wieder.
So spring ich aus dem grünen Kranz,
Spielmann, mach' auf den lustigen Schwerttanz!

Sie tanzen dann wieder, aber schneller in die Runde, dabei ohne
daß man es bemerkt, immer um einen weniger wird bis auf den
Vor- und Nachtänzer, die sich ein paarmal mit ihren Säbeln herum

drehen, sodann schlagen Alle mit denselben zusammen und schreien ein freudiges Vivat!"

In ähnlicher Weise, jedoch mit einem gewissen dramatischen Charakter hat sich der Schwerttanz auch in der oberen Steiermark, insbesondere in jenem Theile derselben, der an Salzburg grenzt, erhalten, wie ich durch das Folgende nachweise. Es gelangte nämlich eine schriftliche Aufzeichnung über einen solchen Schwerttanz, welche kein Geringerer als der gefeierte Erzherzog Johann selbst veranlaßte, in meine Hände. Diese Aufzeichnung datirt aus dem Jahre 1808.

Wie in Norddeutschland und in den Städten, von denen oben berichtet worden ist, wurde auch in Obersteiermark der Schwerttanz nur bei ganz besonderen Festlichkeiten aufgeführt. Eine solche Festlichkeit fand in Aussee in Folge der Anwesenheit des Erzherzogs Johann daselbst statt, und hiebei wurde ein Schwerttanz zur Aufführung gebracht, der von dem mir unbekannten Gewährsmanne beschrieben und dessen Dialog, der dabei zu sprechen war, von demselben auf's genaueste aufgezeichnet wurde. Dieser specielle Fall ist leicht auf das Allgemeine zurückzuführen, und im Nachstehenden findet sich die authentische Schilderung des Vorganges bei diesem steirischen Schwerttanze, der jedenfalls schon lange für besonders feierliche Veranlassungen üblich war und da sich der Erzherzog so warm für das steirische Volksleben interessirte, diesem insbesondere gerne geboten wurde.

Die Darsteller — der dramatische Charakter des Ganzen rechtfertigt diese Bezeichnung — zwölf an der Zahl mit einem Faschingsnarren (Fasching) bedecken sich mit grünen Hüten, welche reich mit „Buschen" und Bändern geziert sind, und tragen einen grünen Rock, ein rothes Leibchen, schwarze Beinkleider, rothe Strümpfe und Bundschuhe, über der rechten Schulter eines Jeden befindet sich ein weißes Tuch, welches unter dem linken Arme in eine Schleife gebunden wird über dieses Tuch wird um die Mitte des Leibes ein Schellenkranz gelegt, um den Tact beim Tanze zu markiren. Jeder hat in der rechten Hand einen Säbel. Die einfache Musik besteht nur aus zwei Feldpfeifen und einer Trommel Der Erste, gleichsam der Anführer, tritt nun mit dem Fasching zur Thüre des Saales (Zimmers) herein und spricht:

Ich tritt herein wohl also fest
Und grüße Ihro kaiserliche Hoheit den allerdurchlauchtigsten Erzherzog
Johann 2c. auf's best'.
Absonderlich begrüße ich
Eins und das And're; thät ich's nicht,
So wär' ich kein rechter Obersteirer nicht.
Obersteirer bin ich genannt,
Ich führ' meine Kling' in der rechten Hand,
Tritt Jungfrau herein in den grünen Kranz,
Spielleut', macht's auf den Schwerttanz.

Der Fasching ruft:

Herein Obermayer.

Obermayer erscheint und spricht:

Warum heiß' ich Obermayer?
Ich iß den Tag wohl neun Pfund Eier,
Neun Pfund Eier wohl nicht allein,
Süße Milch und saure Schoten,
Die jungen Mablu sind mir auch nicht verboten.
Ich heiß auch der Hans Kanir,
Zum Raufen und zum Schlagen bin ich der Best'.
Herein Jungesgsell.
(Der Gerufene erscheint.)
Wo kommst du her?

Jungesgsell:

Wohl aus der Höll'.

Obermayer:

Was hast in der Höll' gethan?

Jungesgsell:

Verspielt was ich g'habt han.

Obermayer·

Wer hat dir zugeschaut?

Jungesgsell:

Der Wirth in der Bärenhaut.

Obermayer:

Was thut derselbe Wirth?

Jungesgsell:

Würfeln und karten beim Licht. —
Herein Grünwald.

(Der Gerufene erscheint.)

Grünwald:

Warum heiß ich Grünwald?
Husch, husch, ist heut' so kalt.
Weil ich aus dem grünen Wald bin 'kommen,
So bin ich tapfer heim'kommen;
Von meinen Brüdersleuten
Schneid't man lange Riem' aus kurzen Häuten.
Herein Edlesblut.

(Der Gerufene erscheint.)

Edlesblut:

Warum heiß ich Edlesblut,
Der wenig gewinnt und viel verthut?
Ich hab verthan mein Vatersgut
Bis auf einen alten zerrissenen Filzhut,
Der Filzhut liegt zu Wien im Keller,
Hab' ihn versetzt wohl um drei Heller,
Wie bin ich nicht so rund und so bös,
Daß ich meinen alten zerrissenen Filzhut wieder auslös'.
Herein Springesklee.

(Der Gerufene erscheint.)

Springesklee:

Warum heiß ich Springesklee?
Harte Arbeit thut mir weh,
Wenn man mir von der harten Arbeit sagt,
So ist mein ganzer Leib verzagt,

Holz hacken und Scheiter klein,
Das will mein' Budel gar nicht ein. — — —
Herein Schellerfriedl.

(Der Gerufene erscheint.)

Schellerfriedl:

Warum heiß ich Schellerfriedl?
In meinem Wald wächst Holz und Prügel.
Holz und Prügel nicht allein,
Hohe Stöck' und niedere Stein'.
Herein wilder Waldmann.

(Der Gerufene erscheint.)

Waldmann:

Warum heiß ich wilder Waldmann?
Weil ich alle Wurzel und Kräuter graben kann,
Ich grab's aus, ich hau's aus,
Und mach' eine kostbare Wundsalb'n b'raus.
Herein Hanssupp.

(Der Gerufene erscheint.)

Hanssupp:

Warum heiß ich Hanssupp?
Im Krieg hätt' ich eine große Lust,
Wo man mit Knöpfl und Semmeln drein schußt,
Mit langer Bratwurst schlüg man drein,
Im Essen und Trinken würd' Keiner über mich sein.
Hätt' ich all' Wochen mein Geld und B'sold,
So könnt' ich schaffen, so lang' ich wollt'.
Herein Rubendunst.

(Der Gerufene erscheint.)

Rubendunst:

Warum heiß ich Rubendunst?
Viel Reden macht Ungunst,
Stillschweigen ist auch eine Kunst,
Hast mir Nachten eine spöttliche Red' angethan,
Daß ich heute noch einen Zorn auf dich han.

Ich hau dir ein Stück aus deinem Leib,
Kropfichter Narr, laß' mich entleit.
Herein Leberdarm.
                    (Der Gerufene erscheint.)

Leberdarm:

Warum heiß ich Leberdarm?
Zieh einher, daß Gott erbarm.
Ich zieh einher aus schneller Eil',
Dreizehn Tag vierhundert Meil',
Hab' nie nichts 'gessen oder 'trunken,
Ist mir mein Herz hinabgesunken.
Herein Rothwein.
                    (Der Gerufene erscheint.)

Rothwein:

Warum heiß ich Rothwein?
Bauern heißen uns böse Buben sein;
Hab' mich Nachten bei einem sauern Wein verfessen,
Hab', glaub' ich, einen Holzschlegl 'gessen.
Herein Höfenstreit.
                    (Der Gerufene erscheint.)

Höfenstreit:

Warum heiß ich Höfenstreit?
Bauern steht's auf, ihr habt schon Zeit.
Ich zieh umher auf freier Straßen,
Welcher will sich meiner maßen?

Rothwein:

Ich stich dich nieder auf freier Straßen.
                    (Sticht ihn nieder.)
Hab' ich einen Sabel und du einen Degen,
Ich hab' dich bracht um dein jungfrisch Leb'n.
Ich hab' dich g'stochen wohl über den Haufen,
Daß deine Seel' auf mein' Schwert herum muß laufen.
Liebe Brüder, helft's mir aus der Noth,
Der Narr liegt da, er ist schon todt.

Obermayer:

Was gibst? ich will dir helfen aus der Noth.

Rothwein:

Starke Wein' und fette Schwein'.

Obermayer:

Starke Wein' woll'n wir trinken,
Fette Schwein' woll'n wir essen,
Woll'n den Höfenstreit nicht gar vergessen.
Zähl' auf:
Ein,
Laß'n liegen, laß'n lein,
Ein, zwei,
Laß'n lieg'n, laß'n steh'n,
Eins, zwei, drei,
Ist schon dabei,
Eins, zwei, drei, vier,
Ist schon hier,
Eins, zwei, drei, vier, fünf,
Ist schon g'friemt,
Eins, zwei, drei, vier, fünf, sechs,
Ist schon g'setzt,
Eins, zwei, drei, vier, fünf, sechs, sieben,
Es ist schon geschrieben,
Eins, zwei, drei, vier, fünf, sechs, sieben, acht,
Es ist schon gemacht,
Eins, zwei, drei, vier, fünf, sechs, sieben, acht, neun,
Kann Alles wohl sein.

Grünwald:

Ich komm' daher vom Fiberall
Mit meiner kostbar'n Wundsalb'n
Hab' Nachts spät einem alten Weib eingeben,
Die erste Stund' ist's todt gelegen.

Obermayer:

Hat mir Nachts spät ein altes Weib gerathen,
Unser Fasching soll den Höfenstreit nehmen beim Kragen,

Vor'm Eingeben, so wird der Höfenstreit aufsteh'n,
Wird länger leben.
Tritt b'Jungfrau herein in grünen Kranz,
Spielleut', macht's auf den Schwerttanz.

Damit schließt der textuelle Theil des Schwerttanzes, über dessen eigentliche Darstellung mir leider nichts Näheres bekannt geworden, doch ist kein Zweifel, daß dieselbe derjenigen des im nahe angrenzenden Salzburg üblichen ähnlich, vielleicht auch ganz gleich gewesen.

Was den vorliegenden Text betrifft, so ist derselbe, wie man sieht dramatisch gehalten und der ganze Schwerttanz in dieser Form eine Art von Spiel, das reichlich alte Wendungen und alte Beziehungen aufweist, die freilich wohl kaum alle heute mehr klargelegt werden können. Bemerkenswerth ist jedoch eine überraschende Uebereinstimmung, welche sich durch fast wörtlichen Gleichlaut einiger Zeilen in dem oben[1]) angeführten in Hessen im Jahre 1650 vorgekommenen Schwerttanze mit dem Texte des von mir hier zuerst mitgetheilten Tanzes, sowie auch mit dem aus dem Salzkammergute von Gebhard angeführten Texte kundgibt. Zum Vergleiche setze ich diese Stellen noch einmal nebeneinander.

In dem hessischen Schwerttanz von 1650 sagt der Vortänzer unter Anderm:

Ich hab' verthan mein Gut
Bis auf einen alten Filzhut,
Der liegt zu Speyer auf dem Keller,
Und ist versetzt vor drei Heller.

In dem von mir hier angeführten dramatisch gehaltenen Texte, dessen Aufzeichnung mehr als 150 Jahre jünger und aus einer ganz anderen Gegend, die scheinbar in gar keinen Beziehungen zu den hessischen Landen steht, stammt, dagegen spricht Edlesblut die Zeilen:

---

[1]) Siehe S. 182, die betreffenden Zeilen sind daselbst, wie auch in dem steirischen Texte gesperrt gedruckt.

Ich hab' verthan mein Vatersgut
Bis auf einen alten zerrissenen Filzhut,
Der Filzhut liegt zu Wien im Keller,
Hab' ihn versetzt wohl um drei Heller.

In dem Salzburger Schwerttanz[1]) heißt es:

Der Fasching ist ein verthunlicher Mann,
Hat all' sein Hab und Gut verthan,
Er hat verthan sein Hab und Gut
Bis auf einen alten zerrissenen Hut.
Er reist das Land wohl auf und nieder;
Was er bekommt, versauft er wieder.

Endlich bemerkte ich hier noch etwas, worauf schon Müllenhoff in seiner Arbeit über den Schwerttanz[2]) hinweist. In Arnim und Brentano's Volksliedersammlung „Des Knaben Wunderhorn" findet sich ein nach einem fliegenden Blatte mitgetheiltes altes Gedicht in Fragen und Antworten, überschrieben: „Der Schmiedegesellen Gruß", worin die Stelle vorkommt:

Essen und Trinken hat mich ernährt,
Darüber hab' ich manchen schönen Pfenning verzehrt,
Bis auf einen alten Filzhut,
Der liegt in der königlichen See- und Handlungsstadt Danzig.
Unter des Herrn Vaters Dache,
Wenn ich aber vorübergeh', so muß ich seiner lachen:
Er ist weder zu gut noch zu bös,
Daß ich ihn nicht mag lösen 2c.

Schon diese Zeilen scheinen darauf hinzudeuten, daß das Gedicht in irgend einer Beziehung zum Schwerttanze gestanden, zumal es Schmieden in den Mund gelegt wird und diese ja, wie wir oben gesehen, als Schwerttänzer nicht selten vorkamen. — Wie dem auch sei, so sind jedenfalls die Uebereinstimmungen der Schwerttänze in den

---

[1]) Siehe oben S. 187.
[2]) Siehe oben das Literaturverzeichniß S. 177.

angeführten Punkten überraschend und deuten auf eine gemeinsame
Quelle hin, die jedenfalls uralt sein muß, da sich Spuren derselben
weit zurück nachweisen lassen. Von allen diesen Tänzen dürfte aber,
was den gesprochenen Text und das Arrangement betrifft, der obersteirische hier zuerst mitgetheilte einer der interessantesten sein und einen
nicht unwichtigen Beitrag zur Kunde des wackeren Gebirgsvolkes
liefern.

VI.

Die deutschen Volkslieder in Steiermark.

Ein Beitrag zur Kunde der Volkspoesie Oesterreichs.

Einleitung.

Wer das Volk kennen lernen will in seinem rechten Denken und
Trachten, in seinem echten Sinnen und Fühlen, in seinem ganzen
Leben und Streben, der muß den Spuren nachgehen, welche in den
alten Mären und Sagen, welche in den Liedern, die aus dem Herzen
des Volkes stammen, niedergelegt sind, der muß diese Spuren zurück ver=
folgen bis zu ihrem ersten Anfang und er wird zu immer tieferer, leben=
digerer Klarheit und zu den überraschendsten Ergebnissen dabei gelangen.

Bei den deutschen Volksstämmen ist für die Untersuchung ein
solches Verfolgen nach rückwärts besonders nothwendig, alte Stammes=
Eigenthümlichkeiten, Rechtsgrundsätze, Sitten und Gebräuche haben
sich bei den deutschen Stämmen erhalten, die oft bis in eine graue
Urzeit zurückreichen und von diesen Stämmen halten wieder jene auf
dem Gebiete der Alpen, die Gebirgsbewohner, besonders zähe fest an
dem Althergebrachten und bieten damit die beste Quelle zur Kunde
ihres Volksthums. Daher sind auch die Aeußerungen dieser Gebirgs=
bewohner in Sagen und Liedern von Wichtigkeit und Interesse und
zumal ist es das Volkslied, welches uns einen tiefen Einblick ge=
währt nicht nur in die Geschichte des Volkscharakters, sondern auch in
diesen selbst. Die Quelle des Volksliedes ist also das Volksthum selbst
und deshalb hat einer unserer berühmtesten Balladendichter und zugleich
gelehrter Sammler auf dem Gebiete der Volkspoesie, Ludwig Uhland[1]),

---

[1]) „Alte hoch- und niederdeutsche Volkslieder", herausgegeben von Ludwig
Uhland. II. Abhandlung. (3. Band von Uhland's „Schriften zur Geschichte der
Dichtung und Sage". Stuttgart 1866.)

den Ausspruch gethan: „daß die deutschen Volkslieder nur aus dem Volksleben zu erläutern und zu ergänzen seien" und „daß das Volk" umgekehrt „ohne Beiziehung seiner Poesie nur unvollständig erkannt würde". Die volle Erkenntniß dieses Satzes hat sich freilich erst in neuerer Zeit herausgebildet, es sind nicht viel mehr als hundert Jahre verflossen, seitdem man der Volkspoesie diese Aufmerksamkeit zugewendet und seit sich die Forscher mit derselben eingehend beschäftigten.

Wie die echten Volkslieder entstehen, darüber läßt sich keine lange Untersuchung anstellen, darüber kann man keine Normen aufstellen, die Minute vielleicht hat ein solches Lied im Sinne eines Einzelnen geboren, der es dann hinaussang, von dem aus es sich fortpflanzte weiter, immer weiter hin; echte ursprüngliche Empfindung hat das Lied entstehen gemacht und weiter verbreitet, darum ist auch der Dichter gewöhnlich unbekannt, darum wird der vielleicht zu Anfang bekannt gewesene Dichter in der Folge vergessen und nur sein Lied geht von Mund zu Munde. So entstehen die Lieder des Volkes recht aus dem Herzen desselben und es ist kein Zufall, wenn sich gleiche An-klänge bald hier, bald dort finden, wenn am Nordseestrande der Fischer ein Lied singt, dessen Inhalt mit demjenigen des Bauers im fernsten deutschen Süden so überraschende Aehnlichkeit hat, es ist kein Zufall, denn das Menschengemüth und das deutsche Herz und das Sinnen und Minnen ist ja dasselbe im Norden wie im Süden, auch im Volksliede findet sich hier ein Anklang und dort ein Gleich-klang und weist die Gleichheit des menschlichen Herzens nach.

Wenn oben darauf hingedeutet wurde, daß diese Lieder des Volkes oft weit zurückreichen in der Geschichte des betreffenden Stam-mes, daß sie oft herübergebracht sind aus einer langen Vorzeit, so ist damit nicht gesagt, daß alle diese Gesänge uralt sind, daß man es auch nur genau bestimmen kann, aus welchem längst verflossenen Jahr-hunderte sie herrühren. Das Charakteristische an dieser Gattung von Volkspoesie ist es eben, daß der unbewußte poetische Hang des Geistes und Herzens sie hervorgebracht, daß sie eine Aeußerung des Gefühles, des Gemüthes enthalten, welche, wie durch alle Gaue unserer Lande, so auch durch alle Jahrhunderte sich gleich bleibt und gleich frisch und wohlgefällig zu Herzen geht.

Die einzige Ausnahme bilden die Volkslieder historischer Gattung, Gesänge, die auf fliegenden Blättern, in alten Büchern zuerst gedruckt wurden und auf diese Art Verbreitung gefunden, oder auch gar nicht im Drucke erschienen und sich im Volke von Mund zu Mund fort- gepflanzt haben, weil sie irgend einen berühmten Helden, eine große That, ein hervorragendes Ereigniß feiern und dann freilich positive Daten enthalten, welche wenigstens das beiläufige Alter des Liedes andeuten.

Was das deutsche Volkslied anbelangt, so ist es bekannt, daß seit Herder's Sammlung: „Stimmen der Völker in Liedern", welche zuerst unter dem Titel „Volkslieder" 1778/79, also beiläufig vor hundert Jahren, erschien, die Aufmerksamkeit insbesondere Deutschlands auf diesen Schatz der Poesie, der so lange ungehoben gelegen, zuerst wieder gelenkt wurde. Der von Herder citirte Satz Montague's: „Die Volkspoesie, ganz Natur, wie sie ist, hat Naivetäten und Reize, durch die sie der Hauptschönheit der künstlich vollkommensten Poesie gleichet", war es, welcher zu gründlicheren Untersuchungen anregte, welcher auf ein Gebiet der Literatur hinlenkte, das bald Bedeutendes aufweisen sollte und auf dem nicht lange darnach die Sammlung: „Des Knaben Wunderhorn" von Arnim und Brentano einen vielverheißenden Erfolg errang, wobei freilich der Charakter des an sich so wichtigen und werthvollen Unternehmens durch den romantisch-mystischen Anstrich, den ihm die Herausgeber, zwei Hauptvertreter der romantischen Schule, gegeben, in gewisser Beziehung beeinträchtigt worden war. Nichtsdestoweniger hatte man mit dem „Wunderhorn" das erste Com- pendium deutscher Volkslieder erhalten, und deutscher Forschergeist verlegte sich nun auf die Detailforschung. Die letzten Decennien haben hiebei besonders viel zu Tage gefördert. Im Zusammenhange damit stand die Untersuchung und Verfolgung deutscher Dialekte, ohne die eben noch immer ein großer Theil des Gebietes verschlossen blieb;

auch diese machte bald Fortschritte, und immer mehr bewahrheitete sich
der obige Ausspruch des großen Franzosen, nachdem man immer mehr
Hindernisse beseitigt und nun tiefer eingedrungen war.

Obgleich man beim Volksliede und zwar sowohl beim hochdeutschen als auch beim dialektischen eine eigentliche territoriale Ab-
grenzung nicht machen kann, da sich weder Poesie, noch Sprache an
äußere Grenzen binden, so war doch bald nicht zu verkennen, daß
selbst das Aeußere eines Landes ungewöhnlich viel Einfluß auf die
Gattung des Liedes ausübt, daß die Verschiedenheit des deutschen
Dialektes nicht nur Ton und Stimmung, sondern selbst des Liedes
Situationen, wenn ich mich so ausdrücken darf, beherrscht, und daß,
insbesondere in den deutschen Theilen Oesterreichs, das Sprachgebiet des
baierischen Dialektes, welcher ja in allen Gebirgsländern unseres schönen
Vaterlandes mehr oder weniger vorherrscht, auch gewisse Lieder umfaßt,
die so urfrisch, so gemüthvoll und innig in dem Gebiete eines anderen
Dialektes — den alemannischen etwa ausgenommen — kaum vorkommen,
auch der Natur des Volkscharakters nach nicht vorkommen können.

Vom baierischen Hochlande an gegen Süden und Osten zieht sich
dieser gebirgige Theil des deutschen Bodens, welcher nicht nur durch
die Aehnlichkeit des demselben Sprachstamme angehörigen Dialektes der
Bewohner auf dem ganzen Gebiete, sondern auch durch die Aehnlichkeit der Tracht, der Sitten, Gewohnheiten und Volksgebräuche als
gewissermaßen zusammengehörig betrachtet werden kann. Auf österreichischem Gebiete umfaßt dies Gebiet die Gebirgsländer: Salzburg,
Ober- und zum Theil auch Niederösterreich, Kärnten, Tirol und Steiermark. Die Beziehungen der Bewohner dieser Länder zum Wald- und
Gebirgsleben sind die gleichen, ihre Anschauungen dieselben, die Grenzen
ihrer Länder gehen in einander über und manches Lied, das in Kärnten
und Salzburg als Volkslied verbreitet ist, kann auch der Bewohner
der Steiermark als sein wirkliches Eigenthum beanspruchen, denn weder
Berg noch Thal bilden Grenzen des Gesanges.

Die Volkslieder, welche sich auf dem Boden Steiermarks finden,
welche in seinen Thälern und auf seinen Bergen gesungen werden,

gehören zum größten Theile jener Gattung von Liedern an, die, sei
es im Dialekte, sei es in hochdeutscher Sprache, sei es endlich auch
in einer Mischung von beiden die Empfindungen des einfachen Natur-
menschen, wie er im Dorfe und auf den Alpen angetroffen wird,
ausdrücken, es sind die echten Naturlaute der Poesie, ungekünstelt
und unverfälscht, oft von wunderbarer, doch ergreifender Einfachheit,
oft sogar Anklänge enthaltend an andere Lieder, die fern von der
Steiermark gesungen werden und die in seltsamer Uebereinstimmung
stehen mit diesen Gesängen. Die Natur, die Anschauung des Nächst-
gelegenen bietet zumeist den Stoff dar, der in Steiermarks Liedern
so vielfach umgeformt und variirt wird, immer jedoch so, daß überraschende Gedanken und Empfindungen zu Tage treten, die neu scheinen
und doch unbewußt in eines jeden Menschen Herz und Brust gelegt
schlummern.

Wir müssen damit einen Blick thun auf die hauptsächlichsten
Gattungen der Volkspoesie Steiermarks und auf das in derselben vor-
wiegende Element. Es ist bekannt, daß die im Volksmunde lebenden
Lieder, wie ja schon oben angedeutet worden ist, sich in zwei große
Gruppen scheiden lassen, in die Gruppe der historischen Gesänge,
welche äußeren Anlässen entstammen, und in diejenige der mehr reflectirenden und Empfindungen wiedergebenden Lieder, welche der inneren
und äußeren Anregung zugleich ihre Entstehung verdanken, aber tiefer
in das Gemüth blicken lassen, und immer einen mehr subjectiven
Charakter an sich tragen, einen subjectiven Charakter allerdings, der
auf jedes Subject angewendet werden kann und dem Poem dadurch
den Stempel der Universalität aufprägt. Dadurch unterscheidet sich
das reflectirende Volkslied eben von der Kunstpoesie, die selbst in ihrer
größten Vollendung nie so universell zum Herzen sprechen wird und
nur den größten Geistern der Nationen ist eine Nachahmung in dieser
Richtung gelungen. Ueber das historische Volkslied sagt Vilmar[1]),
der bekannte eifrige Forscher auf diesem Gebiete: „Das wirklich Erlebte,

---

[1]) „Geschichte der deutschen National-Literatur", 14. Auflage (Marburg und
Leipzig 1871).

wirklich Erfahrene, das wahrhaftige Leben ist sein Stoff, wie der
Stoff der alten epischen Volksgesänge; nur mit dem bedeutenden
Unterschiede, daß nicht Thaten und Erlebnisse des ganzen Volkes gesungen werden, sondern das, was der Einzelne erlebt hat und ihm
widerfahren ist, beides aber mit gleicher Unmittelbarkeit der Anschauung, beides mit gleicher Wahrheit: dort sind es Thaten, hier
Empfindungen, welche dargestellt werden, aber beidemale nicht erdichtete
Thaten oder durch Betrachtung angeregte Empfindungen, nicht Thaten
und Empfindungen, für welche erst Theilnahme gewonnen werden
müßte, sondern solche, welche diese Theilnahme wirklich besitzen, weil
sie vor dem Liede bereits vorhanden waren." Aber auch auf die
Gattung der reflectirenden Volkslieder paßt Vilmar's Auseinandersetzung
zum größten Theile; auch hier spricht der Einzelne seine Empfindungen
aus und thut dies unbewußt auf eine Art, daß Jedermann davon
angemuthet wird.

Was die Gattung des historischen Volksliedes betrifft, so ist dieselbe in Steiermark schwach vertreten, es scheint fast, als ob der Lauf
der Jahrhunderte das Meiste hinweggespült hätte, was auf diesem
Gebiete vorhanden war. Selten bietet sich ein Anhaltspunkt, der zu
dem positiven Resultate der Auffindung eines wirklichen historischen
Volksliedes führen würde, das man als specifisch der Steiermark
angehörig bezeichnen könnte. Obgleich die Geschichte nicht gerade arm
ist an Ereignissen, welche doch sonst dem Volksmunde die Veranlassung zu Liedern, in denen dieselben gefeiert werden, bieten, hat sich
doch wenig genug davon erhalten. Freilich sind die historischen Begebenheiten nicht von so großer Tragweite gewesen, als diejenigen der
nördlich gelegenen deutschen Länder; freilich hat die Abgeschlossenheit
der Gebirgsthäler und Berge von der großen Heerstraße merkwürdiger
Begebenheiten es nicht selten bewirkt, daß diese verklangen und keinen
Liedermund fanden, der sie besungen hätte, immerhin aber sollte man
meinen, daß für das ganze Land wichtige Begebnisse, wie etwa die
Türkenkriege, von welchen ja die Steiermark nicht wenig zu leiden
hatte, und andere große Kämpfe den Vorwurf zu Liedern geboten, daß

Fürsten und andere Männer, denen das Land Großes verdankt, als
Helden solcher Lieder Eingang gefunden haben sollten. Es ist dies,
wie ich im Verlaufe nachzuweisen im Stande bin, auch in der That
der Fall gewesen, aber noch immer scheint ein reiches Material nicht
aufgefunden zu sein und vielleicht gerade das beste und wichtigste.
Gerade aus der neueren Zeit stammen übrigens einige ganz vorzügliche Gesänge, welche in allen Alpenthälern widerhallen und einen
historischen Anstrich haben, es sind dies beispielsweise die verschiedenen
Lieder auf den Erzherzog Johann, einen Fürsten, dessen wichtiger Einfluß auf Steiermark und seine Bewohner ja längst bekannt ist, und
dem in ewiger Dankbarkeit dieses Volk in zahlreichen Liedern manches
unvergängliche Denkmal gesetzt hat, denn manches dieser Lieder
wird gesungen werden, so lange dankbare Herzen im Lande überhaupt schlagen.

Reichhaltig dagegen ist die Volkspoesie des Empfindens, des
Reflectirens vertreten. Es sind dies jene Gesänge, welche so recht dem
innern Leben und Wesen des Volkes entspringen, das sie zuerst in
Fragmenten, in einzelnen Theilen singt und auf welche die trefflichen
Sätze Uhland's Anwendung finden[1]): „Die Liederbildung kann noch
halbfertig und unabgelöst von ihren Anlässen im Volksleben auf-
gewiesen werden, wie sie aus mancherlei Beschäftigungen und Bedürf-
nissen, aus sinnbildlichen Handlungen, Festlichkeiten, Spielen und
anderen öffentlichen oder häuslichen Vorkommnissen erst nur formelhaft,
spruchartig und rufsweise auftaucht. Aber auch ausgestaltete Lieder
geben gleichartigen Ursprung durch ihre typische Beschaffenheit kund,
ihre Grundanlage ist überliefert und in altherkömmlichen Gebräuchen
vorgebildet, doch triebkräftig genug, daß die Ausführung sich in freiem
und mannigfachem Wechsel bewegen kann." Viele dieser Lieder „der
besten Art bewähren in der Einheit des Gedankens und der Empfindung, sowie in der abgerundeten Darlegung die ungetheilte That des
unbekannten Urhebers. Obgleich aber ein geistiges Gebilde niemals
aus einer Gesammtheit, einem Volke unmittelbar hervorgehen kann,

---

[1]) A. a. O. S. 10.

obgleich es dazu überall der Thätigkeit und Befähigung Einzelner
bedarf, so ist doch, gegenüber derjenigen Gattung, die im Schrift-
wesen der Persönlichkeit und jeder besonderten Eigenheit oder augen-
blicklichen Laune des Dichters zukommt, in der Volkspoesie das Ueber-
gewicht des Gemeinsamen über die Anrechte der Einzelnen ein ent-
schiedenes." Es sind dies jene Punkte, auf die oben schon von mir
hingewiesen wurde, da in dem kräftigen Gebirgsvolke der Steiermark
auch noch „alle Geisteskräfte unter dem vorwaltenden Einflusse derjenigen, welche eigenthümlich zur Poesie wirken, der Einbildungs- und
der Gefühlskraft, gesammelt sind und von denselben Einflüssen das
gesammte vom Geiste stammende Volksleben durchdrungen und darnach in Sprache, Geschichte, Glauben, Recht und Sitte ausgeprägt
ist", so ist es leicht erklärlich, daß jene Gattung von Liedern, welche
dem eigentlichen Volksleben angehören, am zahlreichsten im Munde
des steiermärkischen Volkes vertreten ist.

So kommt es denn, daß wir eine Zahl von Liedern aufweisen
können, die in engster Verbindung mit den Beschäftigungen des täg-
lichen Lebens stehen, die sich aus der Mitte der Hauptberufsstände,
welche im Lande vertreten sind, entwickelt haben und natürlich auch
gebührend die Vorzüge ihres Standes feiern. Ist doch keiner unter
den Ständen, dem nicht irgend eine poetische Seite abzugewinnen
wäre. So finden wir beispielsweise in den Bergwerken der oberen
Steiermark eine Reihe der schönsten Lieder, welche der Bergmann singt
und die bisher so gut wie gar nicht bekannt sind, diese Bergmannslieder haben durch ihr Alter und ihre Beziehungen auf frühere
Jahrhunderte nicht selten einen historischen Anstrich und bieten werthvolle Beiträge zur Volkskunde der jetzigen und der früheren Zeit.
Natürlich ist es im Alpenlande vor allem Andern das Alpenleben
mit seinen Reizen, welches im Liede besungen wird. Es ist erstaun-
lich, wie bei einer so großen Menge von Gesängen aus den Alpen
doch noch so viel neue und überraschende Gedanken in diesen Liedern
zu Tage treten, wie das Leben der Sennerin und ihr einfaches Hausen
auf der Alm dem Liede so unendlich viel poetische Abwechslung zu

bieten vermag, wie Liebeslust und Leid in den Alpenthälern und auf
den Bergen in so vielfachen Variationen aus dem Volksmunde uns
entgegenklingen. Der Wildschütz, der Jäger überhaupt, sie haben
ihre eigenen zahlreichen Gesänge, die aus ihrem Volke selbst entstanden
sind und sich fortgepflanzt haben in den Bergen von einem Munde zum
andern, Gesänge, welche das Leben des Schützen preisen und seine
edle Beschäftigung, seine Beziehung zur Natur und sein Weilen an
ihrem Herzen. Auch der Bauernbursche, der Gebirgsbewohner, welcher
der allgemeinen Pflicht Genüge leisten und in's Feld ziehen muß auf
den Ruf des Kaisers, hat bald seine eigenen Lieder, er weiß die heitere
Seite dem neuen Stande abzugewinnen, den er schließlich auch lieb=
gewinnt und wir finden daher eine Reihe von Soldatenliedern, die
des Soldaten Lust und Leid schildern, die uns seine Sehnsucht nach
der Heimat zeigen, die endlich den warmen Patriotismus des Sängers
für Kaiser und Vaterland kundgeben und unter denen einige zu den
besten Volksliedern auf diesem Gebiete überhaupt zählen, wie sich im
Verlaufe dieser Darstellung zeigen wird.

Sind alle diese Lieder dem Lande specifisch eigenthümlich, so
finden sich auch solche, welche in einer ganz überraschenden Beziehung
stehen zu einer Reihe von deutschen Volksliedern, die in ganz Deutsch=
land gesungen werden und offenbar mit denselben einer gemeinsamen
Abstammung sind, es weisen diese Lieder so schön auf die Geschlossen=
heit des ganzen deutschen Volksstammes hin und auf das gleiche
Gefühl für das Schöne und Gemüthvolle, welches Gefühl seit Jahr=
hunderten ein Lied aufbewahrt hat im Süden und im Norden deutscher
Gaue und dasselbe fortsingt.

Einer ganz besonderen Gattung von Volksliedern ist hier noch
zu gedenken, die mit den Sitten und Eigenthümlichkeiten des Landes
eng zusammenhängen, insbesondere aber aus dem religiösen Gefühle
des Bewohners hervorgegangen sind; es sind dies die geistlichen
Lieder, und zwar meine ich diejenigen geistlichen Lieder, welche wirklich
im Volke und vom Volke gesungen werden; wahre Perlen religiöser
Poesie finden sich darunter, eine Reihe von Maria Zeller Liedern

gehört insbesondere zu Marien=Gesängen von großer Zartheit und
Innigkeit; abgesehen aber von diesen mehr mit dem kirchlichen
Cultus selbst in Verbindung stehenden Liedern ist ein Schatz naiver
Volkspoesie enthalten in den Weihnachts= oder Hirtenliedern, welche
das Landvolk Obersteiermarks heute noch singt. Diese Lieder sind
uralt und werden von Generation zu Generation innerhalb der
Familie fortgepflanzt, sie spiegeln die Anschauungsweise und den Sinn
des Alpenvölkleins in eigenthümlicher Weise und bieten besonders
werthvolle Documente zu dessen Charakteristik, wie sie auch oft sprachlich
von großem Interesse sind.

Wie bei allen Volksliedern, so wird man auch bei denen aus
Steiermark vergebens nach dem Verfasser suchen, derselbe ist zumeist
unbekannt, wenn auch, wie ich Gelegenheit haben werde zu zeigen,
mitunter sich der Dichter des Liedes aufspüren läßt; das ist jedoch in
seltenen Fällen der Fall. Von den neueren deutschen Liedern, deren
Dichter bekannt sind und die sich als Volkslieder in Deutschland eingebürgert haben, ist in der Steiermark — es ist selbstverständlich hier
das flache Land gemeint — wenig oder gar nichts bekannt. So haben
wir es also gewöhnlich mit Liedern unbekannter Verfasser zu thun und
nur am Ende etwa finden sich mitunter dem Volksliede charakteristische
Andeutungen allgemeiner Art, wie etwa

> Nun wollen wir's Lied beschließen, Leut',
> Was drinnen steht, ist wahr,
> Und der es euch erzählet hat,
> War selbst in der Gefahr.
> Dies hat ein Arrestant erdicht'
> Zu Irdning in dem Landgericht,
> Der, weil er keine Arbeit hatt',
> Die Zeit also verwendet hat.

oder auch

> Und fragt ihr, wer dies Lied gemacht,
> Und wer dies Lied ersunnen,
> Es sangen's drei zarte Jungfräulein
> An einem kühlen Brunnen.

Die Sprache, in denen die meisten der Lieder vorkommen, ist eine eigenthümliche Mischung von Dialekt und Hochdeutsch, wozu freilich auch die Aufzeichnung, aus der manches Lied stammt, beigetragen haben mag, immerhin aber sind auch die verschiedenen Elemente unter den Bewohnern, welche sich eben auch auf dem Lande in Steiermark finden, darauf von Einfluß gewesen, daß ein ursprünglich jedenfalls rein im Dialekt vorgekommenes Lied nach und nach in eine Art von gemischter Sprache überging. Uebrigens finden sich auch hochdeutsche Lieder, die dann das Landvolk eben so gut singt als es kann und natürlich nicht wenig wirklich dialektische Lieder; die Alpen-, Wildschützen- und Liebeslieder gehören insbesondere hieher, überhaupt alle jene Gesänge, welche mit dem eigentlichen Leben auf den Bergen in engerem Zusammenhang stehen.

Bei einem Volksliede ist nun freilich auch ein sehr wichtiger Factor zu berücksichtigen, nämlich die Musik. Ein fleißiger Sammler und Herausgeber von deutschen Volksliedern, August v. Haxthausen, sagt anläßlich der Erwähnung einer vorhabenden Sammlung solcher Lieder: „Die Mitherausgabe der Melodien halte ich für die Conditio sine qua non in Bezug auf Volkslieder, sonst sind sie Leib ohne Seele", ferner „die Volkslieder sind im Aussterben begriffen, nicht bloß die Texte, auch die Melodien, es ist Pflicht sie vor dem Vergessen zu retten." In dieser Beziehung stellen sich nun freilich begreiflicherweise viele Schwierigkeiten entgegen; so sehr es jedoch zu bedauern ist, daß auch von den Volksliedern der Steiermark die Melodien zugänglich zu machen oft kaum möglich erscheint, so sind andererseits gerade bei den Liedern der Alpenländer viele dieser Melodien theils gleich, theils ähnlich und dasselbe Lied wird sogar oft nach verschiedenen Melodien gesungen, andererseits ruht aber im Texte selbst meist so viel Frische und Ursprünglichkeit, so viel poetische Tiefe, daß schon aus diesem das Volksleben uns in seiner ganzen Natürlichkeit entgegenklingt und man auch nur den Text zu retten schon als eine würdige Aufgabe betrachten kann. Freilich wird dasselbe Lied anders aufgefaßt und begriffen werden, wenn es die Sennerin, wenn es der

Wildschütz in ihren Bergen erklingen lassen, wenn es der Bergmann beim Schlage seines Hammers tief unter der Erde singt oder der Soldat im Felde, wo er seiner schönen Heimat gedenkt, aber dieses eigenthümliche Gepräge, daß das Lied nur aus der umgebenden Natur so recht aufgefaßt wird, kann ihm selbst die Aufzeichnung der Melodie nicht ertheilen.

Bevor ich zu der eingehenderen Besprechung der verschiedenen Gattungen der deutschen Volkslieder Steiermarks übergehe, sei noch einer Art der Volkspoesie Erwähnung gethan, welche mit dem eigentlichen Liede im engen Zusammenhange steht, es ist dies die dramatische Gattung der verschiedenen Spiele, welche zweifellos ein sehr hohes Alter haben und auf dem Lande noch hier und da zur Darstellung gelangen; diese Spiele erinnern an die ersten Anfänge der deutschen Komödie und gewähren einen nicht minder charakteristischen Einblick in das Leben des Volkes als wie dessen Lieder, sie sind allerdings zumeist geistlicher Natur, wie das Paradiesspiel in Obersteiermark und Anderes, jedoch kommen auch solche Spiele, die aus dem gewöhnlichen weltlichen Leben gegriffen erscheinen, vor. Sie sind zumeist auf keinen großen scenischen Apparat berechnet, ja wohl geradezu auf das Fernsein jedes solchen Apparates überhaupt, so daß sie in jedem beliebigen Orte aufgeführt werden können.

Die Literatur des steiermärkischen Volksliedes ist eine überaus geringe, die Arbeiten Weinhold's und Gabriel Seidl's allein bieten eine kleine Auswahl, zu einer eigentlichen größeren Sammlung ist es bisher noch nicht gekommen [1]), die Schwierigkeit einer solchen ist aller-

---

[1]) Nachstehend verzeichne ich eine Literaturzusammenstellung von Werken, welche zu vergleichen sind und auf deren manche ich im Verlaufe der Darstellung öfter zurückkomme:

August Schumacher's „Bilder aus der Steiermark" (Wien 1822) enthalten einen Anhang von (23) „Steyer'schen Liedern". Leider sind die schönen Stücke durch Uebertragung in's Hochdeutsche entstellt und ihrer Eigenthümlichkeit beraubt.

„Almer. Innerösterreichische Volksweisen von Johann Gabriel Seidl", 3 Hefte (Wien 1850), enthalten dagegen einen Schatz von Liedern im Dialekt und bieten, da sie zumeist Steiermark berücksichtigen, das meiste bisherige Material. Auch ist diesen drei Heften je ein Glossar beigefügt, das einzige, welches meines Wissens bisher über die Dialekte Steiermarks besteht. Die fast vergessenen „Almer"

dings nicht zu verkennen, doch aber schenkt man in neuerer Zeit dem
Volksliede wieder besondere Beachtung und es beginnt sich eine gewisse
Regsamkeit kundzugeben auch auf dem Gebiete der dialektischen Unter=
suchungen, so daß zur Förderung auch des Volksliedes der Steier=
mark Manches zu erwarten sein wird, wie es das schöne Land nicht
allein, sondern auch der Schatz von Poesie, der in diesen Liedern
steckt, verdient.

Eines hohen Förderers erfreute sich in neuerer Zeit der Volks=
gesang aus dem steirischen Alpenlande an dem Erzherzog Johann;

wurden in der schönen Neuausgabe von „Seidl's Gesammelten Schriften"
(Wien 1879), Band IV, wieder neu zugänglich gemacht.

Karl Weinhold's „Weihnachts-Spiele und Lieder aus Süddeutschland und
Schlesien" (Graz 1853) bieten wissenschaftlich gründlich bearbeitete Piècen, darunter
insbesondere auch die obersteirischen Paradeisspiele.

Karl Weinhold, „Ueber das deutsche Volkslied in Steiermark" in den
„Mittheilungen des historischen Vereines für Steiermark", Heft IX (Graz 1859),
führt eine Zahl werthvoller Lieder vollständig an

P. K. Rosegger und Richard Heuberger, „Volkslieder aus Steiermark"
(Pest 1872), bieten ebenfalls Neues, es ist die einzige Sammlung, welche den
melodiösen Theil berücksichtigt, die Texte scheinen von Rosegger interpolirt, die
Melodien sind von Heuberger bearbeitet.

Außerdem sind aber auch die Sammlungen von Volksliedern der an=
grenzenden Gebirgsländer besonderer Beachtung zu unterziehen, zumal die Lieder
jedes dieser Länder mit denen Steiermarks oft nicht nur Aehnlichkeiten aufweisen,
sondern sogar aus den Grenzgebieten identisch sind. Hier seien vorläufig nur
erwähnt:

„Oesterreichische Volkslieder mit ihren Singweisen", gesammelt und
herausgegeben durch F. Tschischka und J. M. Schottky. 2. Aufl. (Pest 1844).

„Die (ober-) österreichischen Volksweisen". dargestellt in einer
Auswahl von Liedern, Tänzen und Alpenmelodien, gesammelt von Anton
Ritt. v. Spaun (Wien 1845).

„Salzburger Volkslieder mit ihren Singweisen", gesammelt von
Maria Vinzenz Süß (Salzburg 1865).

„Deutsche Volkslieder aus Kärnten", gesammelt von Dr. V. Po=
gatschnigg und Dr. Em. Herrmann. 2 Bände (Graz 1869). Der erste Band,
die Liebeslieder enthaltend, in 2. Auflage 1879.

„Oberbayerische Lieder mit ihren Singweisen . . ." gesammelt und
herausgegeben von Fr. v. Kobell. 2. Aufl. (München 1871)

Endlich gehören hieher: die „Weihnachtslieder aus Kärnten" in dem
„Kärntischen Wörterbuch" von Dr. Math. Lexer (Leipzig 1862), und die
„Culturstudien über Volksleben, Sitten und Bräuche in Kärnten" von Franz
Franzisci (Wien 1879).

14*

unermüdet wirkte dieser ausgezeichnete Fürst dahin, seine Sammlung
von Liedern jenes Volkes, dem er seine ganze Liebe zugewendet hatte,
zu vervollständigen, er berücksichtigte den musikalischen Theil auch insbesondere und heute noch enthält das von ihm begründete Archiv,
welches sich nur auf den Fürsten bezieht, Schätze von Noten über den
steirischen Volksgesang. Der kunstliebende Prinz schrieb sogar im Jahre
1810 Preise aus für ein Wettsingen steirischer Sänger, das zu Graz
vor sich ging[1]), nachdem er früher schon zur Einsendung von Texten
und Weisen der im Lande verbreiteten Volkslieder aufgefordert hatte.
Anläßlich der zweiten Decennialfeier der steiermärkischen Landwirth-
schaftsgesellschaft in Graz im September 1840 fand auch das Wettsingen der Volkssänger und Spielleute statt, „die sich einzeln oder in
Musikbanden vereint zu dem Feste in der Hauptstadt Steiermarks
einfanden. Es machte einen eigenthümlichen Eindruck, diese naiven
Spielleute, die bisher nur in einer engen düsteren Wirthsstube zum
Kirchweihtanze gespielt hatten, und diese verschämten Landdirnen, die
bisher die Naturtöne ihrer Brust nur von der Höhe ihrer Alpenwei-
den in die tiefe Stille der Einsamkeit hatten hinauswirbeln lassen,
jetzt ihre einfachen Hirtenweisen in weiten, reichbeleuchteten Sälen und
vor Tausenden von kunstverwöhnten Städtern vortragen zu hören.
Aber sie errangen allerseits den lebhaftesten Beifall und als der er-
lauchte Gönner der Gebirgsvölker sich anschickte, nach dem Ausspruche
der Preisrichter die in weiß und grüne Seidenbänder gefaßten Preise
mit eigener Hand zu vertheilen, brach die versammelte Menge in rau-
schendsten Jubel aus.“ Den Bestrebungen des Erzherzogs sind viele
der Volkslieder, welche sich in den unten angeführten Schriften finden,
zu verdanken[2]), manche dieser Lieder hat er sogar eigenhändig unmittelbar aus dem Volksmunde aufgezeichnet.

---

[1]) Man vergleiche diese Preisausschreibung in meinem „Erzherzog Johann
und sein Einfluß auf das Culturleben der Steiermark“ (Wien 1878), S. 388.

[2]) Auch ich selbst war in der Lage, die noch immer nicht erschöpfte Sammlung
benützen zu können. Die daraus herrührenden Stücke sind in der nachfolgenden
Wiedergabe mit „Erzh. Joh.“ bezeichnet. Viele Stücke verdanke ich freilich der
Liebenswürdigkeit des Herrn Friedrich F. A. Kienast in Eisenerz, der mir in

Wir betrachten nun unter gewisse Schlagworte zusammengefaßt
die einzelnen Gattungen der in Steiermark vertretenen Volksgesänge.
Die Bemerkung dürfte noch am Platze sein, daß diese Lieder haupt=
sächlich in Obersteiermark, weniger in der mittleren Gegend Steier=
marks, fast gar nicht mehr aber in Untersteiermark gesungen werden,
wo bekanntlich das slavische Element bereits stark vorherrscht und sich
vielmehr für Untersuchungen auf dem Gebiete der slavischen Volks=
liederkunde ein ergiebiges Terrain bieten würde.

Was die Wiedergabe des Dialektes anbelangt, so habe ich von
allen den verschiedenen Bezeichnungen, welche bisher in so bunter Form
üblich waren, bei der Schreibart der Worte abgesehen, von dem Grund=
satze ausgehend, den auch Anton v. Spaun[1]) in den Worten betont:
„Bei der thatsächlichen Mannigfaltigkeit der verschiedenen Nuancen
in der Aussprache, bei der Unmöglichkeit, alle diese Nuancen aufzu=
fassen und wiederzugeben, wäre es gewiß sehr zu wünschen, daß Jeder,
der in der Volksmundart schreibt, Alles was zu sehr in's Kleinliche
geht, aufgebe, sich mehr an den gemeinsamen Typus als an das
Locale und Specielle halte, daß Jeder, wo ihm freie Wahl gestattet
ist, jenen Ausdruck wähle, der mit der Sprache gebildeterer Stände
mehr übereinstimmt, und darum Allen verständlicher ist, daß man sich
überhaupt von der allgemein üblichen Schreibart nicht mehr, als un=
umgänglich nothwendig ist, entferne. — Die Befolgung dieses Grund=
satzes wird den großen Vortheil leichterer Verständlichkeit gewähren
und gewiß ist es besser, wenn man die Eigenthümlichkeit der Sprache
nicht ganz erreicht, als wenn man sie verfehlt oder gar übertreibt.“
Der Versuch, die Nuancen der Sprache wiederzugeben, führt dann noch
dazu, dem Aeußeren des Ganzen ein so verworrenes, unschönes Aus=
sehen zu geben, daß man von dem schönsten Gedichte, bevor man

---

unermüdlichem Sammelfleiße aus dem größten Theile der nördlichen Obersteiermark
wahre Perlen der Volkspoesie zukommen ließ, wie mich überhaupt Kenner des Landes
und Volkes, insbesondere beispielsweise auch der Nestor der steirischen Musik, Herr
Jakob Schmölzer, durch Zusendungen unterstützten. Allen Diesen hier meinen
besten Dank.

[1]) In seinen „Oesterreichischen Volksweisen“, S. XIII.

sich hinein vertieft, auf den ersten Anblick abgeschreckt wird, ich er-
innere diesfalls an die Schreibart älterer, im Uebrigen bedeutender
Dialektdichter aus den Dreißiger= und Vierziger=Jahren. Bemerken
muß ich jedoch auch, daß dialektische Stücke, die in dem Nachfolgenden
zum erstenmale wiedergegeben werden, und es ist dies fast bei Allen
der Fall — oft sehr sorgfältig nach der Schreibung des Originals
wiedergegeben wurden und nur überflüssige Zeichen ausgeblieben sind,
so daß der Charakter des Gedichtes nirgends auch nur angetastet wurde.

Leben und Lieben auf der Alm.

„Almer" wird eine bestimmte Gattung zweistimmiger Alpen=
gesänge genannt, und durch diesen Ausdruck hauptsächlich die melodische
Seite dieser Lieder bezeichnet. Johann Gabriel Seidl hat denselben
Ausdruck seiner Sammlung „innerösterreichischer Volksweisen" als
Titel vorgesetzt, „um Strophen und Lieder, die alle auf und zwischen
Alpen (Almen) entstanden sind, unter einem einfachen, mundgerechten
Namen zusammenzufassen". Schon aus dieser Bezeichnung des Lieder-
dichters und Liedersammlers ergibt sich, daß die meisten der Gesänge,
welche im Lande vorkommen, ihren eigentlichen Boden in den Bergen
und Thälern des Hochlandes haben und den Bewohnern der Alm
ihre Entstehung verdanken. Diese Lieder sind unbedingt direct dem
Volksmunde entsprossen und fußen ihrer ganzen Individualität nach im
Gemüth des Bewohners der oberen Steiermark. Allerdings weisen
sie Aehnlichkeiten auf mit anderen Liedern, jedoch nur mit solchen, die
in den umliegenden andern Gebirgsländern vorkommen, und sie hauptsächlich bieten uns kleine Culturbilder des Gebirgslebens, dem sie entstammen. Die echten Volkslieder dieser Art wird man in Städten
und an Orten, welche weniger von den eigentlichen Söhnen und
Töchtern der Berge bewohnt werden, vergebens suchen, dafür pflanzen
sie sich an Ort und Stelle von Generation zu Generation fort immer
in gleicher Ursprünglichkeit, immer in gleicher Frische.

„Von der Alm" stammen nun freilich auch die Jäger- und Wild-
schützenlieder, auch die Bauernlieder und manche andere dieser Gesänge,
hier aber mögen nur diejenigen vorläufig ihre Berücksichtigung finden,
welche die Natur an sich zum Gegenstande ihrer Betrachtung gewählt
haben, welche die Beziehungen des eigentlichen Gebirgsvolkes zu den
Bergen, die es bewohnt, vor Augen führen, welche die Liebe und
Anhänglichkeit desselben an diese Berge, an die Alpen der Steiermark,
zeigen und welche im unverfälschten Naturlaute die zahllosen Schönheiten derselben anspruchslos und doch so innig und wahr schildern.

Nur eine Gattung von Liedern muß allerdings auch noch ihre
Berücksichtigung finden, die mit den eigentlichen Almliedern im engsten
Zusammenhange steht, es ist das Liebeslied. Nirgends klingt das
Jubeln der von Liebe beglückten Herzen schöner aus als in dem
Liebesliede der Alpen, nirgends wissen Freude und Schmerz im Leben
der Liebe, nirgends auch Trauer und Wehmuth so innige, rührende
Töne anzuschlagen, als in den Almliedern, welche der „Bua" oder
die Sennerin singen und welche uns das Herzensleben des Menschen
hier im Naturlaute ersehen lassen, der nichts Gezwungenes und Künst-
liches an sich trägt. Nicht nur dem innerlichen Charakter des Alm-
lebens nach, sondern auch äußerlich erscheint jedoch das Liebeslied mit
dem Gesange verknüpft, der das Leben in den Bergen schildert und
verherrlicht und eine Theilung, eine Trennung läßt sich schon aus
diesem Grunde nicht leicht anstellen.

Wir sehen in allen diesen Liedern „von der Alm" diese Wechsel-
wirkung zwischen Herzens- und Naturleben hervorleuchten und selten
ist ein Lied davon frei, wie etwa das folgende schöne und fromme
Naturbild:

Morgen- und Abendroth.

Ob'n ban Berg'n dort
Wird's a so roth,
Daß a so gschami schaut
Und a so heili' grant,
Moan i gilt Gott!

In da Fruah, auf die Nacht
Frumma Mensch koana lacht,
Druckt 'n ban Herz'n d'rin,
Daß er aft wia na Kin
Gott frumm batracht.

In da Fruah bittat er,
Daß iahm lieb hätt' der Herr,
Moant aft er is net werth,
Daß a so was bagehrt,
Lacht aft net mehr.

Bittat a auf die Nacht,
Wann er sei Thoan batracht,
Daß Gott die Sünn vazeih,
Und eahm no Gnad' valeih,
Statt daß a lacht.

In da Fruah, auf die Nacht,
Hat er si recht batracht,
Werd' eahm die Wangla roth,
Schamt si vur sein'n Gott,
Hat koanmal g'lacht.

Ob'n ban Berg'n dort,
Ist's a so roth!
Daß a so gschami schaut,
Und a so heili graut,
Gilt unsarn Gott!

Erzh. Joh.

Schon das nächste Lied, welches ich diesem folgen lasse, zeigt neben der Herzensfreude über die Schönheiten der Natur, die Freude, welche der Sänger bei der „Schwoagrin find't".

Auf der Alm.

Auf da r Alm, da is so wunderschön,
Siacht man d'Röserln blüahn,
Siacht man d'Sunn aufgehn,
Auf da r Alm, da is so wunderschön,
Blüahn die Röserln dorten goar so schön!

Auf da r Alm, da waht a frischa Wind,
Thuat am 's Herz so wohl,
Wann ma d'Schwoagrin find't.
Auf da r Alm, da gibt's kan Beichtstuhl hint,
Denn das Liab'n is ob'n hoalt ka Sünd'.

Auf da r Alm, da is ma freilich hoch,
Kann man abischaun
In das tiafi Loch,
Auf da r Alm, da hab'n alli Leut
In das Himmelreich nimmer weit.

Mehr ausgeführt ist das eigentliche Herzensleben in einem weit-
verbreiteten Liede von der Kappler Alm, das ebenfalls seinen Ursprung
in der Steiermark hat und von hier aus wohl seinen Weg auch in die
angrenzenden Länder gefunden, in denen dasselbe ebenfalls vorkommt.

Dieses Lied folgt hier nach einem fliegenden Blatte:

Die Kappler Ahn.

Von der Kappler Alm
Hab i abi g'schaut,
Wird mir 's Herz so voll
Schlagt die Brust so laut,
Dort wo 's Bacherl rinnt
Beim Wasserfall
Sieh ich 's Dirndl unt
Im Wiesenthal.

Wie i so sinnlö halt
Zu ihr abi schau,
Faßt's mi scharf in's Aug,
Ja sie kennt mi g'nau.
I wink ihr freundli zua,
Schwing mein Federhut,
Grüß di Gott, mein Schatz,
Du kennst mi gut.

Ich fang zum Juchzen an,
Schwing mein Hut in b'Höh',
Sie hebt ihr Fueßerl auf,
Verlaßt ihr'n Wiesenklee,

Sie schwingt ihr' Sichel hoch,
Juchzt dann froh dazua:
A grüß di Gott
Mein lieber Jagabua.

Und wie i aba kimm
Zu mein' liaben Schatz,
Druckt's mi an ihr Herz
Und gibt mir an Schmatz;
Bist hirzt da amal
Du mein lieber Bua,
Sag wie geht's denn
Auf der Alma zue?

Ich bin a Jagersbua,
Ich hab mein Dirndl gern,
Jetzt geht's der Hochzeit zua,
Wir soll'n glücklich wer'n.
Auf der Kappler Alm,
Glaubt's mir's, liebe Leut',
Da is 's Gamsel schießen
Mei größte Freud.

Es fehlt auch nicht an Ermahnungen für Denjenigen, der „auf d'Alma" fahren will, wie in dem

Vordernbach-Almlied.

Bua, willst auf b'Alma fahr'n,
Muaßt di fein guat verwoarn,
Bundschuh mit Nägeln dran,
Sunst bist nit an.

Greane Strümpf', greanen Hut,
's Greane steht gar so gut,
Ledern' Gurt, 's Gamsel d'rauf,
So steigt ma r auf.

A'n Steck'n nimmst in die Hand,
Sunst fallst wo von der Wand,
Um an Hut 's greane Band,
Daßt bist beinand.

's Stutzerl hängst um an Leib,
Wonn da a Wildbrat kam,
Schiaß dir's zum Zeitvertreib
Und trag dir's ham.

Steigst in a Schifferl 'nein,
Ruderst zum Ladner 'nein,
Dort wo die Wand beim See,
Dort steigst auf d'Höh'.

Durch'n Wald, über's G'röll,
Auf da Wies rast a Stell',
Hörst do a Dirndl schreit,
Oaft bist nit weit.

Gehst no a wengerl für,
Kimmst zu a 'ra Felsenthür,
Dort siehgst schon d' Hütten stehn,
Bua dort is schön.

Schaut wo a Dirndl für,
Bitt's um a Nachtquartier,
Nur sei nit lab mein Bua,
Sunst kehr net zua.

Zu dem vorstehenden Liede wäre zu bemerken, daß es keineswegs an einen bestimmten Bezirk gebunden ist, sondern im ganzen gebirgigen Theile des Landes häufig vorkommt.

Das nachfolgende Alpenlied weist nicht nur in seiner Sprache überhaupt, sondern auch in einigen Stellen seines Textes bekannte Anklänge an Volkslieder anderer Gebirgsländer auf, es gehört ebenfalls zu den besonders weit verbreiteten Gesängen:

Alpenlied.

Und wer vergnüglich leben will, der gehe in den Wald,
Wo sich ein' schöne Senderin alldorten aufenthalt,
Früh Morgens ich spazire auf grün gestickten Berg,
Begegnet mir ein' Senderin, vor Freuden lacht mein Herz.

O ja mein lieber Jägersmann, es ist ja noch zu fruh,
Es ist die Stund um Mitternacht, schlaft All's in guter Ruh,
Du mußt vorher noch schlafen in deiner Jägershütt'
Und nicht zu früh erwachen, gebührt sich vor euch nit.

Ei du mein' liebste Senderin, es ist nicht zu fruh,
Wer jagen will, muß früh aufstehn, darf sparen keine Ruh',
Thu' i mein Hörnlein blasen, das gibt an hellen Schall,
Da laufen Füchs und Hasen durch Berg und 's tiefe Thal.

O ja mein lieber Jägersmann, es ist ja noch nicht Tag,
Es ist die Stund um Mitternacht, wenn ich die Wahrheit sag,
Ich glaub' ihr seid verirrt, verblend' in eurem Sinn,
Oder ihr seid verliebet in eine Senderin.

O ja mein' liebste Senderin, ihr habt ja Recht fürwahr,
Ich suche eine Senderin ja schon ein halbes Jahr,

Jetzt hab' i 's angetroffen, jetzt ist mein Herz vergnügt,
Ach thu mi nit verstoßen aus deiner Schwaigershütt'.

Erzh. Joh.

Die Sennerin wird in manchem Liede auch selbstredend eingeführt, wie in dem nachstehenden:

Die Sennerin.

I brauch nit Gold und Edelstoan,
Nix Schöners geits ja wia r i moan,
Als Senn'rin sein hoch auf der Alm,
Bei lauta Kuahrln, lauta Kalm.

Wann i am Morgen fruh aufsteh
Und meine Kuahrln melken geh,
So fang i glei zum Jodeln an,
Daß ma's von Weiten hör'n kann.

Juhe, juhe, is bös a Leb'n,
Es kann ja gar koa schöners geb'n
Als d'Senn'rin hat hoch auf der Alm
Bei ihre Kuahrln, ihre Kalm.

Oft bietet das Lied von der Alm eine ganze Herzensgeschichte, in der auch nicht selten der Humor durchdringt und etwaige tragische Conflicte im heiteren Schluß verklingen läßt. Das folgende Lied möge eine Probe davon geben. Man muß bei solchen Scenen die Natürlichkeit des Gebirgsvolkes freilich in Berücksichtigung ziehen, das in solchen Liedern ungeschminkt Dinge wiedergibt, welche heutige Prüderie wohl mit Nasenrümpfen entgegennehmen würde.

Almlied [1]).

Wann's amal schon aba wird
Und auf da Alma grüen,
Der Gaissa mit den Gaisen fahrt,
Die Sendlerin mit den Kühn,

---

[1]) Vergl. Kobell, „Oberbayerische Lieder" Nr. 1: Almb'suach, offenbar dasselbe Lied mit verschiedenen Aenderungen.

Die Bama wernd mit Laub schön grüen,
Die Wies'n mit dem Gras,
Und wann i auf mei Sendlerin denk,
So g'freut mi all'mal das.

Die Sendlerin hat an frisch'n Muth,
Sie fahrt der Alma zua,
Da singt sie: mir ist gar so gut
Wann 's erstmal kimmt mei Bua,
Du woast d'Hütten, du woast 's Fensta
Oda woast es eppa net?
Und kema mueßt all' Woch a mal
I sag dir's ohne G'spött.

Der Bua der denkt in seinem Sinn:
Was doch das Ding bedeut',
Daß d'Sendlerin sagt: all' Woch a mal
Und ist da Weg so weit,
B'hüt mi Gott, das thue i nit,
Von dem hast du an Fried',
Und daß ich aba gar nit kimm,
Wohl das vared i nit.

b'Sendlerin singt in alla Fruah
Die Hütten aus und ein,
Wann sie dö Kuala melka thuet,
Ast fällt ihr wieder ein:
Wann kimmt da Bua dö letzten Tag,
Dö ersten san vorbei,
Und wann a kimmt, laß i ihm ei,
Denn er is liab und treu.

Die erste und die and're Woch
Die ist schon nimmermehr,
Denkt ihr die Sendlerin in der Still:
Der Bua kimmt nimmermehr.
Sie fangt an z'schelten a dabei
Und sagt vasluchta Bua,
Und kema thuest ma g'wis amal,
Ast sperr i 's Thürl zua.

Die dritte Woch ist 's Wetta schön,
Da macht sich auf da Bua
Und wollt zu seiner Sendlerin geh'n,
Wollt grad da Alma zua,
Sobald a zu da Hütten kimmt
Und wagelt an da Thür,
Da stand die Sendlerin heimlich auf
Und schob den Riegel für.

Der Bua der ging zum Fensta hin
Und hat's gar freundlich grüßt,
O Sendlerin bist du gar nit drin,
Wie schlaft's mehr heut so süß:
Man hört von dir kain Schnaurln nit,
Als wenn du warst nit hier,
Thue mich nit immer soppen an,
Geh her a weng zu mir.

Die Sendlerin fallt ihm in die Red'
Und sagt: du schöna Bua,
Weilst nit ehuda kema bist,
So geh' nur wieder zua,
I brauch kan Buam, i bin's schon g'wöhnt
Und bleib ja grad allein,
A Bua der 's Jahr nur einmal kimmt —
Ist mir viel lieber kein'.

Der Bua der hat an Lacha than
Und krallt a weng in b'Haar:
Ha Sendlerin, ziemt's dich gar so lang
Und moanst es is a Jahr?
Es ist ja noch kein Monat he,
Daß i bin g'west bei dir,
Und ha ma jetzt nu heimla denkt,
Es war dir heut noch z'fruh.

Mein Bua, jetzunda kenn' ich's schon,
Bist da aus lauter G'spött,
Wann du dafür dahaim bleim thatst,
Daheimtn in dan Bett,

So bleim dir deine Strümpfel glatt
Und deine Schuhla ganz,
Das Geld, das bleibt dir in dem Sack,
Gangst leichta aus zum Tanz.

Mein' Sendlerin, schau wia du magst sein,
Wie bist du heut so stolz,
Geh leunt a weng a Feuer an,
Wann dich nit reut das Holz.
Da denkt die Sendlerin in der Still:
Und wenn ich das nit thua,
Er is dahin, i kenn' ihn schon,
Mein sonst so lieber Bua.

Wie 's Feuer der Bua hat krachen g'hört,
Geht er schön stad davon,
Und d'Sendlerin hat ihm nachi g'schrien:
Geh zünd' a Pfeiferl an,
Geh her zu mir und trink a Milch
Und schneid a Brod dir ab,
Das Nachtmahl wird a so gleich g'richt',
Wannst bleibst a bisserl da.

Der Bua sagt zu der Sendlerin:
Heut han i nicama Zeit,
Und wann i auch das nächstmal kimm,
Feilt mir nit an der Schneid.
Er juchezat fort nachanand,
Es hallert in dem Wald,
Die Sendlerin hat ihm nachigrehrt
So lang daß hört an Hall.

Die Sendlerin denkt ihr in der Still:
Was fang' i jetzund an?
Wann i nur gleich hätt' da an Strick,
So henket i mich d'ran;
Schuld bin i ja doch selbsta g'west,
Warum han i stolz than,
Und wann er auf das nächstmal kimmt,
Ast halt i 'n wieder an.

Da Bua is g'west kein Lunga,
Das Liedl ist jetzt aus;
Er hat schön stad fort g'sunga,
Wie er ist 'ganga z'Haus;
Die Sendlerin hört er nicama rehrn,
Er war schon z'weit davon,
Er thut ein' Juhschrei nach'n andern,
Und denkt gar nicama d'ran.

Erzh. Joh.

Ein ähnliches Lied mit heiterem, komisch wirkenden Schluß ist auch das folgende:

Almlied.

Lustig ist's auf der Alma
Wann 's Wetta is recht schön,
Da gibt's brav Küh und Kalma,
Thu i zur Sendl'rin gehn.
Sobald i auf die Alma kimm,
Da gramelt gleich der Stier,
Die Schwaigerin die thut melka,
Es war — mein Aid — noh z'früch.

Da geh i a wengerl asi,
Gar asi bis in d'Waid,
Begegnet mir die Schwaigerin,
Hat an a weiße Pfaid.
Ei du mein' liebe Schwaigerin,
Wo gehst du heut noch aus?
Du siehst ja, daß schon finster wird,
Bleib du nur fein zuhaus.

Ei du mei liebe Bauernbua,
I kimm gleich wieda he,
Geh nur a wengerl asi,
Mein Kuhla um an Klee.
Ei du mein' liebe Schwaigerin,
Laß dich um etwas freg'n:
Du laßt mich ja bei dir heut sein,
Ha thuest ma's nit versag'n.

Ei du mein lieba Bauernbua,
Das könnt ja gar nit sein,
Möcht's mein Herzliebsta inne wer'n,
I fället sehr grob d'rein.
Wie wird denn er's wohl inne wer'n,
Und wann ma iem's nit sag'n?
Ist do niemt auf der Alma,
Der ins Zwa that vaklag'n.

Der Jäger in der Stauern
Lost ieahna heimla zu,
Der denkt ieam in seinen Sinn:
Wart, falscha Bauernbua.
Der Bua sagt zu der Schwaigerin:
Du Schwaigerin bist ma lieb —
Marsch, pack dich von da Hütten,
Sunst wird dein Buggl g'schmiert.

Erzh. Joh.

Das Thun und Treiben der Schwoagerin und ihre gewöhnliche
Beschäftigung finden wir geschildert in dem Liede:

Auf der Alma.

Auf der Alma da ist halt
A Freud und a Leb'n,
Da thut's die schönsten Schwoagerinnen
Und schöne Kalbma geb'n.

Da gibt's a schöne Kenbl,
Brav Butter und brav Schmalz,
Da kann ma recht fett mueßen,
Ja Leutl, ja mir g'fallt's.

Wie schön als ast die Schwoagerin
Das Ding so gut ausgleicht,
Und wie sie ihre Kuh melkt,
Die Milch zusammaseicht

Und hat sie Rahm beinanda,
So thut sie halt ausrühr'n,
Sie muß das Schmalz hamsamma,
Sie kann's nit ehaführ'n.

Aft da schreit der Bauer: Bäurin,
Die Schwoagerin hat Schmalz bracht,
Is recht, sagt sie, es taugt schon,
Und Baabi hab'n aft g'lacht.

Wann Summa wird, da geh i
Ja wieder auf die Alm,
Und wal ma holt das schöne Vieh,
Die Schwoagerinnen g'fall'n.

I wünschet ja an Jeden
Die Freud und das Vergnüeg'n,
A solcher der das Absterb'n hat,
Der muß a frisch Blut krieg'n.   Erzh. Joh.

Manche dieser Gesänge nähern sich der Gattung der sogenannten
Vierzeiligen, ohne daß jedoch die einzelnen Strophen dem Sinne
nach unzusammenhängend auf einander folgen, wie:

Die Schwoagerin.

Und wenn i auf die Alma geh,
So grumelt schon der Stier,
Wenn i zu meiner Schwoagrin geh,
So ist's ja net zu früah.

Mein' Schwoagrin heißt Lena,
Ist gar a hübsches Madel,
Sie hat kohlschwarze Augelein
Und sakrisch dicke Wadel.

Sie hat kohlschwarze Augelein
Und kreidelweißen Hals,
Und zwei brinnrothe Wangela,
Dö g'fall'n ma über All's.

Gelb sein dö Aepfl
Und braun sein dö Kern,
Gelt Buama, mei schwarzaugats
Dirndl höt's gern!

Wenn ma Eina mei schwarzaugats
Dirndl wegnimmt,
Dem gib i a Watschen,
Daß er gern davo springt.

An dieser Stelle dürfte es auch passend sein, eines besonders schönen Liedes zu gedenken, das der Einsender an mich[1]) oberhalb des Leopoldsteiner Sees von einer Sängerin hörte; obgleich dieselbe, um die Aufzeichnung zu bewerkstelligen, nicht Stand halten wollte, so gab doch ein freundlicher Jäger, der von der Seewand herabstieg, die Worte des merkwürdigen Liedes, das so eigenthümlich an ein Gedicht Goethe's erinnert. Das Lied lautet:

Das Blümlein vom See.

Dort beim See da drunt,
Wo da tiafste Grund,
Hat a Blüamarl blüaht,
Gar so zoart und liab,
Hab ma denkt bei mir,
's wa mei schönste Zier,
Hab mi nieberg'hockt
Und 's Blüamarl brockt.

Wia i's z'Haus hab trag'n,
Fangt's glei an zan klag'n,
Schaut mi trauri an,
Mant: was hast davon?

Kann hiazt niama blüahn,
Muß mei Freud valiern,
Thut ma goar so weh,
G'hör nur zan See.

I will sorg'n für bi,
Wannst nur blüahst für mi,
Will bi trag'n mit Lust
An der treuen Brust.
Aba weg is g'wedn,
's hat net leb'n mög'n,
's hat si g'sehnt vor Weh
Zan tiaf'n See.

Dieses zarte Gedicht bilde den Uebergang zu derjenigen Gattung von Liedern, in denen das Herzensleben ganz in den Vordergrund tritt.

Die Reihe sei durch das nachstehende Lied aus Hieflau (in der Nähe der Abtei Admont) eröffnet:

Mein Dirndl.

Auf'm Bergerl oben stengen zwa Toannabam
Und a schön's Häuserl, a kloans,
Is gar a wundaschön's Dirndl d'rei,
Schöna, das waß i, is koans.

---

[1]) Der rühmlichst bekannte Componist Jakob Schmölzer aus Kindberg in Obersteiermark.

So oft i zum Brunn um a Wassa geh,
Steht halt da Engel vor'n Haus,
Hat a schön's rosenfarbs Kitterl an
Schürzerl hat's a schön a blau's.

D'Aeugerln san blau wia 's Firmament,
D'Zahnderln so weiß wia a Boan,
D'Wangerln dö san wia a Rosen roth,
Schlafen mags a nit alloan.

Zwa Füßln hat's, grad wia wann's draxelt war'n,
Und a Paar kernfoaste Arm,
's Dirndl is fest wia a Kieslstoan,
Awa lebendi und warm.

So oft i das Liabl halt singa thua
Lass'n ma d'Leut nia koan Fried,
Soll eahna 's Bergerl und Häuserl sag'n —
Gott bewahr — das sag i nit.

Daran schließe sich das schalkhafte Gedicht, welches der erste Aufzeichner selbst überschrieben:

Der Bua im Wiglwagl.

Dort am Berg hinter'n Roan
Steht a Dirndl und maht,
Wonn sie's war, dö i moan,
Schleichet hin i schön stad,
Do i waß halt nit g'wiß
Ob's a mein Dirndl is?
No freili, sie is schon,
I' han's schon boguckt,
Juhe! sie hat mein Busch'n
An's Herzerl just druckt.
Ja zu dir auf die Höh'
Flieg' i gern in an Satz,
Ueber d'Wies, über'n See,
Du mein herziger Schatz,
Do i woas holt nit recht
Ob's mi gern seg'n möcht?
No freili sie will schon,

Sie hat ma's schon deut',
Juhe! sie hat ma a Busserl
In's Thal abi keit.
Auf da Welt hon i nix
Als wia di a so gern,
Gab mein Blut, meiner Ser,
Wann'st mein Weiberl wollt'st wer'n.
Und d'rauf han i's ang'schaut,
Han mi z'reden nit traut.
Sie hat ma nix gsagt,
Hat si g'hängt an mein Hals.
Juhe! jetzt brauch i nix z'wissen,
Jetzt waß i schon All's,
In die Berg schrei i's 'nein,
Soll ma's Echo nachischrei'n,
Du bist mein, du bist mein,
Du bist mein.

15*

Aus der Gegend von Eisenerz stammt:

Das Hütterl.

Auf'm Bergal steht a Hüttal,
Bei den Hüttal steht a Bam,
Und so oft i dort vabeigeh',
Find' i goar nimma ham.

In den Hüttal is a Dirndal —
S'is so frisch wiar a Reh
Und so oft i's Dirndal anschau',
Thut ma's Herz all'mal weh.

Und das Dirndal hat zwa Aeugal
Wiar au'm Himm'l ob'n die Stern
Und je öfta als i's anschau,
Um so mehr hab' i's gern.

Hab' a Freud' mit den Dirndal:
Ob i wach bin oder tram —
Denk halt all'weil an mei Dirndal
Und an's Hüttal beim Bam.

Uewa's Stiagal bin i g'sprunga,
Uewa d'Wies'n bin i g'rennt
Und da hat mi mei liab's Dirndal
Glei an Inhez'n kennt!

Auch das nachstehende Gedicht stammt aus Eisenerz, es schildert
den Besuch des Liebenden bei seinem Dirndl am Samstagabend und
gehört seiner charakteristischen Schilderung wegen zu den besten Stücken
dieser Art:

Die Samstagnacht.

I freu' mi' schon auf d'Samstagnacht,
Da geh' i zu mein Madl,
Stoansteirisch tanz'n könn' ma ja,
Sie draht sie wiar a Radl.

Und wann i auf die Alma kumm',
Da brumme'lt schön da Stier,
Do siech i d'Senn'rin sitz'n aft
Vor ihra Hütt'nthür.

I geh' a wengerl füri aft,
Grad üwa d'Ochsenhoad,
Da siach i glei mei Schatzerl stehn,
Sie tragt a schneeweiß's Kload.

Geh' her mei Herzerl, sagt's zu mir,
Geh' her, mei liawa Bua,
Heunt' Nacht, i hab' da 's Wort ja geb'n,
Sperr i die Hütt'n zua.

Sie setzt ma glei' a Milli vor,
Dazua a Hoab'nmuaß,
Bald winkt's ma mit die Aeugerln zua,
Bald stoßt's mi mit'n Fuaß.

Schatz, sag' i, morg'n is Kirta,
Was meg'st denn? muaßt ma's sag'n;
All's, sagt sie, nur koan Mühlstoan,
Den kunnt i nit datrag'n.

I wiar da schon was schenk'n,
Was d'leichta kannst datrag'n:
A Wiag'n wiar i da kauf'n und
Dazua an Kinderwag'n.

Einen ähnlichen Besuch beim Dirndl schildert auch das nach=
stehende Lied, welches aus der sogenannten Veitsch stammt, einer Ge=
gend bei Kindberg, angrenzend an die schön gelegene Hochveitschalpe.
Ich bemerke noch, daß die Aufzeichnung dieses Liedes aus dem Jahre
1818 herrührt.

Nachtbesuch.

Wer is denn draußt, wer klopfet an,
Wer mi so schnell aufwecken kann?

O steh nur auf und mach mir auf,
Und frag' nit lang: wer is denn draußt?

I steh nit auf, auf mach i nit,
Mein Vater und Muata schlafen nit.

Bleib' du nur steh'n im grünen Klee,
Bis Vater und Mutter schlafen geh'n.

Im grünen Klee bleib i nit steh'n,
J siech zwei Aeuglein hell aufbrenn'.

Sie brennen so hell wie der Morgenstern,
Bei meinem Dirndl war i gern.

Und wenn der Himmel papieren war
Und alle Sterndl'n Schreiba mehr,

So schrieb'n sie doch nit zu End,
Was treue Liebe mag und wend't.   Erzh. Joh.

Die zwei letzten Strophen dieses Liedes scheinen allerdings nicht zum Ganzen zu passen, doch wurde das Ganze in dieser Fassung aus dem Munde des Sängers selbst niedergeschrieben und da der hohe Sammler immer sehr gewissenhaft war, so läßt sich an der Authenticität nicht zweifeln.

Schärfer und schneidiger ist die knappe Sprache in dem nun folgenden Liede, welches aus der Gegend von Voitsberg stammt:

Unterweisung.[1])

Woann i von Voitsberg weggeh',
Setz i mein Hüadarl in d'Höh;
Woann i zur Brucken kumm,
Schau i no amoal um;
Siach i mein Schatzerl dort steh'n,
Wia a Pelznagerl so schön.

Pelznagerl und Rosmarin —
Schoatzerl wo gehst denn hin?
Geh nur zur hinter'n Thür,
Is a klan's Riegerl für:
Druck nur auf's Riegerl recht fein,
Daßt wirst du glei bei mir sein.

---

[1]) Das Lied ist der eigenhändigen Aufzeichnung Johann Gabriel Seidl's entnommen. Es findet sich auch in dessen „Almern", in dem Aufsatze: „Eine steierische Wirthshausscene" (Ausgabe von Seidl's Schriften. Bd. IV, S. 171) mit veränderten Schlußzeilen.

Woann's du mein Aeugerl willst sein,
Muaßt du mi liab'n allein,
Muaßt ma dahoam hübsch bleib'n,
Muaßt ma die Zeit vatreib'n,
Woann du bös oaba nit thust,
Hoab i zun Liab'n kan Lust!

Hier glaube ich auch dem nachstehenden Scherze eine Stelle anweisen zu sollen, der aus dem Ennsthale stammt:

Was dem Seppel passirt ist.

I han mein Schatz a Busserl geb'n,
Han glaubt, mir san alloan,
Wann awa oans kan Glück nit hat,
Aft is valei kan Thoan!

Da Seff han i a Busserl geb'n,
Da Vada hat's daseg'n,
Hat brüahwarm zu da Muata gseit:
Den müaß ma 's Handwerk leg'n.

Die Muata kummt von hint herein,
Da Vada kimmt von vorn,
Die Muata packt mi bei die Hoar,
Da Vada bei die Ohr'n.

Mein liawa heil'ga Schutzpatron,
I bitt di, hilf ma g'schwind,
Denn schau, i hab's ja a nit gwußt,
Daß 's Busserln so a Sünd.

Manche der Lieder stellen es sich zur Aufgabe, die Schönheiten des geliebten Dirndls zu preisen; eines der verbreitetsten Lieder dieser Art und zugleich eines der besten ist das nachstehende:

Das Grüberl.

Mein Schatz hat a Kinn,
Wo a Grüawerl is d'rin,
Und i kann eng's nit sag'n,
Wiar i eing'sprengt d'rauf bin.

A Nas'n hat Jedi,
Und Aug'n und a Mäul,
Awa a Grüawerl in Kinn
Findt ma nit allaweil.

Wann's freundli mi anschaut,
Wann's sleanscht oder lacht,
Sollt's as seg'n, wia's so liabli,
Ihr Grüawerl aufmacht.

Schön rund is ihr Kinn,
D'raus is Grüawerl sein guckt,
Als hätt' ihr is Christkindl
S' Fingerl neindruckt.

Die Haar können falsch sein,
Die Zähn', das kann g'scheg'n,
Awa in Kinn a falsch's Grüawerl
Hawi deant no nit g'segn.

I hätt' längst a Dirndl schon
Kriagt aus der Stadt,
Awa i hab's halt nit mög'n,
Weil's koa Grüawerl nit hat.

Dein Grüawerl, liab's Dirndl,
Dös is schon a Pracht,
Und i bitt' di, liab's Dirndl,
Gib nur ja fein d'rauf acht.

Und sollr'st as ja oanmal
An andan Buam geb'n:
Dös kunnt i bei meina Treu
Nit üwaleb'n.

Die Reihe der Lieder, welche die beglückte Liebe preisen, schließe mit einem Wechselgesange, zu dem freilich die Melodie nothwendigerweise gehört, der aber auch in seiner knappen poetischen Form als Gedicht eine freundliche Wirkung macht:

Die Hochzeit auf der Alm.

Da Bua:

Senn'rin schau,
Wann's wird grau,
Kumm i zu dir.

Die Dirn:

Sag na nua,
Saggra-Bua,
Was willst von mir?

Da Bua:

I möcht fein
Lusti sein
Mit dir alloan.

Die Dirn:

Gib an Fried,
Hör bi nit,
Könnt'st ma was thoan.

Da Bua:

Sei nit so,
Hör mi do,
Magst mi denn nit?

Die Dirn:

Na, mei Schatz,
Mach ma Platz,
Plag mi fein nit.

Da Bua:

Hiatz Adje!
Denn i geh:
Schatz, hiatz is gar.

Die Dirn:

Geh nur zua,
Liawa Bua,
Kumm über's Jahr.

Da Bua:

Na mei Herz,
Mach koan Scherz,
Nimm mi zum Mann.

Die Dirn:

Faß nur Muath,
Bin da guat;
Was fangst hiatz an?

Da Bua:

Mach koan Gspoaß,
Gib ma 's Ghoaß,
Schatzerl, schlag ein.

Die Dirn:

Du bist mein,
I bin dein,
Hochzeit soll sein!

Solche Wechselgänge finden sich öfter insbesondere im wirklichen Hochgebirge. Sie sind stets von großer musikalischer Wirkung und werden gewöhnlich auch wirklich von Vertretern beider Geschlechter gesungen.

Auch unter den Alpenliedern der Steiermark finden sich Stücke von großer Schönheit, die sich auf verschmähte oder zurückgewiesene Liebe oder auf die Untreue beziehen. Die Klagen der Liebenden sind oft in ein wunderbar ergreifendes poetisches Gewand gekleidet und die den Klagenden umgebende Natur ist in Uebereinstimmung gebracht mit diesen Naturlauten der Poesie, denen nichts Gemachtes und Künst-

liches anhaftet und die doch den schönsten Stücken der Kunstpoesie zur
Seite gestellt werden können. Man höre das nachstehende ergreifende
Lied, dessen Ueberschrift ich nach der Originalaufzeichnung wiedergebe:

Bergerl-Lied.

Hiatzt steh' i am Bergerl und 's Herz is ma bang,
Mir is halt um mein Dirndl die Zeit so viel lang.
Die Vögerln thoan singen, der Guguk der schreit,
Nur i bin verlassen, hab' nirgends a Freud'.

Wenn über das Bergerl die Sunn geht so stad,
Und wenn si der Himmel mit Sterndl'n so b'sat,
Da tröpfeln ma d'Aeugerln, da bet i zum Herrn:
Wann geht denn mein' Sunn auf, wann leucht' denn mein Stern?

Eh' hat mi Oll's onglocht, eh' hat mi Oll's g'freut,
Eh' war mir kan Berg z'hoch und kan Weg war ma z'weit,
Und 's Herz war so ruhig und 's Herz war so rein,
Hätt' i di nia g'seh'n, kunnt's no a so sein.

Die Trauer um die verschmähte Liebe kann wohl nicht zarter
und wehmüthiger ausgedrückt werden und in so wenigen Worten kaum
ergreifender.

Manche dieser Lieder haben auch einen realistischeren Zug, wie das:

Herzweh.

Dirnderl, magst an Rosoli?
Dirnderl, magst an Kaffee?
Oba magst in an Schalerl
Eppar an Hollunderthee?

I mag koan Rosoli,
I mag koan Kaffee.
Mei Schatz is ma untreu worn,
's Herz thuat ma weh.

Noch mögen zwei Proben von Liedern folgen, die sich auf die
unglückliche Liebe und auf die Untreue beziehen, auch sie weisen eine
Fülle von Poesie in den einfachen Strophen auf:

Die Sehnsucht.

Do steh i am Kogal,
Und's Herz is ma bang,
Mir is um mein Dirndal
Die Zeit gar so lang.

Die Vögerln thuan singen,
Der Kuku der schreit,
Da steh i verlassen,
Hab nirgends a Freud!

Und wann hinter 'n Bergen
Schön d'Sunn aufageht
Und wann sich der Himmel
Mit Sterndl besät,
Da wassern meine Augen,
Da bet i zum Herrn:
Wann geht denn mein' Sunn auf,
Wann leucht' denn mein Stern?

Sonst hat mich All's ang'lacht,
Sonst hot mich All's g'freut,
Mir war ja kan Berg z'hoch,
Kan Weg war mir z'weit,

Mein Herz war so ruhig,
Das G'müath war so rein;
O, war i z'Haus blieben,
Könnt's no a so sein.

Sogar meine Federn
San weg von mein Huat,
Mi will Kani mehr hob'n,
Mir is Kani mehr guat.
D'rum steh i am Kogal,
Schau dorthin mit Schmerz
Und denk: jo für mich schlagt
Doch nimmer ein Herz.

Auf der Alm.

Hoch drob'n auf der Alma, da hat's mi sunst g'freut,
Denn i und mein Jaga waren glückliche Leut,
Aber hiatzt unten is anders, hiatzt bin i olloan,
Drum steh' i am Felsen und jammer und woan.

Dort draußen wo's blau is, ma sieht nima hin,
Dort draußen is mein Jaga und denkt oft an mi,
Drum schau i gern außi bis d'Sunn Abschied nimmt,
Und mit seine Stearndln der Mond aufi kimmt.

Mir hat sonst mein Herz klopft vor Lust und vor Freud,
Aber hiatzt is mein Hans fort und gar a so weit,
Und ohne Hans kan i gar nia glücklich wer'n,
Drum scheint mir kan Sunn und leucht' mir kan Stern.

Nicht Jeder nimmt die Sache freilich so genau, und der Ueber=
muth und Trotz macht sich nicht selten im Liede geltend; zum Belege
folgt wieder ein Wechselgesang in derben aber naturgetreuen Worten:

Verschmähte Liebe.

Die Dirn:
Zweg'n was d'mi nit magst, Bua,
I mag di nit frag'n,
Denn wann i a fraget,
Du that'st ma's nit sag'n.

Und weilst ma's nit sagst, Bua,
Warum's d'nni nit magst,
Drum mag i di a nit,
Hiatz schau, daß di packst.

Der Bua:

I hab schon a Poakin,
Du boanschoadigs Trumm,
Und hätt' i a koani,
Du wärst ma weit z'dumm,
Und wär'n i und du
Auf da Welt ganz alloan,
I kunnt di nit gern ham,
Du hast ma z'viel Boan.

Die Dirn:

Na, du hast halt Grat'n
Statt d'Boana im Leib,
Drum wann ma di angreift,
So sticht's Oan valeib.

Der Bua:

Ja Grat'n thoan stech'n,
Drum gib ma r a Ruah,
Und willst schon an Schatz ham,
Schau, Graßboam gibt's gnua.

Manchmal macht der jugendliche Leichtsinn die Sache freilich schnell vergessen und der Liebende tröstet sich schnell, wovon das nachstehende Lied zeugt:

Wie's halt kommt.

Allaweil kann ma nit lusti sein,
Allaweil is ma nit froh,
Allaweil siacht ma sein Schatzerl nit,
Allaweil is's nit a so.

Wann i mein Schatzerl in d'Aeugerln schau,
Meine Leut, das is a Pracht,
Moanat, ma kunntat recht deutli seg'n,
Wia mar is Herz in Leib lacht,

D' grüawlat'n Wangerl'n, wia Sammt so fein,
Und aft is Göscherl brinnroth,
Wann's ma's nur allaweil gelt'n liaßt,
Bussat is meina Seel z'Tod.

Wann i ihr'n wundaschön' Wuchs betracht'
Und ihre schlanke Figur,
Kimmt sie ma allaweil schöna vor
In da Pariser Frisur.

Wann i am Sunnta in d'Kirch'n geh,
Predigt gar schön da Caplan,
Siach ich mein Schatzerl in Betstuhl drein,
Woas i koan Wörtl davon.

Awa is Glück is varänderli,
Meini Leut, i hab's vasuacht,
Mein Schatzal das is ma hiatzt untreu wor'n,
Hat sie an andan Buam g'suacht.

Allaweil kann ma nit trauri sein,
Allaweil is ma nit trüab,
Wann ma sein Schatzerl a nimma hat,
Schenkt ma an andan sein Liab.

Damit könnte das Capitel vom Liebesleben auf der Alm ab=
geschlossen erscheinen und ein Bild desselben in Volksliedern geboten
sein. Passenderweise mögen sich jedoch hier noch einige Lieder an=
schließen, die mit dem Liebesleben in enger Verbindung stehen. Vor
Allem das in andern Versionen auch anderwärts in Gebirgsländern
bekannte, hier aber sehr weit und schön ausgeführte:

Busserl=Lied.

A Busserl is a g'spoaßigs Ding,
Es riegelt Dam 's ganzi Bluat,
Man ißt's net und ma trinkt's a net
Und 's schmeckt doch gar so guat.

Es wird Dam so kuarios dabei,
Daß ma's net sagen kann,
In Leib san lauta Kefa drin,
Dö fangen z'wurln an.

Wenn's Göscherl schön roth ausg'schlag'n is
Und polstert guat mit Mias,
Daß man sie broat d'rauf machen kann,
Dös is unmenschli siaß.

Und wer amal a Busserl kriagt,
Dem gibt's schon goar koan Ruah,
Und wann eam 's Dirndl hunbat giabt,
So hat a no net gnua.

Wann Ana goar koan Mal net hat,
Dös war an oarma Mann,
Mit'n Essen kam a schon no b'raus,
Aba 's Busseln gang net an.

Denn was ka Schreiber b'schreiben kann,
In vierundzwanz'g Thoal,
Das druckt söltana Druckar aus,
Auf'm Dirndl ina Mal.

Und wennst bi net recht z'red'n traust
Mit'n Dirndl, nimm's beim Hals,
Papp ihr a saftig's Busserl auf,
Sie woaß 's schon nachher All's.

Und woann's a thuat recht ärgali,
Sie gibt da koane Schläg,
Und woann's a fuchz'gmal 's Mal awischt,
Sie wischt's so g'schwind net weg.

Wann i mit meina Goasel schnalz,
In Leib Dan's Hearzl lacht,
A Busserlschnalzen aber is
No viel a größ'ri Pracht.

Dös is a Schnalza, ziemt mi fast,
Den a jeda Mensch muaß hör'n,
Wenn ear a rechta Mann will sein,
Und wonn a g'scheidt will wer'n.

Erzh. Joh.

Diesem Liede mögen zwei scherzhafte folgen, von denen das erste aus der Gegend von Hieflau, das zweite aus Aussee stammt. Die Ueberschriften rühren vom Aufzeichner her:

Mein G'spött über die Madln.

I möcht halt schon wieda
A Dummheit probiern,
Muaß jetzt'n a Wengerl
Die Madln verirrn;
I will blos a Wort von
Eahn' Lebenslauf sag'n:
Wiea's b'Madln jetzt treib'n than,
Is nit zun batrag'n.

Bis Ani zehn Jahr alt is,
Bin i no still:
Da wird fleißi g'lernt und
Da red't Kani viel,
Doch nehmen's schon allerhand
Büacher in b'Händ,
Damit hernach Jede
Die Männer g'wiß kennt.

Von zehn bis zu fünfzehn Jahr
Geht's schon verkehrt,
Da is schon oft Manche
Kan Teufl mehr werth;
Da schaun's auf die Männer —
Es is gar nit schad,
Daß Manche die Aug'n
Sich auskög'lt hat.

Von Fünfzehn bis Zwanzig,
Da wern's ganz varuckt,

Da wird oft da Mann
In a Winkerl neindruckt,
Da san's so valiabt ja,
Daß's gradwohl a Plag.
Wann's grad oft — zum Teufl —
Da Rechte nit mag.

Nach Zwanzig hat Jede
Ihr Herz schon vaschenkt,
Da wird auf sonst nix als
Auf's Heirat'n denkt;
Schlagt's Aner dann fehl
Bis sie Fünfazwanz'g hat,
Dann wird sie gar wohlfeil,
Sunst kummat's ja z'spat.

Schaut Ani amal in
Die Dreißig hinein
Und sollt' sie no immer
Vaheirat' nit sein,
Da sagt sie mit Aengst'n:
Wo nimm i An her?
Da macht's ihr schon z'denk'n,
Es nimmt's Kaner mehr.

Dö jünger, von Alle
Am stolzesten war,
Dö wird g'wiß ganz narrisch
Mit fünfadreiß'g Jahr;

Da schweigt g'wiß a Jede
Vom Ausfnach'n still,
Weil Kane nit gern
In die Nuaßkammer will.

Mit Vierzig da geht eahn'
Da Graus'n schon an,
Da bitt'n's und bettl'n's:
Sie möcht'n an Mann;
Da woll'n's mit da Saf'n
Die Falt'n vatreib'n
Und müaßn halt do
Alte Jungfern vableib'n.

Mit Fünfzig da wer'n all'
Die Fehler bereut:

Ei hätt' i do g'heirat',
I war ja nit g'scheidt;
Denn 's is für a Madl
Kan größere Buaß,
Als wann's Kaner heirat',
Daß überbleib'n muaß.

Drum Madln, i sag eng's:
Seid's nit capricirt,
Sunst werd's nit daheirat',
Recht tüchti ang'schmiert,
Und heirat's den Ersten,
Der euch nehma will,
Sonst geht a eng weiter —
Denn Madln gibt's z'viel!

Die alte Jungfer.

I stubir hin und her.
Au weh, au weh!
Woaß ma nit z'helf'n mehr,
Au weh, au weh!
Dös druckt ma 's Herz no ab,
Dös bringt mi g'wiß in's Grab,
Daß i koan Buam nit hab,
Au weh, au weh!

Liab wa da Naglschmied,
Au weh, au weh!
Der laßt ma gar koan Fried,
Au weh, au weh!
Der macht ma 's G'sicht voll Ruaß,
Stoßt mi wohl gar mi'n Fuaß —
Was i All's leid'n muaß —
Au weh, au weh!

's macht ma gar viel Studirn,
Au weh, au weh!
's thuat ma in Kopf ruinir'n,
Au weh, au weh!

Der, den i liab'n thua,
Wa zwar a saubra Bua,
G'hört ana Andern zua,
Au weh, au weh!

Bringt's ma a Mannsbild z'Haus,
Au weh, au weh!
Lang halt i's nimma aus,
Au weh, au weh!
Daß i als Jungfer z'Haus
Sterb'n sollt', dös wa do aus,
Dös wa für mi a Graus,
Au weh, au weh!

Wann mi nur Ana möcht',
Au weh, au weh!
Mir wa ja Jeda recht,
Au weh, au weh!
I nahm an Jed'n her,
Wann's nur a Mannsbild wär',
Mag mi denn Koana mehr?
Au weh, au weh!

Den Schluß dieser Abtheilung mögen zwei balladenartige Lieder aus Obersteiermark bilden, von denen das erste die Variation eines bekannten deutschen Volksliedes ist; da beide Lieder füglich zu den Liebesgedichten gehören, so finden sie hier ihren Platz. Leider mußten einige Stellen des zweiten Liedes dem Sinne nach ergänzt werden, da sie in der wenigstens sechzig Jahre alten Aufzeichnung absolut un= leserlich waren:

Die Brombeerbrockerin. [1])

A Dirndl geht in alla Fruah
In Wald und thuat was brock'n,
Sie möcht' a wenga'l Braumbeer hab'n
Und thuat si niedahock'n.

Und wiea sie z'best in brock'n is,
Kummt grad der Jagaknecht:
Glei scherst di aus'n Wald, sagt der,
Mein' Herrn, den is's nit recht.

Nit lang, da kimmt der Jagasohn,
Der sagt ganz ohne Groll:
Mein Dirndal, wann'st willst Braumbeer hab'n,
I brock' da 's Kerbal voll.

I brauch ja nit is Kerbal voll,
Bin z'fried'n mit a paar,
In Gart'n von mein Vota san's
Holt leiba all' schon gar.

---

[1]) Man vergleiche hiezu: „Das Lied vom Brombeermädchen" in Rosegger und Heuberger's „Volkslieder aus Steiermark" (Nr. 17), woselbst sich die Melodie zu diesem Liede findet. Der Text selbst ist daselbst dem vorliegenden sehr ähn= lich, doch um zwei Strophen kürzer. — Ferner sind zu vergleichen: „Die Bromberen" in „Des Knaben Wunderhorn" (Wiesbaden, 1876), II, S. 113. — „Das Mädchen und die Brombeeren" in E. Meier's „Schwäbischen Volksliedern" (Berlin 1855), S. 304. — „Die Brombeeren" in Hoffmann und Richter's „Schlesischen Volksliedern" (Leipzig 1842), S. 204. Weitere Literaturangaben an letztgenanntem Orte. — Auf österreichischem Boden weisen das Lied noch nach: Tschischka als „österreichisches Volkslied" in Büsching's „Wöchentlichen Nachrichten" (Breslau 1819), IV, S. 85, und Anton Peter in Oesterr.-Schlesien: „Volks= thümliches aus Oesterr.-Schlesien" (Troppau 1865), I, S. 287.

Aft brock'n's, was's halt brock'n mög'n,
Z'löst wird's in Dirndl z'toll:
Schön Dank, sagt's und springt lüfti fort,
Mein Kerbal is schon voll.

Is san dreiviert'l Jahr nit um,
Da geht durch sein Revier
Da Jaga grad und sieacht die Dirn,
Dö hat an Buam am Knia.

Da schmunzt da Jagasohn und sagt:
Dös kummt vom Niederhock'n;
So was passiert an Dirndl nur
Im Wald beim Braumbeerbrock'n.

Und 's Dirndl schaut in Jaga an,
Und schluchz'n thuat's so laut:
I wollt', i hätt' mein G'wiss'n g'folgt
Und hätt' da niamaln traut. — —

Drum, wer a so a Dirndl hat,
Soll's schick'n niea in Wald;
In Wald geit's schlimme Jaga und —
Baführt san d' Dirndln bald.

Röselein-Lied.

Ein' Jungfrau ging in Garten
Früh Morgens, wenn es Tag,
Sie thät ihr Röselein spritzen,
Daß ihm die Sunn' nit schad'.

Wie sie ihr Röselein spritzet
Und meint, sie ist allein,
Da is Einer zu ihr kummen,
Zu ihr in Garten ein.

Wo bist du herein gekummen,
Zu mir in Garten 'rein?
Ueber d'Mauer bin i g'sprungen,
Kein' Mauer is mir z'hoch.

O Röserl, magst nit fragen,
Ich hätt' dich so viel gern,
Von wegen deinem Garten,
Weilst ihn halt'st so in Ehr'n.

O Cavalier, liebster Cavalier,
Ja das doch nit sein kann,
I hab mi schon verschworen,
Daß i will keinen Mann.

Wo is dein Vater und Mutter?
Sie liegen auf'n Saal,
Sie thun noch Beide schlafen,
Aufstehen werd'n sie bald.

Der Cavalier geht auf den Saal,
Bei der Thür da klopft er an,
Die Mutter die is kumma
Und hat ihm aufgethan.

Und wie der Cavalier eintritt,
Die Frau so sehr derkam:
Das ist derselbe Cavalier,
Von dem mir heut Nacht 'tramt.

Der Cavalier geht zu dem Herrn:
O bester Herre mein,
Gib mir doch dein treu Röserl,
I sollt' schon Bräut'gam sein.

Sag mir nun deinen Namen,
Deinen Namen sag mir an,
Dann reden — — — —
Und — — — — — —

Ich hab ja keinen Namen,
Ich heiß der Hin und Her,
Ich bin bald da, bald dorten,
An keinem Ort lang mehr.

Der Herr fangt an zu schreien:
O Roserl komm herein,
Bist all'zeit gehorsam gewesen,
Wirst noch gehorsam sein.

Thu dir deinen Kranz binden,
Jetzt is noch in der Fruh,
Du wirst ihn heut noch brauchen
Wohl gegen Mittag zu.

Ich bitt' euch, mein Vater und Mutter,
Thut ihr mir gleich nit wein',
Ich geh mit tausend Freuden
In schönen Himmel ein.   Erzb. Job.

Diese zwei Balladen, von denen die letzte in der Sprache eine
Mischung aufweist, in der jedoch das Hochdeutsche vorherrscht, sind
jedenfalls von hohem Alter. Die Motive der zweiten Pièce treffen
wir allerdings nur leise angedeutet in hochdeutschen Liedern verschiedener
Länder.

Damit seien die auf das Liebesleben der Gebirgswelt sich be-
ziehenden Gesänge beschlossen und wir wenden unsere Aufmerksamkeit
nun einer andern Gattung von Volksliedern, die für die steirische
Alpenwelt nicht minder charakteristisch sind, zu.

Des Jägers und des Wildschützen Lied.

Längst ist die Steiermark bekannt als eines der wildreichsten
Gebirgsländer und längst sind im Lande die besten Bezirke in dieser
Beziehung in den Händen mächtiger Herren und Gebieter, welche
daselbst des edlen Waidwerks pflegen. Aber nicht diese bilden das
Prototyp des steiermärkischen Jägers, sondern die große Schaar der
Untergebenen dieser Herren, welche dazu angestellt sind, das Revier
zu beaufsichtigen, zu durchstreifen und dasselbe damit genau kennen
lernen. Das Gebiet des Hochgebirges ist für den Jäger der Boden,

auf dem er sich bewegt und den er wohl mitunter auch nie mehr
verläßt, hier oder nicht fern von hier stand gewöhnlich schon seine
Wiege, hier wuchs er auf und hier trifft ihn der Tod und es ist
gut, wenn dieser kein gräßlicher ist in irgend einer Felsschlucht, in
die er über verborgene Klippen hinabgestürzt ist. Der Jäger im
Gebirge bildet mit die eigenthümliche Staffage, deren das Hochgebirgs-
bild nicht entbehren kann, er gehört in dieses Bild ebenso gut wie
die Tannen oder Alpenpflanzen, oder wie, um den Vergleich von
Menschen herzunehmen, die Sennerin und ihr „Bua", welch' Letzterer
übrigens, wie wir sehen werden, sich fast ausnahmslos ebenfalls
als Anhänger der edlen Jagd zeigt, freilich selten als „berechtigter"
Jäger.

Der Jäger durchzieht also sein Gebiet, das Hochgebirge, und insbesondere der Gemsjäger, zumeist von einem solchen kann ja in Steiermark die Rede sein, hat dabei Gelegenheit, Schönheiten der Natur und
der Berge kennen zu lernen, wie sie keinem Menschen in solcher Fülle
und Großartigkeit geboten sind, er ist aber auch Gefahren ausgesetzt
auf Schritt und Tritt, wenn er auf dem Grat der Felsen wandelt,
und ganz schwindelfrei muß sein Auge sein, wenn er in die unendliche
Tiefe hinabschaut, über welcher er schwebt. Dafür hat aber auch der
Almjäger eine schöne Naturanschauung und einen überaus fein aus-
gebildeten poetischen Sinn für alles Schöne, was sich ihm darbietet
auf Felsen und in den Thälern des Gebirges. Es begreift sich warum
deshalb auch im Liede der Jäger so prächtige Töne anzuschlagen weiß,
das Lied ist seinem eigensten Gemüthe entwachsen, es hat sich in ihm
selbst gebildet und ist großgezogen worden mit ihm und vielleicht
mancher neue Jäger hat das eine oder das andere neue Lied dazu-
gedichtet, das sich rasch verbreitet hat und das ebenso allüberall und
immer weiter und weiter gesungen wird, ohne daß der Dichter im
schlichten Lodenrocke auf seiner Felswand vielleicht auch nur davon
weiß, daß sein Gesang schon weithin durch die Laube ertönt.

Dem eigentlichen „Jäger" tritt nun in den Bergen freilich noch
eine Gestalt zur Seite, nicht minder unentbehrlich für die Charakteristik

der Gebirgslandschaft, nämlich der Wildschütz, der „Wildpratschütz",
wie er eigentlich im Volksmunde heißt.   Der Wildschütz recrutirt sich
aus der ganzen männlichen Bevölkerung der Gegend, mit Ausnahme
natürlich des berechtigten Jägers, er betrachtet es als eine Verhöhnung
der ihm von Gott gegebenen Rechte, daß es verboten sein soll, „Gamserln" zu schießen und gerade für diese so gefährliche Jagd ist er am
meisten eingenommen und sie pflegt er eigentlich wie der Jäger immer,
ununterbrochen, jeder Gang zum „Dirndl" auf die Alm bietet Gelegenheit, offen oder verborgen den Stutzen mitzunehmen und nicht selten
bringt er bei der Rückkunft einen feisten Gemsbock mit, unbekümmert
um alle Paragraphen des Strafgesetzes, deren Bestimmungen er nur
als eine Entehrung seiner Würde ansieht.   Freilich betrachtet er dabei
den Jäger als seinen persönlichen Feind, der ihn ungerechterweise verfolgt, dessen Verfolgungen er aber nicht nur auf jede Weise auszuweichen
trachtet, sondern den der Wildschütz auch seinerseits grimmig haßt, und
wie weit dieser Haß geht, davon berichten die Gerichtsacten der Bezirke,
in denen die Jagd gepflegt wird, zur Genüge. Naht der Jäger, so weiß
der „Wildpratschütz" übrigens meistens geschickt auszuweichen und er
singt selbst:

> Wegen der Jägersherrn
> Müssen wir z'geh'n aufhör'n,
> Sie möchten 's Gamserl schießen hör'n,
> Und dös war nit recht,
> Des derfens gar nit glaub'n,
> I bin ja g'wiß kein Schütz,
> I hab' kein Pulverkörndl und kein' Büchs.

Der Jäger selbst steht natürlich oft auch in Herzensbeziehungen
zur Sennerin auf der Alm, er ist ja ebenfalls ein Verehrer des
schönen Geschlechtes, darum singt er:

Dem Jäger seine Freud'.

G'rad a wen'g a Schneid
Hab' i auf d'Weiwaleut'
Und is Gamserlschiaß'n
Is mei größti Freud.

Wonns nur schon Abend wa,
Daß i a Gamserl sah,
Thats Gamserl schiaß'n ast,
Dös wa halt ra.

Die Gams san schwarz und braun   Aft sind'st es no nit g'schwind,
Und gar so lieb anz'schau'n   Sie san ja wia der Wind,
Und wannst as schiaß'n willst,   Heb'n gach zum Pfeifen an
So muaßt di auftraun.   Und san davon.

Auch das folgende Lied. zeigt die Freude am Jagen und die Herzensbeziehung zum Dirndl, es entstammt einem fliegenden Blatte, dessen Ueberschrift ich hier beibehalte:

Sauberes Dirndl.

Grüne Fenster, blaue Gatterl,
Schöne Dirndln lieb'n die Jager,
Schöne Dirndln müssen sein,
Da kehr'n die Jagerburschen öfter ein.

Hast a Büchsen und a Taschen,
Bist a Jager, thuast gern naschen,
Tragst an Gamsbart auf dein Hut,
Ja meiner Sechs, der steht dir gut.

Blaue Veigerl woll'n ma brocka,
Jager schieß und nimm di z'samm,
Triffst mei Herzl, saub'rer Bua,
Nachher kriegst du mehr als Busserl gnua.

Bin ja deinetwegen zu dir herganga,
Saubers Dirndl, dein Verlangen,
Saubers Dirndl, grüß di Gott,
Gib mir a Busserl und wir dabei nit roth.

Blaue Aeugal volla Thränen,
Bin ja deswegen zu dir kemma,
I bin a Jager, i bin kein Dieb,
I bin a Bua mit an Herz'n voller Lieb.

Ein Zusammentreffen des Jägers mit dem Wildschützen, das aber keine üblen Folgen hat, schildert das Lied:

Im Gamsgebirg.

Hiaßt geh i auf die Alma,
Wo's vieli Gamserln geit,
I hab ja mit mein Stutzerl
A jaggrische Freud;

Die Senn'rin is a Madl
Wia Milli und wia Bluat,
Sie liabt die frisch'n Jaga,
D'rum is's a mir so guat.

Sie nimmt ma glei mein Stutzerl
Und sagt gar liab dazua:
Kumm eina, kumm, geh' eina,
Heunt hast schon g'jagert gnua;
D'rauf geh i in ihre Hütt'n,
Und mach a weng an G'spaß,
Sie geit ma frisch'n Butta,
A Milli und an Kas.

Ast sagt's, geh' setz di nieda
Und gib für heunt a Ruah,
Hast eppa gar was g'schoss'n
Du saggrischer Bua?
Ja, auf da Alm ist's lusti,
Gelt, du mein liawa Bua?
Des geht's halt zu da Senn'rin,
Dö glaabt enk schon was zua.

Ja, sag' i, Schatz sollst recht ham,
Und gib ihr g'schwind an Kuß,
Da hör' i in da Weit'n
An saggrisch'n Schuß.
G'schwind spring i aus da Hütt'n
Und schau mi umadum:
Wann da wer Gamserl schoißat —
Wa ma gar saggrisch d'rum.

Da siach i ob'n aum Fels'n
An fesch'n Wildschütz steh'n,
I heb' zum Schuß 's Büxerl —
Will eahm an's Leb'n geh'n;
Die Senn'rin awa bitt mi schön
Und thuat die Händ aufheb'n:
Schau, 's Gamserl is ja eh schon hin,
Geh — laß in Schütz'n 's Leb'n.

Die Jagd auf Auer- und Schildhähne, auf Schnee- und Hasel-hühner bietet dem Jäger nicht weniger Vergnügen als das Jagen der Gemsen auf den Höhen und der Hirsche in den Thälern und Wäldern. Ein kurzes Jägerlied folgt hier:

Jägerlied.

Auf'n Hahnfalz san ma ganga
In Reg'n und in Schnee,
Und mir ham so schön dudelt
Da brob'n auf da Höh'.

A Hirscherl in Thal drunt,
A Gamserl aum Spitz:
Das lustigste Leb'n führt
Sein Lebta da Schütz.

Ein rechtes Jagdlied, das sich auf die Hühnerjagd bezieht, ist das auch von Weinhold[1]) gekannte, hier ausführlicher mitgetheilte:

Hahnfalzlied.

Und Alles ist voller Freud,
Bei der schön' Frühlingszeit.

Ist Einer a frischer Bua,
So geht er der Hahnfalz zu.

Das Hahnfalzgeh'n ist mein Freud,
Weil's schöne Federn geit.

Das Henbl das grubelt schön,
's Hahnl will zuwi steh'n.

Jetzt geh' ich dem Gamsberg zu
Und laß den Rehen a Ruh.

Die Gams schieß ich auf den Sand,
Walg'n ma schön her auf's Land.

Die Gams schieß ich nicht für mich,
's Mensch laß ich nicht im Stich.

Die Schwaigrin sagt: Ei du Schelm,
Geh' thu mir d'Leber geb'n.

D'Leber röst' sie auf das best'
Und sagt wie ihr heut ist g'west.

---

[1]) „Ueber das deutsche Volkslied in Steiermark."

Aft hat mich die Kuhdirn g'wart
Sie möcht a was vom Gamsbart.

Den Gamsbart kann ich dir nicht geb'n,
Thu nur mit ein' Andern red'n.

Aft hätt' sie den Schildhahn g'möcht,
Weg'n den schön' Federbett.

Aft gib ich ihr den ganzen Hahn,
Federn sind häufig d'ran.

Den Gams b'halt ich erst noch selm
Thu'n dem Erzherzog geb'n.

Er fragt mich, was 's Gamsl kost,
Schickt mir's Geld auf der Post.

Er sagt, bring' bald wieder ein,
d'Jager bringen so nie kein.

Das hat mich erst recht saggrisch g'freut,
Jetzt krieg ich noch mehr Schneid.

Jagern kann ich wie ich will,
Ueberlaut und in der Still.

Ich jager den ganzen Tag,
Auf und ab was ich mag.

Jetzt muß ich doch geh'n haim,
Lieb's Dirndl in der Kaim.　　　　　　Erzh. Job.

Freilich hat auch unter den Jägern nicht ein jeder Glück; den
ungeschickten verspottet das Lied in drolliger Weise und macht sich
über sein „G'frett" beim Jagen lustig und über sein ungeschicktes
Gebahren mit dem „Knallerl" (Gewehr).

Jagag'frett.

I bin a lustga Steira,
Hab' mi'n Schiaß'n a G'frett,
I schiaß eng a Gamserl,

I schiaß eng a Gamserl.
Awar i woaß nit wo's steht,
Awar i woaß nit wo's steht,

I schiaß mit mein Knallerl,
Wohl aufi auf d'Höh,
Awa d'Senn'rin thuat lachen,
Wia 's Büchserl thuat krach'n;
s' war nur a Goas ob'n, au weh,
s' war nur a Goas ob'n, au weh.

Mehr Gefahren als der rechte Jäger ist der Wildschütz ausgesetzt, was ihn aber nicht hindert, seinem Humor und seinem Gesange
freien Lauf zu lassen. Die Lieder des Wildschützen sind auch viel zahl-
reicher als die des eigentlichen, „berechtigten" Jägers, und da der
Wilderer immer und ohne Ausnahme ein Sohn des Gebirges ist, was
wohl beim Jäger mitunter nicht der Fall zu sein pflegt, so weiß er den
Strophen seiner Lieder eine noch derbere, nicht selten auch geradezu
eine poetischere Fassung zu geben.

Den Besuch eines solchen Schützen bei der Sennerin schildert
das Lied:

Auf'm Gamsberg.

Wann'st willst au'm Gamsberg geh'n,
Muaß sein is Wetta schön,
Da siagst aft dort und da
A Schöberl Gamserl steh'n;
Da muaßt di zuwischleicha,
San ja gar weit weg,
Aft kannst as awaschieß'n
Auf'u Fleck.

Wia i z'nachst jagern war,
Geht grad a ganzi Schaar,
's hat mi von Herzen g'freut
Her üwa d' Schneid;

I knia mi nieda g'schwind
Und laß mei Büchserl knall'n,
Und wiar i aufischau,
Is g'rad oans g'fall'n.

Ja, 's Gamserl is schon troffn
's hat mi nit betrog'n,
I hab's durch's Feua g'wahrt:
's san d'Haar aufg'flog'n;
Ja, 's Gamserl is schon mein,
's kann gar nit anderst sein,
Is kann ja neama steh'n
Und neama geh'n.

Die Senn'rin steht herfür
Vor ihra Hütt'nthür,
Sie hat an Juhschrei than
Hinauf zu mir;
Und wia's hat g'hört mein Schuß,
War ihr dös koan Vadruß,
Hat denkt: 's kehrt g'wis mein Bua
Bei mir heunt zua.

Hat awa do nit traut,
Hat wohl a paarmal g'schaut,
Sie siacht mi 's Gamserl trag'n,
Und traut si do nit z'frag'n:
I war vom Schieaß'n schwarz,
Die Händ' war'n voll von Bluat
Sie hat mi schier nit kennt,
Als g'rad an Huat.

Und wia's in Huat hat kennt,
So is's glei zuwag'rennt
Und führt mi bei da Hand
Glei nach da Wand;
Und nimmt ma's Gamserl weg:
I hab a guat's Vasteck,
Derfst di nit sorg'n mei Bua,
Bis morg'n Fruah.

Ast san ma allizwoa
I und mein Schatzerl a,
In d' Hütt'n ganga 'nein,
Han kost't ihr'n Brein,
Sie kocht a Rahmmuaß g'schwind,
So g'schwind als wia da Wind,
Denn daß i Hunga han,
Dös kennt's ma an.

Ast san ma Haud in Hand
So g'jöss'n beianand,
Und wiea ma göss'n ham,
Bleim mir no lang beisamm;
Is uns die Zeit vagauga
Gar nit laugsam gnua,
Is hat da Tag sie ang'meld't,
In da Fruah.

Und wia's halt graw'lt hat,
Valaß ma d'Liegerstatt
Und i pack 's Gamserl g'schwind,
So g'schwind als wia da Wind,
Laß dir nur Zeit mein Bua,
Sagt d'Sennrin, 's is no fruah,
Is Gamserl is nit schwa,
Kannst laaf'n a.

I lad' mei Gamserl auf,
Trag's naus im schnellen Lauf,
Die Sennrin gibt ma's G'leit',
Hat mir auf's Wegerl deut't:
Hiezt b'hüat di Gott, mein Bua
Und kehr' bald wieda zua,
Ast hat's an Seufza thau
Und war davon.

Das folgende Lied zeigt uns nicht nur den Grund, der oft den Wilderer zu seinem Jagen veranlaßt, sondern auch einen unter dem Volke verbreiteten Aberglauben, nach welchem das Trinken des Blutes vom getödteten Thiere Muth und Courage macht.

Das Lied stammt aus der Gegend des Leopoldsteiner Sees.

Im Gamsgebirg.

Bal i koan Geld nit han,
Steig' i in Gamsberg an,
A Bier, dös trink i gern,
Das wißt's ja, meini Herrn,
Und daß i lusti bin,
Dös woaß a Ieda schon,
D'rum sieh' i gar so viel
Auf d'Kreuza an.

Z'haus weid' i's Gamserl aus,
Dös is ma gar koan Graus,
I trink 's Bluat mit Freud,
Aft kriag i mehra Schneid,
Bind' z'samm' die Läuferln schnell,
's wird Nacht wer'n auf da Stell,
I trag's da Hütt'n zua,
Und geh' zur Ruah.

I bin koan Münichthaler,
Bin koan Krump'uthaler,
Bin a Keuschlerssuhn von Leopoldstoan,
A schöne Senn'rin liab'n,
Statt oana Wirthshausdirn —
Hat da Pfarra g'sagt —
Dös derf ma thoan.

Und kloani Kugerl giaß'n,
Kloani Gamserl schiaß'n,
Kloani Dirnderln liab'n,
Ma muaß All's probir'n;
Darweil ma jung no san,
Schau'n mir uns um an Schatz
Und mach'n späta aft
Für Jüng'ri Platz.

Oft trifft der Schütz mit dem Jäger in sehr verblüffender Weise zusammen, wie das Liedchen zeigt, welches nun folgt:

Wildschützenlied.

'S is lusti auf da Alm,
'S is lusti auf da Höh',
Es thuat da amol holt
Oan gar nix weh',
Und wann mei Büchserl knallt,
Daß 'S in den Bergnan hallt,
Aft juchezt b'Senn'rin
In Stüverl drin.

Und bei der erst'n Hütt'n
War ma b'Senn'rin z'dürr,
Da hab i gar nit g'fragt,
Um a Nachtquartier,
Und bei da zweit'n Hütt'n,
War ma b'Senn'rin recht,
Da sitzt a Jaga b'rein
Mit seini Knecht[1]).

Der Jäger kommt aber gewöhnlich im Liede schlecht weg, an Verspottungen und Verhöhnungen desselben ist kein Mangel, dies gelangt zur Geltung in dem nachstehenden Liede:

Wildschützenlied. [2])

Frisch auf, frisch auf, dem'S Schiaß'n g'freut,
Und der auf b'Alma geht,
Und der im Woald schön umaschleicht,
Auf b'Hirschlein und auf b'Reh.
Dös Schiaß'n is a lustig's Leb'n,
Dös Wildbrat thuat brav Geld ageb'n,
Dös Schiaß'n is mein größte Freud,
Drum g'rath i'S nimma leicht.

Und woann i in Wald einigeh,
Setz i mein grean Huat auf,
I kload mi wiar a Jagerknecht,
Steck Schildhahnfedan auf.
An Gamsboart hoan i a babei,
Scheuch mi vor koaner Jagerei,
Mein Büx henk i oam Bugel oan
Und schleich schön stad davon.

Hiatzt wiar i enk den G'spaß dazähl'n,
Wias z'nachst mir gang'n is;
San Jaga kemmen über mi,
War'n ihra vieri gwiß.

[1]) Vergl. Pogatschnigg und Herrmann, „Volkslieder aus Kärnten", I, Liebeslieder, Nr. 1113.

[2]) Nach der Aufzeichnung Joh. Gabr. Seidl'S.

Und i bin g'web'n goanz alloan
Und woarn vier und koane kloan,
An groß'n Hund hom's a mit g'habt
Der hat glei auf mi g'schnappt.

An groß'n Hund ham's a mit g'habt
Der wollt mi z'gsoauga hoam,
I streich mein Büx glei über ihm
Und schloag'n leichtla z'soam.
Hiatzt geht's nur her, ös Jagaknecht,
I wir's a enk schon machen recht,
Hoam Nas'n kriagt, als wie dö Töpf,
Dö oarmen Jagatröpf.

Und woann i hiatzt in's Wirthshaus kumm'
Schreit mir dö Kelln'rin zua,
O grüaß di Gott von Herzen schön,
Bist da, mein liaba Bua?
Woas muaß i dir denn schenken ein?
Schenk du mir ein a guat's Glas Wein,
Du schenkst frisch ein, i sauf frisch aus
Und geh schön g'stad nach Haus.

Ebenso macht sich das nachstehende Lied über den ängstlichen Jägersmann, der sich vor dem Wildschützen fürchtet, lustig:

Wildschützlied. [1]

Ich a junger Wildschütz,
Bin gor a g'steifter Bua,
Und wenn i geh in's Schiaßen aus
So geh i in der Fruah.
Ich hab mich vergangen
Wohl mitten in dem Wald,
Da hör ich d'Jaga pfeifa
Was gilt's, es kemmen bald.

---

[1] Tschischla und Schottky, „Oesterr. Volkslieder", S. 89, enthalten in kürzerer Fassung den Inhalt dieses Liedes.

Bin a klans wen'g g'standen
Und hob mir hamlich denkt,
Da sieh ich d'Jaga schleicha
Wohl umi an der Wänd.
Sie hab'n sich daschaut und
Sie hab'n sich daguckt,
Und steh unter'm Tannenbaum
Und hab schön hamlich g'schmunzt.

Ast setz ich mich nieda
Und denk mir in mein Sinn,
Ich muß a wenig passen
Muß schaun, wo nit was kimmt.
Ich bin nit lang g'sessen
Da rauscht da was daher,
Da denk ich ma bei'm Plunda,
Was ist denn das schon mehr.

Blieb a klans wen'g sitzen
Und schau schon trutzig aus,
Ast kommt a schönes Hirschal
Wohl aus ein dicken G'strauß.
Ast spann' ich mein Stutzal,
Schieß'n aufi auf'n Grind,
Und daß ihm da Fasch
Ueber d'Rippen obirinnt.

's Büchsal das that knallen,
Das hört ma ziemlich weit,
Das Hirschal das that fallen,
Das war mein' Herz a Freud.
Ich nahm ihn bei 'n Gweihern
Zog ihn zu einer Heck',
Wohl unter einem Straußal
Da hab ich mir'n versteckt.

Ast nahm ich mein Stutzal
Und wisch mir's sauber ab,
Und thät mir halt schon denka,
Muß heut schon bleiben da;

That mir heimla fürchten,
Das Hirschal wurd mir g'stohl'n,
Es möchten d'Jager kemma
Und möchten mir's abhol'n.

Oft kommt halt der Jaga
Und schaut mich trutzig an,
Oft sag ich gleich: mein Jaga,
Ich lauf dir nicht davon,
Bin a junges Bürsch'l
Ich sag dir's ja ganz keck,
Es hat mich ja mein Lebtag
Kein Jaga nicht daschreckt.

Der Jaga draht sich uma
Und schaut mich ziemlich an
Und schlug die Augen unter
Und ging schön still davon.
Ich hab ihm's a geschworen,
Wenn er a Wort thät sag'n,
Er müsset mir das Hirschal
Zum Wasser zuwi trag'n.

Du verzoagte Bruthenn,
Hast denn kein G'wehr bei dir,
Und laßt dich gleich so schröcka
Allhier in dein Revier?
Geh heim, leg dich nieder,
Häng's Büchsal an die Wand,
Und nimm mir nur dein Lebetag
Gar keins mehr in d'Hand.

Heiter ist der Himmel,
Schön kühl ist's auf der Erd,
Schön's Schatzerl, laß mich eini,
Ich hab mich schier halb g'frört.
Ich laß dich nicht eini
Und mach da nimma auf
Und schau dich um ein And're
Und unser Lieb ist aus.

(Erzh. Joh.

Das folgende Lied mit derselben Tendenz wie das voranstehende, nämlich den Jäger zu ärgern, stammt aus der Gegend der Hochalpe her und dürfte sich der Titel auf den Namen der betreffenden Alm beziehen:

Herrenalmer Lied.

Und ein Liedlein woll'n ma singa
Und was Neues fürabringa,
Ein Wildpra'schütz in stolzen Muth
Der gor kan Jaga nit scheuchen thut.

Is wahr, is wahr, is nit dalogen,
Er hat die Dölla schön aufsazogen,
Auf der Hochalm und im Felbathal,
Da gibt's ja Gamsaln glei überall.

In alten Dollan hat er's daschossen,
Das hat die Jaga so sehr vadrossen,
As kammen d'Jaga gar stolz zu ihm,
Alloan hat Keiner Kuraschi bei ihm.

Sie waren z'sommkemma in ra Holzknechthütten,
Da hätten's den Wildschützen wohl bei der Mitten,
Und oanzaln hab'ns ön net traut,
Is eahn' der Wildschütz glei g'sprunga aus.

Er hat eahn' woll'n a Bratel braten
Dös hat ihnen aber ja gar nit grat'n,
Er schmeißt eahn's ein in d'Aschengruben
Geht's, treilt's eng aussa, Goaßjagabub'n.

Vernehma derft's eng ja a nix denka,
Wann's ös mi bitt's, will i enk's schenka,
An an Gamsaban is mar a nix g'leg'n,
Das Schiaß'n laß i ma von enk nit wehr'n.

Die Jaga hab'ns als wia die Herrn,
Sie than gar viel Schußgeld begehr'n,
Sö hab'n dö Hund, dö enk zu than jagen
Und hab'n dö Knecht, dö eahn' nach than tragen.

Was nutzat mi mein Pulvataschen,
Wann i ma 'sSchiaß'n dawirn wollt lassen,
I hon kan Hund, der ma's zur thut jagen
Und hon kan Knecht, der ma's nach that trag'n.

Und z'Abmont drenten gibt's gar viel Herrn,
Dö fasten Gamsböck, dö essen's gern,
Dö fasten Gams kasen sö mar a,
Geht's, hoaßt's mi lüag'n, woann's net is wahr.

Und derschten ob'n auf der Herrenalpen
Derscht thoan dö Gemsa schön umawalg'n,
Und i han erst nacht'n, gar spat auf d'Nacht
A poar schöne Gamsböckerl obabracht.

Der Johnsbacha Jaga hat mi a bascha,
Er springt gar wakla auf seine Zeha:
„Wenn i 'sKuraschi hätt bei mir,
Die Gemsla, die wollt' i nehma dir.“

Der Wildschütz möcht das sogar nit leid'n
Er zagt dem Jaga a lange Feig'n,
Und eh' daß i mei Gamsla ließ dir,
Eh' wagat i an Rauf mit dir.

Und das Liedlein muaß man beschließ'n,
Und weils die Jaga thuat sehr vadriaß'n,
Es gab oft Ana a paar Thola drum,
Wenn man das Liedlein vor earn nit sung.

'sLiedlein muaß ma singa und singa lass'n,
Man singt's in Häusern und auf der Gass'n,
Man singt's in Häusern, im grünen Wald,
Das Liedlein singt man glei überall.

Erzh. Joh.

Aus der Gegend von Mariazell stammt das Lied vom Gregori,
eine echte Volksballade aus dem Wildschützenleben, welche lautet:

Das Lied vom Gregori.

Han oftn hör'n sag'n beim Tag, bei der Nacht,
Von einem Wildschütz'n hör'n singa und sag'n,

Kei mi nix um das Münsti, d'rum wag' i's so g'ring,
Von einem Wildschütz'n ein Liedl i sing'.

Er hat halt a Büchsl, nit z'groß und nit z'klein,
Kan Mensch kunnt' es glaub'n, daß mögli möcht sein,
Er hat sich gar oft a klan's Vögerl darwöhlt,
Er hat denna viel Hirsch'n und Gamsla daschnellt.

Das Pulva, das bringt eam a grausame Müh',
Und wenn er sollt' schießen, so schnalzet ihm's nie,
Weil Gregori hat g'schossen, hat eam 's Pulva nit kracht,
Und das hat ihn so lang in Verschwiegenheit bracht.

Und amal da hat si Gregori verbrennt,
Weil er d'rauß im Wald is an Hirschen nachg'rennt,
Er hat a frisch g'schoss'n und er wadnet 'n aus,
Und er stoßt 'n auf'n Buckl, und tragt 'n nach Haus.

Und wie er das Hirschl auf'n Buckel hat g'faßt,
Aft hat'n a scharfer Forstjaga datappt:
O mei liaba Gregori, und was trag'st a so schwar,
Und mir kam's halt glei für, wenn's a Hirsch'nbock war.

Und wenn's halt a glei sollt a Hirsch'nbock sein,
Und wenn i'n han g'schossen, so g'hört er a mein,
Was i selba daschiaß, geht kan Ander'n nix an,
Und hat a gar kan Jaga a Schußgeld dathan.

Die Schandred'n, dö that'n den Jaga verdrieß'n,
Er denkt sich, Gregori, das wirst ma schon büß'n,
Er geht zu der Herrschaft und zagt dö Wort an,
Er wollt ihn verfolgen, so gut als er kann.

Der Pflega, der stellat a Scheib'nschieß'n an,
Er laßt den Gregori einlad'n daran,
Was, denkt sich Gregori, was bild't er sich ein,
Und es wird wohl was and'res im Hinterhalt sein.

Was hab'ns denn zum erst'n Gregori darwöhlt?
An laufenden Hirsch'n, den hab'ns ihm fürg'stellt,
Der Hirsch, der is g'loff'n so schnell und so b'hend
Und Gregori hat gleiwohl in's Centrum 'nein brennt.

Ast sprach halt der Pflega aus Arglist geleit,
Gregori, wie hast mit 'n Schiaß'n a Freud,
Und weil's du hast g'schoff'n so gut und so g'wiß,
So bist ohne Zweif'l a guata Wildschütz.

Der liabe Gregori verantwort' si bald, .
Zu einem Wildschütz bin i a schon gar z'alt,
Mag nemma stark laufen, mag nemma stark geh'n,
Und ihr G'streng wissen, d'Gamsln am hoh'n Berg steh'n.

Mein liaber Gregori, bist heunt schon zu alt,
Hast Nacht'n spat g'schossen an Hirsch'n in Wald,
O mein lieber Gregori, wie hast di verbrennt,
Weil's nacht bist im Wald d'rauß an Hirsch'n nachg'rennt.

Ich bitt' um Verzeig'n, ihr Edl und ihr G'streng,
Sie werd'n ja nit gar viel mach'n aus dem,
Seid's mir aber d'rum neidi, was i hab' genoss'n,
Was habt's denn das Schandthier nit selber geschoss'n.

Erzh. Joh.

Den Schluß dieser Abtheilung bilde eine längere Ballade höchst
eigenthümlicher Art, die in Obersteiermark allgemein bekannt und beliebt
ist und mir sogar als fliegender Blattdruck vorkam. Ob sie an eine
wirkliche Begebenheit anknüpft, ließ sich nicht ermitteln:

Der Itarlstein.

Dies Liedlein habe ich erdacht
In einer kurzen Zeit,
Will euch's erzähl'n, doch gebt's fein Acht,
Ihr meine lieben Leut:
Was sich vor Jahr'n begeben hat
In Rotthurn, wie die Pfarr' genannt,
Liegt in der Näh' von Judenburg,
Das ist euch wohl bekannt.

Allborten war ein Jägersmann,
Der trat das zwanzigst' Jahr schon an,
Franciscus er benamset war,
Ein hübscher Bursch mit schwarzem Haar,

Er hatt' ein witzig's Köpfelein,
Konnt' anders nie als lustig sein,
Hat müssen, o welch' Herzeleid,
Sein Leb'n verlier'n nach kurzer Zeit.

Es war im Achtundneunz'ger Jahr,
Wie man die Jahrzahl schreibt:
Als es an einem Montag Früh
In's Hochgebirg ihn treibt;
Es war ein ziemlich steiler Berg,
Der hieß der Karlstein:
Der Jäger dacht' nur allezeit
Auf Hirsch' und Gemselein.

Er war den ganzen langen Tag
Z'höchst oben auf der Wand
Und hat sich denkt: was muß's heut hab'n?
Ich schieß nichts auf mein' Stand.
Wie's aber schon geg'n Abend war
Und er nach Haus wollt' geh'n,
Da sieht er ein Paar Gemselein
Auf einem Felsen steh'n.

Der Bursch ist voller Lust und Freud,
Schleicht langsam näher über d'Schneid,
Gespenster warn's, denkt er bei sich,
Die mich sekiret heut.
Da aber, wie er schießen will,
Verkommen alle zwei,
Kein einzig Gemslein war zu schau'n,
Der Teufel war dabei.

Wie d'Gemslein ihm verkommen sind,
Das war ihm schier zu g'scheidt;
Jetzt, sagt er, muß ich heimwärts geh'n,
Ich hab schon höchste Zeit.
Da aber, wie er z'ruck hat woll'n,
Find't er den Weg nit mehr,
's war überall die gleiche Wand,
Er steigt bald hin, bald her.

Er steigt 's Gebirg bald auf, bald ab,
Kein' Weg er find'n kann,
Der Tag der geht sein' End schon zu,
Der Nebel fallt schon an,
Er muß die ganze Nacht dableib'n
Und kann nit z'ruck nach Haus,
Er denkt sich: Morgen in der Früh
Find'st dich schon leichter 'naus.

Den andern Tag in aller Früh,
Sobald die Sonn' am Himmel stand,
Da fangt der Bursch zum steigen an,
Die Wege war'n ihm wohlbekannt,
Doch heute steigt er auf und ab,
Das Wetter war den Tag gar schön,
Den Weg er doch nit finden kann,
Er muß g'rad bleiben steh'n.

Die gleiche Wand war rundherum,
Der Schein hat ihn verführt,
Er konnte keinen Weg mehr seh'n,
Er war schon ganz verwirrt.
Er fangt zum schrei'n und jammern an,
Schreit mit hellmächt'ger Stimm',
Es konnt' ihn aber Niemand hör'n,
's war All's zu weit von ihm.

Der Jäger laßt halt doch nit nach,
Bis daß er Wen erschreit,
Es konnt' ihn aber Niemand hör'n,
Es war ja viel zu weit;
Schon ist's zwei Tag und eine Nacht,
's kommt Niemand von sein' Leut'n,
Er hat nit Wasser und nit Brod:
Muß Durst und Hunger leid'n.

's wird wieder Tag; der Jäger denkt,
Ob's ihm nit doch noch glückt,
Und ob er wirklich keine Seel'
Tief unt' im Thal erblickt?

Da fuhr ein Bauer in den Wald,
Der hört den Burschen schrei'n
Und sieht ihn zwischen Felsen steh'n
Hoch ob'n am Karlstein.

Und wie der Bauer ihn erkennt,
Fahrt er nach Haus geschwind
Und zeigt die Sach' dem Vater an:
O helft's in Franzl g'schwind!
Er steht hoch ob'n am Karlstein,
Er hat sich schiech verstieg'n,
Er bitt' um Hilf, jetzt heißt's halt schau'n,
Daß wir'n 'runterkrieg'n.

Sein Vater, der Josephus hieß,
War ein gar braver Mann,
Der wußt' sich schier zu helfen nicht,
Entsetzt' sich sehr daran,
Doch schaut er, was zu machen ist,
Ruft seine Nachbarn z'samm,
Daß sie ihm einen Rath ertheil'n,
Bitt' er's in Gottes Nam'.

Von unten auf war's viel zu hoch,
Die Leiter hätt's nit g'spannt,
Da Berg war drei, vier Kirchthürm' hoch:
Es war die gleiche Wand.
Da sind's hinauf zum ober'n Spitz:
Ob's da nit leichter wär',
Wolln's mit an langen Seil probir'n,
Hab'n glaubt, so ging's nit schwer.

Es sieht ihm aber doch nichts gleich,
Sie hab'n gar lang probirt,
Der Fels hat eine Ueberwand:
Hat 's Seil viel z'weit verführt.
Sie müssen ihn g'rad lassen steh'n,
Er war so frisch und g'sund,
Der Vater gäb' sein Hab' und Gut,
Wenn er ihm helfen kunnt'.

Da war'n sie Alle sehr betrübt,
Der Bursch ob'n bitt' um Gnad':
Wann sonst kein anders Mittel ist,
So schießt's mich 'runter g'rad,
Damit ich nit vor Hungersnoth
Am Hochgebirg muß sterb'n,
Ich möcht' sonst in Verzweiflung fall'n —
Müßt' ewiglich verderb'n.

Kein anders Mittel gibt's nit mehr,
Als wir befolg'n sein' Rath
Und schießen ihn, wie er's verlangt,
Vom Felsen 'runter g'rad,
Und bringen ihm den Geistlich'n her
Mit'n heilig'n Sacrament,
Daß er ihm noch den Segen gibt
Vor seinem letzten End'.

Der Pfarrer ruft zum Burschen 'nauf:
Mein allerliebstes Kind,
Thu dich nit z'viel entsetz'n d'ran,
Bereu' nur deine Sünd',
Ein'n heiligen Gedanken thu,
Dann mach gleich Reu' und Leid,
Du wirst, das sei dein Trost, noch heut'
Ein Kind der Seligkeit.

Dann hat er ihm den Segen geb'n
Mit dem hochwürd'gen Gut,
Der Bursch fallt nieder auf die Knie,
Wie er das sehen thut.
Und wie das All's vorbei ist g'west,
Da schießn's 'nauf zum Spitz,
Den Bursch'n ob'n trifft's g'rad in d'Brust —
Sein Vater war der Schütz.

Kaum war die Kugel aus dem Rohr,
Kaum hat das Büchserl knallt,
So fangt der Bursch zum sink'n an,
Fallt g'rad in einen Wald.

Er stürzt — es ist erschrecklich z'schaun —
Hin über d' spitz'n Stein',
Und fort so bis er unt'n liegt —
Kunnt gar nit anders sein!

Schon hängt ihm alles Eingeweid'
Und Fleisch vom Leib heraus,
Fast nichts mehr ist vom G'sicht zu schau'n —
Leut', 's war ein rechter Graus!
Tags drauf dann hab'n's 'n eingegrab'n
Wie eine andre Leich,
Er war voll Wund'n und voll Blut —
Schaut' gar kein' Menschen gleich.

Der Pfarrer hat ihn eing'segn't auch·
Gott, gib ihm b' ew'ge Ruh,
Die ewig'n Himmelsfreud'n auch
Und 's ew'ge Licht dazu! —
Dann hab'n's 'n 'nunterlass'n
Und Erd'n d'rüberthan,
Und d'Leut hab'n bet': Herr, nimm zu Dir
Den armen Jägersmann!

Nun woll'n wir 's Lied beschließen, Leut',
Was d'rinnen steht, ist wahr,
Und Der, der's euch erzählet hat,
War selbst in der Gefahr.
Dies hat ein Arrestant erdicht'
Zu Irdning in dem Landgericht,
Der, weil er keine Arbeit hatt',
Die Zeit also verwendet hat.

Dieses merkwürdige Gedicht erinnert, wie man sieht, in seinen
Grundzügen an jene Begebenheit, in welcher der Sage nach Kaiser
Max eine Rolle spielt und die sich auf der Martinswand in Tirol
zugetragen haben soll. Bekanntlich haben Gedichte über Max auf
der Martinswand Heinrich Joseph Collin[1]) und Anastasius Grün

---

[1]) Collin's Gedicht stammt vom Jahre 1809. Vergl. F. Laban: „Heinrich
Joseph Collin" (Wien 1879), S. 194.

verfaßt. Ob die Begebenheit, welche in dem steierischen Volksliede
geschildert ist, zu dem sagenhaften Abenteuer Maxens in Beziehungen
steht, wäre interessant zu untersuchen, doch fehlen hiezu noch die
Anhaltspunkte.

Die Reihe der Lieder aus dem Jagd- und Wildschützenleben
erscheine mit dieser größeren Ballade abgeschlossen.

Des Bauers und anderer Stände Lieder.

Wir verlassen die Region des Hochgebirges und betrachten nun
jene Gattung von Gesängen, welche vorerst das Dorf- und Bauernleben als solches charakterisiren, wenn auch vielleicht eintöniger, wenn
auch insbesondere nicht von so frischem Hauche edler Poesie durchweht,
findet man doch Originalität und Humor in jedem der Lieder. Der
steierische Bauer ist beiweitem nicht so sangesarm als man bisher
geglaubt hat. Allerdings sind seine Scherze derb, oft zu derb, so
zwar, daß mir die Aufnahme mancher Strophe sogar nicht geboten
erschien, aber desto mehr Urwüchsigkeit und Natürlichkeit gibt sich in
den Strophen kund, die auf dem Lande gesungen werden, die Abends
im Dorfe, bei der Arbeit oder im Wirthshause, ertönen; sie schildern
das Leben des Landmanns in verschiedenen Beziehungen, sie zeigen
sein Verhältniß zum Städter und seine Gedanken über denselben, sie
lassen uns sein Denken und Fühlen ersehen, sie bieten uns manches
kleine Culturbildchen, welches mehr sagt, als die ausführlichste Schilderung und Beschreibung [1]). Im Bauernleben spielt natürlich auch
eine Rolle die Bäuerin, das Lied führt sie in den verschiedensten
Situationen vor, selten aber in solchen, die dem Bauersmann himm-

---

[1]) Einige treffliche solche Schilderungen bot J. G. Seidl in den mehrfach
hier erwähnten „Almern“, er beschreibt daselbst in Prosa: „Eine obersteirische
Bauernhochzeit“, „Eine Bergpartie in Obersteier“ und „Eine steierische Wirthshausscene“, von welchen Beschreibungen ich hier insbesondere auf die erst- und
letztgenannte hinweise.

lische Rosen in's irdische Leben flechten; die schlimmen Weiber finden
sich im Liede des Bauers auffallend stark vertreten und es ist gerade
als ob sich der Volkshumor in ihnen einen Zielpunkt ausgesucht hätte.

Die Bauernlieder gehören nicht nur der oberen Steiermark an,
Mittelsteiermark, das heißt die Gegend um die Landeshauptstadt, liefert
ebenfalls sein Contingent dazu, allerdings macht man dabei die
Beobachtung, daß sich die Lieder mit der Gegend zugleich verflachen.
Je näher dem Hochgebirge und je höher, desto wärmer ist im Allge=
meinen jener Hauch der Poesie, der, wie in anderen Gebirgsländern,
so auch in Steiermark durch das Lied weht; es hat den Anschein, als
ob die Nähe einer Stadt oder überhaupt eines größeren Ortes,
welchem bereits städtisches Wesen vielfach nahegekommen ist, keine
günstige Wirkung auf des Landbewohners leicht empfängliches Gemüth
ausübte; allerdings werden Anschauungen geklärt, falsche Meinungen
im Landvolke geändert, aber der eigenthümliche Anstrich des eigentlichen
Bauernlebens wird auch hinweggewischt und es bleibt dann eine
Mischung von Verschmitztheit und Raffinirtheit zurück, die wenigstens
dem Volksgesange keineswegs zuträglich ist, dann erst beginnt der
Bauer den Städter auch mit mißtrauischen Augen zu betrachten und
wenn dieser Fall eintritt, bedarf es wohl einer langen Zeit, bis der
Letztere wieder in den Augen des Landmannes Vertrauen erweckt.
Dies ist für die Kenntniß des Volksliedes natürlich keine Förderung.
Es gehört dann unendlich viel dazu, um ein solches Lied direct aus
dem Volksmunde skizziren zu können, aus dem niedergeschrieben es ja
erst den eigentlichen Werth hat.

Welche Anschauungen der Bauer von dem Stadtbewohner hat,
zeigt das nachstehende, von Johann Gabriel Seidl aus dem Volks=
munde aufgezeichnete Lied:

Der Bauernstand.

Halt's ma'r, ös Buama, das bäurische Leb'n,
Solchi Noarr'n sollt's niamals oageb'n!
Bin i a Bana, so bleib i's fein gern;
Tausch' i hoalt, glaubest nit, mit oan vonn Herrn:

Geht oaft von uns oaner eini in b'Stoadt,
Gibt's so viel Gaßna, vageht ma si groad,
In unsan Dorf geht ma leichtla nit irr,
Gibt nit viel Gasseln, a fünf oda vier.

D'Herrnleut' dö freß'n viel grausoami Speisen,
Daß Dan glei grausen möcht', als wia von Mäusen,
Schnecken, Schildkroten und oanderi Thier',
Daba mir Bauan hoam Krapfen dafür.

Und woann dö Herrnleut' hoalt gengan zun Essen,
Thoan 's mit dö Gläser 'n Wein si fürmessen:
Wir trinkna 'n krüaglweis, wen'g oder viel,
Wia's holt da Durst valongt und wia ma will.

Charakteristisch ist auch das nachfolgende:

Bauernlied. [1]

Ihr Herren, schweigt ein wenig still,
Hört was ich euch singen will!
Welcher Mensch ist auf der Erd',
Dem Lob und Ehr' zum ersten g'hört?
Man kann sich leichtlich bilden ein,
Ja, das muß ein Bauer sein.

Wie man hört, schreibt und lest,
Der erste Mensch ein Bau'r ist g'west.
Da Adam schluf und Eva spann,
Wo war Burger und Edelmann?
Gleich nach der Sünd' im Paradeis,
Baut' Adam in die Erd' ein' Speis.

Ein Bauer ist der erste Mann,
Der uns den Hunger stillen kann.
Wenn auf der Welt kein Bauer wär',
So ging es uns ziemlich sperr.
Vom Bauer kommt ja Alles her,
Lebt der Fürst, der Graf, der g'strenge Herr.

---

[1] Eines der wenigen bereits gedruckten, das ich an dieser Stelle anführe. Es findet sich bei Weinhold: „Ueber das deutsche Volkslied in Steiermark“. lag mir aber auch handschriftlich aus der Sammlung des Erzherzogs Johann (mit Melodie) vor.

Dem Kaiser seine liebsten Freund'
Die Soldaten und die Bauern seind.
Der Soldat streit' für das Vaterland,
Der Bauer gibt ihm's Brod in d'Hand.
D'rum danket Gott für diese Gnad',
Daß er den Bau'r erschaffen hat.

Ein' Bauern sieht man's ja nicht an,
Das was er ist und was er kann.
Er bauet an das wüste Feld,
Löst aus der Frucht das schönste Geld,
Und schreibt der Kaiser Steuern aus,
So kommt's zuerst auf's Bauernhaus.

Ein Bauer macht sich ja nichts d'raus,
Er trinkt zwei, drei Maß Wein bald aus,
Er geht nach Haus zu seinem Weib,
Macht ihr den schönsten Zeitvertreib;
Bei Bier, bei Brod, bei Fleisch und Wein,
Möcht' selber gern ein Bauer sein.

Ein Bauer ist ein schlauer Mann,
Kein Geier fangt mit ihm was an,
Er thut uns gleich zur Antwort geben,
Vom Bauern müssen d' Stadtleut' leben,
Er gibt uns Fleisch und Brod in d'Hand,
Vivat! soll leben der Bauernstand.

Ihr Bauern, um was ich euch bitt'!
Theilt den Armen auch was mit,
Gott gibt euch dafür seinen Segen,
Daß ihr könnt gut und ehrlich leben,
Und dorten in der Ewigkeit
Habt ihr zum Lohn die Seligkeit.

In den voranstehenden Versen zeigt sich sowohl in der Form
und Sprache als auch im Geiste des Ganzen, daß wir es hier mit
einem Bauernliede zu thun haben, welches den Landmann schon im
Verkehr mit dem Städter zeigt. Derber allerdings, aber von echter
Ursprünglichkeit durchdrungen, zeigt sich das Lied vom Bauernknecht,

in dem wir auch manchem alten Aberglauben des Bauers begegnen.
Dies Lied lautet:

Der lustige Bauernknecht.

In der Fruh wann unsa Haushahn thut krah'n,
Aft wir i munta und gamatz amal,
Thu' i mi ranzen hübsch gütla umdrah'n,
Bis i hör' b' Ochsen und b' Küh' schrei'n im Stall,
Aft wann i aufsteh', so thu' i mi g'segna,
Daß ma kein' Hex' und kein G'spenstl nit schab't,
Und das ma a kan kein Trut nit begegna,
I mag aft ausgeh'n fruh oba spot.

Wann ma hab'n b'Nocka und b'Ramsuppen gessen,
Aft heißt's: Buam anßi zu der Arbeit in's Feld,
Do singan b'Vögl, ma möcht' sie vagessen,
Wie 's da nit umadum klingelt und hallt,
Aft sing i a meini Tanzel und Lieda,
Konn i's glei nit wie 's in Notnan than steh'n,
So sing' i's gleichwohl bald hoch und bald nieda,
D' Menscha sog'n gleichwohl: das Ding is recht schön.

Freilich kimmt b'Arbeit hübsch trubi oft uma,
's Ackern und 's Dreschen, das Mah'n und Heng'n
Mochan an wahrla die Stund'n recht saura,
Daß an da Schwitz möcht' beim Aug'n aussteig'n;
Im Fruhjahr do hät's halt die lainige Nachten,
Do war's nit z'kalt und nit z'stark und nit z'haß,
Aba da heißt 's halt: Buam richt's eng zum Beichten,
Und da vergeht An glei wieda da G'spaß.

Aber es keman a heilige Zeit'n,
b'Kirchta und Faschingta bleib'n a nit aus,
Und auf'n Dentlbas sieht ma vo weit'n,
Do gibt's a G'schmais und an schmirigen Schmaus,
D' Rauhnacht, dö wolln's jetzund freili obbringa,
Und es hat's do kein Narr nit aufbracht,
's Lesseln und 's Kreißteh'n konn ausbleib'n und 's Singa,
D' Kropfa dö müss'n do kema auf b' Nocht.

Wann uns a Luft thut zum Tanzen aukemma,
Aft geh ma außi in Kirta zu'n Tanz,
Thu' i mein' grantige Schwesta mitnehma,
D' Raubl nimmt da Grega und b' Lisel da Hans,
Und a so thama narrisch umaspringa
Und than recht lerma und tümmeln beinand,
Than's Dan den Andern so oft umabringa,
Bis in da Konbl da Boden auszant.

Aft zahl'n ma b' Zöch' aus und than Urlau nehma,
Scheint uns da Mond nit, so leuchten uns b' Stern,
Und ist's uns z'finsta und könn heim nit kemma,
So leiht uns da Hofwirth jo schon a Latern',
Und a so ist's holt hübsch lusti beim Bauern,
's Kostl war g'schmachi und 's Trinkl war brav,
Oba das ist holt a zu bedauern,
's Menschan geh'n kimmt einmal viel z'oft.

Oba i konn mir's unmögli gedenka,
's Herrnleb'n thut mi holt einmohl nit g'freu'n,
Woann i a Herr war, wie that's mi nit kränka,
I will viel lieba a Bauernknecht sein.
's G'wissen das hot ja da Geier schon g'nomma,
's Geldl das g'längt An halt allaweil nit,
I bleib' beim Bauern und thu mi nit gräma,
Wonn mi mein Mensch gern hot, so leb' i mit Fried.

Erzh. Joh.

So singt der Bauernknecht von seinem Treiben und Thun, in
derber aber charakteristischer Weise. Eine treffliche Schilderung des
Bauernlebens findet sich in den nachstehenden Gesängen, welche in
Obersteiermark verbreitet sind und offenbar aus der Zeit der Grund-
herrschaften herstammen. Diese Lieder sind besonders bezeichnend für
das Bauernleben jener Zeit, bezeichnend ist es auch, daß sie sich als
Volkslieder eingebürgert haben, da sie keineswegs Begeisterung für den
Stand zeigen. Die vorliegende Aufzeichnung derselben rührt aus den
ersten Decennien unseres Jahrhundertes.

Vom Bauernstand.

Hiatz han i mir schon g'rod g'nu g'haust,
I hätt' a Lust zu wandern,
Es is mein' Treu' schon völli aus,
Was muaß i hiatz anfangen?
D'rbausen laßt sich a nix mehr,
Es ist schon All's vergeben,
Doch sagt zu mir mein g'strenger Herr·
Mir hätten 's beste Leben.

Danägst sagt mir der Diener an,
Sollt' a die Steu'r hob'n geben,
Ma hob'n ananda freundlich g'tröst',
I han ihm klagt mei Leben,
Ma hab'n ananda recht zug'schneizt,
Er hoast mi gleich an Lumpen,
Auf d'Letzt bin ich ihm g'worden zu g'scheidt,
Er hot an mir nix g'funden.

Wie i bin kemma in d' Kanzlei,
That mich der Pfleger fragen,
Wo ich a wollt' geb'n d' alte Steu'r?
Da that ich Na d'rauf sagen;
Hon jetzt koan Geld, mei g'strenger Herr,
Hon noch nit gar ausdroschen,
Da denk' ich mir gleich in der Still':
Er schlagt mir schon in d'Goschen.

Wo ist der Diener, schreit er gleich,
Laß' dich in Kotter stecken,
Da zittert mir mei ganzer Leib,
That mi nit wengerl schrecken.
Doch denk' ich mir gleich in der Still':
Wird wohl 'n Hals nit gelten,
Bin i nur stad und los a wen'g
Und that mich enda melden.

Zum Schlapperment, mei g'strenger Herr,
Es muaß nit glei in Kotter,
Geht mir mein' Treu nur gar so schwer,
Mei Weib will mir nix kochen.

I han oft a Supp'n, i sag's fein rund,
Möcht' Dan' sich schier vergessen,
Den g'strengen Herrn sein Pudelhund
That g'wiß koan Bissen fressen.

Da jo, mei lieber g'strenger Herr,
Wie sollt' a Geldl klecken?
Wo sollt' m'r Olles nehmen her?
Bald muß m'r lassen decken,
Pflüg' und Arn muß m'r hab'n,
Wagen und and're Sachen,
Wann i denk an b' ganze Wirthschaft,
Bergeht mir wahrlich 's Lachen.

Und is a Krieg wohl in dem Land,
Muß a d'r Bau'r herhalten,
Soldaten stell'n, das waß m'r schon,
M'r nimmt a an kan olten.
Und Fürspann stell'n und Lieferung geb'n,
Dös kann i mir a wohl denken,
M'r derf dazu ka Wört'l sagen,
's thaten An glei aufhenken.

So sei nur still und hör' bald auf,
Mir g'währt schon z'lang dein Pred'gen,
A Zeit lang will i noch warten aus,
I will dir etwas geben.
Do hoft vier Zwanz'ger, geh nach Haus,
Thu' zu der Wirthschaft schauen,
A Zeit lang will ich dir noch warten aus,
Mußt aber dein Fleiß auch brauchen.

A jo, mein lieber g'strenger Herr,
Dofür thu' ich Dank sog'n,
Is mir mein Maul a gar so schwer,
Zweg'n Zwanz'g'r will ich wag'n.
In's Wirthshaus is mei erster Goug,
Will ich mein Herz erquicken,
Wonn ich das Geldl beinonder hon,
Wir i's schon fleißig schicken.

Erzh. Joh.
18*

Bauers Noth.

Mag i ka Bau'r nimmer bleiben,
Geht es halt wie es nur will,
Ka Geld kann i a nit auftreib'n,
Wahrli, es ist mir Oll's z'viel;
Jo Olles von Bauern thut leben,
Niemand will ihm mehr was geben,
Oft manchen Bauern sein Bua
Muß binden mit Winden die Schuah,
Oft manchen Bauern that's noth,
Daß er ging betteln das Brod.

Es ist ja mein' Treu ka Wunder,
Daß's hiatzt 'n Bauern schlecht geht,
A jo, mer hudelt's hiatz unter,
Und das is, mein' Treu, nit recht;
D' Obrigkeit laßt jo nix hint'n,
Sie that an Bauern eh schind'n,
A jo, um an Groschen, zween, drei,
Do laßt mir's einsperren a glei.

I waß jo, wie mir's z'nachst is ganga,
Wie ich mein Hauszins han geb'n,
Do sein mir drei Groschen oganga,
Han allselben nit können derleg'n,
Do hat der Diener glei müssen
Die Eisen anlegen an d' Füßen
Und hat mi in's Dienerhaus g'führt,
Ols wann i war g'wes'n a Dieb.

Das Hausdach is a voller Lucken,
Han a noch kan Schnitt dahoam,
Der Ofen thut aller z'sommhucken,
Han a noch kan Ziegel, kan Loam;
Die Stub'n, der Tisch und die Bänken,
Das thut schon Olles niedersenken,
Und woann i für d' Fenster geh für,
Sein d' Scheiben lauter Papier.

Zween Wagen steh'n unter der Hütten,
Hat a koan aner a gut's Rod,
Mit Stricken da muaß i's z'jammbinden,
Wann i an Ausfahren hab;
Wann i thu b' Ochsen anspannen,
Do zaunen b' Scheiben vonananda,
Z'nachst, wie ich in b' Robot bin g'fahren,
Han i 'n Wag'n auf'n Buckel müssen hoamtragen.

Der Stoll hat eh schon sechs Spreizen,
Er braucht a noch a wohl a vier,
Wann i ihm ansiech von weiten,
So moan i, er fallt schon zu mir;
Wann der Wind a wenig thut geh'n,
Da muß i alle Augenblick seh'n,
Wo nit der Plunder fallt z'samm —
Es is mir rechtschaffen bang.

A Jahrl wollt' i's noch gedulden,
Wann's nur amal besser that wer'n,
Und wann i nur kam aus 'n Schulden,
Ast wollt' ich mich nicht lang mehr scheer'n,
Und wonn es halt also thut bleiben,
Da mag ich's halt nit mehr derleiden.
Ast nimm i mein' Grebl bei der Hand
Und reis' in das Salzburger Land.

Erzh. Joh.

Diesen Liedern folge ein humoristisch angehauchtes, welches die Ansichten des Bauers, der „in der Welt herumgekommen" schildert und in der Umgebung von Aussee gesungen wird. Die Mittheilung des Liedes rührt direct von Aussee her. Uebrigens scheint seine Entstehung der jüngsten Zeit anzugehören.

Des Bauernburschen Reisen durch die Welt.

Im Jahre eintausendachthundert
Und eppa no vierzig dazua,
Da ham si viel Leut' g'freut und g'wundert,
Daß aus mir wor'n is a Bua,

I woaß zwar die Stund' neama z'nenna,
Wann i d' Welt 's erst'mal erblickt,
Wia's sag'n, bin i leb'nsfrischer kumma
Und han mi zu 'n Leut'n glei g'schickt.
Dös Ding thuat a d'Hebamm glei spanna,
So oft 's mi hat bad't in da Früah,
Daß i in da Welt umanana
Und weitmächti fortkemma wia.

Und richti, sie hat's a barath'n,
Hab könna kaum hatsch'n a wen'g,
Da bin i schon überal hin g'rath'n,
Zum Tisch zuwi und unter d' Bänk;
In d' Laub'n außi, wo ma hab'n d' Scheiter
In d' Kuchl und zuwi zu'n Herd
Und allaweil weiter und weiter,
Bin i kroch'n in Haus auf da Erd.
I will enk a d' Oerter hernenna,
Wann's mi anhör'n wöllt's und a vasteh'n,
Wo i außa Haus hin bin kemma,
's möcht'n Oan d' Aug'n übrageh'n.

Bin g'wes'n z'erst in Stügeraka,
In Schramlmühlbod'n ast a,
In Grab'n und a auf da Modlaka,
In Oella und Rambüchl a;
In Trettenbach, in Fuchs'nschacha,
In Lichtersberg und in da Klaus,
In Mitterndorf und auf da Klacha,
In Tauern, Schottwien und Neuhaus;
Au'm Hundskogl und auf'n Schöckl,
In Oesling a und auf'n Moos,
Au'm Teich und in Lupitsch beim Stöckl
Und after in Loosdorf und Sooß.

In Elend, in Gsprang und Biehofen,
In Küahlagrab'n und in da Lahn,
In Linz und in Wels und z'Waidhofen,
In Koppertröd und auf der Blah'n,

Z' Mitteralm und z' Niederhofen,
In Mölk a und Krems war i drin,
Z' Sanct Pölten, in Pest und in Ofen,
Beim Holzerſteg und a in Wien;
Au'm Wildkogl draußt und in Rauh'n,
In Ottakring und auf da Blaa,
Beim Thörlwirth und auf der Zauh'n
Und ob'n in der Eglgruab'n a.

In Fiſcherndorf und a in Loſern,
Beim Kalſeneck, in Kaltenbrunn,
In Braunwieſ'n und drin bei 'n Moſern,
In Braunfolt a und in Neubrunn,
In Eiſenerz und a in Kößl,
In Weißenbach und in der Zloam,
In Langmoos, beim Schlemmer in G'ſchlößl,
In Hallſtadt a bei meiner Moam;
In Radmer a und am Riegl
Und aſt auf der Moosberger Alm,
Und drin a beim Kaltwaſſaſtiagl
Und aſt'n a Zeit in Wildalm.

In Edelsbach, Radling und Koppen,
Z' Maria-Zell auf da Sühl,
Beim Edenſee und in da Gnoppen,
In Süaßreit, in da Traunmühl,
In Wald, in Kolwang und in Stoana,
In Landl, in Gams und in Brünn;
Mei Liabſta, dös glaubat ja Koaner,
Was i ſchon herumkemma bin.
Ma wird alſa junga vadorb'n,
Wann's Dan halt ſo guat geht in All'n,
Kocht ham's ma in alli Farb'n,
Oft Dana that ſi z' tobt prahl'n.

In Liez'n a war i, in Admunt,
In Goißern, Leob'n und in Bruck,
In Graz, da ſchön'n Stadt, war i a unt
Und aſt bin i wiederum z'ruck.

In Olmütz, in Prag und in Neustadt,
In Judenburg und z' Rottenmann,
In Salzburg a und aft in Radstadt,
In Innsbruck a und in der Plan.
In Siebenbürg'n unten in Lager,
Da hat's mi koan Aug'nblick nit g'freut,
Da war'n da die Biss'n gar mager,
's Awigeh'n hat mi schiach g'reut.

Auf da Vorderalm und auf da Gstött'n,
In Lambach und Gmund'n aft a,
In Hieslau, Weyer, Amstött'n
Und aft in da Stadt Steyr halt a;
War gar bei der Breuninger Schart'n
Und woaß Gott wo no überall,
In Herrn Baron Zedtlitz sein Gart'n,
Ja gar schon in Kaisa sein Saal,
D'rum d' Hebamer thoan dös schon kenna,
Die mein' hat ja allaweil b'schworn das:
Daß i umanaud wir weit kemma —
An alt's Weib kennt a immer was.

In Alt'nmarkt war i bei'n' Gärber,
In Gröbming, da war i gar lang,
Dort bin i gar g'wes'n Brautwerber,
Aft war i a Zeit in Kalwang.
In Aussee, da sand nit zehn Häuser,
Wo i nit schon drin g'wes'n bin,
Da war i ja oft da Brautweiser,
Da war i vor Gnäd oft ganz hin;
Hab g'lad'n die Weiber und Frauna,
Die Herrn und die Bauern zum Tag,
Und sanwari Kranzljungfrauna
Und Buama — i war oft ganz zag.

So bin i durch d'Welt umaganga;
Z'löst war i's halt do amal satt,
Mi packt halt a damisch's Valanga
Um a Weib und a bleiwabi Stadt.

I geh zu da Bachhanna eini
Und sag aft was hat's und was geit's:
Gib dein' Hand und nimm dafür meini,
Han g'wußt, wann i's heirat, es freut's;
Aft hat's mi glei g'fangt wia a Zeisl,
Muaß unta'n Pantoffel mi beug'n,
I kumm ihr zwar oft aus'n Häusl,
Muaß awa glei wieda in b' Steig'n.

Obgleich dieses Lied eigentlich nicht das Bauernleben schildert,
so bietet es doch nicht nur eine heitere geographische Zusammenstellung,
sondern ist auch offenbar aus dem Bauernleben heraus entstanden.
Die Schlußzeilen führen uns auf die Bauernlieder, welche in Beziehung
stehen zum weiblichen Geschlechte, insbesondere zur Bäuerin. Als
passende Eröffnung dieser Gesänge stehe hier zuerst ein Hochzeitsgesang,
wie sie in den Dörfern der Steiermark vorkommen. Der geistliche
Charakter des Liedes würde es eigentlich in die weiter unten folgende
Abtheilung, welche geistliche Gesänge und Lieder enthält, einreihen,
doch ist ein solches Hochzeitslied, das allerdings gewöhnlich in der
Kirche gesungen wird, für diese Abtheilung zu charakteristisch, um nicht
hier seinen Platz angewiesen zu erhalten.

Hochzeitsgesang.

Zur Hochzeit, zur Hochzeit kommt, alle frommen Gäst',
Ach eilet, nicht weilet, nur Keiner sei der Letzt',
Weil Jesus sich selbst ladet ein, der wahre Gast,
Maria auch, die Jungfrau rein,
Ladet sie auch zur Hochzeit ein.
Zur Hochzeit, zur Hochzeit kommt, alle frommen Gäst'.

Wenn Jesus, Maria bei einer Hochzeit sein,
So wird ja kein Trauern bei euch nicht kehren ein,
Denn diese zwei die besten Gäst' vor Allen sein,
Sie werden euch stehen bei,
Wenn ihr Gott liebet all'zeit treu,
In Tugend euch übt und lebt von Sünden frei.

Zu Kanaa that Jesus sein' erste Wunderthat,
Indem er das Wasser in Wein verwandelt hat,
So säubert eure Herzen auch vor diesem Gast,
So wird er euch auch schenken ein
Einsten den allerbesten Wein
Und wird euch, und wird euch all'zeit gnädig sein.

So liebet und ehret das Band der heil'gen Ehe,
Laßt euch nicht schrecken ein kleines Ach und Wehe
Und liebt einander treu bis in den Tod,
So werd't ihr einst zu seiner Zeit
Genießen die ewige Himmelsfreud',
So immer das währet in alle Ewigkeit.

Erzh. Joh.

Die Klage des Ehemannes, welche er dem Freunde Gaberl (Gabriel) gegenüber erhebt, möge diesem Hochzeitsgesange als Gegenstück folgen:

Der Gaberl.

Schau, Gaberl, bei mir hat's a Haberl,
Ich därf dir's mein Warla nit sagen,
Aber weilst du's bist, so sag' ich dir's dena,
Auf dich hab' ich all' mein Vertrau'n und auf d' Lena,
Weil ich wais, daß nix g'red' wird von dir,
Schießt dir's aussa, kann ich a nit dafür.

Schau, Gaberl, hiatz han ich halt g'heurat',
Hiatz mein ich halt recht, es ist aus,
Ein Weib hab' ich kriegt als wie an Krabaten,
Die jagt mich braf uma um's Haus,
Bald sagt sie, ich bin ein Faulenza,
Bald heißt's mi an Lumpen, bald an Trenza,
Und Tag und Nacht hab' ich kein' Ruh',
Ich derf noch nicht Mau sag'n dazu.

Z'erst hat's mir so treula versprochen,
Das Ding hat mich saggerisch g'freut.
Aber es dauert halt kaum a zwei Wocha,
Da hab' ich ihr d' Suppen auskeut.

Wie ma ham g'heurat', hat's um und um bruma,
Zwei hat's mir geben, hat sich gar nicht lang b'suma,
Aft wollt' ich halt auch ein' Streich wagen,
Han's g'feilt und han Kachel z'sam g'schlag'n.

Schau, Gaberl, sei 'beten und b'rathen,
Sei du nur so fein und so g'schmach,
Thua du mich nur gleich nit verrathen,
Heut' gäb's schon mehr Rippenstöß ab.
Immer amal mein ich, 's wird a weng linda,
Wann ich nur hätt' an großen Schock Kinda,
Schau Gaberl, dir sag's ich recht g'nau,
Auf dich hab' ich all' mein Vertrau'n.

Recht dramatisch lebendig behandelt dasselbe Thema das Lied:

Der Simmerl und sein Nachbar.

Da Simmerl hat zum Nachba'n g'sagt:
Mein Hans, i geh no z'Grund;
Schau wia mi hiatzt mein Geg'ntheil plagt,
Ja g'rab' als wia an Hund.
Erst gestern hat's mi wieda g'schlag'n,
Mir scheint, sie moant, mi g'freut's;
O Nachbasmann, i kann das sag'n,
I han mit ihr a Kreuz!

Da Hans, der sagt zum Simmerl d'rauf:
Mir geht's so schlecht wia dir:
Da greif' nur auf mein' Kopf hinauf,
Dö Tüpp'ln san von ihr!
I hätt' mein Wei zum Fress'n gern,
Wann sie danach nur that,
So awa kann's nit anderscht wern,
Denn i bin a nit stad.

Woaßt was ma thoan, hiatzt vor da Hand,
I moan bös helfat glei:
Mir bringan's kreuzweis üw'ranand',
Und Jeda hilft sein Wei.

Und fangan's fest zun Rauf'n an,
So wix du frisch die mein',
Und i mach's nacha a a so,
Und hau' dafür die dein'.

D'rauf sagt da Hans zum Simmerl: schau,
Dös Ding, dös wa ganz recht,
I geh' hiatzt hoam und sag': Schau, schau,
Die Nachb'rin schimpft nit schlecht;
Sie sagt: du haltst's mit ihr'n Mann
Und bracht'st in Ruaf ihr Haus,
I bitt' di, fang' mit der nix an,
Und weich' ihr nur g'rab' aus!

's Wei awa laft zur Nachbarin,
Und schimpft und fluacht und heult;
Die Oan hetzt wia da Teuf'l d'ran,
Die Aud'ri kratzt und krailt.
Sie rauf'n bis auf d' Gass'n 'naus,
Und schlag'n wia d' Drescha zua;
Die Leut' schau'n all' bein Fensta 'raus,
Und lach'n si schon g'nua.

Hiatzt kummt da Simmerl z'Wegs daher,
Und packt in Haus sein' Frau,
Und strixt sie mit'n Oxnzähn,
Glei frischweg grean und blau;
Da mischt si glei da Hans a d'rein:
Was, Lump, mein Wei willst schlag'n?
Haust du die mein', schlag' i die dein' —
Und packt die Oan bein Krag'n.

Er bloit sie in Dreiviertltakt
Beinah a halwi Stund,
Bis jedi von die Weiwa bitt't:
Hör' auf, sunst geh' i z'Grund.
Und wirkli, von der selwig'n Stund',
Warn's allizwoa bekehrt,
Koan Klag' hat ma von Simmerl und
Koan Klag' von Hans mehr g'hört.

Wia glückli do die Männer wär'n,
Wann's alli Paar und Paar
So eahn'ri Weiwa wixat'n
A oanzigsmal in Jahr.
Die Weiwa wer'n wia d' Engerln b'rauf,
Und sag'n: mein liawa Mann!
D'rum folgt's mein Rath: In so an Fall,
Da hilf, was helf'n kann!

Obgleich das Lied, welches ich diesem folgen lasse, eigentlich einen coupletartigen Refrain hat und wohl manche für den Charakter eines Volksliedes bedenkliche Stellen aufweist, so lasse ich es doch folgen, da es von einem Einsender als Volkslied aus der Gegend um Aussee, von wo es auch herrührt, mit Bestimmtheit bezeichnet wurde, es schildert die glückliche Seite im Ehestande der Bauern.

Der glückliche Ehestand des Bauers.

A jeda Mensch wünscht auf da Welt a schön's Leb'n,
I moan halt, es kann gar koan schön'res nit geb'n,
I hab' schon oft nachdenkt, awa 's fallt ma koan's ein,
Als dös oani: recht glückli im Eh'stand zu sein.
Wann's Weiberl ihr'n Mannerl in Treu' is ergeb'n,
Und wann's mit ananda in Einigkeit leb'n,
Thoan d' Leut' sich groß wundern und denk'n: Ho, ho!
Awa i kann eahn' nit helf'n, i moan halt a so!

An Gart'n vor'n Haus und an Stadl dabei,
Dazua schöni Felda, voll Troad und voll Heu,
All's danahaft herbaut, dös wa erst das Moast';
Jed's Jahrl a Fadl, nit z' kloan und speckfoast,
Und etliche Schaf' wurd'n a wohl nit schad'n,
Sie san so rar anz'schau'n, wann's lieg'n auf'n Lad'n —
Zwar d' Leut thoan si wundern und denk'n: Ho, ho!
Awa i kann eahn' nit helf'n: i moan halt a so!

In Gart'n viel Bluman und schön, nit zum sag'n,
Und allahand Obstboam', dö alli Jahr trag'n;
A schön eing'richt's Haus und in brauchbar'n Stand,
Und 's Gwandl a so wia ma's braucht auf'n Land,

A acht, a neun Hend'ln, a Katz und an Hund,
Im Winter viel Vögerln im Schlafkammerl unt' —
D' Leut wundern si freili und denk'n: Ho, ho!
Awa i kann eahn' nit helf'n: i moan halt a so!

A sechs, a sieb'n Küah und a g'scheckati Kalm,
Dö treib i in Fruahjahr hinauf auf die Alm,
Thua aftn a randtige Diru dazustell'n,
Dö derf'n die Buama sein half'n wia's wöll'n,
Ihr that i awa alli Tag etlimal sag'n,
Sie soll mit die Buama koan Freundschaft nit wag'n —
D' Leut thoan si wohl wundern und denk'n: Ho, ho!
Awa i kann eahn' nit helf'n: i moan halt a so!

Wann's b' Buama siacht geh'n zu da Almhütt'n 'nauf,
So soll's g'schwind recht jodln und juchazn drauf,
Awa weitahin soll sie in Buaman nit trau'n,
Sie soll si a nur um an Danzig'n schau'n,
Mit dem soll's an lustig'n Leb'nswandl führ'n
Und schau'n, daß sie niamaln sein Liab thuat verlier'n —
D' Leut wundern si freili und denk'n: Ho, ho!
Awa i kann eahn' nit helf'n: i moan halt a so!

Als Schluß dieser Bauerngesänge folge ein Lied mit balladen=
artigem Anstrich, das in ganz Obersteiermark gesungen wird und
Johann Gabriel Seidl's handschriftlicher Aufzeichnung aus dem Volks=
munde entnommen ist.

Die Begegnung.

Es wollt' a Baua fruah aufsteh'n,
Und wollt' auf seinen Dacker geh'n.
     Hoalle diribitumtum.

Und wia er hoam vom Dacka kam.
Da packt 'n glei der Hunger oan.
     Hoalle diribitumtum.

He, Bäu'rin, sag', woas kochst ma heint?
An Aepfelbrein, brav Zucka drein.
     Hoalle diribitumtum.

Und oals da Baua oaß und froaß,
Da rumpelt in da Koamma was,
   Hoalle biribitumtum.

Wei, woas is das? — Das is da Wind,
Der spielt auf unf'ra Zidoan b'rin.
   Hoalle biribitumtum.

Da Baua sagt: Muaß selba seh'n,
Muaß selbar in die Kammer geh'n.
   Hoalle biribitumtum.

Und wiar a in bö Kamma kam,
Da steht da Knecht — und schaut'n oan.
   Hoalle biribitumtum.

Was die Lieder anderer Stände Obersteiermarks betrifft, so sind dieselben selten, aus der mittleren Steiermark haben meine Nachforschungen bisher fast gar nichts in dieser Richtung zu Tage fördern können und dürfte daselbst auch wenig genug vorhanden sein, dem der echt volksthümliche Charakter gewahrt geblieben.

In waldigen Regionen des Landes hat der Holzknecht das Gebiet seiner Thätigkeit, zur Charakteristik seines Selbstbewußtseins diene das Lied

Die Holzknecht- und die Bauernbub'n.

Ja die Holzknechtbuam,
Dö san a so ag'lernt,
Sie müssen 's Hackerl nehma
Und in Holzschlag geh'n,
Sie müassen eahna Geld
Vom Holzschlag aussa schlag'n,

Und die Bauernbuam,
Dö san a so ag'lernt,
Sie müassen 's Senserl nehma
Und is Wieserl scher'n,
Sie müassen b'Brock'n in da
Schüss'l ummajagn.

Obgleich wenig charakteristisch für den Stand des Geigers als solchen möge hier ein Geigerlied folgen, dessen Melodie gesungen und mit der Violine begleitet wird, wodurch allerdings die Charakteristik deutlicher hervortritt.

Geigerlied.

Wenn i mein Stand betracht'
Und dessen Lauf,
Wenn i kein Geld nit hab,
Bin denner wohlauf.

Eh'stand, schreibt Paulus,
Is gar a schön's Ding,
Er hat ka Weib nit g'habt,
Do hat er's g'schrieb'n.

Wer a hübsch's Weiberl hat,
Der hat von Gott die Gnad,
Wer aber a z'widre hat,
Der hat a Plag.

Wann i a Rauscherl hab,
Oder an Spitz,
Weiberl so mahn mi drauf,
Komm i in b' Hitz.

Buabna, wann's heiraten wollt's,
Sagt's es nur mir,
's Heiraten is a harte Sach,
Is nur a Plag.

Wenn mein Weib in Zügen liegt,
Greif i um mein' Geig'n —
Mit Freud'n san ma z'sammkema,
Mit Freud'n woll'n ma scheid'n.

Von Aussee rührt das Postillonslied her, welches vor wenigen Jahrzehnten noch häufig gesungen wurde, nun aber freilich bei dem immer tieferen Eindringen der Eisenbahnen selbst bis in die Gebirgsthäler seltener geworden ist.

Der Postillon.

I bin halt a lustiga Postillion,
Der was halt sein Lebtag nit trauri sein kann,
Is Blas'n, das kann i, das is ja a Freud:
    Tra=dui=da!
Des derft's ma's wohl glaub'n, ös steirische Leut,
    Tra=dui=da! dulidia!
Des derft's ma's wohl glaub'n, ös Frauen und Herrn:
Drum hab'n mi die steirisch'n Madln so gern!

Zuachst lacht mi a Madl gar wundaliab an,
Sie fragt mi glei, ob i guat Blas'n a kann?
Ja, sag i, das kann i, Sö derf'n ma's glaubn:
    Tra=dui=da!
I blas glei a Stückl auf, wann's as erlaub'n:
    Tra=dui=da! dulidia!
Ja, ja, sagt is Madl, ja, san's nur so guat,
Weil mir eahna Blas'n so a Freud mach'n thuat!

So oft i an tüchtig'n Blasa hab g'macht,
So hat halt is Madl von Herz'n recht g'lacht;
Auf oanmal vor Lach'n fallt's schier in die Froaß:
  Tra-dui-da!
I hab mi nit auskennt, is's Ernst oder G'spoaß:
  Tra-dui-da! dulibia!
Na, na, sagt is Madl, na, mach da nix draus
Und laß no, mir z' G'fall'n, a schön's Stückl heraus!

Liabs Madl, mein Blas'n dös hat hiazt a End,
I möcht halt jetzt mach'n mein tiafft's Compliment.
Na, na, sagt is Madl, no hab i nit gnua:
  Tra-dui-da!
Na, wann's as halt glaub'n, so blas i halt zua:
  Tra-dui-da! dulibia!
Na da hab i ma denkt: ja was wird denn das wer'n?
Dös Madl dös kann si nit blas'n gnua hör'n!

Die beiden folgenden Lieder betreffen zwar auch Vertreter von
Ständen, gehören aber in das Gebiet der Ballade.

Müllerlied.

Dort unt im Graben steht ein Haus,
Da ist ein alter Müller z'Haus;
Nicht weit entfernt zwei Adelsherrn,
Die sah'n des Müllers Tochter gern.

Der Eine hatte einen Knecht —
Und was der thun sollt', that er recht;
Er trägt sein' Herrn in einem Sack
Zur Mühl' statt einem Habersack.

Mit eurem Sack ist's recht ein G'frett,
Stellt ihn zu meiner Tochter Bett.
Es war kaum um die halbe Nacht,
Hat sich der Sack von selbst aufg'macht.

Die Müllerin die schreit: Haha!
Was macht der verdammte Kerl da?
Drauf jagt sie mit einem Besenstiel
Den Adelsmann hinaus zur Mühl'.

Das Pfeiferlied. [1]

Es war a mal a Pfeiffa,
Der pfeiffet fruah und spoat,
Er pfeiffet um das Haus herum,
Bis man ihn eini loat.

Sie waren wohl beisoammen
Dö ganzi loangi Nacht,
Glei bis den oandan Morgen
Da helli Tag oanbroach.

Er ziacht a Messer aus seina Tasch'n
A Messa zu so g'spitzt,
Er stoßt ihr's in das Herz hinein,
Daß's Bluat geg' earm hinspritzt.

Er ziacht a Tüachl aus seina Tasch'n,
A Tüachl, schneeberlweiß,
Damit wollt' er das Bluat vawoasch'n.
Schean Schatzerl wurd' schon weiß.

Schean Schazerl dreht sie hin geg' earm,
Schaut earm ganz trauri oan,
Sie denkt in ihrem Herzerl drin',
Was hab i dir Leids gethoan?

Da Pfeiffa, der wollt' woandern,
Wohl reis'n in's frembi Loand.
Drunt kummt er zu an Woassa,
Das eam ganz unbekoannt.

Er ziacht an Ring von sein Finga,
An Ring von roth'n Gold,
Den wirft er in das Woassa hinein,
Daß a vasink'n sollt!

Ringelein, schwimm hin, schwimm her,
Schwimm du nur boald za'n Grund;
Auf da Welt soll mi neamt lach'n seg'n,
Mit mein rosenfarb'nen Mund,

---

[1] Hier nach der Handschrift Joh. Gabr. Seidl's wiedergegeben, der das Lied mit anderer Orthographie in seine „Almer" aufgenommen hat.

Und der das Liabl gesungen hat,
Der hat es selbst gemoacht,
Es hat's amoal a Pfeiffa g'sung',
Der seine Herzliabsti hat umbracht.

Lieder, welche sich eigentlich auf die Hantierungen der verschiedenen Stände beziehen, sind bisher nicht vorgekommen, mit Ausnahme
der Bergmannsgesänge, die aber von solcher Bedeutung und auch in
solcher Zahl vorhanden sind, daß es nothwendig erscheint denselben
einen eigenen Absatz zu widmen.

Bergmannslieder.

Steiermark ist bekanntlich nicht nur ein Bergland, sondern auch
ein Bergwerksland, seine Kohlen, und vor Allem seine Eisenberg-
werke sind in der ganzen Welt bekannt und das in den letzteren
gewonnene Metall hat überall in Europa der steirischen Mark einen
Ruf verschafft. Die Bergknappen bilden daher im Lande auch einen
besonderen, eigenthümlich ausgeprägten Stand und sind nicht die Letzten,
welche ihren Beitrag zum deutschen Volksliede der Steiermark geliefert
haben; unter ihren Liedern zählen einige zu den schönsten Bergmannsgesängen, die wir überhaupt kennen.

Zuvörderst sei hier bemerkt, daß man eigentlich nur von dem
nördlichen Theile Steiermarks, von Obersteiermark, sprechen kann, wenn
es sich um bergmännische deutsche Lieder handelt, einerseits weil die
Bergwerke der unteren Steiermark mitten im windischen Sprach-
gebiete gelegen, wenig von der deutschen Sprache und vom deutschen
Volksthume an sich tragen, dann aber auch aus einem andern Grunde:
die Werke Mittel- und Untersteiermarks sind meist Kohlenwerke; sei
es, daß die örtliche Lage dies bedingt oder die Gattung der Werks-
anlage, welche natürlich beim Kohlenbergbaue eine andere ist, als beim
Eisen, es läßt sich aber constatiren, daß in den Kohlenwerken kein so
fröhliches, munteres Leben herrscht als in den Eisenbergwerken der

oberen Steiermark, und in der That gelang es mir auch nur, aus dem Oberlande die charakteristischen Bergmannslieder zu erlangen, während mit der Verflachung des Territoriums auch ein Verschwinden oder wenigstens Abnehmen des Volksgesanges, insbesondere auf diesem Gebiete, deutlich zu beobachten ist. Es ist, als ob die Arbeit mit dem harten, in seiner Verarbeitung glänzenden und so nützlichen Metalle erfrischend auf den Lieberborn wirkte und mehr Leben und Bewegung verleihen könnte, wie dies die Worte des uralten Eisenerzer Bergreyens so schön ausdrücken:

> Und laßt uns fröhlich singen
> Einen neuen Bergreien klein,
> Auf daß es muß erklingen
> Wohl von dem Eisenstein.

Man hört darin förmlich das sangesfrische Knappenvölklein bei seiner Arbeit, die das nützliche Metall aus der Nacht des Berges an's Licht bringt.

Die Bergwerke Eisenerz, Vorberuberg und diejenigen in der Nähe dieser Hauptlagerstätten des berühmten Erzes also sind es vorzüglich, aus denen eine Zahl der nachstehenden Lieder, von denen die meisten in weiteren Kreisen noch ganz unbekannt sind, herrührt. Das Alter der Lieder zu bestimmen ist schwer, ebenso kann man den Verfasser, wie bei jedem Volksliede, niemals entdecken, mit einer Ausnahme, auf welche ich im Verlaufe der Darstellung unten zurückkomme.

Die Bergmannslieder, welche mir zu sammeln gelang, geben eine vortreffliche Uebersicht über das ganze Leben des Bergmannes, über Freude und Leid in demselben, über sein Thun und Treiben von der Geburt an bis zu seinem Tode, der oft gräßlich genug ist, und wenn man die Gefahren bedenkt, welchen gerade dieser Stand ausgesetzt ist, so wird es auch nicht wundern, eine fromme Religiosität in diesen Liedern ausgeprägt zu finden, sowie einen ernsteren Charakter, der den meisten der Bergmannsgesänge anhaftet und welcher auch aus den zum größten Theile mehr getragenen Melodien dieser Lieder hervorgeht.

Von der Geburt an schildert das Leben des Bergmanns das erste nachfolgende Bergmannslied, welches dem Volksmunde selbst entstammt, das heißt dem Gesange eines Bergmannes aus Eisenerz in Obersteiermark nachgeschrieben ist. Diesem mögen zuerst die eigentlich auch dem Volksmunde angehörenden Bergwünsche vorangehen.

Die alten fünf Bergwünsche: Glück auf!

1. Für den Gang[1).

Glück auf!
Und Glück mein,
Ueber Stock und über Stein,
Ueber Rauh und über Glatt,
Wo der Gang sein Streichen hat[2).

2. Für das Lager[3).

Glück auf!
Und Glück nieder,
Der Bergmann kommt wieder,
Durch Finster und durch Licht,
Wo sein Erzlager bricht.

3. Für das Flötz[4).

Glück auf!
Und Glück aus,
Das Flötz das beißt aus[5),

Mit eisernem Hut
Ist's dem Bergmann recht gut.

4. Für das Stockwerk[6).

Glück auf!
Und Glück ab,
Das Stockwerk baut ab,
Gewinnt es auf Straßen
Verhaut eure Maßen[7).

5. Butzen und Nester[8).

Glück auf!
Und Glück voll,
Bau't nur auf g'rad'wohl,
Bei Nestern und Butzen
Will's selten viel nutzen.

[1) Gang = Eine Minerallagerstätte in Form von Spalten, die mit Mineralien angefüllt sind.

[2) Streichen = Die Richtung der Lagerstätte.

[3) Lager = Lagerstätten, welche andere Mineralien als die darüber oder darunter befindlichen Gebirgsmassen enthalten und eine mehr flache Lage besitzen.

[4) Flötz = Die Lager mit nicht flacher, sondern bald stärkerer, bald schwächerer Lage.

[5) Ausbeißen = Sichtbarwerden einer mineralischen Lagerstätte an der Gebirgsoberfläche.

[6) Stockwerk = Eine Lagerstätte welche eine eigenthümliche vom Gestein darüber und darunter verschiedenartige Masse von großem Durchmesser bildet.

[7) Verhauen = Heraushauen der Mineralien.

[8) Butzen = Ein einzeln vorkommender Klumpen des Minerals; Nester = Erzvorkommen in größeren, aber auch beschränkten Partien.

Ueber diese und alle in den Liedern noch vorkommenden bergmännischen Ausdrücke vergl. C. v. Schenchenstuel, „Idiotikon der österreichischen Berg-

Bergmannslied I.

Wird wo ein Kind zur Welt gebor'n,
Zu einem Bergmann auserkor'n,
So wünschen wir ihm bei der Tauf':
Glück auf, Glück auf, Glück auf!

Und ist der Knab' zwölf Jahre alt,
So lernet er die Arbeit bald,
Beginnet seinen Lebenslauf:
Glück auf, Glück auf, Glück auf!

Ein Kob'rerbub'[1]) wird z'erst der Knapp',
Dann steigt er in den Schacht hinab,
Steigt immer rüstig ab und auf,
Glück auf, Glück auf, Glück auf!

Und ist er schon ganz engagirt,
Nach uns'rer Tracht ist er montirt,
Tritt nun ganz stolz als Bergmann auf:
Glück auf, Glück auf, Glück auf!

Laut hört man klopfen an der Wand,
Der Bergmann steht in Gottes Hand,
Sein Rufen hört man z'tiefst's herauf:
Glück auf, Glück auf, Glück auf!

Man hört des Pulvers Donnerknall,
Der Schlägel und der Eisen Schall,
So wie der Hunde Räderlauf:
Glück auf, Glück auf, Glück auf!

In Silber- und in Eisengrub'n,
Da gibt's gar lust'ge Bergmannsbub'n,
Die fahr'n im Schacht hinab, hinauf,
Und schrei'n: Glück auf, Glück auf!

Ist er ein Bursch' in besten Jahr'n
Und hat er schon von Lieb' erfahr'n,

---

und Hüttensprache" (Wien 1836), dem ich die Erklärungen in den Noten entnehme.

[1]) Kobern heißt das Zerschlagen der großen Eisensteine mit Handhämmern.

Dann sucht er sich ein Mädchen auf:
Glück auf, Glück auf, Glück auf!

Und spür't der Knapp', es kommt sein End',
Empfängt er schnell das Sacrament
Und fährt zum Himmel auf:
Glück auf, Glück auf, Glück auf!

Noch ernster gehalten ist das nachstehende kürzere

Bergmannslied II.

Tief in der Erde Schoß
Ward uns ein ernstes Los,
Wohl brachten uns freundliche Mächte,
Daß Segen der Bergbau uns brächte,
Den frommen Gruß: Glück auf!

Und tritt Gefahr uns nah',
Gleich Felsen steh'n wir da,
Kein Knappe, kein Braver wird weichen,
Und splittert das Wetter die Eichen,
Den Muth erhält: Glück auf!

Und ist vollbracht die Schicht,
Führt uns die Fahrt zum Licht,
Da grüßen wir mit freudiger Wonne,
Dem Ewigen dankend, die Sonne
Und rufen froh: Glück auf!

Daran schließe sich das prächtige im Chor mit wahrhaft zündender Wirkung gesungene und in allen Bergwerken Obersteiermarks[1]) verbreitete

Bergmannslied III.

Schon wieder tönt vom Thurme her,
Des Glöckleins leises Schallen,
Laßt eilen uns, nicht zaudern mehr,
Zum Schachte laßt uns wallen,

---

[1]) Sowie Oesterreichs überhaupt. Man findet dieses schöne Lied auch in den „Berg-Akademischen Liedern" herausgegeben von der Schemnitzer akademischen Gesellschaft (Celle und Leipzig 1879). Daselbst zeigen sich einige Varianten, auf die ich hier nicht näher eingehe.

Den Lieben gebt den Abschiedskuß,
Dann winkt noch einen letzten Gruß:
So will's des Schicksals Lauf.
Glück auf, Glück auf, Glück auf!

Leicht eilen wir mit frohem Sinn
Die steile Fahrt hernieder,
Ein Jeder geht zur Arbeit hin
Und Alles regt sich wieder,
Man hört des Pulvers Donnerknall,
Der Schlägel und der Eisen Schall,
Der Hunde regen Lauf,
Glück auf, Glück auf, Glück auf!

Und sollte uns in ew'ger Nacht
Das letzte Stündlein schlagen,
Wir stehen ja in Gottes Macht,
Er lehrt uns Alles tragen.
Ade, Ihr Lieben, weinet nicht:
Den Tod nicht scheu'n, ist Bergmannspflicht;
Wir fahren zum Himmel auf.
Glück auf, Glück auf, Glück auf!

Die fromme Gesinnung des Bergmanns, den rührenden Abschied von den Seinen und die Arbeit in des Schachtes Tiefe schildert das folgende

Bergmannslied IV.

Frisch auf vom warmen Bette,
In dem so gut ich lag,
Schon dämmert's am Gebirge,
Anbricht der helle Tag.

Es rufet mich zur Arbeit,
Ich geh' und säume nicht
Und folg' mit tausend Freuden,
Mit Lust dem Ruf der Pflicht.

Dank sei Dir, güt'ger Vater,
Für meinen ruh'gen Schlaf,

Du schütztest meine Hütte,
Daß sie kein Unglück traf.

Durch Dich seh' ich auch heute
Die Sonn' am Himmel steh'n,
Und kann für Weib und Kinder,
An meine Arbeit geh'n.

D'rum dank ich Dir und ziehe
Den Kittel eilig an,
Und gürt' das schwarze Leder
Mir um die Hüften dann.

Und setze meinen Schachthut
Ganz keck auf's linke Ohr
Und schaue dann zufrieden
Und heiter d'raus hervor.

Leb' wohl, mein liebes Weibchen,
Ihr Kinder, seid hübsch fromm,
Daß euch die Mutter lobet,
Wenn Abends heim ich komm'.

Und betet, daß den Vater
Der liebe Gott bewahrt,
Und ihn vor Felsenstürzen
Beschütz' auf seiner Fahrt.

Dann steig' ich auf zum Berge
Und bei des Grub'licht's Schein
Geh'n in dem nieder'n Stollen
Gebückt wir aus und ein.

Und fahren dann hinunter
Tief in den schwarzen Schacht,

Den schauerlichen Wohnsitz
Von tiefer, ew'ger Nacht.

Da hauen wir und schlagen
Mit allem unsern Fleiß
Auf schöne Braunerzstufen
Mit mühevollem Schweiß.

Zum Wohle uns'res Kaisers
Hantieren wir im Lauf
Und rufen voller Freuden:
Glück auf, Glück auf, Glück auf!

Der liebe Gott beschützt mich!
Wer redlich stets und gut
Die Pflichten hat erfüllet,
Den stählt ein froher Muth.

D'rum fühl' ich freud'ges Leben
Beim ernsten Ruf der Pflicht,
Und ruf'st du mich zum Tode,
Mein Gott, ich schaud're nicht.

Nicht minder ernst und voll tiefer Sinnigkeit zeigt sich das Lied

Glockentöne.

Vom Zechenhaus tönt Glockenklang,
Die Knappen zieh'n das Thal entlang,
Die Töne, sie rufen zum Tagwerk hinab,
Wohl Mancher eilt in sein frühes Grab.
Vertrauet, ihr Knappen, zum Himmel blickt auf,
Er schützet des Berges Söhne: Glück auf!

Vom Zechenhaus tönt Glockenton,
Sein Mädchen freit des Berges Sohn
Und fröhlicher Jubel tönt laut durch die Nacht,
Vielleicht liegt zerschmettert er morgen im Schacht.
Vertrauet, ihr Knappen, zum Himmel blickt auf,
Er schützet des Berges Söhne: Glück auf!

Vom Zechenhaus tönt Glockenklang,
Die Töne hallen dumpf und bang:

Ein Knapp' hat verfahren die letzte Schicht,
Auf ewig erlosch ihm sein Grubenlicht.
Vertrauet, ihr Knappen, zum Himmel blickt auf,
Er liebt seines Berges Söhne: Glück auf!

Dieses Lied wird insbesondere in Eisenerz bei feierlichen Anlässen gesungen.

Die Bergleute katholischer Religion — in Obersteiermark sind dies die meisten — verehren als Schutzpatronin ihrer Arbeit und des ganzen Bergwerkswesens die heilige Barbara, der Legende nach eine Jungfrau, welche im dritten Jahrhunderte gelebt und, da sie zum Christenthume übertrat, von ihrem eigenen Vater dem Landpfleger Martianus übergeben, mißhandelt und zuletzt von dem unnatürlichen Vater selbst enthauptet worden sein soll, den daraufhin der Blitz erschlug. Die Volksdichtung wendet sich nun auch dieser Heiligen zu. Am 4. December ist der Tag ihres Namens; er wird als Fest von der Gesammtheit der Bergleute feierlich begangen und das nach- stehende Lied dabei gesungen:

Bergmannslied zum St. Barbara-Feste.

Glück auf! Ihr Berglent' jung und alt,
Singt laut, daß es zum Himmel schallt,
Den lieben Gott zu preisen,
Und daß er uns auch heuer dies
Erhab'ne Fest erleben ließ,
Laßt uns ihm Dank erweisen.

Blick', Jungfrau, der dies Fest geweiht,
Blick' hold herab, wir kommen heut'
Aus engen, dunklen Schächten
Und bringen dir am Dankaltar
Das fromme Herz als Opfer dar
Für deine Gnad' nach Rechten.

Bist dieses Berges Schützerin,
Und schwänd' auch ein Jahrtausend hin,

Er gäb' auch dann noch Eisen;
Es würde Gott mit milder Hand
Auch dann uns noch zur reichen Wand
Die rechten Wege weisen.

Dich preist der fromme Bergmann hoch
Und fleht: Gewähr' den Enkeln noch,
O Jungfrau, deinen Segen;
Und was das Eisen uns gewährt:
O Jungfrau, segne Pflug und Schwert,
Viel ist uns d'ran gelegen.

Beschütz' den Bergmann in der Schicht
Und leite ihn mit deinem Licht
Durch dieses Lebens Gänge,
Und schließt er seinen müden Lauf,
So führe ihn zum Himmel auf
Aus seines Grabes Enge.

Beschütz' den frommen Kaiser auch,
Er schirmt uns ja nach Recht und Brauch,
Beschütz' ihn noch recht lange;
Wir geben gern das Leben hin,
Beschütz' nur ihn, beschütz' nur ihn,
Dann ist uns nimmer bange.

Und lischt uns unser Licht einst aus,
Dann führe uns in's Vaterhaus
Nach langer Pilgerreise,
Und wache, daß nicht unf're Schuld
Und unf're Fehler, sondern Huld
Dein Gnadencompaß weise.

Zu den bergmännischen Festliedern gehört auch das eigenthümliche Lied, welches bei Hochzeiten im oberen Ennsthale gesungen wird, und zwar von einem Bergmann, den man sich hier in seinem schwarzen Festkleide zu denken hat und von dem Chor der übrigen Bergleute. Dieses Lied lautet:

Oberennsthaler Hochzeitslied.

Der Bergmann:

Erlaubt mir, werthe Hochzeitsgäst',
Daß ich ein Liedlein sing',
Der Eh'stand ist sehr ehrenfest
Und ein gar rares Ding.
D'rum, liebes Brautpaar, hör' mir zu,
Dich geht es heute an,
Ich wünsch' dir Glück und Seelenruh,
Doch hört mich schwarzen Mann.

Chor:

Beim Grubenbau muß man in's Loch
Und bei der Eh' in's schwere Joch,
Im Eh'stand gibt es saure Birn',
Ihr werd't es schon noch spür'n.

Der Bergmann:

Der Eh'stand ist dem Bergbau gleich,
Die Schichte dauert lang,
Macht Manchen arm und Manchen reich,
Oft glücklich, oftmals bang.
Man findet Erz gar mancherlei,
Das Golderz ist wohl schwer,
Doch schwerer ist das Eh'stands Blei,
Es drücket Manchen sehr.

Chor (wie oben).

Der Bergmann:

Der Brautstand ist die beste Zeit,
Da schürft man nur am Tag,
Und Keiner weiß wie tief und weit
Das Lager streichen mag.
Man schürft nur auf gediegen Erz,
Denn Alles scheint so hold,
Doch, Brautpaar, nimm dir's wohl zu Herz,
Nicht jeder Glanz ist Gold.

Chor (wie oben).

Der Bergmann:

Oft bauet man auf taub Gestein,
Oft geht der Segen aus,
Der Bergmann haut zwar wacker drein,
Er bringt doch nichts heraus.
Im Ehestand muß Eintracht sein,
Sonst ist kein Glück im Haus,
Und schlagt der Mann mit Prügeln drein,
So bricht der Teufel aus.

Chor (wie oben).

Der Bergmann:

Der Hoffnungsbau schmiert Manchen an,
Da muß das Geldel her,
Und manchem lieben braven Mann
Wird da der Beutel leer,
Der Eh'stand ist ein Hoffnungsbau,
Man wird oft angeführt,
Dann ruft der Mann dem Weiberl: Schau,
Du hast mich angeschmiert.

Chor (wie oben).

Der Bergmann:

Der Bergbau kostet Schwitz und Schweiß,
Wenn er was bringen soll,
So wird auch oft dem Eh'mann heiß,
Das wißt ihr Männer wohl.
Es gibt halt gar viel' harte Stein'
Im Berg der heil'gen Eh',
Und wenn die kleinen Kinder schrei'n,
Da bricht viel Ach und Weh.

Chor (wie oben).

Der Bergmann:

Bei schweren Stufen hoffet man,
Das Erz wird mächtig sein,
Und doch ist oftmals nichts daran,
Sucht man den Berg hinein,

Schönheit und Reichthum dauert nicht,
Es leutert sich nur Staub,
Und wo das reine Herz gebricht,
Da bleibt die Ehe taub.

Chor (wie oben).

Der Bergmann:

Zuweilen wird der Berggeist toll,
Er brummt und poltert sehr,
Die Bergleut' werden kummervoll,
Sie fürchten Unglück mehr.
Ein böser Geist richt' Schaden an,
Macht Kummer, Sorg' und Müh,
D'rum wächst oft manchem jungen Mann
Der Kopf voll Eisenblüh'.

Chor (wie oben).

Der Bergmann:

Das Brautpaar lebe hoch und lang,
Ich trink' auf euer Wohl,
Verzeihet einen Berggesang
Und heget keinen Groll.
Ihr fanget nun den Bergbau an,
Glück auf, mein werthes Paar,
Vielleicht denkt ihr noch oft daran,
Der Bergmann war kein Narr.

Chor (wie oben).

Der Bergmann:

Allwerthe Hochzeitsgäst' lebt hoch,
Ich fahre jetzt in Schacht,
Nun sag' ich euch zwei Wörtlein noch,
Dann wünsch' ich gute Nacht.
Der deutsche Mann ist treu und wahr,
D'rum merket, was ich sag',
Die Hochzeit ist bei manchem Paar
Der letzte gute Tag.

Chor (wie oben).

Erzh. Joh.

Aus derselben Quelle wie das vorige Lied führe ich auch den nachstehenden Wechselgesang an, der ebenfalls volksthümlich ist und in den obersteierischen Eisenwerken gern gesungen wird:

Berglied
zwischen zwei Häuern und einem Bauer.

Erster Bergmann:

Glück auf! mein guter Freund,
Was macht ihr mit der Ruthen?
Ich glaub', ihr seid vermeint
Ein Bergwerk hier zu muthen.
Wenn ich ankommen kann,
So schlag' ich selbst mit an,
Ich seh' ja das Gebirge
Vor etwas Edles an.

Zweiter Bergmann:

Ja, ja, mein werther Mann,
Ich hab schon das Vertrauen,
Mit euch, so viel ich kann,
Ein Bergwerk hier zu bauen.
Was Gott uns da bescheert,
Die Muthung ist erhört,
Ich war ja selbst beim Berggericht
Und hab' das Leh'n begehrt.

Der Bauer:

Was Henker macht ihr da
Auf meinem schönen Felde?
Es kommt mir vor so ja,
Als macht ihr da ein Zelte.
Auf meinem Feld ich wach',
Ihr habt da gar kein' Macht;
Ihr Bergleut' seid den Bauern
Auf Schaden nur bedacht.

Die Bergleute:

Du red'st in Unverstand,
Das ist dir zu beweisen,
Kommt nicht durch Bergmanns Hand
Erz, Kupfer, Stahl und Eisen,

Gold, Silber, Zinn und Blei?
Und noch viel Mancherlei
Wird 'zwungen durch Häuers Fleiße,
Wird g'schürft und g'sucht dabei.

Der Bauer:

Mir aber ist nicht so,
Laßt ihr mir 's Feld in Friede,
Wann ich kein Eisen hab',
So geh ich gleich zum Schmiede,
Er macht also honnet
Mistgabel und Ringkett',
Pflugscharen und Hufeisen,
Wann ich viel nöthig hätt'.

Die Bergleute:

Mein lieber Bauersmann,
So viel wir jetzo spüren,
Ist uns recht wohl gethan,
Mit euch zu disputiren.
Dem Bergbau seind wir hold,
Geht klagen wo ihr wollt,
Wir wissen schon von weiten,
Was ihr ausrichten sollt.

Der Bauer:

Macht ihr mir 's Loch nur zu,
Es hat ja kein Geschicke,
Bald kommt ein Kalb, ein' Kuh,
Ein Schaf zum Ungelücke.

Die Bergleute:

Was hindert uns dein Vieh,
Deine Ochsen, deine Küh'?
Die kannst du lassen hüten,
Derowegen bist du hier.

Der Bauer:

Ihr Leut', ich sag' euch nur,
Laßt euch im Guten rathen,
Ich schlag' parolla zu,
Ihr thut mir ja groß schaden.

Die Bergleute:

Schlag nur, wir seind babei,
Wir haben gar kein' Scheu,
Wo Erz ist zu vermuthen,
Steht uns das Schürfen frei.

Der Bauer:

Dies ist ein anb'res Wort,
Thut ihr die Freiheit haben,
Weg'n meiner grabt nur fort,
Ich gib mein' Steuergaben
Und mein Soldatengeld,
D'rum müßt ihr mir für's Feld
Dreihundert Thaler zahlen,
Sonst ist kein Recht der Welt.

Die Bergleute:

Vor das was dir verwüst'
Und auch vor dein' Beschwerden
Wird auch, was 'bräuchlich ist,
Ein Kur zum Theil dir werden.
Denselben hast du frei,
Die Erzfuhr auch dabei,
Was kannst du ferners reden,
Daß es dein Schaden sei?

Der Bauer:

Wie groß ist denn ein Kur,
Was thut denn einer gelten?
Ach kommt und sagt mir flugs,
Damit ich end' mein Schelten.
Es steht ein' Frag ja frei,
Sagt mir, was ein Kur sei,
Ist er von Stahl und Eisen,
Oder von Stroh und Heu?

Die Bergleute:

Ein Kur ist ein Bergtheil,
So wir hau'n aus den Zechen,
Das, Bauer, steht dir frei.
Merk', was wir jetzo sprechen:

Laßt sich ein Anbruch an,
So hast du Theil daran
Und kannst in wenig Jahren
Bald sein ein reicher Mann.

      Der Bauer:

Ja nun, das gebe Gott,
Ihr lieben, braven Leute,
Weg'n meiner grabt nur fort,
Ihr macht mich voller Freude.
Wie ich mich jetzt bedenk',
So geht's mit mir in d' Schänk',
Wir wollen fröhlich leben,
Eh' ich mich von euch lenk'.

    Die Bergleute und der Bauer:

Ja nun, wir danken dir,
Es hat ja nichts zu sagen,
Wir trinken ein Glas Bier,
Dies wollen wir vertragen.
Wir bleib'n die besten Freund',
Der Henker hol' die Feind',
Wir wollen fröhlich leben,
Ein Schelm, der's besser meint.   Erzb. Joh.

Da der Bergmann vielfach in Berührung kommt mit Leuten, denen
städtisches Wesen anhaftet, so erklärt sich daraus auch der Umstand, daß
die meisten Lieder dieses Standes in ihrer Sprache wenig oder gar nicht
dialektisch anklingen und auch in ihrer Versification und in ihrer
ganzen poetischen Anlage dem hochdeutschen Volksliede bedeutend näher
gerückt sind, als die übrigen in Steiermark vorkommenden Lieder.

Es finden sich jedoch auch im Dialekt bergmännische Gesänge,
von denen ich die nachstehenden zwei mittheile:

Bergmannslied V.

Die Bergwerksofficier' dö trag'n
An schwarz'n sammt'nen Huat:
Is mit an gold'nen Wappen b'schlag'n,
Dös steht 'n Bergmann guat.

Und in da Tasch'n trag'ns bei eahn',
An Schwamm, an Feuastoan,
An Schlög'l, 's Eisen ham's am Gurt,
Nur Saw'l ham's halt koan.

A d'Kloaba von die Knapp'n san
Ganz schwarz nach Bergmannsbrauch:
Schwarzes Leder, schwarze Kittl,
Schwarze Mütz'n auch.

Und schwarz nur soll'n die Bergleut' geh'n,
Ihr ganzes Leben lang,
Weil's oftmals g'schieht, daß Aua stirbt,
Z'tiaft unt' in Gruab'ngang.

Bergmannslied VI.

Wann i die Ständ' der Welt betracht,
Die Herr'n und a die G'moan,
Die Bürger und die Handwerksleut',
So find' i weiba koan,
Der aus'n Berg is Erz that grab'n
Und all' die edl'n Stoan,
Dazua muaß halt a Bergmann sein,
Da Baua kunnt's nit thoan.

Da Baua wa a g'schlagua Mann
Wann er nit hätt' an Pfluag,
Und wann so goar koan Bergmann war,
Wa 's Eisen halt gar kluag;
Koan Sich'l, Sens'n hätt' da Mensch,
Koan Stahl gab's auf da Welt,
Und trotz All'n is der Knapp' veracht't
Als wia is falschi Geld.

Des Schmelza und ös Handwerksleut',
Was war's mit eng'ra Kuust?
Ja, wann halt gar koan Bergmann wa,
Wa enga Müah' umsunst;

Koan Eis'n- und koan Silwastuaf',
Koan Gold wurd' a nit grab'n
Und wann halt gar koan Bergmann wa,
Kunnt' Neamb an Thala hab'n.

Die Maurer und die Zimmerleut',
Dö wurd'n a wohl schau'n,
Denn hätt'n's halt koan Eis'nzeug,
So kunnt'n's a nit bau'n.
Der Knapp' grabt's aus da Erd' heraus,
Muaß wag'n gar oft sein Leb'n,
Und muaß um gar an gringan Lohn
Sich in die G'fahr begeb'n.

Die Holzknecht san die Lustigst'n
Wohl auf da ganz'n Welt,
Gab eahn' da Knapp' koan'n Zeug in d'Hand,
Sie hätt'n halt koan Geld;
Wo nahmat'n's denn b'Hack'n her
Die Holzfeil und die Sag'n?
Sie müaßt'n halt die Bama mit
Die Stoana niedaschlag'n.

Da Fleischknecht is a starka Mann,
Do wurd's eahm nit z'guat geh'n,
Schlagt der in Or'n mit der Faust:
Woaß g'wiß, er bleibt eahm steh'n;
Sein Zeugl is von Eis'n g'macht,
Is Messa und die Brax,
Und wann da Knapp a Fleisch begehrt,
So kriagt er do a zach's.

Da Bada hat sein Instrument
Halt a von Bergmann her,
Und wann er a Mixtur vaschreibt,
So is 's nit weni sper;
Er braucht den feinst'n Stahlzeug
Zum Bart herunter schneid'n;
Von Holz a Messa that's nit recht,
Wa schier nit zum daleib'n.

Und wann i auf die Schuasta denk:
Wia machat'n's denn d' Schuah?
Und wann halt gar koan Bergmann wa,
Sein Arbeit gang schlecht gnua;
Sein Zeugl is von Eis'n g'macht,
Da Kneip und a die Ahl'n,
Und wann da Knapp sich Schuah anriemt,
San's schier nit zum bazahl'n.

Da Schneida soll a dankbar sein
In Knapp'n für sein Schaa,
Koan Vögleis'n hätt a nit,
Wann gar koan Bergmann wa.
In Fingahuat, den braucht a oft,
Die Nadl thuat eahm noth;
I frag': wann er dös All's nit hätt',
Wia g'winnat er sein Brod?

Da Schmied, der macht die Werkzeug all',
Fast für die ganzi Welt,
Ja, wann er halt koan Eis'n hätt',
So stund's um eahm wohl g'fehlt;
Und that da Knapp mit seina Hand
Für'n Schmied koan Eis'n grab'n,
So wurd' er halt bis dato a
Koan Hamma no nit hab'n.

Is Blei, das braucht da Jägersmann,
Da Wildschütz und Soldat,
Da Glas'rer is a g'schlag'na Mann,
Wann er koan Blei nit hat,
Erschaff'n hat's da liawe Gott
Und grab'n muaß's da Knapp,
Er kratzt in Berg als wie a Krot
Und geht eahm da gar knapp.

Da Eis'nknapp' der sollt' in Rang
Vor alle Knapp'n hab'n,
Denn jeda braucht a Eis'nzeug,
Der auf Metall will grab'n,

Bordirte Röck a sollt er trag'n
Als wia a Cavalier
Und mit Ducat'n voll die Säck,
Das wär' die recht' Manier.

So fahr'n wir in die Grub'n hinein,
Und hau'n halt tapfer d'rein,
Und kummen ma in Himmel z'letzt,
Was kann denn Schön'res sein.
Da reiche wia da arme Knapp',
Wär'n gern' im Himmel d'rein,
Dort wird für alle Ständ' der Welt
Ganz g'wiß a Gleichheit sein.

Schon in den früheren Bergmannsgesängen hatten wir Gelegenheit, das patriotische Gefühl des biedern Knappenvolkes an einzelnen Stellen der Lieder zu ersehen. Ein Eisenerzer Berglied ist in patriotischer Beziehung besonders interessant, es lautet:

Bergmannslied VII.

Glück auf und Victoria, ihr Bergleut' zusammen,
Wir ehren den Kaiser, Franciscus mit Namen,
Daß er uns herausgebet, Seine kaiserliche Majestät,
In Frieden zu leben in uns'rer Bergstädt.

Ein Berg, der aus ganz Europa ausfließt,
So viel hundert Jahr' ausgeflossen schon ist,
Den hat des Kaisers Regierung zur Schätzung begehrt,
Weil ihm Gott selber so hoch hat gewährt.

Es haben's die Bergleut' erst neulich erfahren,
In großem Schutz Gottes in Erzberg zu fahren,
Da ein sechs Gruben eingangen sind
Und die Leut' in der Schicht' bei der Arbeit gewest sind.

Ein' Stund' und dreiviertl hat's geben so stark die Zeichen,
Bergleute mußten alle von Gruben ausweichen,
Wie Alle sind gefahren von Stollen heraus,
Gingen sechs Gruben zusammen in ein Saus.

Glück auf, ihr Bergleut', ihr seid glücklich bauen,
Weil ihr habt auf Gott ein so großes Vertrauen,
Er wird euch schon geben zu Allem sein Segen,
Zum Brod und zum Erz und zum ewigen Leben.   Erzh. Joh.

Es bleibt nun noch übrig, zweier großer Gedichte zu erwähnen, welche den steiermärkischen Eisenbergbau von Eisenerz und Vordernberg betreffen und von denen das erste ausgesprochenerweise als Volkslied vorkommt, während das zweite weniger verbreitet erscheint, aber dennoch zweifellos den Volksliedern der Steiermark, welche sich auf das Bergwerkswesen beziehen, beizuzählen ist. Beide Lieder sind in dem höchst seltenen Druck ihrer ersten Publication in meine Hände gelangt und nicht nur von poetischer, sondern auch von höchster culturhistorischer Bedeutung, da sie einen tiefen Einblick in das Eisenbergwerkswesen jener Zeit gewähren. Dabei ist es eigenthümlich, daß gerade von diesen alten Liedern sich der Verfasser und die Abfassungszeit genau nachweisen lassen und zwar haben beide der ausgedehnten Gesänge denselben Verfasser. Mathias Abele von Lilienberg[1] ein steierischer Gelehrter des siebenzehnten Jahrhunderts, führt das erste dieser Lieder in seinem Werke: „Metamorphosis telae judiciariae das ist seltzame Gerichts-Händel samt denen hierauf gleichsam seltzam erfolgten Gerichts-Aussprüchen (zum 8 mal gedr. Nürnberg 1712)" unter dem Titel vor: „Der gemeine alte Eisen-Erz-Tische Berg Reimen auf eine löbl. Innerbergerische Haupt Gewerckschaft, und jetzig gegenwärtigen Stand, in etwas verändert. Anno 1655" ein Beweis, daß schon im Jahre 1655 das Lied als alt betrachtet wurde und sich volksthümlichen Eingang in den Kreisen der Bergleute verschafft hatte.

---

[1] Mathias Abele gehört zu den beliebtesten Schriftstellern des siebenzehnten Jahrhunderts. Er war um 1616 in Steyr geboren und studirte 1636—1639 Philosophie in Graz und später Jurisprudenz in Wien, wurde auch Doctor der Rechte. Im Jahre 1646 wurde er Stadtschreiber in Krems und 1648 Secretär der Innerbergischen Hauptgewerkschaft. Er war auch Mitglied der fruchtbringenden Gesellschaft, wo er den Namen: „Der Entscheidende" hatte. Abele's bekannteste Werke sind das oben citirte und das fünfbändige Werk: „Vivat oder sogenannte künstliche Unordnung" (Nürnberg 1670), in dem sich auch zahlreiche Gedichte Abele's finden.

Es gelang mir, den Originaldruck dieses von Abele in allerdings zeitgemäß veränderter Version wiedergegebenen Liedes zu erhalten, welcher nach den Schlußworten der das Lied selbst einleitenden Verse des Verfassers aus dem Jahre 1588 oder 1589 herrührt und wie man mit Gewißheit annehmen kann, in der Officin des landschaftlichen protestantischen Buchdruckers Johann Schmidt zu Graz hergestellt ist. Der Titel des Druckes, den das große Wappen des Erzherzogs Carl von Steiermark ziert, lautet wortgetreu:

Auß Göttlicher genade

Ist dem Edlen Ernvesten vnd wolweissen
N: Richter vnd Rath. Auch den Herrn Radmaistern, sambt ainer gantzen gemainde, souil
deren in dem Weithberimbten Marckth Eisenärtzt, im Hertzogthumb Steyr wohnend,
diser Perckhreien von dem Vralten
Eisen Perckhwerch alda zu geselligen Ehren gedicht.
In dem Thon wie man den Störtziger
Perckhreien Singt.

Wie erwähnt, sind dem Liede, bevor es selbst beginnt, einige Verse vorangeschickt. Dieselben enthalten das Lob des Eisenbergwerkes zu Eisenerz und zeigen insbesondere die Abfassungszeit des Ganzen, sie lauten:

> Weil man all Perckwerch preisen thuet,
> Mit manichen Perckreyen guet,
> So will ich preisen auch deßgleich,
> Ain Vralt Perckwerch guet vnd reich,
> Ligt im Landt Steyr gar weit erkant,
> Im Eisenärtzt wiert es genant,
> Es ist ein Königklicher Schatz,
> Deßgleich kain Landt auf Erden hat,
> Ist ober andere Perckwerch all,
> Vnnd gibt die zwey pesten Metall,
> Eisen vnnd Stahel Lobesan,
> Das niemand nit entratten kan,

Mit Eisen pauth man Korn vnd Wein,
Ohn Eisen thau kein Perckwerch sein,
All Perckwerch die man pauen thuet,
Sein Gottes gaben Milt vnd Guet,
Gott geb derzu vil glück vnd gnadt,
Vnd bhüet die Perckleüt auch vor schad,
Amen, vnd das werde wahr,
Gedicht im Acht vnd Achtzigist Jahr.

Hieran schließe sich nun das eigentliche Lied:

1.

Freidt Euch Ihr Perkhleüth alle,
Seidt frölich vnd wolgemueth,
Lobt Gott mit reichem Schalle,
Bey disem Perckwerch guet,
Vnd last uns frölich singen
Ain neuen Perckhreyen khlain,
Auf das es muß erklingen,
Woll von dem Eisen Stain.

2.

Gott hat auß gnaden geben
Viel Perckhwerch vberall,
Zuerhaltung des Leben,
Von allerlay Mätall,
Darumben wöll wier daukhen,
Dem Herrn Jesum Christ,
In preisen mit Gesangke,
Der vnser Huetman ist.

3.

Hertzogthumb Steyr so Reiche,
Ain Edl viel werde Chron,
Wo find man seines gleichen,
Darin Gott auf hat thon,
Ain Eisen Perckhwerch guette,
Im Eisenärzter Thall,
Also mans nennen thuete,
Gott geb glück vberall.

4.

Das Perdhwerch das ist Reiche,
Von Eisen vnd Stahel härt,
Auf Erdt ist nit seins gleichen,
Vil Tausend Man werden genährt,
Durch die Göttlichen genaden,
Bey disem Perdhwerch guet, •
In die Neunhundert Jahre,
Man das schon Pauen thuet.

5.

Eisenärtzt mag sich freyen,
Der Reichen Gottes gaben,
Mehr als Hundert gebeye,
Die Radmaister ¹) in Rechten haben,
Die all guett Artzt heer geben,
Der ich khains nennen thue,
Vnd hoffe doch darneben,
Gott geb noch gnad darzue.

6.

Von Göttlicher genaden
Ertzhertzog Carl zu Oesterreich,
Gott behüet vor allem schaden,
Sein Fürstliche Durchleücht,
Thuet die Mauth zuegehörn,
Beim Perdhwerch vmb vnd vmb,
Sein Lob wöllen wier mehren,
Des Fürsten also Frumb.

7.

Ihr Fürstliche Durchleuchte,
Preyß wier mit Reichem Schall,
Haben vns hoch befrewte,
Vber andere Perdhwerch all,
Haben Perdhordnung geben,
Zu diesem Perdhwerch sein,
Gott las Ihr Durchleucht lang Leben,
Das bit ain gantze Gemain,

---

¹) Radmeister = Besitzer eines Eisenschmelzwerkes.

8.

Denn Edlen Vesten Herrn,
Vnser fürgesetzten Ambtman,
Den wöll wir alzeit Ehrn,
Vnd ihm sein vndterthan,
Sein standt den thuet er füren,
So gar mit grosser Ehr,
Sein Ambt weißlich Regieren,
Ist gar ein feiner Herr,

9.

Der Herr Perckrichter weise,
Bey disem Perckwerch guett,
Die Perckordnung mit fleise,
Schützen vnd Schirmen thuett,
Sein Ambt thuet er verwalten,
So gar mit grosser Ehr,
Gerechtigkeit thut er halten,
Sein Lob Raicht weit vnd fer,

10.

Perckschnür vnnd einfare,
Vnnd die Geschwornen guet,
Vil Schreiber mueß man haben,
Die man all brauchen thuet,
Ain jeder thuet sein Ambte,
Mit fleis verrichten fein,
Des Lob habens all sambte,
Sy Trincken all gern Wein,

11.

Im Eysenärzt mit Ehren,
Hats der Radmaister vill,
Fürsichtig weisse Herren,
Ihre Lob ich preisen will,
Wo findt man jhrs gleichen,
Bey ainem Perckwerch guet,
Sy werden alle Reiche
Wer das Glück hat darzue,

12.

Groß guet thuen sy da wagen,
Aues Löblich Perckwerch an,
Das mueß ich von jhn sagen,
Keren vil fleiß daran,
Das Perckwerch zu erhalten,
Mit aller notturfft schon,
Das Lob haben sy alle,
Gott geb jhn Reichen Lohn,

13.

Gar Hoch wöllen wir preisen,
Auß Göttlicher genad,
Die Edl Vesten vnnd weisen,
N: Richter vnnd auch Rath,
Im Eisenärtzt mit Ehren,
Darzue ain gantze Gmain,
Sein fursichtig Fromb Herren,
Ihr Lob das ist nit klain.

14.

Gott hat sy hoch begabet,
Mit disem Perckwerch guet,
Ain Radwerch¹) sy auch haben,
Gott geb in glück darzue,
Ain Verweser mit Ehren,
Gar ainen weisen Mann,
Haben bestelt die Herren,
Das steht ihn gar woll an.

15.

Die Huetleüth²) thuen verrichten,
Ihr Huetmanschaft gar recht,
Sy ordnen an die Schichten,
Perckgesellen vnd Knecht,

---

¹) Radwerk = Eisenschmelzwerk.
²) Hutmann = unmittelbarer Auffichtsmann bei einem Bergbaue.

Die grueben thuen sy halten,
Mit Zimmern also guet,
Damit Innen Perchleüth allen,
Die Wandt khain schaden thuet.

16.

Nun wil ich Loben vnd Ehren,
Ain Ersame Geselschafft gleich,
Gott wöll in glück bescheren,
Das sy all werden Reich,
In die grueben thuen sy fahren,
Nach ärtzt gar tief im schacht,
Darjnn ist es der Tage,
Gleich wie die finster Nacht.

17.

Wann sy an die Schicht fahren,
Zünten sy Perckliechter an,
Gott der wöll sy bewahren,
Stolheyer¹) mueß vor daran,
Ain gang thuet er in machen,
Woll durch den fösten Stain,
Das ein dem Perg thuet krachen,
Sein Arbait ist nit khlain.

18.

Darnach fahren sy mit fleisse,
An die feldt örtter an,
Woll mit Iren Pergeisen²),
Greiffen sy die Artztwant an,
Wo sys nit khünnen gewinnen,
Stkhefeisen³) setzens daran,
Hanndtschlegl hört man klingen,
Weit in dem Perg hinban.

---

¹) Stollenhäuer = Arbeiter, der im Stollen das Bohren und Sprengen zu verrichten hat.

²) Bergeisen = spitzer eiserner Haken an hölzernem Stiele, womit das etwas lose Gestein ganz abgerissen wird.

³) Stufeisen = kleiner Hammer mit einer Spitze auf einer Seite und an langem Stiele.

19.

Wann nun das Artzt thuet prechen,
Woll von der vesten Wandt,
So muessen sy sich vmbsehen,
In sorgen sy dann stan,
Offt Leib vnd Leben wagen,
In das Gebürg hindan,
Das Artzt setzen vnd tragen,
Zu dem gestenng¹) heerdan.

20.

Die Truhen läser lauffen,
Das Artzt aufdhalten auß,
Das ein dem Perg ersauste,
Khumbt der Huettman hinauß,
Das Artzt thüt er so freye,
Gar fleißsig vnd auch guet,
Damit es doch dem Pleyer²),
Gar woll gefallen thuet.

21.

Wann sy die Schicht nun machen,
Woll ein der Gruben sein,
Artztfüerer hörn sie krachen,
Woll mit der Gaisel sain,
Das ärtzt halffen sie ihm fassen,
Woll auff dem wagen guet,
Gott gesegen ihm sein Strassen,
Wo er hinfahren thuet,

22.

Artztfüerer brauchet fleise,
Woll zu den Rossen sein,
Des haben sie ain preise,
Fuettern die Roß gar fein,

---

¹) Gestänge = Balken, die den Fußboden der Stollen bilden.
²) Bleuer = der Hochofen- oder Schmelzmeister.

Ain Kunst kunen sie alle,
Wanns Habern haben genueg.
Machen die Roß schon balde,
Fein faist vnnd glat darzue,

23.

Ich het schier außgelaffen,
Sadziecher wolgemueth,
Ziehens ärtz zu der Strassen,
Herrn Radmaister guet,
Jeder hat Aigens Holtze,
Auß Göttlicher genad,
Darinn manicher Knecht stoltze,
Alda sein Arbeit hat,

24.

Das lob wöll wir nachsprechen,
Ihr Fürstlichen Durchleücht,
Die haben pawt drey Rechen,
Aus gutter fürsichtigkait,
Auch manich guete Clausen,
Woll durch den Wasser Schwöll,
Darauff treibt Holtz herause,
Manich guetter Gesell.

25.

Das Holtz das thuet man bringen,
Herauß wol auff die sennbt,
Weitter wöllen wier singen,
Wie man die Rechen nent,
Der Erst Hilflaw sein solle,
Reifling vnd Gämbs der brit,
Man möcht sonst mit dem Kolle,
Bey dem Perg gefolgen nit.

26.

Holtzmaister ein dem Walde,
Vnd Holtzknecht wolgethan,
Den Kholler gleicher gestalte,
Denselben Schwartzen Mann,

Mit seiner Schwartzen Kunste,
Das Artzt man Pläen thuet,
Wär sonst alles vmb sonste,
Vnd wär nit Kauffmans guet.

27.

Kholfuerer auff der Strassen,
Sparen nit Ihre Geull,
Groß Khrippen thuen sy fassen,
Führens bey zway drey Meil,
Ihr Gaißl hört man krachen,
Wol bey dem Perckhwerch guet,
Macht die Radmaister lachen,
Wann man Kkol führen thuet,

28.

Ain Pach rindt durch das Thalle,
Artzt Pach gantz Lobesau,
Wol durch des Wassers falle,
Thuet maniches Radwerch gan,
Bey manichen Plähause,
Die man all brauchen thuet,
Gebauth schon vberause,
Drin macht man Kauffmansguet.

29.

Zimmerman mit der Klampffer,
Richt die Pläheuser zue,
Der Maurer mit dem Hamer,
Macht die Pläöfen¹) guet,
Palgsetzer zu den sachen,
Praucht vil Leder vnd Schmer,
Thuet er die Pelg guet machen,
Ist im ain grosse Eher,

30.

Weitter wöllen wier preisen,
Die Plähaußleüth so fein,
Die do machen guet Eisen,
Souil alß Ihr hin sein,

---

¹) Blahofen = Schmelzofen.

Pleyer vnd Plähaußmulner,
Kholschreiber auch derzue,
Troßger ghört auch ins Spile,
Grabler hat selten rhue.

31.

Kholschreiber Fächtenns kholle,
Den Khollfüerer so guet,
Fast eure Khrippen volle,
Sprechen jn dapffer zue,
Troßger des Artzt schon Dören,
Legen die gramatl an,
Sy thuen vil Khol verzören,
Auff das mans Pläen khan.

32.

Troßger vnd auch der Grabler,
Schlagen das Artzte klain,
Das Lob sy von uns haben,
Müessen viel Arbait thuen,
Der Mülner vnd der Pleyer,
Wöllen alzeit haben recht,
Kholschreiber auch derbeye,
Grabler Ihr aller Knecht.

33.

Der Pleyer thuet zuerichten,
Den Pläofen so guet,
Vnd zeucht auch seine Schichten,
Mülner hat auch kain rhue,
Zu dem Zug thuet er greiffen,
Macht auch die Schicht so fein,
Plaßpälg hört man da pfeiffen,
Inn den Pläofen hinein.

34.

Das wert bey Tag vnnd Nachte,
Gott geb vil gluck darzue,
Guet Eisen werth gemachte,
Vil Khol man brauchen thuet,

Die Mässen sy da machen,
Bey vierzehen Centen schwär,
Sy muessen gar vil wachen,
Ihr Ofen steht selten lähr.

35.

Baldt die Mäß wierdt beraite,
Wol durch des Feuers gluet,
Kholschreiber mueß Sy Schratten,
Mit sambt dem Mulner guet,
Die Hackh steckht offt darjnnen,
Wol in der Massen haiß,
Das jhn herab thuet Rinnen,
Von hitz der Angstlich Schwaiß.

36.

Wann sy die Mäß ablauchen,
In dem Plähauß so guet,
Vil Sätz sy darzue brauchen,
Guet Wägen auch darzue,
Sy brauchen ain lauchschlegl,
Bey Viertzig pfundten schwähr,
Das vertreibt jhn die Gegl,
Macht auch den Bauch gar Lär.

37.

Kholschreiber zu den Dingen,
Setzt die Sätz hin vnd her,
Lauch schlegl hört man klingen,
Weggen steckht der Grabler,
Greiffen zum Lauchschlegl balde,
Vnd thuen der straich gar vil,
Der versuechs auch ain malle,
Der das nit glauben wil.

38.

Der Grabler khlaubt das Gragle,
Zusammen auff ain hauff,
Kholschreiber der thuet fahren,
Wol mit den Sündter auß,

Den Windter als den Summer,
Darumb ich Sy loben thue,
Vbergeer geht umbe,
Vnd schaut gar fleißßig zue,

39.

Den Sommer als den Windter,
Gehn es die Pucher¹) fein,
Sy puchen vns den Sündter,
Wäscher mit dem Sibe sein,
Der thuet gar fleißig waschen,
Noch vil guet Eisen drauß,
Hilfft auch füllen die Taschen,
Wans viel thuet geben auß.

40.

Zum lesten wir wöllen preisen,
Die Hamer Herren all,
Die handlen mit dem Eisen,
Bringen viel Gelt ins Thall,
Sy sein vns Gotwil khommen,
Ins Eisenärzt herein,
Das hab ich wol vernommen,
Man schenckt ja dapffer ein,

41.

Wann die Khaufherrn bringen,
Thaller Ducaten vnd Chron,
So werden guetter Dinge,
Die Radmaister daruon.
Die Perchleüth thuen sy zallen,
Mit dem Gelt weiß vnd roth,
Das thuet ja wolgefallen,
Vnd ist ihn allzeit noth.

42.

Die Weger wil ich preisen,
Bey disem Perchwerch guet,
Sy thuen wegen das Eisen,
Wie sichs gebürn thuet,

---

¹) Pocher = die zum Zerkleinern des Gesteins bestellten Arbeiter.

Darann ist vil gelegen,
Das jeder sey ohn Clag,
Gegenschreiber stet neben,
Der schaut auch auff die Waag.

43.

Und schreibt gar fleißsig eine,
Mit seiner Feder Rundt,
Was Camergesel thuet seine,
Meiler Cennten vnd pfundt,
Mauthschreiber thuet einnemen,
Die Fürstlich Mauth vnd Fron,
Souil daruon thuet khemen,
Thuet er verraitten schon.

44.

Der Plätzer der thuet schlagen,
Der Kauffmans Marckh darauff,
Fuerleuth mit Roß vnnd Wagen,
Legen die halb mäß auff,
Zum Hamer sy das bringen,
Darumb ichs loben wil,
Wann der Hamer thuet khlingen,
Macht Eisen vnd Stahel vill.

45.

Darumben wil ich Ehren,
Die Hamerleuth alsanut,
Gott wöl jhn Glückh bescheren,
Souil jhr seindt im Landt,
Ain Hamer zu den sachen,
Hars bey dem Perckhwerch werdt,
Da thuet man die notturst machen,
Von Eisen wers hegert,

46.

Wassergeber mit Fleisse,
Lasset das Rad vmb gan,
Der haitzer zue den Eisen,
Maisterlich haitzen khau,

Hamerschmidt mit den Hamer,
Machet der Stangen vil,
Der khurtzen vnnd der langen,
Wie man sy haben will.

47.

Den Perchschmidt wil ich preisen,
Wol ein der schmidten sein,
Von Stahel vnd von Eisen,
Macht die Perg Arbait sein,
Den Fuerman auf der Strassen,
Schön Frawen guetten Wein,
Wier wöllen khains außlassen,
Mueß als beym Perchwerch sein.

48.

Das Perchwerch füert den preise,
Vber andere Perchwerch all,
Thuet grossen nutz beweisen,
Alhie in disem Thall,
Darzue dem gantzen Lande,
Khumbt es zue nutz vnnd guet,
Manicher handtwerchsmanne,
Sein wol geniessen thuet.

49.

Man bauet mit dem Eisen,
Das Korn vnnd den Wein,
Darumben wil ichs preisen,
Vber alle Mätall die da sein,
Wann khain Eisen nit wäre,
Wol auff der gantzen Welt,
All Perchwerch stuenden läre,
Wo wolt man nemen das Gelt,

50.

Nun lobet Got . . . . er[1]),
Vmb sein Göttliche gnadt
Das Er disem Landt Steyre,
Ain solche Reiche gab,

---

[1]) Der Druck ist hier beschädigt und ganz unleserlich.

Vns allen hat geschencket,
Zu nuß den gemainen Mann,
Thuet sein darbei gedenckhen,
Preiset In alle samb.

51.

Laßt vns bitten den Herrn,
Der alle Dieng vermag,
Das Er Segne vnnd mehre,
Solich sein milde gab,
Gott wöl Euch allen geben,
In Eisenärßter Thall.
Gesundt vnd friedt darneben,
Das bitt wier alle mall.

52.

All Perchleuthen zu Ehren,
Hab ich das Gesang gedicht,
Ich bitt all frombe Herren,
Wöln mirs verargen nicht,
SIGMVNDVS ist mein Namen,
GANSTINGL auch darzue,
Hab das gedicht zusamen,
Wünsch Euch vill gluckh darzue.

53.

Gott Vatter wöll wier preisen,
Sambt sein Sohn Jesum Christ,
Auch den heilligen Gaiste,
Der vnser Tröster ist,
Allhie in diesem Leben,
Helff vns Gott allen gleich,
Darnach wöll Er vns geben
Das Ewig himmelreich.

A M E N.

Die letzten Strophen dieses Gedichtes fehlen in der von Abele in seiner Methamorphosis aufgenommenen Version, sie enthalten, wie man sieht, den Namen des Verfassers. Dabei ist der eigenthümliche Umstand zu bemerken, daß im eigentlichen Zunamen, wie die Untersuchung ergeben, ein Druckfehler unterlaufen ist, er heißt nämlich

Banstingl. Ein Dichter Banstingl aus Tirol der sich auch Panstingl und Bainstingl schreibt, lebte damals in Steiermark, von ihm rührt eine Reihe von Gedichten her, die um dieselbe Zeit herum in Graz gedruckt wurden, und zwar rühren die Drucke alle aus der Druckerei des Johann Schmidt in Graz her. Merian, der bekannte Topograph, erwähnt in dem Bande seines Werkes, worin Eisenerz vorkommt, des Gedichtes, auch er nennt den Autor, vermuthlich da ihm dieser Druck vorgelegen ist, Ganstingl.

Geradezu als Autor auf dem Titel genannt ist Bainstingl, offenbar dieselbe Persönlichkeit, in einem zweiten Gedichte, welches das Eisenwerk zu Vordernberg behandelt und von eben solchem Interesse ist. Auch dieses ist den Volksliedern dieser Gattung beizuzählen, obwohl es auch von größerem Umfange ist; auch dieses Gedicht ist von großem cultur-historischen Interesse und auch dieses finde hier unter Angabe des vollen Titels vollständig seinen Platz:

Auß Göttlicher gena=
den, Ist dem durchleüchtigsten fürsten vnnd Herrn, Herrn Caroly Ertzhertzog zu
Osterreich ꝛc. Hertzogen zu Burgundi, Steyr, Kärnd-
ten, Crain, vnnd Wierttenberg ꝛc. Grafen zu Ty-
rol vnd Görtz ꝛc. Auch dem Edlen vnd vesten Herrn
Johann Neuwurger Höchstgedachter fürstl: Durchl:
Rath vnd Amptman In vordern perg Sambt
denen Herren Radmaistern vnd allen denselben
mitverwanten perckleüthen diser perckreyen
von dem Vralten Eysenperckwerch Im
Vordern perg zu gevölligen
Ehrn gedicht
durch Sigmund Bainstingl.
(Wappen.)
Im Gasteiner Perckhreyen Thon.
(Am Ende:)
Wer ich des Perckwerchs bas bericht,
So het ich das besser gedicht,
Ich bin auch guter zuuersicht,
Man wol mier das verargen nicht.
Gedruckt zu Grätz, durch Jo-
han Schmidt. Im 1588
Jar.

Auch diesem Liede gehen einige Verse zum Preise von Steiermarks
Eisenbergwerken vor, welche lauten:

> Landt Steyr du bist ain Globtes land
> Deins gleichen ist mir nit bekant.
> Du hast der Gottes gaben vil,
> Aine für all ich preisen wil.
> Das ist ain Eysen Perckhwerch reich
> Auff Erden ist nicht seines gleich.
> Vordern perg wiert ers genandt,
> Es kombt zu guet manichen landt,
> Durch Gottes gnaden lobesan,
> Nerth sich daben manicher Man.
> Vnnd wann das Eysenperckhwerch nicht wer,
> Stuendt manichn sein peütl ler.
> Goldt vnd Silber hat den Lob,
> Eysen vnd Stahel schwebt weet ob.
> Korn vnd wein wirt mit Eysen bawt,
> Goldt vnd Silber mit Eysen gehaut.
> Gott geb darzue sein Göttlich gnad,
> Vnd behüet das gantz landt Steyr vor schad.

Hierauf folgt der eigentliche Bergreien:

1.

> Mit Gottes Gnaden heb ich an,
> Ain Perckhreyen zu singen,
> Aufs best so ichs gelernet han,
> Hilf Gott das mir gelinge,
> Gott zu lob ehr vnd auch zu preiß
> Gott Vatter Sohn heiliger Geist,
> Preiß ich vor allen Dingen.

2.

> Von ainem Landt ich Singen wil,
> Steyrmarck wiert es genand,
> Das hat der Gottesgaben vil,
> Sein notturfft gnueg verhanden,
> Von Korn wein holtz vnd auch schmaltz
> Fleisch wilbreth Visch darzue auch saltz
> Sein auch Gott lob verhanden.

3.

Im Landt vil gute Perckwerch reich
Die sich gantz wol beweisen,
Wie wol sie sein gar vngeleich,
Die guten wil ich preisen,
Sein von Mettalen allerley,
Golb Silber Kupffer vnd auch Pley,
Von Stahel vnd guet Eysen.

4.

Das Eysen Perckwerch das ich main
Das wil ich jetzunt nennen,
Es gibt vil reichen Eysen stain,
Man thut es weit erkennen,
Es wirt genand Im vordern Perg,
Vnnd ist weit vber Hütettenberg,
Gott wöll sein gnab her senden.

5.

Kain perckwerch dem geleichen mag,
Dann Eysen Artzt alleine,
Sein beib ain perckhwerch wie ich sag,
Thuen an einnander Rainen,
Hat jedes sein bsundere thail,
Gott geb zu baiden Glück vnd hail,
Vnd behüet die gantze Gemaine.

6.

Wie Goldt vber das Silber ist,
Das thüet sich wol beweisen,
Also das Perckhwerch vbertrifft,
Mit Stahel vnd mit Eysen
Alle Perckhwerch das ist war,
Gebaut schon etlich hundert jar,
So gar mit guttem fleiße.

7.

Das Perckwerch ligt am mitter spil,
Für hoch thue ichs erkennen,
Vnnd hat der gütten Grueben vil,
Die ich nit all kan nennen,

Ettliche wil ich füeren ein,
Souil als mir bekandt da sein,
Wie jhr jetzt wert vernemen.

8.

Am obern Kogel heb ich an,
Sein die höchsten gebene,
Sanct Georg vnd Cristoff lobesan,
Da thuet der Windt her ween,
Darauf gehn es die Huetleüt guet,
Mit den Perckgesellen wolgemueth,
Guet Arzt thuet sie erfreyen.

9.

Vnter Kogel ist lobes voll,
Die Vierzehen nothelffer eben,
Sie helffen den Radmaistern wol,
Wann sie vil Arzt hergeben,
Der Sawberg vnd sein nachbar waldt,
Ain jeder sich gar woll verhalt,
Geben guett Arzt darneben.

10.

Nit weit daruon ligt auch ein orth,
Das haist die ober leytten,
Das ist durch aus gar woll burch port,
Zu allen baiden seitten,
Der Newschuß weingart vnd auch ganck
Machen den Knapen die weil lanck,
Summers vnd Wintters zeitten.

11.

Der Zuckenhuet ain alte Grueb,
Sanct Lorenz auch darneben,
Vnd auch Sanct Peter wolgemueth,
Thuen all vill Arzt hergeben,
Sanct Oßwald auch desselben gleich,
Sie machen die Radmaister Reich,
Durch Gottes gnad vnd segen.

12.

Ain orth nent man die vnterleyt,
Ain Grueben den Zinobel,
Daraus hat man nun lange zeit,
Vil guttes Artzt gehobelt,
Darneben ligt Sanct Gerdraut,
Da man täglich guet Artzt herhaut,
Darumb sol man Gott loben.

13.

Sanct Barbara vnd auch die Hell,
Die sein vns Gott willkommen,
Drein fert mancher Perg Gesel,
Den Wintter als den Sumer,
Sanct Achatz vnd Sanct Ferdinand
Schayden die Perckwerch bayde sant,
Das hab ich wol vernommen.

14.

Gott hat das Perckwerch hoch begnadt
Mit Löblichen Regenten,
Auß Göttlich fürsichtigen Rath,
Von Hohen vnd nidern Stenden,
Fürsten Herrn vnd auch Amptleüth,
Richter vnd Rath mit Grechtigkeit,
Allen vnrath zu wenden.

15.

Von Göttlicher genaden reich,
Preyß ich mit hohen Ehren,
Ertzhertzog Carl zu Osterreich,
Den frumen Fursten vnd Herren,
Löblich thuet er Regieren woll,
Ist Weißheit vnd auch tugendt voll,
Sein Lob das thut sich mehren.

16.

Das Perckhwerch das ist hoch befreidt,
Hat Perckhordnung darneben,
Das hat Ihr fürstliche Durchleicht,
Auß gnaden darzue geben,

Gott behüt ihn vnd seine Landt,
Wier wünschen Ihm von Gottes handt
Ain lang wirdiges leben.

17.

Dem Edlen vnd auch Besten Herrn,
Fürstlicher Durchleücht Rathe,
Johannes Neuwürger mit Ehrn,
Gott hat ihn hoch begnadte,
Mit Weißheit Ehr vnd auch verstand,
Gott bewar ihn mit seiner Hand,
Vor vnfal vnd vor schaden.

18.

Im vordern Perg ist er Amptman,
Weißlich thut er Regieren,
Sein Ambt das steht im auch wol an,
Sein lob thut er hoch zieren.
Gott geb ihm Glück zum Regiment,
Ain langes leben vnd sellig endt,
Gott wöll in laitn vnd füeren,

19.

Das Perckwerch ist versehen woll,
Mit gericht vnnd gerechtigkeite,
Herr Perckhrichter ist weißheit vol,
Vnnd handlt die billigkeite,
Mit schine vnd geschwornen guet,
Damit man niemand vnrecht thut,
Das lob haben sie alzeite.

20.

Ertzhertzog Carl zu Osterreich,
Ihr Fürstliche durchleüchte,
Bawt bey disem Perckhwerch reich,
Jetzunt zu disen zeitten,
Die maisten grüeben vnd auch tayl,
Gott wöll jhm dartzun glückh vnd hayl,
Vnd sein Segen verleihen.

21.

Weitter preiß ich in ainer Sum,
Die Heren Verweser alle,
Bey disem Perckhwerch vmb vnd vmb,
So gar mit reichem schalle,
Den Gegenschreiber auch deßgleich,
Sie wären gern alle Reich,
Gerath jhn doch nit allen.

22.

Sie brauchen fleiß zu aller frist,
Vnnd thuen eben zue sehen,
Souil als jhn nur müglich ist,
Das nit schad thue geschehen,
Wann sie das gelt haben fürwar,
Zallen sie alle Raittung par,
Das lob mueß ich jhn geben.

23.

Die Herrn Radmaister in gemain,
Im vordern perg mit Ehren,
Ihr lob raicht weit vnd ist nicht klain,
Das thurt man von jhn hören,
Sie halten sich der massen wol,
Das man billich nicht klagen sol,
Sein fürsichtig frumb Herren.

24.

Zum Perckhwerch haben sie lust vnd frewd,
Das mueß ich von jhn sagen,
Sie brauchen alle glegenheit,
Wie es die zeyt kan tragen,
Es kan nicht alzeit sein geleich,
Sie sein darumb nicht alle reich,
Ob sie gleich Radwerch haben.

25.

Groß müe vnd fleiß früe vnd auch spat
Guet Glück vil gelt darneben,
Welcher die drey stuck nicht hat,
Thuet kain Radmaister geben,

Der die stuck hat in seim gewelt,
Der wirt da zu aim Herren Bald,
Und mag wol frölich leben.

26.

Ich preiß auch ans Göttlicher gnab,
So gar mit hohen Ehren,
Leoben die weit berüembte Stabt,
Die Edel Vest weisen Herren,
N: Burgermaister Richter vnd Rath,
Sampt ainer gantz gemainen Stadt,
Gott wöll jhn gnad bescheren.

27.

Zu jhrem thail vnd aigenthumb,
Die sie am perg da haben,
Damit jhn auch zu gutten komb,
Die milden Gottes Gaben,
Auf das sie werden alle Reich,
Hie zeitlich vnd dort Ewigklich,
Alle die Hoffnung haben.

28.

Weitter Preyß ich mit reichem schal,
Die Perchleüt all gemaine,
Souil jhr sein in disem thal,
Der Grossen vnd der Klainen,
Ich main die Ersamb Gselschafft guet,
Den Eysenstain sie hawen thuet,
Verdient woll jhren lohne.

29.

Die Huetleüth brauchen grossen fleiß,
Das hab ich wol vernommen,
Die Stolheüer auch gleicher weiß,
Wann sie in die grueben kummen,
Artzt heüer schlagen tapffer drauff,
Die Knecht lauffen das Artzt hinauß,
Den Winter als den Summer.

30.

Perckschmidt gehören auch herein,
Ich kan sie nicht auß lassen,
Sie machen die Perckarbeit fein,
Gar guet ober die massen,
Darzue die fürer wolgemueth,
Mit Rossen vnd mit Wagen guet,
Sein fleissig auf der Strassen.

31.

Ains mueß ich auch hie melden sein,
Zu Leoben die zween Rechen,
Die auf der Muer gebawet sein,
Ir nutz der lest sich sehen,
Ihr Durchleücht habens bawen lon,
Vnd haben daran weißlich thon,
Das lob thuet man jhm sprechen.

32.

Darzue ain Newe Clausen guet,
Haben sie lassen machen,
Darauff man Holtz herbringen thuet,
Macht die Radmaister lachen,
Ist Ihr Durchleücht ain grosse Ehr,
Vnd der Radmaister nutz vil mehr,
Die das Koll thuen empfahen.

33.

Holtzmaister vnd auch holtzknecht gut
Die Koller gleicher gstalde,
Gar wol man sie da brauchen thuet,
Auff der Lent vnd zu Walde,
Darzue die fürer mit dem Koll,
Die braucht man da gar wunder wol,
Das lob haben sie alle.

34.

Die Plähaußleüth all in gemain,
Thue ich gar billich preysen,
Sie pläen aus den Eysenstain,
Guet Stahel vnd guet Eysen,

Pleyer vnd Müllner wolgemueth,
Kolpfächter vnd auch Droßger guet,
Brauchen all gutten fleiße.

35.

Die Bucher mueß ich füreren ein,
Thuen auch vil nutz beweisen,
Die Wäscher mit dem Sibe fein,
Waschen daraus guet Eysen,
Noch ains man billich loben mag,
Im Perg hat man gerechte wag,
Das ist gar hoch zu preysen.

36.

Darzue hat es zween weger guet,
Die alle wochen wegen,
Damit man niemand vnrecht thuet,
Gegenschreiber steth neben,
Beschreibt die Furstlich maut gar schon
Setzt die Centen vnd pfundt daran,
An dem ist vil gelegen.

37.

Ain vbergeher ist bestelt,
Der thuet aufs Eysen schlagen,
Wieuil es Pfundt vnd Centen helt,
Das niemand nicht kan klagen,
Der Pleyer schlagt die Marck daran,
Damit man s Eysen kennen kan,
Weitter so mueß ich sagen.

38.

Von Leoben der berüembten Stadt,
Sie thuet Gott billich preisen,
Der sie so hoch begabet hat,
Mit dem handel des Eysen,
Wann Leoben on den handl wär,
So stuend jhn offt ihr peütl lär,
Sie müsten Kummer leiden.

39.

Leoben wo sind man deins geleiche,
Die also ist befreite,
Durchs löblich Hauß zu Osterreich,
So gar ein lange zeite,
Vom Kayser Ferdinandy an,
Biß auff den Fursten lobesan,
Erzherzog Carl zu Osterreiche.

40.

Souil da Eysen wiert gemacht,
Im Vordern perg ich sage,
Das wiert alles gehn Leobm pracht,
Wol auf die Niderlage,
Das ist fürwar ein schöner platz,
Darauf ligt es ein grosser schatz,
Er thuet vill Pfenning tragen.

41.

Die Leobmer füeren hoch den preiß,
Ich lob sie all zu malle,
Mit guter münz Rod vnd auch Weiß,
Thuen sie das Eysen zallen,
Mit Taller, Ducaten vnd Cron,
Sie leihen offt vorhin daran,
Habens aber nicht alle.

42.

Im Landt hat es der Hämer vil,
Darzue vil hamer Herren,
Sie thun der Statt Leoben guet spil,
Darumb wil ich sie Ehren,
Gott ja allen sein gnad verleich,
Auf das sie werden alle Reich,
Gott wöll ihn glück bescheren,

43.

Die Hamerleitth all in gemain,
Souil als jhr nur seine,
Sie müessen hartte arbet thuen,
Vnd trinken gern Weine,

Sie machen durch des Fewers Gluet,
Das Rauch Eysen zu Kaufmans guet
Jr lob der ist nicht klaine.

44.

Die fuhrleüth auch gar lobesan,
Mit ihren Roß vnd Wagen,
Sie füerens Eysen weit hindan,
Wol auff die Niderlagen,
Gehn Judenburg vnd auch Muerau,
Vnd gar hinauf in das Lungaw,
Thuet es vil nutz auch tragen.

45.

Geth durch vill Landt vnd Königreich
Und thuet gar wol er spriessen,
Manicher Eysen Kaufman reich,
Thuet sein gar wol geniessen,
Darzue auf erdt kain Handwerck's mann
Das Eysen nicht entrathen kan,
Darumb thuts mich verdriessen.

46.

Das manicher die Perckwerch schilt,
Vnd mag sein nicht emperen,
Daßelb ich wol beweisen wil,
All Perckwerch sol man Ehren,
An Eysen kan kain perckhwerch sein,
Man möcht nicht pawen Korn vnd Wein,
Das thuet erfahrung lehrnen.

47.

Laßt vns Got alle danckbar sein,
Vnnd bitten auch darneben,
Gott hat aus lautter gnad allain,
Das Eysen perckhwerch geben,
Perckhwerch sein Gottes gaben guet
Dadurch sich vil Volcks Neren thut
Gott geb noch seinen segen.

48.

Hans Neuwurger den frummen Herrn
Sambt den Radmaistern allen,
Hab ich das Lied geticht zu Ehrn,
Ich bit last euchs gefallen,
Auch der Statt Leoben wolbekant,
Vnd all Perchleuth im gantzen Landt
Preyß ich mit Reichen schalle.

49.

Gott der behüet euch all vor schad,
Vnd thue vns sein hülf senden,
Gott welle auch mit seiner gnad,
All Ding zum besten wenden,
Der Perchtrey ist gedicht fürwar,
Das Acht vnd Achtzigiste Jar,
Das wunder Jar genende.

50.

Landt Steyr du bist ein Edls Landt,
Das lob wil ich dier geben,
Gott behüet dich mit seiner Handt,
Auch andere darneben,
Amen, das ist es werde war,
Das wünsch ich euch zum Newen Jar,
Zum Endt das Ewig leben.

A . M E N.

Soldatenlieder und patriotische Lieder.

Von jeher zeichneten sich die Bewohner der österreichischen Gebirgs-länder durch ihre patriotische Gesinnung aus und auch der Steier-märker hatte sich oftmals durch seine Treue an Kaiser und Vater-land hervorgethan und nicht selten in den ärgsten Stürmen der Zeit diese beiden Tugenden glänzend bewährt. Daher ist auch der Boden Steiermarks ein ergiebiger auf dem Gebiete jenes Liedes, in

dem der steierische Soldat Alles, was ihm lieb und theuer ist, verherrlicht und in dem er schließlich auch seinen Soldatenstand preist,
den er lieben gelernt hat. Es ist eine harte Forderung, wenn das
Gebot der Pflicht an den freien Sohn der Alpen herantritt und er den
Wald und die Berge verlassen und der Fahne seines Kaisers folgen
muß, ein Gebot, das für ihn um so härter erscheint, als Derjenige,
der in den Bergen geboren ist und sein Leben darin zugebracht hat,
sich viel schwerer losreißt von den heimatlichen Alpentriften, an die
ihn eine so wunderbare Heimatsliebe fesselt. Aber gerade die Liebe
zur Heimat ist es wieder, welche ihn dann auch im Felde aufrecht
erhält, wo es ja gilt, auch die heimatliche Erde zu vertheidigen und
die Liebe zu seinem Fürsten ist eine dem Steirer von Jugend auf
eingepflanzte Eigenschaft, die in seiner Brust ruht und wenn sie geweckt
wird, ihn auf alles Andere vergessen läßt. Wohl denkt er dann auch
als Soldat der Berge, auf denen er geboren, und seiner Lieben
daheim, aber er kehrt auch die schönen Seiten des Soldatenstandes
heraus und die poetische Anschauung des Volkes weiß im Volksliede diesem Stande die poesievollsten Seiten gleichsam unbewußt
abzugewinnen.

Dem Umstande, daß der in's Soldatenleben hinaustretende
Bursche bald in Verkehr tritt mit Elementen, welche seiner heimatlichen
Sprache und Sitte fern stehen, ist es zu verdanken, daß die nachstehenden steierischen Soldatenlieder nicht alle im Dialekt abgefaßt
sind, hochdeutsch singen ja diese Lieder oft auch andere Soldaten mit
und nur einzelne treubewahrte Töne seiner Heimat hat sich der Steirer
im Liede behalten. Aus den Liedern sehen wir den ganzen Lebenslauf
des Soldaten; noch bevor er unter die Fahne des Kaisers tritt, singt
er sein

Steirerlied.

In Gemsbart auf'n Huat,
In Herz'n frisch'n Muath,
Is Stutzerl in der Hand,
Für's theure Vaterland.

Für'n Kaisa geb'n ma unsa Leb'n hin,
D'rum bin i stolz, daß i a Steirer bin.

Zu Treu, und Tapferkeit,
San d' Steirer stets bereit,
Dafür is weit bekannt
Das edle Steirerland,
Für b' Heimat geb'n ma unsa Leb'n hin,
D'rum bin i stolz, daß i a Steirer bin.

Im edlen Steirerland,
Da find't man allahand,
Hoch owa auf da Alm,
Da geits viel Kuah und Kalm
Und frische Dirndln a ganz nach mein' Sinn,
D'rum bin i stolz, daß i a Steirer bin.

Wenn es nun wirklich Ernst wird und der Bursche als Soldat
die Heimat verlassen muß, dann ertönt wehmüthig sein Gesang:

Abschied des Soldaten von der Heimat.

Von den Bergen muß ich scheiden,
Muß sagen: lebet wohl!
Muß eine Zeitlang meiden,
Was mir zum Glücke soll.

Liebe Sennerin, Gott behüt' dich,
Komm, reich' mir deine Hand,
Dank dir für deine Treue,
Muß fort in fremdes Land.

Für des Kaisers Ehr' zu streiten
Zieh' in's Feld ich hoffnungsvoll,
Doch sollt' ich zum Tode schreiten —
Liebe Heimat, lebe wohl!

Schon das nächste Lied beim Ausmarsch zeigt von dem gekräftigten
kriegerischen Sinne des Soldaten:

Der Ausmarsch.

Hinaus in die Ferne
Mit lautem Hörnerklang,
Die Stimme erhebet
Zu männlichem Gesang.

Der Freiheit Hauch weht mächtig
Jetzt durch die ganze Welt,
Ein freies, frohes Leben
Uns Kriegern wohlgefällt.

Wir halten fest zusammen,
Wie treue Brüder thun,
Wenn uns der Tod umgrauet
Und wenn die Waffen ruh'n.

Es treibet uns Krieger
Ein reiner, heit'rer Sinn,
Wir Alle, wir streben
Nach einem Ziele hin.

Der Hauptmann, er lebe,
Er geht uns kühn voran,
Wir folgen ihm muthig
Auf blut'ger Siegesbahn.

Er führt uns jetzt zum Kampfe,
In's Feld zum Sieg hinaus,
Er führt uns einst, ihr Brüder,
Zurück in's Vaterhaus.

Wer wollte da wohl zittern
Vor Tod und vor Gefahr,
Vor Feigheit und vor Schande
Erbleiche uns're Schaar.

Und wer den Tod im Kampfe
Als wack'rer Streiter fand,
Ruht auch in fremder Erde,
Als wär's sein Vaterland.

Das Infanterie-Regiment Nr. 27, König der Belgier, sowie das Jäger-Bataillon Nr. 9 sind die heimischen Truppen der Steiermark und bestehen daher zumeist aus den Söhnen des Landes. Dies zum Verständniß des folgenden, den Soldaten im Kampfe zeigenden Liedes:

Soldatenlied.

Frisch auf, frisch auf, frisch auf,
Zum Streit im muth'gen Lauf,
Kämpft muthig, das Gewehr zur Hand:
Es gilt für unser Vaterland.

Haltet an, haltet an,
Die Belgier voran,
Die Jäger sind schon vorne,
Dann kommt der tapf're Reitersmann,
Der auch sein Schwert regieren kann.

Protzet ab, protzet ab,
Die Protze schnell herab:
Der Feind läßt sich nicht schrecken;

Die Brust des Gegners Scheibe ist,
Hoch lebe stets der Infantrist.

Verdoppelt, Brüder, nun den Schuß
Und schickt dem Feind Kartätschengruß,
Damit er schnell entfliehen muß
Und wir marschir'n auf freiem Fuß.

Wenn Einer todt zu Boden fällt,
So schießen wir, weil er ein Held,
Für seine Tapferkeit in's Grab
Drei dumpfe Schüsse ihm hinab.

Nun zurück, nun zurück,
Zu unserm Schatz zurück,
Der uns vom Herzen lieb hat;
Dann fällt statt einem Kugelschuß
Ein angenehmer süßer Kuß.

Und wenn der Streit ein Ende hat,
Marschiren wir durch Dorf und Stadt
Und rufen Vivat! allzugleich:
Gerettet ist Haus Oesterreich.

Zu einem der schönsten steierischen Soldatenlieder, welche den Kampf schildern, gehört das prächtige Lied, welches nun folgt und welches, wie man schon an seinem Inhalte ersieht, aus der neuesten Zeit stammt. Es ist in Soldatenkreisen von ganz Steiermark verbreitet und überaus beliebt.

Lied des steierischen Jägerbataillons Nr. 9.

Is Röckerl grau und grün,
In Knopf au Neuna drin,
Am Huat thoan Federn sein,
So is da Jäga fein.
Bin von da Steirer Halb'n,
Wo's b' schön' Buama g'halt'n,
Bin a Jäga fein
Von Nummer neun.

Hiatzt, Vata, pfüat di Gott,
Und Muatta, tröst' di Gott,
Und du, mein liaba Schatz,
Gib mir an süaß'n Schmatz,
I bin gar stolz auf di,
Sei's du nur a auf mi:
Hast ja an Jäga fein
Von Nummer neun!

I muaß jetzt fort von z'Haus,
In's Wälschland weit hinaus,
Mir war is Herz so schwer,
Hiatzt awa nimmamehr;
Bin ja a frischa Bua,
A Jäga a dazua,
A fescha obendrein
Von Nummer neun!

Mir last mein Herz hoch auf,
I denk no immer drauf:
Wia mir als Plänkler vorn
Bei Solferino war'n:
Sagt Vata Benedeck,
Nehmt's mir den Ort dort weg,
Und glei woarn b' Jäga drein
Von Nummer neun!

Bis auf die Knia im Schnee,
Das war bei Obersee,
Hat Vata Gablenz g'sagt:
Werft's weg All's was eng plagt
Und stürmt's in Wald und d' Höh',
Euch Jäga kenn i eh,
Steckt All'n da Teufl d'rein,
Des kummt's hinein.

In ana Stund war's g'scheg'n,
Viel Leut san dort zwar g'leg'n
Mit Belgier durchanand,
San All' vom Steierland.

Und wia uns b' G'wehr vasag'n,
Ham wir mi'n Kolb'n b'reing'schlag'n:
So wird's halt imma sein
Bei Nummer neun.

An diese Soldatenlieder füge sich noch ein Lied der Marketenderin, welches dieser Gattung von volksthümlichen Gesängen ebenfalls bei= zuzählen ist und lautet:

Die Marketenderin.

Im Lager zu Traiskirchen
Hab ich die Welt erblickt,
Da hat mein alter Vata
An klan Recrut'n kriegt
Und wie er hat vernommen,
Daß ich bin ausmarschirt
Da hat er auf der Schildwach
Vor Freud'n präsentirt,
Und jetzt bin i halt immer
Sein Marketenderin
Und wo sie hinmarschiren,
Bin ich g'wiß mitten drin.

Bei jedem Feldmanöver
Wird er von mir gepflegt,
Wird mit mein Branntweinfaßl
Sein Rücken freigelegt. —
D' Soldat'n ham die Kinder
Ja g'wiß für's Löb'n gern
Und's Herz thuat eahna lach'n,
Segn's Kinder nur von fern,
Doch d'Gusto sein vaschied'n,
Warum sollt' ich's verhehl'n:
Dö Kinder ham's am liabst'n,
Dö tausend Woch'n zähl'n.

D' Landmadln, dö than lach'n,
Wann Einquartierung kummt,
Da gibt's glei Hamlichkeit'n,
Wann glei die Muatta brummt;

D' Soldat'n helf'n dresch'n,
Da Bäu'rin Butterrührn,
Sie geh'n in Stall mit melch'n
Und gras'n mit da Dirn,
Und ist der Bursch vaschwieg'n,
So kann ma sag'n für g'wiß —
's gibt bald in Haus kan Platzl,
Wo er nit g'wes'n is.

Die Dirndln liab'n d' Soldat'n
Am Land wia in da Stadt,
Und seg'n's wo a blau's Röckl,
So wer'n die Wangerln roth,
A Jeder ist fast sauber,
A ausg'sucht schöner Mann,
Und Kaner hat an Fehler,
Das wiss'n d' Madln schon,
Und wolln's grad aus Capric'n
A Busserl Dan vawehr'n,
So wird's mit Sturm halt gnumma,
Dös ham die Madln gern.

D' Soldat'n than gern schiaß'n,
Woll'n immer Feuer seg'n,
Ham meistn's scharf gelad'n —
Kann leicht a Unglück g'scheg'n.
Die Jäger san die Ersten
Beim Schiaß'n glei dabei,
Sie treff'n ja so sicher,
Als wär's a Spielerei;
Und seg'ns a sauwers Madl.
So ziln's glei auf an Kuß,
Sie san schon drin in Herzl,
Is kost't eahn' nur an Schuß.

Hat jetzt a sauwers Madl
An Mann von Mülitär,
Und muß er fort in's Schlachtfeld,
So g'schiacht ihr halt gar schwer;

Doch ich als Marketenderin
Geh mit mein Faßl mit,
Will Aner no a Schlüpferl,
So mach' i nur an Schritt,
Und hat a a schwar's Schnauzerl,
Das is mein ganzes Leb'n,
Dem möcht i voller Freud'n
Mein ganzes Faßl geb'n.

Den Schluß dieser Lieder bilde ein Invalidenlied, welches folge-
richtig hieher paßt und uns die Erinnerungen des wackern Steierer
Soldaten an die vergangenen Zeiten vorführt.

Der Invalid.

Im Jahre Achtundvierzig
War'n wir vom Feind bedroht;
Da hab ich laut geschworen:
Fünfhundert mach' ich todt.

Hab kriegt Gewehr und Säbel,
War nobel adjustirt
Und hab die Pirmontesen
Passabel kujonirt.

Bin g'stand'n bei Novara
In größter Hitz und G'fahr,
Wo brav an unf'rer Spitze
Erzherzog Albrecht war.

Hab' donnern g'hört d' Kanonen
War schwarz von Pulverdampf,
Hab' d' Kamerad'n fall'n g'seg'n
Und lieg'n im Todeskampf. —

Da hab' i denkt, wann's fort so geht,
Wirst heut' no Corporal
Und wann die Welt no länger steht
Wohl gar a Feldmarschall. —

Am Ruck'n ben Tornister, hab
I g'fochten und chargirt:
Auf oanmal kummt a Kugl gflog'n,
Dö hat mein Plan kassiert.

Sie ham mi glei vabund'n,
Mit all'n Fleiß curirt,
Als Invalid befunden —
Nach Pettau transportirt.

Dort ham's mi aus'n Wagl g'hob'n,
Na das vasteht sie eh.
Könnt weita gar koan Klag' nit führ'n
Nur oans bös thuat ma weh:

Mein Sawl an ba Seit'n,
Der war mein größti Freud,
Den kann i nit vaschmerz'n,
Des meini liab'n Leut;

Und aft die grab'n Hos'n
Und die Komasch'n a,
'n Filzhuat mit da Ros'n
Und d' schwarz'n Federl a. — —

Zwar wird in unsern Zeit'n
In Wirthshaus nix mehr borgt,
Do wird von guat'n Leut'n
Für b' Invaliben g'sorgt.

Oft kommen reiche Spender
In's Invalidenhaus,
Oft theilt mit milden Händen
Sogar ba Kaisa aus.

Aft sing'n m' all' zusammen
Im allatiaßst'n Baß:
Gott schütze Franz den Kaisa —
Aft wern uns b' Augen naß. — — —

Gar schwach ist meine Feda
Mir wird is Herz gar weich;
Es gibt, so sagt a Jeda,
Nur an Haus Oesterreich. —

Sollt mi da Tob gach find'n
Im Invalidenhaus,
Und will er, i soll mitgeh'n —
So mach' i ma nix b'raus;

Und kumm' i aft in 'n Himmel,
So präsentir' i 's G'wehr
Und sag': I bin a Steirer
Und kumm' von Pettau her!

Mit diesem Liede sei die Reihe der eigentlichen Soldatenlieder abgeschlossen.

Es wurde schon oben angedeutet, daß Steiermark an eigentlichen historischen Liedern Mangel besitzt, daß es wenigstens bis nun nicht gelang, eine bedeutendere Zahl derselben an's Tageslicht zu fördern.

Eine Art historischer Lieder, die jedoch allüberall im Volke gesungen werden, sind die Gesänge auf den populären fürstlichen Wohlthäter des Landes, auf den Erzherzog Johann, dessen Name unvergessen im Volke der Steiermark lebt.

Eines der am weitesten verbreiteten dieser Lieder, das insbesondere in Obersteiermark auf Bergen und in Thälern gesungen wird und mir auch als fliegendes Blatt gedruckt vorkam, ist das die Sehnsucht des Steirers nach der Heimat ausdrückende Lied:

Das Heimweh. [1)]

Wo i geh und steh, thuat ma's Herz so weh
Um mein Steiermark, ja glaubt's ma's g'wiß:
Wo is Stutzerl knallt, wo is Gamserl fallt,
Wo mein guata Herzog Johann is.

[1)] Der bekannte Dichter dieses Liedes ist Anton Schoffer, in dessen „Naturbildern aus dem Leben der Gebirgsbewohner" (Steyr 1850) das Gedicht unter dem Titel: „'s Hoamweh" zuerst veröffentlicht wurde. Das Lied hat sich in obiger Version in ganz Steiermark als Volkslied eingebürgert. Schoffer, ein Oberösterreicher, ward geboren im Jahre 1801 und starb im Jahre 1849. Vergl. „A. Schoffer's nachgelassene Gedichte ... Sammt einer Lebensgeschichte ..." Herausgegeben von Alexander Julius Schindler (Steyr 1850). Daselbst ist auch die Melodie dieses Liedes zu finden.

Wer die Gegend kennt, wo ma's Eis'n z'rennt,
Wo die Enns daherrauscht frisch durch's Thal:
Ja vor lauta Lust schlagt ma hoch die Brust,
Weil's so lusti is gar überall.

Glaubt's ma's liawi Leut, 's is a wahri Freud,
Wann da Bua schön juchezt auf da Weid,
Wo da Hirsch umspringt, wo die Senn'rin singt,
Daß die Bergerln klingan weit und breit.

Bin vagnügt und froh — so lang i z'Haus bin no
Und auf b' Alm 'nauf zu mein' Dirndl geh,
Und mit frisch'n Bluat, mit mein Steirahuat
Stolz am höchst'n Kogl omat steh. — —

Auf da Fels'nwand in mein' Steirerland,
Wo i unsern Herzog Johann sieach:
Glaubt's mas liawi Leut — dort is's Leb'n a Freud —
Gar kan Wunder, wann i 's Hoamweh kriach!

Obgleich mehr Kunstproduct, dennoch in ganz Steiermark, wo
deutsche Lieder erschallen, gesungen und durch seine Beziehung auf den
verehrten Prinzen insbesondere hieher gehörig ist auch das nachstehende
längst als wirkliches Volkslied eingebürgerte:

Vaterlandslied.

Kennst du das Land, wo Ackerbau gedeiht,
Ein Hügelheer dir edle Weine beut,
Die Alpenrinder mit der Hirtin zieh'n,
In tausend Oefen reiche Erze glüh'n?
Ich kenn' es wohl, schon ungenannt,
Es ist das theure Vaterland!

Kennst du das Haus, am Seeberg zeigt sich's dir,
Es wohnt der trefflichste der Fürsten hier,
Des Volkes Liebe ist sein Eigenthum,
Denn Menschenwohl zu fördern ist sein Ruhm?
Ich kenn' das Haus, ich kenn' den Ort,
Johann von Oestreich wohnet dort.

. Kennst du das Volk, das nach der Väter Art
Die Treue zwischen seinen Bergen wahrt,
Das unberührt vom Gift der bösen Zeit
Nach Johann's Lehre sich dem Guten weiht?
Ich kenn' das Volk, an Rechtssinn stark,
Es ist das Volk der Steiermark.

Erzh. Joh.

Ein besonders schönes Lied im Dialekt knüpft wahrscheinlich an Krafft's bekanntes Bild, welches den Erzherzog Johann als Jäger auf einer Felswand stehend darstellt, an; dieses Lied lautet:

Prinz Johann-Lied.

Eh' die Sunn auf d'Alm fruah da auffa geht,
Und in grüanen Klad a da Wald basteht,
Geht a Jaga mit da Büchs'n in da Hand
Lusti auffi auf sein hoch'n Stand.

Und dort ob'n hoch von der Fels'nwand
Schaut er freundli hin in sein Steirerland,
Das vom Dachstoan bis zau Donatiberg
Tiaf hinab is ihm so wohl bekannt!

's ganzi Steirerland kennt den Jagersmann
Und vakennt'n nit und vagißt 'n nit,
Ja, Prinz Johann lebt, so lang's noch Steirer gibt
Und a redlich's Steirerherz noch schlagt.

Unter den Regenten ist es besonders Kaiser Franz, den das Volkslied feiert; einen eigenthümlichen Eindruck macht das wehmüthig gehaltene nachstehende Lied:

Kaiser Franzens Sterblied.

Es lebe Franciscus der Kaiser,
Der weitberühmte Held,
Der mit dem französischen Kaiser
Napoleon gekämpfet im Feld.

Er wollt' von der Welt sich empfehlen
Bei seinen getreu'sten Gen'rälen,
Denn es fühlte sein letztes End
Franciscus, der große Regent.

O Herr, Du hast mir gegeben
Die Krone, das Schwert und das Leben:
Jetzt stürzest Du mich herab
Vom Thron zu der Erden in's Grab.

Ich, König von Böhmen, Croatien,
Slavonien, Ungarn, Dalmatien,
Von Steier und Kärnth'n Herzog zugleich
Und auch Erzherzog von Oesterreich.

Der Tod der fragt aber wenig:
Sei's Kaiser, Papst oder König,
Er nimmt auch Fürst, Graf und Baron,
Sowie auch des Bauers Sohn.

Ob mit der letzten Strophe dieses Lied abgeschlossen ist, kann ich nicht mit Bestimmtheit behaupten, es scheint noch andere Strophen zu haben, aber in der aus dem Ennethale Obersteiermarks herrührenden Aufzeichnung, nach der es hier wiedergegeben wurde, erscheinen keine weiteren Strophen mehr.

Eine Verherrlichung der Regierung des Kaisers Franz bildet auch die nachstehende Pièce, welche aus St. Gallen (in Obersteiermark, hart an der österreichischen Grenze) stammt, und zwar aus dem Jahre 1837. Das Gedicht scheint damals ziemlich neu gewesen und unmittelbar nach dem Tode des Kaisers Franz entstanden zu sein. Es lautet:

Vater Franz.

O Vater Franz, wie lang hast du bestiegen
Den Kaiserthron und jetzt mußt du auch liegen
In einer Gruft, in einer Gruft,
Bis daß uns Gott einst Alle ruft.

Du warst als Kaiser dreiundvierzig Jahre,
Hast überwunden viele trübe Tage,
Du liebst die Ruh, du liebst die Ruh,
Das Schwert, das bracht' dir Thränen zu.

Mit Thränen sah'st du deine armen Krieger
Bei Leipzig an und doch, sie wurden Sieger,
Die große Schlacht, die große Schlacht
Hat dir dein Herz betrübt gemacht.

Du warst ein mitleidsvoller guter Vater,
Für Religion und Tugend ein Erhalter,
Aus deinem Mund, aus deinem Mund
Floß Redlichkeit zu jeder Stund.

Du wolltest ja mit jedem neuen Morgen
Auch für das Wohl der Unterthanen sorgen
Und alle Zeit, und alle Zeit
Liebtest du auch die Fröhlichkeit.

Du bist nun jetzt aus dieser Welt geschieden,
Dein Geist ist jetzt in Gottes Ruh und Frieden
Du siehst das Licht, du siehst das Licht
Auch jetzt von Gottes Angesicht.

Du hast nun abgelegt die Kaiserkrone,
Prinz Ferdinand ist jetzt auf deinem Throne,
O schütz ihn Gott, o schütz ihn Gott
Vor Pest und Krieg und Hungersnoth.

Die großen Kriegsjahre zu Anfang des zweiten Decenniums unseres Jahrhunderts blieben auch auf Steiermark nicht ohne Wirkung, das ja bis in die entlegensten seiner Gebirgsthäler die Ereignisse spürte, welche sich auf dem deutschen Boden des Nordens und Südens abspielten. Insbesondere machte das gewaltige Jahr 1813 in ganz Oesterreich jene ungeheure Wirkung, die nirgends in deutschen Landen spurlos vorüberging. Steiermark hatte schon zu Ende des achtzehnten Jahrhunderts die Wucht der französischen Kriegsgeißel fühlen und lange, lange Jahre auch später noch an den Folgen leiden müssen, welche die vielen Kämpfe dem Volk und dem Lande gebracht.

Das nachstehende Lied entnehme ich einem fliegenden Blatte vom Jahre 1814, es bezieht sich auf die Ereignisse des Jahres 1812 und dürfte aus dem Norden nach Steiermark Eingang gefunden haben; in der Gegend Obersteiermarks, die an Oesterreich grenzt, wurde es seinerzeit gerne gesungen.

Kosakenlied.

Frisch auf, ihr Kosaken, wir müssen in das Feld,
Alexander der Große gibt uns das Geld,

Wir müssen marschiren zum Feinde hinaus,
Weil sie bestreiten wollen das russische Haus.
Hurasasa, Kosaken sind da,
Sie haben lange Bärte, wie Teufel steh'n sie da.

Bei Moskau, da war die große große Schlacht,
Napoleon verlor sein' ganze Kriegesmacht,
Da kamen seine Mameluken dahergeritten
Und brachten ihn fort auf einem Schlitten.
Hurasasa &c.

O gütiger Himmel, wo retiriren wir hin?
Diesmal geht es gar nicht nach meinem Sinn,
Dies hätt' ich nicht 'glaubt von der russischen Nation,
Daß sie mich werden schlagen und jagen davon.
Hurasasa &c.

Er schrie, daß sich doch Gott im Himmel erbarm'!
Wie bin ich jetzt doch auf einmal so arm,
Die ganze Krieges Casse ist verloren,
Dazu noch dreißigtausend Pferde erfroren.
Hurasasa &c.

Als er auf einem Schlitten kam nach Dresden,
Da frug man ihn, wo er so lange gewesen?
Er sagt: er wäre nach Rußland hinein,
Das wird ihm künftig eine Warnung wohl sein.
Hurasasa &c.

Und als er 'kommen ist nach Mainz,
Das war des Nachts um halber Eins,
Die Illumination war auch nicht so hell,
Denn man hielt ihn für den Fürsten von Neufchatel.
Hurasasa &c.

Als eiligst sein Wagen die Stadt dahinrollt,
Da fragt' man ihn, wohin er schnell wollt?
Er wollte fahren nach Paris,
Um zu curiren seine Füß.
Hurasasa &c.

Und als er ankommen ist in Paris,
Beschaut der Senat seine erfror'nen Füß',
Er sagt, es sei gefährlich dabei,
Er sollte nicht mehr nach Rußland hinein.
Hurasasa ꝛc.

Aus derselben Zeitperiode dürfte der nachstehende Wechselgesang, ebenfalls einem fliegenden Blatte entnommen, stammen:

Das Brautpaar.

Jüngling:

Von dir, mein süßes Leben, soll ich scheiden,
Zum Kampf für's Vaterland ruft mich die Pflicht;
Ich folge ihrem heißen Ruf mit Freuden,
Drum sei ein deutsches Weib und weine nicht.

Mädchen:

Ich weine nicht, o zieh in's Schlachtgetümmel,
Du Glücklicher, zum Kampf für's Vaterland,
Ach, warum stählte ungerecht der Himmel
Das Schwert zu führen, nicht auch meine Hand?

Jüngling:

Und wirst du dann noch den Erkornen lieben,
Wenn Feindesschwert mit Narben mich bedeckt?
Wird keine Trauer deine Augen trüben,
Wenn dich der Anblick des Geliebten schreckt?

Mädchen:

Wie werden dich die blut'gen Narben zieren,
Der Lorbeer schmücken dein gelocktes Haar!
Denn aus der Schlacht will ich dich, Trauter, führen
Zum ew'gen Bunde an den Traualtar.

Jüngling:

Und will mich das Geschick dir nicht vereinen,
Fall' ich für's Vaterland im Schwertgewühl;
Wirst du dann eine Thräne dem wohl weinen,
Der treu dich liebend, muthig kämpfend fiel?

Mädchen:

Nicht Thränen sollen beinen Tod entehren,
Mit blassem zwar, doch muth'gem Angesicht
Werd' ich die Kunde deines Todes hören:
Ich liebe ewig dich — doch wein' ich nicht.

Jüngling:

Du bist Thuiskon's Heldenstamm entsprossen,
Reich' mir das Schwert zum Kampf für's Vaterland!
Nur von der Freiheit gold'nem Strahl umflossen,
Biet' ich zum ew'gen Bunde bir die Hand.

Mädchen:

So lebe wohl und unter blut'gen Streichen
Denk dir: daß liebend ich dein Herz gewann!
Sei unerschütterlich, wie deutsche Eichen,
Und leb' und kämpfe als ein deutscher Mann.

Aehnliche Lieder aus jener bewegten Zeit kommen noch öfter vor, aus früheren Perioden jedoch finden sich wenig historische Anklänge im Volke und es muß der Folgezeit und einem etwaigen glücklichen Zufalle überlassen werden, ob nicht vielleicht doch noch ältere historische Volkslieder aus der Steiermark an's Tageslicht gebracht werden könnten, womit nicht nur interessante historische Belege, sondern auch werthvolle Nachweise über den früheren Volksgesang der Steiermark geboten würden. Gewissermaßen zu historischen Gesängen kann man allerdings die oben[1]) angeführten zwei Bergwerkslieder Baustingl's auch rechnen.

Geistliche Volkslieder, Weihnachtslieder.

Es ist leicht erklärlich, warum sich gerade in den Gebirgsländern der baierisch-österreichischen Alpengruppe eine Gattung von volksthümlichen Gesängen in besonders reicher Zahl erhalten hat, welche

---

[1]) Seite 312 und 328.

an manchen andern Orten vergebens gesucht werden, nämlich die
Gattung der geistlichen Lieder, die ja bekanntlich seit den ältesten
Zeiten deutscher Dichtkunst zu den werthvollsten Stücken der Volkslieder-
literatur zu zählen sind. Steiermark ist überaus reich an solchen
geistlichen oder wenigstens den geistlichen Charakter an sich tragenden
Liedern, das warme religiöse Gefühl des Volkes hat sich hier Jahrhunderte hindurch frisch erhalten, ja noch gekräftigt, und zahlreiche
Wallfahrtskirchen im Lande trugen nicht wenig dazu bei, auch den
eigentlichen Kirchengesang abwechslungsvoll zu gestalten, obwohl derselbe dem Boden des Landes selbst entsprungen ist. Die vielen Feste,
welche der katholische Ritus vorschreibt, sind in dieser Richtung nicht
weniger von Bedeutung, die Kirche hat mit ihnen die Veranlassung
zu Gesängen gegeben, welche zu gewissen Zeiten gesungen zu werden
bestimmt sind und das Volksthum hat diese willkommene Gelegenheit
ergriffen, den Liedern der Kirche seinen eigenen Geist einzuflößen, in
diesem Geiste die alten Kirchenlieder wohl auch umzubilden und
so unter gewissermaßen doctrinärer Leitung eine Art des Gesanges zu
schaffen, welche eine eigenthümliche Mischung darbietet zwischen den
Elementen der Kirche — hier ist natürlich nur von der katholischen
die Rede — und zwischen den Elementen frischen ursprünglichen Volksgeistes. Nirgends, außer vielleicht in Tirol, tritt diese Mischung im
Liede so bezeichnend hervor als in den deutschen Gebieten des einstigen
Innerösterreich, als vorwiegend Steiermarks, nirgends aber auch lassen
sich diese Elemente so schwer scheiden, nachdem Jahrhunderte ihre
Verbindung so innig und fest gestaltet haben, daß wir es in jedem
dieser Lieder mit einem Ganzen, das aus Einem Guß zu sein scheint,
zu thun haben. Es wäre eine in wissenschaftlicher Hinsicht außerordentlich dankbare Aufgabe die geistlichen Volksgesänge dieser Länder
einer genauen Untersuchung zu unterziehen, überhaupt sie zu sammeln
und in übersichtlichen Gruppen vorzulegen, eine Aufgabe, um so
dankenswerther als auch dieser Theil der Volkspoesie im Niedergange
begriffen ist, immer mehr verflacht und das Meiste davon in Kurzem
ganz verschwunden sein wird.

Wir sehen in den geistlich angehauchten und ganz geistlichen Gesängen Steiermarks übrigens deutlich, wie in den weltlichen Liedern Anklänge an die allgemeinen Poesien Deutschlands in dieser Richtung, und in den katholisch-deutschen Ländern zeigt sich von manchem Liede nicht selten das Urbild eines in Steiermark seit undenklichen Zeiten verbreiteten Abbildes, ein neuer Beweis, wie die Volkspoesie Gemeingut des gesammten deutschen Geistes und ein Product von Factoren ist, die nach allen Richtungen hin, selbst bis in die entlegenen Gebirgsthäler der Alpen hinein wirken. Wie eine große Fluth erscheint die Verbreitung des Gesanges auf dem deutschen Gebiete, eine Fluth, die überall hineindringt und plötzlich dort wieder zu Tage tritt, wohin man ihre Wirkung weder verfolgen zu können, noch überhaupt an eine Aeußerung derselben an dieser Stelle glaubte.

Den eigentlichen geistlichen Liedern, auf welche direct rituelle Einflüsse gewirkt, stelle ich jene Lieder zur Seite, die wenigstens indirect ihre Entstehung den religiösen Anschauungen des Volkes verdanken und die allerdings dann einen in religiöser Beziehung allgemeineren Charakter haben, beziehungsweise überhaupt die Gedanken und Gefühle des Christen in schlichter volksmäßiger Form zur Aeußerung bringen. Insbesondere gehören hieher diejenigen Lieder, welche das Ende des Menschen zum Gegenstande haben, unter denen sich wahre Perlen volksthümlicher Poesie finden, einige derselben sind sogenannte „Kirchfahrtslieder", welcher Ausdruck ihre Anwendung kennzeichnet.

Ein solches Lied ist das nachfolgende aus Obersteiermark stammende:

O bedrängtes Menschenleben.[1]

O bedrängtes Menschenleben,
O der kurzgenoss'nen Freud!
Muß mich dann dem Tod ergeben:
Ist schon aus die Lebenszeit;

---

[1] Es scheint mir am passendsten, die Ueberschriften dieser Lieder aus den ersten Worten der ersten Verszeile zu bilden, da auf diese Art die Uebersicht nicht schwer ist.

Hilft kein Bitten und kein Beten,
Scheiden muß ich nun dahin,
Nichts wachst für den Tod auf Erden,
Helfen thut kein' Medicin.

Kurz fürwahr hab' ich gelebet,
Gegen so und so viel Jahr';
Nun hat mir der Tod nachg'strebet,
Lieg' jetzt auf der Todtenbahr'.
B'hüt euch Gott, ihr lieben Freunde,
Lebet wohl in eurer Noth.
Bit euch schön, seid nicht betrübet,
Weil's so schickt der liebe Gott.

Lang fürwahr hat's mich betrübet,
Allerliebste Freunde mein,
Ja, sowohl gesund als kranker,
Daß versorgt ihr, wie's soll sein.
Dank euch Gott zu tausendmalen
Für eu'r Plag' und eure Tritt':
Gott der Herr wird euch bezahlen
Alle Müh' und alle Schritt'.

Urlaub sei von euch genommen,
Die allhier zugegen seind:
B'hüt' euch Gott, ihr allzusammen,
B'hüt' euch Gott, ihr lieben Freund',
Euch Bekannte und Verwandte,
Ich muß reisen jetzt alsdann,
Wann ich etwan euch beleidigt,
Jetzt vergeb mir's Jedermann.

Nun, ihr Jäger, seid gebeten,
Traget mich dem Freithof zu,
In das Grab mein'n Leib thut legen,
Laßt ihn liegen da in Ruh'.
Meine Seel' ich Dir befehle,
Jesus, wahres Gotteslamm,
Laß sie ewig bei Dir leben. —
Nun hebt auf in Gottes Nam'.

Derselben Gattung gehören die nachfolgenden zwei Lieder an, welche ich einer Aufzeichnung aus Eisenerz entnehme:

Jesum hab' ich mir auserwählt.

Jesum hab' ich mir auserwählt,
Er ist der beste Freund,
Es ist kein Mensch wohl auf der Welt,
Der's besser mit mir meint,
Als nur mein liebster Gott,
Er hilft mir in der Noth,
Wann mir kein Mensch mehr helfen kann,
Hilft mir der liebe Gott.

Wenn mich ein Unglück überfällt,
Mir selbst nicht helfen kann,
So kommen meine Freund' wohl schnell,
Doch strengt sich keiner weiters an;
Es schaut mich jeder traurig an
Und sagt, daß er nicht helfen kann:
Es helfe dir der liebe Gott,
Und gehet fort alsdann.

Zu wem soll ich mich wenden hin,
Als nur zu Dir, mein Gott,
Weil ich kein'n Trost noch Hilf mehr find'
In meiner großen Noth
Als nur bei meinem Gott.
Er hilft mir in der Noth,
Er ist der allerbeste Freund:
Bleibt treu bis in den Tod.

Maria, Mutter Gottes, rein,
Erhöre meine Bitt',
Wann ich einmal vor Gott erschein',
Alldort verlaß mich nicht:
Gedenke nur daran,
Wie Jesus, unser Opferlamm,
Johannes Dich empfohlen hat
Am hohen Kreuzesstamm.

Wenn ich es aber recht betracht',
So hab' ich Unrecht 'than,
Weil ich die Welt so sehr geliebt
Und wenig Gut's gethan.
Was nutzt mir dort die Welt,
Wann Gott das Urtheil fällt
Und ich von Gott verlassen bin? —
Adje, du falsche Welt!

Wenn mein Schifflein.

Wenn mein Schifflein wird anlanden
An dem Port der Ewigkeit,
Wenn sich wird das Leben enden,
Wenn wird sein der letzte Streit:
O Maria, steh' zur Seit' mir,
Laß mich Dir befohlen sein,
Lenk mein Schifflein, hilf mir streiten,
Hilf, o liebste Mutter mein.

Wenn mich meine Freund' verlassen
Und ich keinen Trost mehr find',
Wollest mich mit Lieb umfassen,
Nicht gedenken meiner Sünd';
O Maria, mich errette,
Steh' mir bei, verlaß mich nicht,
Wenn die Wage einsteh'n thäte,
Komm' zu Hilf, das bitt' ich Dich.

Auch wenn ich von hier muß scheiden,
Und sollt' geh'n in d' ew'ge Pein,
Laß mein' Seel' nicht Schiffbruch leiden,
Laß mich Dir befohlen sein;
O Maria, Brunn' der Gnaden,
Reich mir Deine starken Händ';
Laß die Feinde mir nicht schaden,
Deine Augen zu mir wend'.

Auf Dich setz' ich mein Vertrauen,
Will von Dir nicht lassen ab,
Auf Dich will mein'n Trost ich bauen,
Bis ich liegen muß im Grab.

Ewig ja will ich Dich lieben,
Ewiglich Dein Diener sein,
Laß den Tod mich nicht betrüben,
Hilf, o liebste Mutter mein!

Auch das folgende Lied trägt einen streng geistlichen Charakter, es schildert in rührendem Tone den Abschied des Sterbenden von der Welt:

Jetzt muß ich aus mein' Haus.

Jetzt muß ich aus mein' Haus,
Mein' Hauswirthschaft ist aus,
Muß Alles schon verlassen,
Muß fahr'n in ein' and're Straßen:
Mein Jesus, bleib bei mir,
Maria, reis' mit mir.

Jetzt lieg' ich da im Bett,
Mein' Zung' kein Wort mehr red't,
Die Augen nicht mehr sehen,
Die Ohren nicht mehr hören:
Mein Jesus u. s. w.

Mein Leib ist gelb und weiß,
Treibt aus den Todtenschweiß,
Im Rücken thut's schon krachen,
Der Tod wird alsbald machen:
Mein Jesus u. s. w.

Hab' ich viel Gut und Geld
Z'samm'g'schoben auf der Welt,
Muß Alles schon verlassen,
Muß fahr'n in ein' and're Straßen:
Mein Jesus u. s. w.

Hab Hof und Hausgesind',
Dazu ein Weib und Kind,
Die bleiben hier beisammen,
Ich fahr' in Gottes Namen:
Mein Jesus u. s. w.

Nun kommt, ihr Eltern hier,
Nehmt Urlaub schnell von mir,
Und all' meine Bekannten,
Geschwister und Verwandten:
Mein Jesus u. s. w.

Die Sprach' mir nun verfällt,
Mein' Zung' kein Wort mehr meld't,
Ich fahr' zu Gottes Sohne,
Zu Christus, meiner Sonne:
Mein Jesus u. s. w.

Das folgende hiehergehörige Dialektgedicht entstammt der mehr-
erwähnten handschriftlichen Sammlung Joh. Gabr. Seidl's:

Sterb'n is a harti Buaß.

Sterb'n is a harti Buaß,
Gott woas es schon, wann i sterben muaß.

Wann i stirb, so bin i todt,
Ast kimm i schean inta die Röselein roth.

Röselein roth im greanen Klee,
Dös secht's mi glei heunt und ast neamamehr.

Heunt bin i noh in mein Voatahaus,
Moarg aba tragn's mi schon hinaus.

Trog'n mi hin voar die Freithofthür,
O liabsta Herr Priasta, kimm bald herfür.

Wia kam hat aufg'hört der Glock'n ihr Klang,
Ast kemmen schon olli Freund zsoammn.

Sö tronk'n und zonk'n um's zeitlichi Guat,
Und schau'n nit mehr um, woas die oarme Seel thuat.

In engem Zusammenhang mit dem katholischen Ritus steht das
folgende Lied:

Erlöser dieser Erden.

Erlöser dieser Erden,
Muß denn gestorben sein?
Kann Dir nicht g'holfen werden,
O liebster Jesus mein?

Was ist denn daran schuldig,
Daß Du gehst in den Tod?
Leid'st Alles so geduldig,
O Du gerechter Gott.

Mein Schäflein, wegen deiner
Trag' ich das Kreuz auf mir,
Dieweilen sonsten Keiner
Auf Erd' kann helfen dir;
Denn sonst wärst du verloren,
Die Wölf' zerrissen dich:
Ich habe dich erkoren,
Weil du erfreuest mich.

O Sünder, nimm's zu Herzen:
Der allerhöchste Gott
Als Mensch leid't große Schmerzen
Und geht für dich in' Tod;

Darum thu' dich bequemen
Und lern' Geduld von Gott,
Sein Leiden thu' erkennen
Und halten sein Gebot.

Siehst nicht, wie Magdalena
Beweint ihr' große Sünd'?
Ich kann's nicht alle nennen,
Weil ihrer gar viel sind.
Darumen thu' umkehren
Und bleib' ein treues Schaf
Lieb' Jesum, deinem Herren,
Daß er dich dort nicht straf'.

Endlich sei von dieser Gattung von Liedern ein in ganz Obersteiermark verbreiteter Wechselgesang zwischen einem Jüngling und dem
Tod angeführt, der mir auch in einem fliegenden Blatte zukam, das
einige Abweichungen von der zuerst eingelaufenen Handschrift aufweist.
Da auch noch Engel und Teufel redend eingeführt werden, so gewinnt
das Ganze einen dramatischen Charakter. Der Ton und Inhalt der
Piéce deutet auf ein hohes Alter und man kann wohl mit Sicherheit
die Entstehungszeit dieses Liedes in's fünfzehnte oder sechszehnte
Jahrhundert zurückversetzen.

Der Jüngling auf dem Sterbebette.

Jüngling:

O welch' ein Graus!
Schließt zu das Haus:
Der Tod kommt hergeschlichen;
Schon ist an mir
Fast jede Zier
Entschwunden und verblichen.

O schließet zu
Und schafft mir Ruh,
Ich möcht' vor Angst verderben;
Betrat doch kaum
Den Erdenraum
Und soll schon wieder sterben.

Tod:

Kein Ries', kein Held
Auf dieser Welt
Ist mir bisher entgangen,
Bist du bethört,
Daß du erhört
Willst wissen dein Verlangen?

Was jung und zart,
Von edler Art
Stolziret hier auf Erden,
Es wird gar bald
Des Leib's Gestalt
Auf's Haar wie meine werden.

Jüngling:

Nicht also scharf,
O Todeslarv',
Thu du mit mir verfahren;
Erbarm' dich mein,
Ich bin noch klein,
Wart' bis ich komm' zu Jahren.

Nimm dir hinweg
Die Bettelsäd',
Die schier vor Noth verderben;
Hab' Mittel, Fug
Und Geld genug,
Warum sollt' ich schon sterben?

Tod:

Erkämpfet hat
Sich Land und Stadt
Der große Alexander,
Auch er mußt' fort
Von diesem Ort,
Mußt' folgen mir selbander.

Längst ist er todt,
Ist Staub und Koth,
Die Schönheit ist vergangen;
Sein Leib, beschwert,
Ist abgezehrt
Von Nattern und von Schlangen.

Jüngling:

Ich trat erst an
Des Lebens Bahn,
Ich bitt' dich, hab' Erbarmen.
Such' anderswo:
Zu sterben froh
Find'st allzeit du die Armen.

Hab' gestern grad
Im Sonntagsstaat

Nach altem Brauch geworben;
Drum sterb' ich schwer,
Denn Alles wär'
Mir gründlich dann verdorben.

Tod:

Das glaub' ich schon,
Doch ich verschon'
Selbst Kaiser nicht und König,
Und um das Geld
Und um die Welt
Bekümmer' ich mich wenig.

Ein Königssohn
War Absalon,
Konnt' auch nicht Gnad' erwerben;
Es mußt' der weise
Salomon
Wie alle Andern sterben.

Jüngling:

Ich bitte dich,
Laß leben mich
Und thu' die Zeit mir fristen,
Dann geh ich gleich
Mit in dein Reich
Und will geschwind mich rüsten.

Mein Gut und Geld
In dieser Welt,
Laß mich's mit Ruh' genießen,
Wenn ich dann weiß,
Ein alter Greis,
Will ich mein Leben schließen.

Tod:

Nicht eine Stund'
Verspricht mein Mund
Und du sprichst gar von Jahren?
Du mußt mit mir,
Hilft nichts dafür,
Thu deine Seel' bewahren.

Mein Pfeil ist Gift
Und wen er trifft,
Der muß ohn' Gnaden gehen;
Drum mach nit lang,
Tritt an den Gang
Und laß dich schnell versehen.

Jüngling:

Der Todesschweiß,
Ach, wie so heiß
Dringt er mir schon zum Herzen;
Ach, was ich leid'
Für Bitterkeit,
Ich möcht' vergeh'n vor Schmerzen.

Doch, muß es sein,
Ich geb' mich d'rein
Und will ganz willig sterben.
Du, Jesus mein,
Maria rein,
O laßt mich nicht verderben.

Teufel:

Jetzt ist's zu spat,
Was rufst um Gnad'
Du in den letzten Zügen?
Hätt'st dich bereit't
Bei Lebenszeit
Und lieber jetzt geschwiegen.

Nun komm nur mit
Und wehr' dich nit,
Mußt in der Hölle büßen,
Womit beschwert
Du auf der Erd'
Dein schlafendes Gewissen.

Jüngling:

Ach, laß mich dein,
O Mutter, sein,

Maria voller Gnaden;
Ach steh mir bei,
Du Jungfrau treu,
Bewahr' mein' Seel' vor Schaden.

Der böse Geist
Mich kommen heißt,
Die Angst thut mich verzehren,
O Jesus mein,
Maria rein,
Thut's Beistand mir gewähren.

Teufel:

Wenn Jesus Christ
Dein Richter ist,
Kannst du mir nicht entgehen,
Die Sündennoth,
Die läßt vor Gott
Dich sicher nicht bestehen.

Was du geirrt
Und durch Begierd'
Für Unheil hast getrieben,
Nach Bösem g'strebt,
Im Luder g'lebt,
's ist Alles aufgeschrieben.

Schutzengel:

Hinweg von hier!
Der Platz g'hört mir,
Scheer' dich nur fort jetzunder;
Die Seel' ist mein,
Fahr' nur allein
Tief in die Höll' hinunter.

Komm, komm mit mir,
Du schönste Zier,
Im Saal der Himmelsfreuden
Nun darfst du ruh'n,
Vorbei ist nun
Für immer all' dein Leiden.

Komm her, mein' Seel',
Und glänze hell
Als Engel wie die Sonne;
Nach großem Leid
Kommt große Freud
Und namenlose Wonne.

Zum Himmel lenk
Den Blick und denk:
Der Mensch soll nie verzagen;
Heut ist's an mir
Und morg'n an dir,
Der Welt Adje zu sagen.

Obgleich nicht ganz zu dieser Gattung von Liedern gehörig, fügt sich doch seines Inhaltes wegen passend hier an das Lied:

Tiaf unta da Erd'.

Da Mensch soll nit stolz sein
Auf Guat und auf Geld,
Gott lenkt gar vaschied'n
Das Schicksal da Welt.
Dem Dan thut a b'Thala
Glei hauf'nweis b'scheer'n,
Da Andri muaß müahsam
Die Kreuza vadean'.

Da Mensch soll nit moana,
A Andra is schlecht,
Im Himmel hat Jöda
Das nämlichi Recht;
Da Herrgott laßt wandern,
Den, der'n vachrt,
Und führt a den Andern
Tiaf unter die Erd'.

Da Mensch soll koan Haß ham,
Gar kurz is is Leb'n,
Er soll, wann a krank wird,
Von Herz'n vagab'n;

Z'nachst ham si zwoa Mensch'n
Als Todsfeind erklärt,
Und hiatz mach'n's Fried'n
Tiaf unta da Erd.

Kehr'n wo die Soldat'n
In b' Heimat zurück,
So suacht manchi Muatta
Mit traurig'n Blick
Ihr'n Sohn in da Schaar, dö
Vom Schlachtfeld is g'kehrt,
Aw'r er liegt in Italien
Tiaf unta da Erd.

Da Reichi, der kauft si
Vom Kriegerstand frei,
Er lest dann die Zeitung
Und schmunzt wohl dabei.
Da Armi geht willig
Wann's Land ihn begehrt,
Und kummt mit viel Andri
Tiaf unta die Erd.

Bevor wir noch zu jener Gattung von Liedern übergehen, welche für bestimmte Festtage gehören, mögen noch einige geistliche Gesänge folgen, wie sie in Kirchen auf dem Lande, wohl auch bei Wallfahrten und bei anderen passenden Gelegenheiten in Steiermark gesungen werden, ohne daß ihnen übrigens der Charakter des echten Volksliedes abgeht. Ich setze einige dieser zu trefflichen geistlichen Poesieen überhaupt zählenden Lieder hieher.

Der gute Hirt.

Ich bin ein Hirt, sagt Gottes Sohn,
Die große Lieb', die treibt mich an,
Daß ich verlaß des Himmels Saal
Und reise in das Jammerthal.

Ich hab' viel Schäflein in der Welt
Und hab' sie alle wohl gezählt,
Doch dünkt mich: eines ist nicht hier —
Ach liebstes Schäflein, komm' zu mir!

Der gute Hirt zählt noch einmal
Die Schäflein all' in seinem Stall,
Doch 's ging, wie es zuvorne war,
Dieweil schon ein's verloren war.

Der gute Hirt fangt z' weinen an:
Wo treff' ich wohl mein Schäflein an?
Ob ich es wohl wiederfind',
Das verlorene Adamskind?

Der gute Hirt ist Gottes Sohn,
Er hat die Menschheit g'nommen an;
O Schäflein, du hast weit geirrt,
Daß du verließest deinen Hirt.

Ein guter Hirt ist Jesus Christ,
Er weiß gar wohl, wo 's Schäflein ist,
Es ging verloren durch die Sünd',
D'rum ist er worden ein klein' Kind.

Jetzt ist der Hirt noch jung und schwach,
Doch läuft er seinen Schäflein nach
Bis in sein dreiunddreißigst's Jahr,
Da kam er in die größte G'fahr.

Jetzt ist der Hirte nicht mehr Knab',
Er hat ein' großen Schäferstab,
Den Schäferstab, den ich da mein',
Das ist das schwere Kreuze sein.

Der gute Hirt läßt noch nicht ab,
Er nimmt zur Hand den Schäferstab,
Er wagt sich unter d' Wölf' hinein,
Jagt ihnen ab das Schäfelein.

Die Wölf', die laufen all' zusamm'
Und fangen das unschuld'ge Lamm;
Die Wölf' — das ist die böse Rott',
So Jesum g'martert bis in Tod.

Ach liebes Schäflein, sei getröst't,
Jetzund hab' ich dich schon erlöst,
Ich hab' dich tauft mit meinem Blut,
So aus mein'n Wunden fließen thut.

Ach Schäflein, liebes Schäflein mein,
Hinfüro sollst du dankbar sein;
O meid' die Sünd' und liebe Gott
Und halt' hinfüro sein Gebot.

Ich nehm' mir vor ein' weite Reis',
Wohl in des Himmels Paradeis,
Halt' euch bereit ein' schönen Ort,
Du sollst einst bei mir wohnen dort.

Ach, liebes Schäflein, lebe fromm,
Am End' der Welt ich wiederkomm',
Da werd' ich halten 's letzt' Gericht,
Damit daß Keinem Unrecht g'schieht.

Die Böck', die meine Lehr' verachten
Und nur nach Erdenwollust trachten,
Die werd' ich mit mein' Schäfersstab
Verstoßen in die Höll' hinab.

Ach liebes Schäflein, komme her:
Für die, die halten meine Lehr',
Hab' ich ein'n schönen Ort bereit't —
Da sei eu'r Lohn die Himmelsfreud'.

Bekehrt euch, ihr Christen.

Bekehrt euch, ihr Christen,
Es ist große Zeit,
Der jüngste Tag kommt schon,
Er ist nicht mehr weit.
Zu Gott euch bekehret,
Mariam verehrt.
Ein Hirt und ein Schafstall
Soll werden auf Erd'.

Hört auf doch, ihr Wuch'rer,
Und gebt euch zur Ruh',
Wollt's ihr denn z'sammscharr'n
Bis ihr d'Augen druckt's zu?
Zu Gott u. s. w.

Was wird euch doch helfen
Das ung'rechte Geld,
Das ihr habt erworben
Dahier auf der Welt.
Zu Gott u. s. w.

Merkt auf doch, ihr Eltern,
Ich bitt' euch allsamt,
Straft recht eure Kinder,
Kein' Ruthen verschont.
Zu Gott u. s. w.

Kommt her jetzt, ihr Kinder,
Und höret mich an:
O folgt euren Eltern
Und lebet fein zahm.
Zu Gott u. s. w.

Verehrt doch Mariam
Dahier auf der Welt,
So werdet ihr eingeh'n
In's himmlische Zelt.
Zu Gott u. s. w.

Wie viel sein schon kommen
In d' höllische Pein,
Die Mariam nicht lieben
Verdammt müssen sein.
Zu Gott u. s. w.

Liebt Jesum, Mariam
Und Josef allzeit,
So habt ihr zu hoffen
Die himmlische Freud.
Zu Gott u. s. w.

Niemand darf es mir verdenken.

Niemand darf es mir verdenken,
Daß ich bis in Tod betrübt,
Weil ich seh' am Kreuz' da hängen,
Den mein' Seel' inbrünstig liebt.
Ich will fristen für mein Leben,
Bis aus Deinem Mund ich hör:
Dir ist deine Sünd' vergeben
Fernhin sünd'ge nimmermehr.

Bei dem Kreuz mit Magdalenen
Will ich meiner Sünden Schuld
Dir, o Jesu, recht bekennen,
Trag' mit Deinem Knecht Geduld.

Alle Laster will ich meiden,
Schenk', o Herr, mir Deine Gunst,
Laß' doch nicht Dein bitter's Leiden
An mir, Armen, sein umsunst.

Mit dem David will ich schreien
Zu Dir um Barmherzigkeit,
Meine Missethat bereuen
Und mein' Ungerechtigkeit.
Mit dem Peter will ich weinen,
Mit dem Schächer bitten Dich:
Laß die Sonn' der Gnad' mir scheinen,
In Dein'm Reich gedenk auf mich.

Wer doch wird mir Thränen geben?
Seht, mein Jesus, er ist todt,
Für den Sünder, daß er lebe,
Stirbt am Kreuz der wahre Gott.
Du, o Sünder, lebst ohn' Sorgen
In dem Laster immer fort,
Willst dein Buß' bis auf den Morgen
Schieben auf mit deinem Wort.

Merk', o Sünder, es kann fehlen,
Daß dein' Reue kommt zu spat
Und das Heil an deiner Seelen
Geht verloren ohne Gnad';
Tausend in der Höllen brennen,
Deren Reu' auf morgen war,
Willst dich nicht unglücklich nennen,
Kehre um vor der Gefahr.

O, wer wollt' das Kreuz nicht lieben,
Daran unser Heiland ist;
Sünder, laß' dich nicht betrüben,
Ob du schon gefallen bist.
Jesus, mit gespannten Armen,
Voll Verlangen wart't auf dich,
Deiner will er sich erbarmen,
Komm', o Sünder, säume nicht.

Laß' mich bei dem Kreuz' hier sterben,
Denn ohn' Dich zu leben hier,
Macht mich kommen in's Verderben,
Jesus, laß' mich nicht von Dir.
Laß', o laß' Dein bitt'res Leiden
Nicht an uns verloren sein,
Von Dir will ich nimmer scheiden,
Nimm' mich in den Himmel 'nein.

Charakteristisch und an die schönsten geistlichen, insbesondere
Marien-Lieder des Mittelalters gemahnend erscheinen auch die zahlreich
vorkommenden, bisher aber noch von Niemandem gewürdigten Maria-
zeller Lieder, die von Wallfahrern in Mariazell gesungen werden und in
fliegenden Blättern verbreitet erscheinen. Diese fliegenden Blätter, gewöhnlich in dem nahen Wiener-Neustadt oder in Steyr gedruckt, enthalten
somit wahre Perlen der geistlichen Volkspoesie, ihr Druckort darf nicht
irreführen, da wir es doch eigentlich mit Liedern Steiermarks darin zu
thun haben. Ich theile nachstehend einige solcher „Celler Lieder"[1] mit:

Nun, so will ich heut aufstehen.[2]

Nun so will ich heut' aufstehen
Von mein' großen Sündenschlaf,
Nach Maria Zell fortgehen,
Als ein arm' verlor'nes Schaf.
Meine Hilf' will ich dort suchen
Bei dem großen Gnadenthron,
Alle Sünden will verfluchen,
Die ich jemals hab' gethan.

Ich bekenn's vom Grund der Seelen,
Daß ich sehr geirret hab',
Mein Gewissen thut mich quälen,
Stürzt mich vor der Zeit in's Grab.

---

[1] Eine größere Sammlung solcher fliegender Blätter, insbesondere Zeller
Lieder enthaltend, theilte mir Herr Director Vernaleken, der bekannte Forscher
auf dem Gebiete österreichischen Volksthumes, mit. Die Sammlung enthält einen
Schatz geistlicher Gesänge in fliegenden Blattdrucken von der Mitte des achtzehnten
Jahrhunderts an. Auch die nachstehend angeführten zwei Lieder rühren daraus her.
[2] „Drey neue Celler Lieder" (Neustadt 1805).

Darum will ich mit Vertrauen
Fliehen zu Maria Zell,
Sie wird gnädig mich anschauen
Und erquicken meine Seel'.

Sie hat schon viel tausend Seelen
Abgejagt dem Höllenhund,
Auch errett' von Pein und Qualen,
Daß sie 'gangen nicht zu Grund.
Darum will ich nicht verzagen
An ihrer Barmherzigkeit,
Meine Noth will ich ihr klagen,
Sie hilft mir aus meinem Leid.

Ich wart' schon mit großen Schmerzen
Auf den höchst beglückten Tag,
Daß ich kann mit Reu' des Herzen
Meine Sünden legen ab,
Dorten in dem Gnadenthrone
Bei Dir Mutter Maria Zell [1])
Da ist meine Freud' und Wonne,
Dort erquick' ich meine Seel'.

Nun, ihr armen Adamskinder,
Laufet mit mir schnell dahin,
Die ihr auch seid große Sünder,
Suchet eurer Seelen G'winn
Bei dem gnadenvollen Brunnen
Alldort in Maria Zell,
Wo viel Tausend schon entrunnen
Zeit- und ewiglicher Qual.

Ihr werd' sie ja kaum erblicken
Dort in ihrem Gnadenthron,
Wird sie eure Seel' erquicken
Als ein' klare Himmelssonn'.
Eure Augen werden fließen,
Liebeszäher (?) immer fort,
Wann ihr werd't Mariam grüßen
Dorten in dem Gnadenort.

---

[1]) Die Zeile lautet im Original: „Bei dir Maria Zell."

Ach, sei gegrüßt zu tausendmal. [1]

Ach, sei gegrüßt zu tausendmal,
Maria Zell allhier,
Bei Deinem großen Gnaden Saal
Fallen wir z' Füßen Dir.
Maria Zell, o Gnadenquell,
Dir schenk' ich Leib und Seel'.

Ach, sei gegrüßt zu tausendmal,
Maria mit Deinen Sohn,
Mit großer Freud' und Jubelschall
Kommen wir bei Dir an.
Maria Zell u. s. w.

Mit Trauern seind wir 'gangen aus,
Mit Freuden kommen wir
Herein in Dein großes Zeller Haus,
Um Gnade bitten wir.
Maria Zell u. s. w.

Maria Zell, erhöre uns,
Du unsere Helferin bist;
Wir rufen zu Dir tausendmal,
Hilf uns zu aller Frist.
Maria Zell u. s. w.

Maria, erhöre unseren Sinn,
Vertreib' von uns die Sünd';
Verzeihung uns zu wegen bring
Von Deinem lieben Kind.
Maria Zell u. s. w.

Ein' Jeden dann besonders hör',
O Zell, Du Gnadenfrau;
Maria, unsere Bitt' gewähr,
Mit Gnaden uns bethau.
Maria Zell u. s. w.

---

[1] „Fünf ganz neue Celler-Gesänge" (Druckort: Steyr). Offenbar dem Ende des vorigen Jahrhunderts angehörig.

Das letzte dieser Lieder ist ein sogenanntes Urlaub-Lied, das die Pilger beim Abzuge vom Wallfahrtsorte singen.

Ach Maria, ach Maria. [1]

Ach, Maria, ach, Maria,
Wunderschönes Zeller Thal,
Ist die Stund schon ausgeloffen,
Daß mich hat das Unglück troffen,
Daß ich eilends muß abreisen,
Mutter Jesu, thu' mich weisen,
O Maria, o Maria,
Aus Dein' schönen Zeller Thal.

Ach, Maria, ach, Maria,
Wunderschönes Zeller Thal,
Ach, thu' Dich meiner erbarmen,
Nimm' mich auf in Deine Armen,
Weil ich sollt' so eilends gehen,
Ach, das kann unmöglich g'schehen,
O Maria, o Maria,
Aus Dein' schönen Zeller Thal.

Ach, Maria, ach, Maria,
Wunderschönes Zeller Thal,
Wollt'st Dein Jesum für mich bitten,
Der so viel für mich gelitten,
Daß ich nicht von Dir darf gehen,
Dich allort ewig ansehen,
O Maria, o Maria
In dem schönen Zeller Thal.

Ach, Maria, ach, Maria,
Wunderschönes Zeller Thal,
Bedank' mich für alle Gnaden,
Daß ich bei Dein' heiligen Schatten,

---

[1] „Marianisches Celler-Thal. Gedruckt in diesem Jahr." (Druckort wahrscheinlich Wiener-Neustadt, was ich aus der Vergleichung des Titelholzschnittes mit einem ähnlichen Drucke schließe.)

Maria Zell, o schöne Pforten,
Einquartirt bin ich da worden,
O Maria, o Maria,
In Dein schönen Zeller Thal.

Ach, Maria, ach Maria,
Wunderschönes Zeller Thal,
Es kann ja nicht anderst g'schehen,
Als ich muß von Dir fortgehen,
Meine Augen Thränen lassen,
Weil sie müssen die Urlaubstraßen
O Maria, o Maria
Aus Dein' schönen Zeller Thal.

Ach, Maria, ach Maria,
Wunderschönes Zeller Thal,
Erlaub' mir, noch ein's zu fragen,
Bitt' mir's aber nicht abzuschlagen,
Ob ich mich darf unterstehen,
Oefters noch zu Dir zu gehen.
O Maria, o Maria,
In das schöne Zeller Thal.

Ach, Maria, ach, Maria,
Wunderschönes Zeller Thal,
Wie hat mich das Unglück 'troffen,
Und der Widerhall gesprochen,
Daß ich hab' so weit zu gehen,
Kann Dich dies Jahr nicht mehr sehen,
O Maria, o Maria,
In dem schönen Zeller Thal.

Ach, Maria, ach, Maria,
Wunderschönes Zeller Thal,
Bale muß ich traurig singen,
Soll mir nicht das Herz zerspringen,
Weil ich schmerzlich von Dir scheide,
Mutter Jesu, mich begleite,
O Maria, o Maria,
In das himmlisch' Zeller Thal.

Die nun zur Besprechung kommenden Lieder gehören den Gesängen an, welche sich auf katholische und christliche Festtage überhaupt beziehen. Von diesen Festtagen sind es insbesondere diejenigen, welche zu der Geburt Christi in einer Beziehung stehen, denen Steiermark mit den angrenzenden Gebirgsländern echt volksthümliche geistliche Gesänge zu verdanken hat. Auf die Weihnachtslieder selbst werde ich unten zurückkommen, hier seien vorläufig nur erwähnt die Lieder, welche am Heiligen Dreikönigstag (6. Januar) und zu Maria Lichtmeß (2. Februar), sowie an den andern Marien-Tagen des Jahres auf dem Lande gesungen werden. Die Dreikönigslieder singen auch herumziehende Bursche in ähnlicher Art wie die Weihnachtsgesänge.

Vor Allem finden hier zwei Dreikönigslieder ihren Platz, die in Eisenerz und im ganzen Ennsthale Obersteiermarks vorkommen:

Der heiligen drei Könige Lied.

Steh' auf, Jerusalem,
Eile nach Bethlehem,
Heb' deine Augen zum Himmel empor,
Wo Gottes Herrlichkeit
Bei dieser Gnadenzeit
Dir wird verkündet vom englischen Chor.
Sieh', nach Verlangen
Ist aufgegangen
Der von den Vätern verheißene Stern:
Steh' auf, Jerusalem, lobe den Herrn!

Weise vom Morgenland
Haben den Stern erkannt,
Welcher den König der Juden verkünd't;
Denn dieser Gnadenschein
Drang in die Herzen ein,
Welche vom Feuer der Liebe entzünd't.
Nach weiten Reisen
Fanden die Weisen
Den von dem Sterne bezeichneten Ort,
Wo Fleisch geworden das göttliche Wort.

In keuschem Jungfrau'nschoß
Fanden sie arm und bloß
Christum, mit Tüchern und Windeln umhüllt,
Welcher mit Glorigkeit
Und großer Herrlichkeit
Himmel und Erden unendlich erfüllt.
Den zu verehren
Im Thal der Zähren
Sie ihre Kronen zu Füßen gesenkt,
Gold, Weihrauch, Myrrhen zum Opfer geschenkt.

Durch das gedieg'ne Gold,
So ihr dem Herrn gezollt,
Habt ihr die Würde des Königs gedeut't.
Des Weihrauchs edle Glut
Rings sich verbreiten thut,
Sie ist der göttlichen Ehre geweiht.
Weil Gott auf Erden
Mensch wollte werden,
Haben die Myrrhen der Menschheit gebührt,
Die nichts als Bitterkeit hier mit sich führt.

Ihr ziehet fröhlich hin,
Nicht nach Herodes Sinn,
Den ihr durch himmlische Weisheit ergründ't,
Welcher arglistig sprach:
Forschet nur fleißig nach
Bis ihr den König von Israel find't,
Daß ich hintrete
Und ihn anbete.
Ihr aber — nicht wie der Heuchler begehrt —
Seid fremde Wege zurücke gekehrt.

Kaspar und Melchior,
Neigt euer Vaterohr
Uns'rer die Wolken durchdringenden Bitt':
Heiliger Balthasar,
Vor Seel- und Leib'sgefahr
Deine dir treuen Verehrer behüt'.

Nach diesem Leben
Sei uns gegeben
Durch eure Gnad' ein glückseliger Tod,
Ewig zu schau'n den dreieinigen Gott!

Daran schließe sich ein Dreikönigslied im Dialekt[1]).

Die heiligen drei Könige.

Is nit benn das was Ungefähr's:
Drei Reiter auf an Gaul?
Es is a Roß und is a koan's,
Hat gar a g'stutztes Maul.
Langhaxat und an langan Krag'n —
Bei uns is 's unbekannt:
I moan schier a Kamelthier is 's
Oder gar a Elephant.

Da Erste is a alta Mann,
Eisgrau, vor Kält'n blab,
Für an Niglo[2]) schier schau i 'n an,
Awa er hat koan Bischofstab.
Da And're is a junga Mann
Hat an a gar schön's G'wand,
Ma kennt eahm 's an, daß er muaß sein
Gar von an fremb'n Land.

Da Dritte schaut recht grausla aus,
A Flor vadeckt sein' Haut,
Kohlteufelschwarz, 's is grad a Graus,
Wia a durch und durch oan schaut.
An Triel[3]) recht pritschat, dick und broat,
Schneeblüahlweiße Zähnt —
Wann der mir Nachts begegna that,
I rennat was i könnt'.

---

[1] Offenbar dasselbe, welches sich in Seidl's „Almern" (Weihnachtslieder Nr. 3) vorfindet. Hier folgt dasselbe nach einer andern, in verschiedenen
Punkten abweichenden Version, die übrigens viel kürzer ist als jene bei Seidl.
[2] Nicolaus.
[3] Lefze, Lippe.

Da Alte, der z'erscht zuwi geht,
Hat in an Schachterl d'rin
Drei gold'ne Zäpf'n, wiea ma 's siecht,
Wo wüll a mit dö hin?
Da Zweit' hat sein's mit Weihrauch voll,
Wie an b' Amas'n trag'n z'samm',
Möcht wiss'n, was 's bedeut'n soll,
Is gar a rare Kram.

Da Dritt' hat gar a hantig's G'frast,
Sach's für an Asang¹) an,
Wann Dana nur a wengerl fraß.
Kam Dan glei 's Würing an.
's zoig Dan 's Maul bis z'ruck auf's G'nack,
Wann 's wer auf b' Zunga nahm,
Koi lieawa a Roll'n Rauchtawak
Oder gar an Holzbirnbam.

Mir scheint, i siech an Herrn dort steh'n,
Voll Glanz und voller Schein
Dort auf da recht'n Seit'n g'rad,
Das muaß a Engel sein.
Schau, sagt a, bist a grober Schroll,
Was kragaz'st²) an die Leut,
Sieh'st nit den Stern da obern Stall,
Woaßt nit was das bedeut't?

Da Erst' bringt mit aus weiter Fern'
Das reinst' und feinste Gold,
's bedeut't, daß ma sein Gott und Herr'n
Recht lieab'n und ehren sollt;
Gleich wia da Rauch in b' Höh' thuat steig'n,
So soll'n ma 'n bet'n an,
Bis daß da Ath'n feuri wird
Und b' Flammen flieag'n davon.

---

¹) Asa foetida.
²) Gackerst (bei Seidl gagrazst).

Da Zweite hat in Weihrauch bracht
Für 's klane Jesukind,
Er bet't die Mortification[1]),
Die man gar selten find't.
Die Myrrh'n bedeut't die Sterblichkeit —
Der nur a Christ will sein,
Muaß fleißi bet'n Tag und Nacht
Will er in Himmel 'nein.

D'rauf legt a ma das Ding all's aus:
Schau, sagt a, dieses Kind
Is Gottes Sohn vom Himmelshaus,
Gebor'n für eng're Sünd'.
D' drei König san kumma vom Morgenland,
Weil's Kinderl in da Noth:
Sie ehren's und sie beten's an
Als ihren Herrn und Gott.

Von den oben erwähnten Gesängen zu Marien-Festen finde hier ein zu Maria Lichtmeß übliches Lied seine Stelle:

Maria Lichtmeß-Reime.

Heut ist unf'rer lieben Fraue Tag,
Wir wünschen euch allen ein glückseliges Jahr.
So loben wir Gott und unsere liebe Frau.

Maria ging in ihr' Zellen hinein,
Sie lieset in ein' Büchelein.
So loben 2c.

Darinnen steht geschrieben fein,
Sie war ein' Jungfrau keusch und rein.
So loben 2c.

Ein Engel vom Himmel kam herab,
Der Maria er eine Botschaft bracht'.
So loben 2c.

Der Engel kam durch verschlossene Thür,
Er grüßt sie schön und sprach zu ihr:
So loben 2c.

---

[1]) Das Wort, sinnlos geschrieben, ergänze ich nach Seidl's Text.

Maria, Du sollst ein Kindlein tragen,
Das will Gott selber von Dir haben.
So loben 2c.

Wie soll ich denn ein Kindlein tragen,
Bin ich kein's Mann's nie theilhaftig worden.
So loben 2c.

Maria, Du sollst Dich fürchten nicht,
Der heilige Geist, der wirkt durch Dich.
So loben 2c.

Maria sprach mit großer Begier:
Nach deinen Worten geschehe es mir.
So loben 2c.

So gescheh mir nach den Worten dein,
Und nach dem Willen des Herren mein.
So loben 2c.

Maria ihren Willen gab,
Gar bald sie zum Kindlein schwanger war.
So loben 2c.

Sie trug's unter ihren Brüsten,
Ja aller Welt ein Fürsten.
So loben 2c.

Sie trug's unter ihrem Herzen,
So gar ohn' alle Schmerzen.
So loben 2c.

Sie trug unter ihrem schneeweißen Kleid,
Der Himmel und Erden erschaffen frei.
So loben 2c.

Sie trug ihr Kind verschlossen
Bis auf die vierzigste Wochen.
So loben 2c.

Sie trug ihr Kindlein verborgen
Bis an den Weihnacht-Morgen.
So loben 2c.

Am Weihnacht-Morgen in aller Fruh,
Als Maria ihr Kindlein gebären thut.
So loben 2c.

Maria in großen Freuden war,
Als sie das Kindlein vor ihr lieg'n sah.
So loben 2c.

Und als acht Tag' erfüllet war,
Das Kindlein auch beschnitten war.
So loben 2c.

Und als das Kind beschnitten ist,
Sein Namen wurd' genannt Herr Jesus Christ.
So loben 2c.

Wer muß des Kindlein Taufer sein?
Es muß St. Johannes im Jordan sein.
So loben 2c.

Wer muß des Kindleins Göde sein?
Es müssen's die heiligen drei Könige sein.
So loben 2c.

Die Weisen aus Orient kommen daher,
Dem neugebornen Kindlein zu seiner Ehr.
So loben 2c.

Mit Weihrauch, Myrrhen und rothem Gold,
Sie waren dem Kindlein von Herzen hold.
So loben 2c.

Maria lag verborgen
Bis auf den Lichtmeß-Morgen.
So loben 2c.

Am Lichtmeß-Morgen in aller Fruh
Maria ihr Kindlein in Tempel trug.
So loben 2c.

Maria sprach: o Joseph mein,
Kauf mir zwei kleine Täubelein.
So loben 2c.

Sie kamen 'gen Jerusalem in die Stadt,
Und sie bald zu dem Tempel trat.
So loben &c.

Ein alter Mann in Tempel kam,
Mit Namen hieß er Sanct Simon.
So loben &c.

Maria wohl bei der Thür thät' stah'n,
Bis daß sie den Segen vom Priester bekam.
So loben &c.

Er gesegnet die Jungfrau in Tempel hinein,
Mit Jesu, ihrem Kindelein.
So loben &c.

Als Simeon das liebe Kindlein ansah,
Er bald zu unf'rer lieben Frau sprach.
So loben &c.

Das Kindlein ist der Welt Heiland,
Den hat uns Gott vom Himmel gesandt.
So loben &c.

Das Kindlein schaut den Simeon an,
Und reicht sein Händlein gegen ihn dar.
So loben &c.

Als Maria das vom Kindlein sah,
Bald sie es ihm in seine Arm' gab.
So loben &c.

Als Simeon das Kindlein zu ihm nahm,
Singt er Gott dem Herrn den Lobgesang.
So loben &c.

Herr, nun lässest Deinen Diener in Frieden fahren,
Meine Augen den Heiland gesehen haben.
So loben &c.

Maria das Kindlein wiederum nahm
Und opfert's seinem himmlischen Vater hin.
So loben &c.

Maria kniet nieder vor dem Altar,
Und mit den Worten also sprach:
So loben ꝛc.

O himmlischer Vater, nimm hin Deinen Sohn,
Den ich Dir heut' aufgeopfert schon.
So loben ꝛc.

Dem himmlischen Vater das wohlgefällt,
Es ist das größte Opfer der ganzen Welt.
So loben ꝛc.

Maria nahm die Täubelein
Und opfert's für ihr liebes Kindelein.
So loben ꝛc.

Joseph dem Priester fünf Pfennig gab,
Wie es im Gesetz geschrieben war.
So loben ꝛc.

Maria ging wieder vom Altar,
Dieweil nun das Opfer vollbracht war.
So loben ꝛc.

Simeon gesegnet die Jungfrau schon,
Das Kindlein, Joseph den frommen Mann.
So loben ꝛc.

Und sagt der Jungfrau von einem Schwert,
Soll schneiden durch ihr reines Herz.
So loben ꝛc.

Maria behielt die Wort' in ihrem Herz,
Das ist ihr ein sehr großer Schmerz.
So loben ꝛc.

Das ist Alles geschehen zu dieser Frist,
Als Jesus Christus geopfert ist.
So loben ꝛc.

Das Lob sei gesungen der Jungfrau schon
Und ihrem herzallerliebsten Sohn.
So loben ꝛc.

Wir kommen nun zu der letzten Gattung geistlicher Lieder, denen
wir noch Aufmerksamkeit zuwenden wollen, nämlich zu den Weihnachts-
liedern oder Hirtengesängen. Diese Gattung von Liedern ist durch
ganz Deutschland verbreitet, sie werden überall am Christabend gesungen
und beziehen sich immer auf die Geburt Christi und auf das Betragen
der Hirten bei derselben, als ihnen die erste Nachricht von dieser
Geburt zugekommen. Die Lieder geben daher auch eine treffliche
Charakteristik des Volksgeistes, in dessen Sinne sie gedichtet sind. Die
Lieder sind theilweise uralt, sie kommen in ähnlicher Form nicht nur
auf dem engern deutschen Gebiete, sondern auch in Holland [1]), Schweden
Dänemark, ja sogar in England und Frankreich vor.

In Steiermark, Kärnten, Salzburg und Ober- und Niederösterreich finden sich diese Hirtenlieder besonders zahlreich. Insbesondere sind darunter mundartliche Stücke von großer Leben-
digkeit und Originalität. Der Charakter des Naiven und Unbefan-
genen, welcher allen diesen Gesängen anhängt, in denen sich sogar
ein gut Theil des Volkshumors geltend macht, gibt ihnen einen
besonders eigenthümlichen Anstrich, ohne ihnen deshalb den frommen
Charakter zu rauben, der gerade in dieser naiven Einfachheit zu Tage
tritt und zeigt, wie das Volk selbst die christlichen Lehren in seine
Weise zu übertragen, sich mundgerecht zu machen weiß. Von der
Adventzeit bis zum Dreikönigstage [2]) werden diese Lieder theils in der
Kirche, theils von herumziehenden Burschen in den Häusern gesungen.
In der Kirche stimmt sie der Vorsänger oder Mesner an, meist nach
Beendigung des Gottesdienstes, wo einzelne Andächtige zu einer
Privaterbauung zusammenbleiben. In der Christnacht werden sie
allgemein gesungen und ertönen in Klosterkirchen vom Chor herab.

Aehnlichkeiten zwischen diesen Liedern kommen in Steiermark,
Kärnten, Salzburg und Oesterreich nicht selten vor, ja sogar dieselben
Lieder finden sich, nur mit Veränderung der Mundart und mit einigen

---

[1]) Man vergl.: „Kerslied" und „Herderkens-Zang" in „Oude Vlaem-
sche liederen ten deele met do melodiën uitgegeven door J. F. Willems
(Gent 1848). S. 415 ff., 425 ff.

[2]) Weinhold, „Weihnachtsspiele und Lieder", S. 396.

Abweichungen. Leider besteht von Tirol keine Sammlung weder geistlicher noch weltlicher Volkslieder[1]), doch sind solche Gesänge von
ganz ähnlichem Charakter auch in Tirol vorhanden, wie mir bekannt
geworden und manche dieser Lieder finden sich selbst in dem protestantischen Theile Schlesien's[2]), zum Theile in der schlesischen Gebirgs-
mundart, in welcher sie auch in Oesterreichisch-Schlesien, also auf
katholischem Boden jener Gegend, vorkommen. Aber selbst andere alte
Weihnachtslieder werden in Steiermark gesungen, die sich merkwürdigerweise am Rhein und in Westdeutschland erhalten haben und auch gar
nicht in die Mundart übergegangen sind, sondern in hochdeutscher
Sprache erhalten sind. Ein solcher Sang ist der nachstehende; ich
entnehme denselben der alten Aufzeichnung eines Meßners in Admont,
wodurch zugleich das Lied als Volkslied jener Gegend beglaubigt
erscheint:

Weihnachtslied I.[3])

Am Weihnachtsabend in der Still'
Ein süßer Schlaf mich überfiel,
Mit Freuden ganz umgossen,
Mein' Seel' empfing viel Süßigkeit
Für Honig und für Rosen.

Mir träumet wie ein Engel kam
Und führt mich bis ge'n Bethlehem,
Im jüdischen Land so sehre,
Groß' Wunder Ding sich da begab.
Hört zu, schön' neue Mähre.

---

[1]) Dr. Ludwig v. Hörmann, der bekannte Ethnograph Tirols, theilt
mir freundlichst mit, daß er eine Sammlung von tiroler Volksliedern vorbereitet
habe, deren erster Theil nur Weihnachtslieder enthalten wird. Leider ist diese
Sammlung noch gar nicht unter der Presse und ich möchte im Interesse der
deutschen Volksliederforschung auf dem Gebiete Oesterreichs darauf hinweisen, wie
werthvoll ein baldiges Erscheinen dieser gewiß sehr reichen Sammlung wäre.

[2]) Vergl. Hoffmann v. Fallersleben: „Schlesische Volkslieder“, S. 330 ff.

[3]) Vergl. K. Simrock, „Deutsche Weihnachtslieder“ (Leipzig 1859), S. 46:
„Weihnachtsabend“. Das Lied hat dort 35, hier 37 Strophen, und zwar sind
hier die zwei Schlußstrophen neu hinzugekommen. — Auch im Lesachthal in
Kärnten üblich. Vergl. Lexer a. a. O., S. 305.

In einen Stall ging ich hinein,
Darin ein Ochs und Eselein,
Das Heu beim Kripplein aßen,
Von edler Art ein' Jungfrau zart
Kläglich bei ihnen saßen.

Ein Kindlein, ganz nackend und bloß,
Saß in der edlen Jungfrau Schoß,
Es leuchtet als die Sonnen,
Sein' Aeugelein fließen immer zu,
Wie lebendige Bronnen.

Dies Kindlein war der gewaltige Gott,
Der Himmel und Erd' erschaffen hat,
Der alle Thiere bekleidet,
Die Welt erkannt' den Schöpfer nicht,
Kein' Hilf war ihm bereitet.

Sein' zarte Händ' und Füßelein
Erzitterten vor großer Pein,
Die scharfe Kält' ihn brennet,
Sein Angesicht wand er hin und her,
Ob ihn die Welt erkennet.

In arme, schlechte Windelein
Band die Jungfrau das Kindlein ein,
Thut es in's Kripplein neigen.
Dies war der Thron, da Salomon
Sein' Weisheit wollt' erzeugen.

Das Ochslein und das Eselein
Erkannte selbst den Herren sein,
Ihr Knie thäten sie biegen,
Das Kripplein geben's willig dar,
Dem Kindlein für ein Wiegen.

Das Ochslein ließ sein' Athem geh'n
Wohl auf das edle Kindlein schön,
Daß ihm sein Leib erwarmet.
All' menschlich Hilf war weit von ihm,
Das Vieh sich seiner erbarmet.

O Lieb', wie mächtig war dein' G'walt,
Daß du Gott in des Menschen G'stalt
Vom Himmel hast gezogen,
Daß er an sich nahm Fleisch und Bein,
Maria Brust gesogen.

Der auf Erden hat alle G'walt,
Lag in ein armen Weisleins G'stalt,
Von aller Welt verlassen.
Sein' Demuth war kein Ziel noch End',
Sein Lieb' groß über d' Maßen.

Dem Cherubin und Seraphin
Lobsingen stets mit lauter Stimm',
Vor dem die Höll' sich neiget,
Dem g'waltigen Gott Zebaoth
Wird jetzt kein' Ehr' erzeiget.

Alle Propheten wünschen das,
Daß der Heiland wie Laub und Gras
Sollt' aus der Erden grünen,
Maria das Gärtlein war
Und Jesus war die Blume.

Jetzt ist die heilige Schrift erfüllt,
Der uns des Vaters Zorn stillt,
Ist in die Welt geboren,
Für einen Saal ein' armen Stall
Hat er ihm auserkoren.

Beim Kripplein kniet ein alter Mann,
Der bet' das schöne Kindlein an,
Und küßt ihm seine Füße.
O Sünder, komm' du auch herbei,
Thue deine Sünd hie büßen.

Der sonst mit Blitz und Donnerschlag
Mit Schwefel, Pech und großer Plag'
Die Sünder pflegt zu strafen,
Der ist ein armes Kindelein,
Hat jetzt kein Wehr noch Waffen.

Er will nimmer schlagen d'rein,
Seine Händlein seind viel zu klein,
Das Schwert kann er nicht blößen,
Der g'waltig Löw' ist jetzt ein Lamm,
Sein' Stärk' hat er vergessen.

D'rumb lauft ihr Sünder allzumal,
Kommt eilends her in diesen Stall,
Hie könnt ihr Gnad' erlangen.
Euer Richter ist gebunden ein,
Ihr könnt ihn selber fangen.

Scham' dich, du böse schnöde Welt,
Die du ein' Hoffart hast im Geld,
In Sammet und in Seiden.
Sieh' an das zarte Kindelein,
Was es für dich thut leiden.

Hört weiter an, was ich euch sag':
Die Nacht ward licht als wär' es Tag,
Viel Engel hört man singen,
Den Hirten thäten's auf dem Feld
Eine neue Botschaft bringen.

Drei arme Hirten in der Nacht,
Bei ihren Schäflein hielten Wacht,
Von Bethlehem nicht fehre.
Der Engel Gottes ihn' erschien,
Drob sie erschracken sehre.

Mit großem Glanz und Sonnenstrahl
Das Feld durchleuchtet überall,
In Wolken hört man singen,
Mit Harfen und mit Lautenklang
In hoher Luft erklingen.

Der Engel sprach: ihr Hirten gut,
Entsetzt euch nicht, seid wohlgemuth,
Groß' Freud' ich euch verkünde,
Die sein wird in der ganzen Welt
Bei allen Menschenkindern.

Zu Bethlehem in David's Stadt
Ist euch geboren nächten spat,
Den die Propheten weisen,
D'rum macht euch auf und zieht dahin
Und suchet ihn mit Fleiße.

Dies soll euer Wahrzeichen sein,
In Wind'lein ist er bunden ein,
Ein' Krippen ist sein' Wieg'n,
Dabei ein Esel und ein Rind
Sich vor dem Schöpfer biegen.

Alsbald die Hirten dies gehört,
Entschlossen sie mit wenig Wort,
Gen Bethlehem zu reisen.
Das Kindlein wollten's schauen an,
Ihm Lieb' und Ehr' beweisen.

Ein Hirt zu seinem G'sellen sprach:
Ei, liebe Freund', seid nicht so gach,
Ich muß euch Eins noch sagen:
Wir sollen dem lieben Kindelein
Ein' Schenkung mit uns tragen.

Der Ander sagt: ich hab' ein Lamm,
Vor wenig Tagen ich's bekam,
Will's schenken Kindleins Mutter.
Bring' du dem Ochslein Heu und Streu
Und Der dem Eselein 's Futter.

Sie zogen hin mit schneller Eil',
Ihr' Reis' war schier eine halbe Meil',
Bis sie zum Kripplein kamen.
Maria dem Kindlein gab ein Mus
Und Joseph hielt die Pfannen.

Als sie gingen zum Stall hinein,
Hieß sie Joseph willkommen sein,
Bewiesen's ihm Zucht und Ehre,
Die Mutter Gottes zeigen's an,
Das freuet die Mutter sehre.

Sie fielen nieder auf die Erd'
Und beten an den Heiland werth,
Vor Freuden thäten's weinen.
Sie opferten ihr Schenkung auf,
Wiewohl sie waren kleine.

Nachdem kehrten sie wieder um
Und brachten 's Evangelium,
Erstlich im jüdischen Lande.
Niemand war, der ihn's glauben wollt'
In allen Ort und Stande.

Hiemit bin ich vom Schlaf erwacht,
Wollt' Gott, der Traum kam alle Nacht
Ich wollt' bis sieben schlafen.
Daß ich das Kindlein nach Gebühr
Von Herzen möcht' empfahen.

Freu't euch, ihr Christen allgemein,
Und lobt dies werthe Kindelein,
Mit Freuden sollt ihr's grüßen.
Es will bei euch selbst kehren ein,
Thut ihm das Herz aufschließen.

O mein herzliebstes Jesulein,
Laß' mich allzeit Dein Eigen sein,
Laß' mich Dein' Huld erwerben.
Von Deinem Kripplein komm' ich nicht,
So lang ich leb' auf Erden.

Bei Jesu Füßen will ich stah'n,
Mit Magdalena nicht ablah'n,
Dieselben zu begrüßen.
Mein' Augen müssen Fußbecken sein
Bis ich mein' Sünd abwasche.

Kreuz, Leiden, Trübsal, Angst und Qual
Vertreibt mich nicht aus diesem Stall,
Kein' G'walt mich von bannen wendet,
Bis mich der grimmige Tod angreift
Und mir mein Leben endet.

Daran mögen sich nun einige der meist dialektischen Weihnachtslieder fügen, welche nicht selten auch den Weihnachtsspielen Obersteiermarks eingeflochten erscheinen. Die Spiele selbst gerathen leider immer
mehr in Vergessenheit, von den Liedern hat sich jedoch noch manches erhalten. Zuerst folge hier eine Art Wechselgesang zwischen zwei Hirten,
der dramatischen Anstrich hat und in die Form des Liedes gefügt
erscheint:

Weihnachtslied II. [1]

Erster Hirt:
Lipperl, sollst aufsteh'n g'schwind!

Zweiter Hirt:
Na, was denn thoan?

Erster Hirt:
A Wunda, daß b' schlaf'n magst.

Zweiter Hirt:
Laß mi alloan.

Erster Hirt:
Geh' mit mir 'naus auf d' Haib',
Schau, was 's für Wunda geit:
Is so lieacht wia bein Tag.

Zweiter Hirt:
Geh', wann i sag.

Erster Hirt:
Die Musi dö spielt schon lang.

Zweiter Hirt:
So? — I hör nix.

Erster Hirt:
Nimm b' Pfeif'n a mit bir;

Zweiter Hirt:
I bin scho g'richt.

---

[1] Etwas geändert bei Weinhold, „Weinachtsspiele", S. 91, woselbst es
jedoch als aus dem Möllthal in Oberkärnten herrührend angeführt ist; die vorliegende Version stammt aus Obersteiermark. — Vergleiche auch Süß, „Salzburger Volkslieder" (Weihnachtslieder Nr. 2).

Erster Hirt:

Singa thans, spannt's die Ohr'n:
's hoaßt, daß a Kind gebor'n,
Das da Messias wa.

Zweiter Hirt:

Bua, bös wa rar.

Erster Hirt:

S' liegt in an alt'n Stall.

Zweiter Hirt:

Wer hat bös g'sagt?

Erster Hirt:

Hab's von an Engel g'hört.

Zweiter Hirt:

Hast du den g'fragt?

Erster Hirt:

A Jungfrau keusch und rein,
Soll seine Mutter sein,
Dort wo der Stern hell brinnt,
Liegt is kloan Kind.

Erster Hirt:

So schön is koans gebor'n,
Als wia dös Kind,
Liegt dort'n auf an Heu.

Zweiter Hirt:

Dös war a Sünd'.

Erster Hirt:

I wia geh'n b' Muatta frag'n,
Ob i's mit mir derf trag'n,
Hätt' d'ran a rechte Freud.

Zweiter Hirt:

Bua, du red'st g'scheidt!

Erster Hirt:

Nehm' ma a Opfa mit.

Zweiter Hirt:

Bua, da hast recht!

Erster Hirt:

Wann's holt a Fleisch wollt ham —

Zweiter Hirt:

Moanst, daß's as möcht?

Erster Hirt:

's Kind is ja voller Noth
Und is da wahre Gott,
Hat gar kan Wiagal nit.

Zweiter Hirt:

Lüag'n, Bua, darfst nit!

Erster und zweiter Hirt:

Warts nur recht fleißi auf
Dem Kind, dem kloan,
Bis daß mas wiederum
Hoamsuach'n thoan.
Bitt ma das klane Kind,
Daß's uns vazeiht die Sünd':
Wird auf uns denk'n schon —
's is Gottes Sohn.

In zwei Versionen, aus der Umgebung von Graz und aus
Eisenerz, liegt mir das folgende Lied vor, welches ganz ähnlich ist
einem schlesischen Volksliede:

Weihnachtslied III. [1])

Was muß es bedeuten, es taget ja schon
Ich weiß ja, es fangt sich die Mitternacht an,
Schaut nur daher, schaut nur daher,
Wie funkelt der Stern, je länger, je mehr.

Treibt's uma, treibt's uma die Schäflein noch baß,
Treibt's uma, treibt's uma, ich zeig' euch etwas,
Dorten im Stall, dorten im Stall
Werd's Wunderding sehen, treibt's uma, kommt's All'.

Ich hab' nur von weiten ein wenig eingudt,
Da war mir das Herz gleich in Liebe entzudt,
Ei, ein schön's Kind, ei, ein schön's Kind
Liegt dort in der Krippen beim Esel und Rind.

Ein herziger Tatel ist auch dort dabei
Ein' wunderschön' Jungfrau, die kniet auf ein Heu,

---

[1]) Vergl.: Hoffmann v. Fallersleben, „Schlesische Volkslieder", Nr. 280.

Um und um singt's, um und um klingt's,
Man sieht euch kein Lichtl und um und um brinnt's.

Das Kindel, das zittert vor Kälten und Frost
Mein sagt mir, wer hat es denn also verstoßt,
Aus großem Neid, aus großem Neid,
Kein and're Herberg nicht anderswo geit.

Geht's, nehmt's ein guet's feistes Lamplein mit enk,
Das wöll'n wir dem Kindlein bringen zu Geschenk,
Habt's nur hübsch Acht, habt's nur hübsch Acht,
Wann's eingehts, daß dem Kind kein Schaden nicht macht.

Fein gmachle kniet's nieder und grüßt sie von eh,
Thut's euch hübsch bucken, ruckt's den Huet in die Höh,
Geht's nicht viel um, geht's nicht viel um,
Und thut's euch oft bucken und stellt's euch fein fromm.

Dieselbe kindliche Naivetät, gepaart mit frommem Sinn, gelangt
zur Geltung in dem folgenden Liede:

Weihnachtslied IV.

Lost's zua, meine Buama, was muaß denn da sein,
Daß 's heut' a so schiaß'n und lautmächti schrei'n,
Zu Bethlehem drunten, heraußt vor da Stadt,
Gibt's häufti Soldat'n, is All's weiß und roth,
I thua mas schier denken und 's kimmt ma schier für,
Wir wer'n dö brav kriag'n in's Winterquartier.

Schaut's, Buama, wia san nit d' Soldaten so rar,
Wollt' selwa was geb'n b'rum, wann i oana war;
Hat kana kan Bart nit, san all schön balwirt,
Wer'n sein lauta Brüada von hohem Geblüat.
Hat kana kan Schoiß'n[1]), kan Sab'l a nit,
San lecke Soldat'n, schrei'n allaweil „Fried!"

O mein Gott, schaut's Buama, was fang' ma denn an?
I moan halt, d' Soldat'n, sie kemman schon an.

---

[1]) Gewehr.

Siach dort'n oan renna, er tragt a Papier,
's is lateinisch was g'schrieb'n d'rauf — wird sein a Furier,
Geht's thuat's 'n g'schwind frag'n, was denn all's das bedeut't,
Daß heut san ankumma so gar viele Leut.

Gloria in excelsis, der Fried' sei mit euch,
Seid fröhlich, Ihr Hirten, ich künd' euch sogleich:
Daß Gott is geboren auf da Welt als a Kind,
Er wird von uns nehma in Adam sein' Sünd.
Liegt z' Bethlehem d'runt in an gar alt'n Stall,
Zwisch'n Esel und Ox is in König sein Saal.

Buam, habt's as vastand'n, was der uns vamelb't:
Daß Gott is vorhand'n und kemma auf d' Welt;
Jetzt woll'n ma g'schwind renna und b'suach'n das Kind,
I möcht's schon gern secha, mein Herz das vabrinnt.
Wir than uns bedank'n jetzt fröhlich bei dir,
Daß du 's uns vermeldt hast, du Himmelsfurier!

Jetzt thuat's as g'schwind sag'n, Buam, was bring' ma dem Kind,
I wüßt wohl was Guat's, wann's nur firti wa g'schwind,
In a Schüssal a Mehl und a Milch und Schmalz
Und a etliche Oar und a Bisserl a Salz;
Du, Sepp, bist brav stark, muaßt in Toag anmachoa,
Wir woll'n den kloan Büawerl guate Krapf'n bacha.

Schau, Nachba, herzliabsta, hiatzt fallt ma was ein,
I füll' in mein Flaschl an heurig'n Wein,
Nimm an gut'n Kas mit a und a Stuck a Brod,
Und du machst weißt zu die Krapf'n an guat'n Salat.
Wir muaß'n z'sammhalt'n, wia 's ornbla und recht,
I bin Kellnermoasta und du bist mein Knecht.

Hiatzt, Buam, woll'n ma geh'n grad, vageßt's awa nit,
Und nehmt's a mein Pfeifa und 'n Dubljack mit.
Schaut's, Buama, schaut's Buama, i siach schon in Stall,
Mir scheint 's schon entgeg'n, g'rad wia a Krystall.
Buam, trabt's nit z' gach eini, putzt's eng a mit da Hand,
Sunst möcht' sich 's Kind schreck'n an unsan schön G'wand!

Grüaß' Di Gott, mein liab's Christkind, Du liabreicha Gott,
Was machst denn in Stall da? Das Ding is a Spott.
O mein Gott, wia möcht si da Herrgott so gmoan,
Der dort'n da Größt', is bei uns da so kloan,
Die Liab zu uns hat eahm koan Ruah ni lassa,
Is weg von sein Vata, hat All's verlassa!

Geh', Möstal, thua g'schwindi dein Opfa alegn,
Schau, Schatz, da hast Krapf'n, wannst that'st halt a mög'n,
Geh' thua g'schwind oan kost'n, hiatzt sans no schön warm.
Hätt' a an Salat da und aft a an Schmarr'n,
Mach' auf, Paul, dein Sack'l, schenk' ein g'schwind an Wein,
Trink in Büawl sein G'sundheit, das Ding wird 's gar g'freu'n.

O mein Gott, schaut's, Buama, 's Kind schaut schon auf mi,
Und i han gar koan Opfa, weil i selwa arm bi,
Du muaßt ma's vazeiha, mein liabreicha Gott;
Daß i da nix, z' geb'n han, is freili a Spott.
Dafür mach i da a Musi mit mein Dudlsack.
Will' mi hüat'n vor die Böck, was i kann, was i mag.

Hiatzt, Buama, kniat's nieda und bitt ma is Kind,
Daß's uns thuat vazeiha all' unsere Sünd',
Es thuat uns schiach kränt'n All's was ma ham than,
Thua uns Dein Gnad schenk'n, wir fleh'n Dich drum an
Und thoan da vasprech'n: gar fromm woll'n ma sein,
B'hüat di Gott, mein liab's Kind, und schlaf a wen'g ein.

Zeigt uns dieses Lied die Hirten in ihrer frommen Bestrebung,
das Christkind anzubeten, so hören wir in dem nachstehenden Gesang
die Erzählung des Hirten selbst:

Weihnachtslied V. [1]

Potzunder, liawa Bua,
Los mir a wengerl zua:
I wüll da was dazähl'n,
Was nacht'n in da Fruah

---

[1] Weinhold kennt dieses Lied als fliegendes Blatt in entstellter Form
(„Weihnachtsspiele", S. 401). Obige Version stammt aus dem Ennsthale.

Mir g'scheg'n is auf da Hoad,
Wo d' Schaf' ham eahna Woad,
A Bot' is her von Himm'l g'reunt,
I hab'n ja mein Tag nit kennt.

Potzunder, liawa Bua,
Los mir a wengerl zua:
A Botschaft hat a bracht,
Daß mir mein Herz hat glacht,
Daß Jesus, Gottes Sohn,
Die heuti Nacht gebor'n,
Das klane Kind, da große Gott,
Liegt da in Stall, 's is schier a Spott.

Potzunder, liawa Bua,
Los mir a wengerl zua:
Wir suach'n überall,
Wir find'n's in kan Saal,
Wir kemman umabum,
Da sind' ma's in an Stall.
's hat nur a Schüberl Heu,
Is Kinderl friart dabei;

Potzunder, liawa Bua,
Los mir a wengerl zua:
Was hat a für a Kload,
Was hat a für a Pfoad?
Des möchtat's halt gern ham,
Daß i eng's sag'n that,
's Kind hat a schneeweiß's Pfoadl
Und gar a reinlich's Klabl.

Potzunder, liawa Bua,
Los mir a wengerl zua:
Zwei Thier' auch stunden dort,
Des derfst's ma's glaub'n auf's Wort:
Das ane a Ox, das andri is a Roß,
Is awa nit so groß,
Da Vata is a Zimmamann,
Der hat in Kind recht oschtla than.

Wieder in naivem Tone gehalten ist das nun folgende:

Weihnachtslied VI.

Juheißa, juhe!
Juheißa, juhe! —
Was gibt's denn schon meh?
Han Maxl, han Steffl,
Han Rüapl, han Söppl,
Zum Los'n kimmt's he!

Es kommt ma schier für:
Is steht sperrweit off'n
Die himmlische Thür;
Sie denk'n nit dran
Hat Nachts wer vagess'n
Und hat's nit zuathan.

Han Steffl, han Bua,
Sag', was thuat bedeut'n
Das G'jucherz dazua?
I kann eng's wohl sag'n,
I hab' ma nur denkt:
I sag' weita nix,
Bis daß's mi thats frag'n.

Zu Bethlehem drunt'
Gott selbst ist gebor'n,
A Büawerl, ganz rund,
's liegt awa in Stall,
I kann's nit vastehn,
Die Leut' wundert's All'.

So b'suach ma's halt a,
Dös Ding muaß i seg'n,
Wann's no so weit wa,
Gott grüaß di, mein Kind!
Han Vata, han Muatta,
Das is ja a Sünd'!

Was fallt eng denn ein,
Daß's mit den kloan Kind
In der Költ'n mögt's sein?
Geht's trachts a weng' fort,
I hab' a kloans Häusl,
Auf'm Bergl steht's dort.

A Stüwerl schön warm,
Geh, Vata, nimm's Kindl,
Es is gar so arm;
Du Muatta geh'st mit,
Des sechts, daß für eng da
Kan G'leg'nheit nit is.

Da könnt's a daneb'n
Is Kind schön betreu'n,
Zins derft's ma kan geb'n,
Das bring' i schon ein
Wann 'r amal größa
Und Richta wird sein.

Denkt's awa fein d'ran,
Wann's Kind that vagess'n,
Was i eng han than;
Des werdt's no sein froh,
Daß i eng sammt'n Büawl
Hab' wegbracht vom Stroh.

O Jesu, schön's Kind,
I bitt' di, vazeich
Mir all' meini Sünd'.
Maria und Joseph fein
Soll'n bitt'n bei dir,
O mein Jesulein.

Das nachfolgende Lied in ähnlichem Tone führt in kürzerer Form Weinhold[1]) an mit der Angabe, daß es aus Obersteier-

---

[1]) A. a. O. S. 423.

mark herrührt. In der nachstehenden Fassung wird es in Admont und dessen Umgebung gesungen:

Weihnachtslied VII.

Was ist das zum Plunder
Bei der Nacht jetzunder,
Für a Metten und a Singerei,
San die Musikanten
Nunmehr all' vorhanden
Hier zu Bethlehem in unserm Gei?

Sie schlagen das Hackebretl
Und das Clarinetl
Und an schönen Sumsasa.
Das sand rechte Lappen,
Lassen d' Leut nicht schlafen,
War schon g'legen gut auf meiner Stroa.

I muß geh'n außi sprecha,
Dos Ding muß i seha,
Was gibt lauter dort im Himmel Neu's,
Daß a so thut glanzen
Und die Engel tanzen
Auf der Erden uma schippelweis.

I muß geh'n, g'schwind eilen,
Ohne zu verweilen,
Muß mein' Nachbar auch die Post erzählen,
Daß uns der Himmeltatl
Hat zum Trutz a Schartl
Seinen Sohn auf d' Welt g'schickt eben.

Nachbar, mach frei lustig,
Sonsten machst mich giftig,
Schau daß wir kommen beim Stall an,
Daß wir unsre Sachen
Recht zusammenmachen
Und ein Jeder nimmt, was er hat und kann.

Ich nimm Ei'r im Körberl
Und ein Schmalz im Scherberl,
Von Zibeb'n an Laiberl Kletzenbrod,
Daß das arme Knaberl
Hat a gutes Paberl
Und zuweil'n an gut'n Zuzl hat.

I nimm a foastes Kitzerl
Und an Budastritzerl,
Antla Taffent-Aepfel und an Brein,
Und a Florn Hönig
Nimm ich auch ein wenig,
Und a Pitscherl süßen rothen Wein.

Wöll ma's freundli grüßen
Und wir fall'n zu Füßen,
Sau wir kommen, o du großer Gott,
Bist vom Himmel kommen,
Hast die G'stalt ang'nommen,
Uns erlösen All' vom ew'gen Tod.

Weilst auf uns thust denka,
So wöll ma dir was schenka,
Sieh da Buberl, hast a wengerl was,
Thut's von den süßen Sachen
Ihm ein Zuzerl machen,
Schaut's, wia 's Buberl schon darüber lacht.

Thut's auf ihn gut seha,
Laßt's ihm doch nichts g'scheha,
Das Buberl schaut so witzig aus,
Daß ma schier kann sagen,
Daß zu seinen Tagen
Noch ein Geistlicher kann werden draus.

Nachbar, hilf uns bitten,
Daß er unsre Hütten
Vor der Feuersbrunst allzeit bewacht,
Daß er uns im Sommer
Viel und ohne Kummer,
Uns der Schauer keinen Schaden macht.

Daß er das Troad laßt wachsen,
Auch den langen Flachsen,
Und b' Wölf nicht kommen unter b' Heerd',
Daß er laßt brav regnen
Und das Vieh thut segnen
Und uns den lieben Fried' bescheert.

Auch das folgende, etwas kürzere Lied gleicht dem eben angeführten:

Weihnachtslied VIII.

Nachbarn, wißt's was g'schehen ist?
Daß der Heiland Jesu Christ
Als a Kind auf b' Welt is kem
In an Stall bei Bethlehem.

Dorten leid't er Frost und Noth,
Und ist unsa lieber Gott,
Wie der Engel bei der Nacht
Selbst die Botschaft uns gebracht.

Drum hant's Nachbarn, rigelt's enf,
Geht's und bringt's dem Kind a G'schenk,
Was ein Jeder vermag und hat,
Für so göttli Lieb' und Gnad'.

's Kind kunnt wohl nix z' essen haben,
Drum war's gut, neb'n andern Gaben,
Daß ein Jeder noch mitnahm
Schmalz und Butter, Milch und Rahm.

B'sonders aber war aft b' letzt
A rein's Herz noch 's Allerbest',
Das war g'wiß für alle Zeit
Den lieb'n Kind die größte Freud.

Und wann's geht's zum Opfergang,
Geht's rund Alle, zerscht's net lang,
Gib ein Jeder was er kann,
Gott gibt aft den Himmel z' Lohn.

Erzh. Joh.
26*

Es folgen nun noch einige Weihnachtslieder, die keine dialektischen Anklänge verrathen und zum Theile an alte Kirchenlieder erinnern, ohne daß sich übrigens ein directer Nachweis führen läßt.

Weihnachtslied IX.

O schön und zartes Kindlein,
Wie schön lachst uns nicht an
Mit deinem süßen Mündlein,
Nichts süßer sein ja kann,
Soll'n wir dann dich nicht lieben,
In deinem Krippelein,
Soll'n wir dann Dich betrüben?
Nein, nein, mein Jesulein.

O was vor holde Strahlen,
O was vor holde Blick',
Deine Aeuglein bringen Allen
Großmächtig's Heil und Glück.
Soll'n wir dann :c.

Die weiß' und rothen Rosen
Auf deinen Wängelein
Ganz liebreich uns lieblosen,
Was kann den Süßers sein?
Soll'n wir dann :c.

Schlaf nur, mein werthes Kindlein,
Schlaf nur in süßer Ruh
In deinen zarten Windlein,
Drück Deine Aeuglein zu.
Soll'n wir dann :c.

Thu' nur ganz süß fortschlafen,
Mein werth' und liebstes Kind,
Steh' nur nicht auf zu strafen
Doch unsere schwere Sünd'
Soll'n wir dann :c.

Daß wir nicht soll'n verderben,
Liegst hier in größter Noth,
Daß wir das Leben erwerben,
Erwählest Du den Tod.
Soll'n wir dann :c.

Wir sag'n es ohne Scherzen,
O Kind, wir lieben Dich,
Wir lieben Dich von Herzen,
Und zwar recht inniglich.
Soll'n wir dann :c.

Ach nimmer sündigen, nimmer,
Ach nimmer, nimmermehr,
Nur lieben, lieben immer,
Weil Du so gut, o Herr.
Soll'n wir dann :c.

Fort, fort, ihr harten Sünder,
Ihr Tieger mit ein' Wort,
Ihr grausame Adamskinder,
Die ihr dies Kind ermord't.
Soll'n wir dann :c.

Seht, wie es ganz geduldig
Nimmt hin das harte Joch,
Vor euch leid't All's unschuldig,
Ihr wollt's ermorden noch.
Soll'n wir dann :c.

Auch das eben angeführte, sowie das nachfolgende Lied stammt aus Admont, in dessen Umgegend, sowie im ganzen Ennsthale, es gesungen zu werden pflegt.

Das nachstehende zeichnet sich durch besondere Innigkeit und Zartheit aus, man beachte beispielsweise die poetische Wendung in der letzten Strophe:

Weihnachtslied X.

Schlaf, Jesulein, schlaf,
Das Bettlein ist hart,
Das Kripplein ist kalt,
Schlaf, Jesulein, bald.
Ach schlaf, ach thu Deine Aeugelein zu,
Gib uns, schenk uns die ewige Ruh.

O Jesu, mein Kind,
Kalt macht Dir der Wind,
Es weht der Schnee
Und machet Dir weh,
Ach schlaf 2c.

O Jesu, mein Kind,
Der Esel und Rind
Erkennen Dich bald
In menschlicher Gestalt.
Ach schlaf 2c.

Ihr Lämmelein all',
Ihr Hirten zumal,
Ach eilet geschwind,
Erwärmet das Kind.
Ach schlaf 2c.

Ihr Wasser und all'
Flüsse alle zumal,
Legt euch und fließt still,
Das Kind schlafen will.
Ach schlaf 2c.

Wie die eben angeführten, so sind auch die noch folgenden zwei Lieder noch in gar keiner Version bisher bekannt geworden, auch sie gehören zu den originellsten dieser Gesänge und mögen die Reihe der angeführten Lieder abschließen.

Weihnachtslied XI.

Holla, ihr Hirten, die Schäflein laßt stehen,
Fort, fort von dem Felde, was hab' ich gesehen?
Ein' englische Musik vom Himmel, ganz spat,
Sie eilet, sie eilet nach Bethlehems Stadt,
Säumt nicht, ihr Hirten, sag's Einer dem Andern,
Laßt uns sein allsammen nach Bethlehem wandern.

Ein wunderschönes Kindlein geboren sollt' sein,
In einem klein' Kripplein, in Kälten und Pein,
Dort liegt er ganz nackend, der herzige Schatz,
Find't denn mein Erlöser sonst nirgends kein' Platz?
Kommt, laßt uns doch Diesem ein Opfer mitbringen,
Weil selbsten die Engel uns Botschaft herbringen.

Ei, Lieber, was nimmst mit auf die Reis'?
Ein Windelein klein, doch aber schneeweiß,
Sonst bin ich ganz arm, o Brüderlein mein,
Es thut mich erbarmen das Kindelein klein:
So lasset uns fortgeh'n, auf daß wir nicht irren
Und möchten die englische Musik verlieren.

Bloß auf der Erden, beim Esel und Rind,
Da werden wir finden das herzige Kind,
Ach Wunder, ach Wunder, was leuchtet so schön?
Ach eilet, nicht verweilet, laßt uns nur bald geh'n,
Auf daß wir doch mögen das Kindlein anbeten,
Weil es soll den Himmel und Erden betreten.

O Bethlehems Stadt, nun kommen wir her,
Nun sage uns bald die englische Mär',
Was bei dir geschehen die heutige Nacht.
Ist denn bei dir also Gott selbsten veracht'?
Steinerne Herzen! der euch hat erschaffen,
Muß jetzt in der Kälte beim wilden Thier schlafen.

Nun sei Du gegrüßt, o tausendschön's Herz,
Wer hat Dich gebracht in Elend und Schmerz?
O Jungfrau Maria, g'schieht Dir denn nicht hart?
Im spissigen Stroh liegt Dein Kindlein zart.

Soll sie denn nicht schmerzen die Armuth so groß?
Sie seufzet von Herzen, legt 's Kind in ihr'n Schoß.

O untreue Welt, sieh', was die Lieb' macht:
Sie hat Gottes Sohn vom Himmel gebracht,
Mit Kräften gerissen vom englischen Saal,
Dein' Sünd' ihn gezogen in stinkenden Stall.
Ist denn hier kein' Wohnung für Jesum den Herrn,
Daß er muß beim Ochsen und Esel einkehr'n?

So lege hinweg deine Hoffart und Pracht,
Dein'n Jesum ganz arm und elend betracht',
Fall ihm zu Füßen, bewein' deine Sünd',
Damit er in dein Herzen eine Freude empfind',
Dann werdet's bald hören das Gloria singen,
Und Engelsgesang in den Ohren erklingen.

Weihnachtslied XII.

A, A, A,
Was seh ich jetzund da,
Es laufen die Hirten hin und her,
Kein Fried gibt die Nacht heut mehr.
A, A, A,
Was seh ich jetzund da.

B, B, B,
Auf, auf, mein Bruder, steh,
Ach schau nur zum Fenster aus,
Es bleibt kein Halter nit zu Haus.
B, B, B,
Auf, auf, mein Bruder, steh.

C, C, C,
Eil fort, mit mir bald geh,
Auskundschaften wollen wir,
Nichts wird geschehen mir und dir.
C, C, C,
Eil fort, mit mir bald geh.

D, D, D,
Nicht acht' den tiefen Schnee,

Lieblich singen ich was hör:
Gott sei in der Höh' die Ehr'.
D, D, D,
Nicht acht' den tiefen Schnee.

E, E, E,
Freud' hör' ich ohne Weh,
Laß das warme Bett gleich steh'n,
Thu nur eilend mit mir geh'n.
E, E, E,
Freud' hör' ich ohne Weh.

F, F, F,
Mein, ranz dich nicht lang, Steph,
Hui, wann Der wär' kommen an,
Der uns Allen helfen kann.
F, F, F,
Mein, ranz dich nicht, mein Steph.

G, G, G,
Willst nicht, allein ich geh,
Es wird dich reuen, glaube mir,
Stephl, du verschläfrig's Thier.
G, G, G,
Willst nicht, allein ich geh.

H, H, H,
Gehst nicht? Sag Nein oder Ja,
Die Halter geh'n nach Bethlehem,
Lassen sein Jerusalem.
H, H, H,
Gehst? Sag Nein oder Ja.

J, J, J,
Sie geh'n nur als Zschihi,
Grad geht's nach Jerusalem
Und Zschihi nach Bethlehem.
J, J, J,
Sie geh'n als Zschihi.

K, K, K,
Willst bleiben, so bleib da,
Es soll dort geboren sein
Gar ein schönes Kindelein.
K, K, K,
Willst bleiben, so bleib da.

L, L, L,
Paar Lämmer sammt dem Fell
Will ich kaufen auch geschwind
Naher Bethlehem dem Kind.
L, L, L,
Paar Lämmer sammt dem Fell.

M, M, M,
Wie wohl thät's g'schehen Dem,
Der in diesem Stall kunnt sein
Allzeit bei dem Kindelein.
M, M, M,
Wie wohl thät's g'schehen Dem.

N, N, N,
Das Kind ist wunderschön,
Es kommt von keiner Bauernart,
Gesehen hab ich nichts so zart.
N, N, N,
Das Kind ist wunderschön.

O, O, O,
Es liegt bloß auf dem Stroh,
Neben Ochs und Eselein,
Mit Nam' heißt es Jesulein.
O, O, O,
Es liegt bloß auf dem Stroh.

P, P, P,
Viel weißer als der Schnee,
Liegt dies zarte Kindelein
In ganz schlechten Windelein.
P, P, P,
Viel weißer als der Schnee.

O, O, O,
Du göttlich's Kindlein Du,
Uns're Sünden Ursach sein,
Daß Du leidest Frost und Pein.
O, O, O,
Du göttlich's Kindlein Du.

R, R, R,
Gott ist ein solcher Herr,
Der die ganze Welt regiert
Und auch selbst den Himmel ziert.
R, R, R,
Gott ist ein solcher Herr.

S, S, S,
Gleichwie in einer Preß'
Liegt in enger Kripp' das Kind,
Eingepreßt wegen uns'rer Sünd'.
S, S, S,
Gleichwie in einer Preß'.

T, T, T,
Wie g'schieht dem Kind so weh,
Es muß Ochs und Eselein
Mit dem Athem heizen ein.
T, T, T,
Wie g'schieht dem Kind so weh.

U, U, U,
Wann 's Ochslein schreit: Muh, muh,
Und J-a das Eselein,
Machen's warm dem Kindelein.
U, U, U,
Wann 's Ochslein schreit: Muh, muh.

W, W, W,
Der Stall ist voller Schnee,
Den einblasen thut der Wind,
Federn gibt's herab dem Kind.
W, W, W,
Der Stall ist voller Schnee.

X, X, X,
Ach wenn ich wär' so fix,
Kunnt die Gänse rupfen all',
Die Federn bringen in den Stall.
X, X, X,
Ach wenn ich wär' so fix.

Ypsilon,
Das Kind ist Gottes Sohn,
Drum sei Dem Lob, Preis und Ehr',
Weil's uns g'liebt hat mehr und mehr.
Ypsilon,
Das Kind ist Gottes Sohn.

Z, Z, Z,
Weil 's Kind nicht hat ein Bett,
So will ich mit wahrer Reu'
Machen meinem Gott ein' Streu.
Z, Z, Z,
Weil 's Kind nicht hat ein Bett.

Die Anknüpfung des Textes an die Buchstaben des Alphabets, wie sie hier vorliegt, ist mir noch nirgends in deutschen Weihnachts= liedern vorgekommen.

Damit dürfte in dem Vorstehenden eine Uebersicht geboten sein über das schöne Gebiet des Volksliedes in den Bergen der Steiermark. Es ist ein buntes Bild, das sich uns darin entrollt, wenn wir es in seiner Gesammtheit betrachten, und es wird uns das ganze culturelle Leben des Volkes nie so klar und deutlich vor Augen treten, als wenn wir diese schlichten Lieder überschauen, welche, aus dem Volke selbst ent= sprungen, seine ureigensten Anschauungen enthalten.

————

k. k. Hofbuchdruckerei Carl Fromme in Wien.